本书出版由南方海洋科学与工程广东省实验室（珠海）资助

全球海洋中心城市综合竞争力发展报告

薛德升　韦春竹　黄耿志
王　磊　刘珍环　钟　鸣　祝金鑫　等◎编著

QUANQIU HAIYANG ZHONGXIN CHENGSHI
ZONGHE JINGZHENGLI FAZHAN BAOGAO

中山大学出版社
·广州·

版权所有　翻印必究

图书在版编目（CIP）数据

全球海洋中心城市综合竞争力发展报告 / 薛德升等编著 . -- 广州：中山大学出版社，2025.3. -- ISBN 978-7-306-08409-5

Ⅰ．F299.1

中国国家版本馆 CIP 数据核字第 2025PP0552 号

审图号：GS陕（2025）31 号

出 版 人：	王天琪
策划编辑：	李海东
责任编辑：	李海东
封面设计：	曾　斌
责任校对：	廖翠舒
责任技编：	靳晓虹
出版发行：	中山大学出版社
电　　话：	编辑部　020-84110283，84111996，84111997，84113349
	发行部　020-84111998，84111981，84111160
地　　址：	广州市新港西路 135 号
邮　　编：	510275　　　　　传　真：020-84036565
网　　址：	http://www.zsup.com.cn　　E-mail：zdcbs@mail.sysu.edu.cn
印 刷 者：	广州市友盛彩印有限公司
规　　格：	787mm×1092mm　1/16　　20印张　　510千字
版次印次：	2025 年 3 月第 1 版　2025 年 3 月第 1 次印刷
定　　价：	128.00 元

如发现本书因印装质量影响阅读，请与出版社发行部联系调换

序

人类开发海洋已逾千年，大航海时代以来，海洋成为人类贸易与文明交流的重要通道和获取资源的重要基地。

中国拥有 1.8 万 km 的大陆海岸线与 1.4 万 km 的岛屿海岸线，岸线总长度居世界第六位，海洋面积约为陆地面积的 1/3。我国是全球海洋资源大国之一，已发现的海洋生物总数约占世界总数的 10%，拥有滨海砂矿、油气、天然气水合物、煤炭、大洋多金属结核、海底热液矿床等多类重要海洋矿产资源，其中南海北部的天然气水合物储量已达到我国陆上石油总储量的一半左右。近年来，我国开发利用海洋资源的能力不断提升，海洋原油产量自 2019 年起连续 4 年占全国原油产量增量的 60% 以上，2023 年海洋天然气新增产量约占全国天然气产量增量的 15%。同时，我国不断加大对潮汐能、风能、波浪能等海上可再生能源的开发利用。2023 年全国海洋生产总值 99097 亿元，占国内生产总值的 7.9%。近年来，我国正大力推进由海洋大国迈向海洋强国的进程。党的十八大将海洋强国战略列为重要的国家战略，发展海洋经济、创新海洋科技、保护海洋生态、提升海洋竞争力是其中重要的议题。2013 年 10 月，习近平主席提出了"21 世纪海上丝绸之路"倡议，呼吁世界各国共同构建海洋命运共同体。

随着人类开发利用海洋能力的不断提升，全球人口不断向沿海地区转移和集聚，位于海洋开发前线的海洋城市成为新的人类生产生活的集聚地，它们在世界城市体系中的地位也日益提高。海洋中心城市是最重要的海洋城市，它们位于众多海洋城市的顶端，在全球经济、政治、社会、文化和治理中具有日益重要的地位和作用。建设高水平的全球海洋中心城市对我国现代化海洋产业体系建设，提高我国海洋综合实力，提升国家参与全球海事治理的能力和影响力，具有重要的意义。

南方海洋科学与工程广东省实验室（珠海）海洋可持续发展创新团队（原海洋人文地理团队）重点针对全球船运贸易、全球海岸带资源环境变化、环南海周边国家和区域发展、海洋城市等方向开展深入研究，2022 年出版了《环南海国家（地区）社会经济发展报告》，同时发表了大量海洋人文地理相关的科研论文，形成了相关专利，努力探索世界海洋地理科学前沿，为我国海洋强国建设和推进"21 世纪海上丝绸之路"倡议提供科学依据与技术支撑。

《全球海洋中心城市综合竞争力发展报告》是海洋可持续发展创新团队近两年新的研究成果。本书介绍了海洋中心城市的基本概念及其内涵；从海洋城市体系、海洋资源利用、交通设施布局、海洋灾害韧性等多角度阐述了全球海洋中心城市的总体特征与发展态势；构建了全球海洋中心城市竞争力的指标体系与评价模型，并通过典型案例城市的分析加以论证。本书是海洋人文地理学前沿研究的又一探索，可为我国海洋中心城市建设提供科学支撑与决策参考。全书资料详实、内容严谨、图文并茂，值得一读。

中国科学院院士、国际地理联合会副主席

2024 年 12 月

前　言

大航海时代以来，随着开发和利用海洋的能力不断提升，人类不断向沿海地区集中。目前，全球超过60%的人口居住在沿海地区，人口超过250万的城市中65%是沿海城市。据预测，2025年将有超过75%的人口居住和生活在岛屿和海岸带地区，海洋城市成为当今和未来人类经济、政治、社会、文化等活动聚集的日益重要的空间载体，海洋中心城市的发展水平直接关系到一个国家在全球海洋发展和治理中的话语权和影响力。

本书基于世界城市、全球城市、海洋城市、全球中心城市区域等理论，从全球海洋中心城市的基本内涵、航运贸易格局、海事经贸竞争力评价、港城用地扩张和规划布局、海洋灾害韧性等五个方面，分析海洋中心城市综合竞争力形成和发展的影响机制与客观规律，探索海洋经济地理与海洋城市地理的新知识与新理论，为我国海洋中心城市建设与全球竞争力提升提供科学支撑，服务"21世纪海上丝绸之路"倡议的推进。

区别于传统的沿海城市、滨海城市、海滨城市或港口城市，本书的研究对象海洋中心城市凸显全球化背景下面向海洋、利用海洋空间和资源的城市发展内涵，积极关注海洋资源与空间压力下，全球海洋相关产业的合作网络。本书以伦敦、东京、香港、新加坡四个全球顶级海洋中心城市为案例，重点讨论了它们在优化海岸自然地理环境、提高土地利用效率、提供可持续海上交通系统、建设海陆一体化沿海生态系统等方面的优秀经验；从地理和城市规划视角分析我国海洋中心城市在全球海事贸易中的作用和地位，聚焦海洋中心城市的海洋开发和港口海岸带规划建设；从汇聚海陆双向空间与资源、海陆区域一体化互动发展角度提出海洋中心城市的可持续发展策略。本书研究成果能够为应对海洋城市的人口增长、城市扩张、工业污染、岸线自然环境退化、自然灾害等挑战，提供重要的科学支撑。

全书总体框架由薛德升制定，薛德升与韦春竹完成了全书的统稿工作。全书内容包括绪论与10章。绪论由薛德升、周妍与黄绮婷撰写，通过全球海洋发展历史与中国的海洋战略论证了海洋中心城市研究的理论与现实意义；第一章由黄耿志、柴力行撰写，介绍了海洋中心城市的基本内涵与理论成果；第二章由韦春竹、刘旭峰、弯媛美、肖雅琦撰写，主要运用航运网络分析方法揭示了海洋中心城市网络的整体格局与局部特征；第三章由刘珍环、薛德升、韦春竹、沈文婷、王静婷、周容琪、洪浩霖撰写，从资源禀赋、经济发展与交通布局等方面探讨全球海洋中心城市评价指标体系的构建；第四章由韦春竹、梁锐熹、刘培庚、谭智婷、沈书薇撰写，介绍了全球海岸线变化以及港—城用地空间的拓展；第五章由钟鸣、祝金鑫、韦春竹、李晓迪、张润恺、黎嵩与莫钧宇撰写，介绍了典型海洋灾害与海洋中心城市韧性评价；第六至九章由薛德升、王磊、沈文婷、王静婷、肖雅琦、黄绮婷、杨济同撰写，对新加坡、香港、伦敦与东京等四个全球典型海洋中心城市的地理环境、港城布局、产业发展等进行了分析。第十章由薛德升、韦春竹、黄绮婷、赵甜颖撰写，总结了海洋中心城市发展的特征与规律，提出了相关政策建议。

本书是我们团队就海洋中心城市研究的探索之作，敬请学界同行和读者批评指正。

2024 年 12 月

CONTENTS 目　　录

绪论　海洋战略思考与布局
　　一、海洋强国战略的提出 ·· 1
　　二、21 世纪海上丝绸之路愿景与行动 ·· 7

第一章　全球城市与全球海洋中心城市
　　一、全球城市的概念 ·· 12
　　二、海洋城市的概念 ·· 14
　　三、中心城市的概念 ·· 22
　　四、全球海洋中心城市的概念 ·· 23

第二章　全球海洋中心城市的地位与网络格局
　　一、数据来源 ·· 31
　　二、研究方法 ·· 34
　　三、航运网络分析 ·· 35
　　四、结语 ·· 41

第三章　全球典型海洋中心城市的用地布局空间特征
　　一、全球典型海洋中心城市海岸线用地类型与变化特征 ······························ 44
　　二、全球典型海洋中心城市港城关系特征 ·· 55

第四章　全球典型海洋中心城市灾害韧性评价
　　一、全球典型海洋中心城市灾害空间格局及其趋势 ···································· 81
　　二、全球典型海洋中心城市灾害韧性评价 ·· 94

第五章　全球典型海洋中心城市的综合竞争力评价
　　一、全球典型海洋中心城市的海洋资源禀赋 ··· 107

二、全球典型海洋中心城市经济发展特点 ……………………………… 120

　　三、全球典型海洋中心城市竞争力综合评价 …………………………… 149

第六章　全球典型海洋中心城市——新加坡

　　一、海洋区位与海洋资源 …………………………………………………… 160

　　二、港口发展与海洋经济区布局 …………………………………………… 166

　　三、海洋经济概况与海洋经济部门构成 …………………………………… 179

第七章　全球典型海洋中心城市——香港

　　一、海洋区位与海洋资源 …………………………………………………… 197

　　二、港口发展与海洋经济区布局 …………………………………………… 204

　　三、海洋经济概况与海洋经济部门构成 …………………………………… 216

第八章　全球典型海洋中心城市——伦敦

　　一、海洋区位与海洋资源 …………………………………………………… 234

　　二、港口发展与海洋经济区布局 …………………………………………… 242

　　三、海洋经济概况与海洋经济部门构成 …………………………………… 253

第九章　全球典型海洋中心城市——东京

　　一、海洋区位与海洋资源 …………………………………………………… 261

　　二、港口发展与海洋经济区布局 …………………………………………… 272

　　三、海洋经济概况与海洋经济部门构成 …………………………………… 287

第十章　全球海洋中心城市可持续发展的对策建议

　　一、全球海洋可持续发展 SDG 目标 ……………………………………… 298

　　二、"海洋十年"挑战 ……………………………………………………… 299

　　三、海岸带可持续发展现状与面临的挑战 ………………………………… 302

　　四、全球海洋城市高质量发展的现状与问题 ……………………………… 303

　　五、全球海洋城市高质量发展的对策建议 ………………………………… 307

绪论　海洋战略思考与布局

一、海洋强国战略的提出

综观当今世界局势，海洋的重要性不言而喻。海洋占据了地球表面积的70%，蕴含着丰富的生物、矿产资源。世界上经济最发达、人口最稠密的地区几乎都分布在沿海，海洋为当今世界经济发展与全球化进程都做出了巨大的贡献，"向海而生、背海而衰"几乎成为21世纪国家谋求发展的共识。因此，在全球化深入发展的今天，发展海洋经济、维护海洋权益、提升海洋综合实力成为各国海洋开发的重中之重，各种针对海洋开发保护的组织机构与国家战略纷纷出现，推动着海洋实力竞争逐渐走向白热化阶段。作为一个临海大国，中国拥有1.8万km的漫长海岸线，海域面积达473万km^2，拥有着完整的海洋地形与丰富的海洋资源。2012年，党的十八大明确提出了"建设海洋强国"的重要战略目标，要求提高海洋资源开发能力，发展海洋经济，保护海洋生态环境，坚决维护国家的海洋权益。这标志着中国迎来了从一个海洋大国向海洋强国转变的重大历史机遇。经过10年的建设历程，我国海洋强国建设取得了阶段性的巨大成就，同时也面临着不少的困难与挑战。在上千年的海洋历史中，不同时代的海洋发展都呈现出相应的特点，并诞生出了典型的海洋开发模式与海洋强国代表，勾勒出了海洋霸权兴衰更替的历史画卷。前事不忘，后事之师，通过梳理世界海洋发展的历史规律，总结世界传统海洋强国的经验教训，可以给予中国建设海洋强国一些有益的启示。

（一）全球海洋强国历史演变

1. 早期阶段（前大航海时代）

人类利用海洋的历史已有数千年之久，但受当时的生产力与技术条件的限制，早期开发活动主要表现为利用海洋自然资源，在近海捕捞鱼虾、晾晒海盐等。部分临海国家会利用地理优势发展海兵、舟兵等军事力量来抵御外来入侵，增强国家实力。随着航海技术的进步，到地理大发现之前，部分海洋国家已经能够实现在区域海域内的远距离航行，并打通了数条跨国的海洋贸易路线，其中就包括中国古代的海上丝绸之路。但在这个时期，人们对于海洋的认识仅限于近海、海湾、边缘海等局部海域，对海洋资源的利用方式也处于低水平的索取阶段，国家发展仍主要以陆地国土的扩张与开发为重心。

人类在探索海洋的过程中，逐渐形成了独特的海洋意识，萌生了不同的海洋思想，使得不同国家在对待海洋的态度上有了不同选择。欧洲受地理环境与重商主义的影响，自古以来便具有强烈的海洋意识。早在2500多年前，古罗马著名的政治家西塞罗就曾经断言："谁控制了海洋，谁就控制了世界。"公元前5世纪，雅典军事家伯利克里就提出"雅典的根本战略是建立海军，在一切可能的海域确立支配地位"。在此等海洋价值观的驱使下，欧洲具有强烈的向海扩张的愿望,也由此拉开了大航海时代的序幕。亚洲与非洲受农耕文化的影响,海洋意识较为薄弱。中国在明清时期对于海洋的政策一再收紧,甚至出现了闭关锁国的局面,对中国近代的衰落产生了深远的影响。

地理大发现是全球海洋历史发展的起点。为了更加清晰地把握这段历史的特征与演变,将自地理大发现至现代的海洋发展历史分为三个典型阶段——开拓阶段、扩张阶段与全球化阶段,并对每个阶段的海洋发展特点与海洋强国崛起经历进行阐述,以期获得海洋强国发展的历史经验。

2. 开拓阶段(15世纪末—16世纪)

海洋强国的历史始于15世纪大航海时代的开启,而欧洲是大航海时代的发源地。15世纪航海技术取得了重大的进步,多桅快速帆船、罗盘、火炮等技术的出现以及地圆学说的提出等,不仅降低了航海的风险,而且提高了航海的速度,使得远洋航行成为可能。[1]随着文艺复兴运动的蓬勃发展,人们被宗教所束缚的思想迎来了解放,《马可·波罗游记》在西方的盛行激发了欧洲人前往东方寻宝的热情,国王为获取海外资源,教会为了传播天主教,纷纷对航海事业予以大力支持。在多重因素的推动下,欧洲开始面向海洋进行探索。[2]

葡萄牙、西班牙是大航海时代的"先锋"。1488年,葡萄牙航海家迪亚士成功抵达非洲南部好望角,贯穿了整个西非航线;1492年,西班牙资助航海家哥伦布向西航行,意图前往日本,意外发现美洲大陆;1497年葡萄牙航海家达伽马从里本斯出发,绕过非洲好望角,并于次年成功抵达印度,建立了欧洲—亚洲航线;1519—1522年,受西班牙政府资助的麦哲伦首次完成了全球航行,证明了地圆说的正确性,在人类的认知中首次将世界各个部分通过海洋连为一体,至此世界才在真正意义上成为一个完整的概念。在这个阶段,海洋的功能发生了巨大的变化,首先表现为海洋的联系作用得到了发展。早期由于航海技术所限,海洋作为陆地的边界被视作隔离各大洲的天堑。随着新航路的开辟,海洋逐渐成为沟通各大洲政治、经济、文化的重要通道,将整个世界紧密地联系在一起。[3]其次,海洋的公共属性被打破。在对海洋进行探索的过程中,欧洲海洋国家为了获取更大的殖民地而对海洋势力范围进行了瓜分,欧洲成为当时海洋势力的中心。葡萄牙、西班牙、荷兰、英国、法国等海上强国相继崛起并建立起以本国为主导的海上秩序。最后,海洋军事力量与海洋商业贸易成为海洋国家发展的重心,各国纷纷在航海技术与海洋舰队等方面投入大量的人力物力,以期通过掠夺海外财富、发动海上战争来争夺海洋霸权。

3. 扩张时代(16世纪中—20世纪中)

自地理大发现以来,欧洲成为名副其实的海上霸主,西班牙、葡萄牙、荷兰、英国、法国等海洋强国分别凭借先进的航海技术与强大军事力量在世界范围建立起以殖民体系为基础的海权体系,"殖民扩张,海上贸易"成为这一阶段全球海洋历史的显著特点。随着18世纪60年代第一次工业革命在英国发生,机器生产推动了生产力的大幅提升,激发了欧洲资本主义对市场与原料的极端需求,资本主义的蓬勃发展迫切地需要将整个世界纳入资本主义经济体系;蒸汽机和锻钢技术的出现使船只摆脱对自然力量的依赖,铁甲战舰登上了历史的舞台;此外,美国政治家马汉以"生产、海运和殖民地"三个要素为核心提出的"海权论",成为西方列强海洋战略设计的重要指导思想。基于此,一种以落后国家与殖民地为原料输出地与产品市场的资本主义殖民经济体系得以建立,在这种以海上贸易为基础的世界经济循环中,殖民地受到源源不断的剥削与压迫,资本主义国家实现了原始积累,资本主义生产方式实现了世界范围的扩散。

在这一时期,中国也成为资本主义殖民体系的一部分。自从《马可·波罗游记》与瓷器、茶叶等特产在西方盛行以来,西方国家便从未停止过对中国丰富物产与广阔市场的觊觎。从16世纪中叶葡萄牙占领澳门开始,此后数百年间,荷兰、英国都对中国沿海地区的领土进行过骚扰与侵占,但中国仍然处于相对封闭的状态。1840年,英国通过鸦片战争打开中国国门,此后法国、美国、德国、沙俄等资本主义国家纷纷与中国签订不平等条约,中国失去部分主权,彻底沦为半殖民地。不仅作为东方世界代表的中国折服于西方的坚船利炮,甚至长期归属于东方文明的日本也选择了"脱亚入欧",使得东亚海权完全旁落于西方体系。[1]

19世纪末期,资本主义从自由竞争阶段过渡到垄断阶段,帝国主义逐渐形成,对殖民地的控制程度进一步加深,资本主义列强已将世界版图分割完毕,围绕几个资本主义国家形成的世界格局业已形成。然而,老牌海上强国占据了绝大部分的殖民地,凭借第二次工业革命迅速崛起的新兴资本主义强国不满于现状,试图挑战大英帝国主导下的海洋秩序,要求对殖民地进行重新划分。资本主义世界政治经济的不平衡使得两次世界大战相继爆发,以大英帝国为代表的欧洲殖民体系彻底衰落,退出了海洋争霸的舞台,美国、日本等新兴国家凭借此机会一跃成为海上强国,世界海洋秩序重新洗牌。

4. 全球化时代(20世纪中至今)

"二战"结束后,海洋发展进入了一个新的历史阶段,殖民时代的热战开始消弭,"和平与发展"成为当前海洋发展的主题。1982年《联合国海洋法公约》确立了新的国际海洋秩序,确保海洋的和平用途与公平正义,和谐的海洋价值观获得主流世界的认同。此外,经济全球化与区域一体化发展使得世界以前所未有的方式紧密联系在一起,生产的地域分工与全球市场的发展推动了海洋贸易与海洋运输产业的蓬勃发展,海洋对于洲际与国际交流合作的重要性愈发凸显。尽管美国的霸权主义与地缘政治竞争会使得局部海洋地区呈现对峙与冲突,但在全球化浪潮与多边主义的影响下,世界各国对海洋的开发仍然坚定地走向和平与发展的道路。

在这一时期,海洋经济、海洋科技与海洋治理也逐渐成为各国海洋政策制定的重要战略目标。[4-6]海洋拥有丰富的生物矿产资源。相关资料显示,海洋给人类提供食物的能力约等于全球农产品产量的1000倍,海洋石油与天然气的储量为1.4万亿吨,海洋潮汐、海洋风电等为人类提供清洁能源,海洋牧场为人类提供丰富的食物来源。在人口增长与陆地资源枯竭的大背景下,随着海洋科技的发展,人们获取海洋资源的能力大幅提升,海洋正在成为未来人类获取战略资源的最重要来源。近年来,海洋经济已经成为世界经济体系的重要组成部分,而海洋城市作为海洋经济活动的承载空间与集聚中心,成为国内外关注的焦点。海洋运输、海洋捕捞、海洋工程设备等一系列海洋产业已经成为沿海地区经济发展的蓝色引擎。世界级的海洋城市如纽约、伦敦、东京、香港等在世界城市网络中占据着重要地位,在作为本国对外联系的重要窗口的同时也承担了世界资源集聚中心的重要功能。当前围绕海洋资源与海洋经济的竞争空前激烈，面对海洋带来的巨大潜在价值，各国加紧了获取制海权与资源争夺的脚步，新兴大国能否崛起，对海洋的掌控至关重要！

在全球化背景下，中国的崛起对全球海洋秩序的形成产生了重大的影响。中国作为一个海洋大国，海洋面积位居世界前列，各种海洋资源的储量相当丰富：东海大陆架是世界上蕴藏油气量最丰富的地区之一，已经勘测的油气储量达到77亿t；南海属于世界四大海洋油气聚集区之一，有"第二个波斯湾"之称，其油气储量约占中国石油总资源量的1/3；地跨温带、亚热带、热带三个气候带，海洋生物种类丰富。此外，中国的海洋经济发展也取得了巨大的成就。《2022年中国海洋经济统计公报》《2022中国航运发展报告》与《世界海洋城市研究报告（2021）》的数据显示，2022年，全国海洋生产总值94628亿元，全国港口货物吞吐量156.8亿t，港口集装箱吞吐量近3亿TEU；全球货物和集装箱吞吐量排名前十的港口中，我国分别占8席和7席；现代海洋城市第一梯队6个城市中，中国城市上海与香港占据两席。然而，尽管我国在海洋开发方面取得了巨大的成就，但该过程中所面临的问题与困难同样不容忽视。如何在美国意图从海上围堵中国的海洋霸权战略中寻求突破？如何实现海洋产业的绿色转型与高质量发展？解决这一系列问题是实现我国海洋强国战略的关键。

（二）世界海洋强国的战略实践

从大航海时代开始，到第二次世界大战结束之前，世界海洋秩序由几个重要的海洋强国掌控，整个世界都沦为了这些海洋强国的殖民地。这些强国既包括葡萄牙、西班牙等海洋秩序的开拓者，也包括后来的荷兰、英国、法国等海洋霸权的争夺者，这些国家曾通过海洋走到了时代的顶峰，但最终仍然不可避免地走向衰落。通过分析这些老牌海洋强国崛起的历史经验，吸取其走向衰落的历史教训，对于我国海洋强国的建设具有重要的借鉴意义。

1. 葡萄牙

葡萄牙作为探索海洋的先锋，拥有极为超前的海权意识。14—15世纪，葡萄牙民族国家推翻了北非穆斯林对伊比利亚半岛的统治，实现了领土的统一，为集中全国力量向海洋扩张打下了坚实的基础。[7]在葡萄牙的海洋战略中，最重要的一点是将探索海洋作为国家计划执行，航海事业在王室的鼓励下获得了全社会的支持。大量航海家获得资助出海开辟航路并沿途收集情报，同时在国内大力发展造船产业、兴办航海学校、建立海洋舰队等，降低了航海的成本与风险，为巩固葡萄牙的海上霸权地位提供了保障。同时，海上贸易与海外殖民地是葡萄牙获取财富的重要途径。当时东西方之间的贸易路线因奥斯曼土耳其帝国的崛起而阻断，欧洲急需新的途径从东方进口香料等商品。葡萄牙舰队率先打通了东西方的海上商路，并组建商队贩运东方商品，垄断了海上贸易。此外，葡萄牙还开启了欧洲—非洲—美洲之间的黑奴贸易，通过在航线上建立殖民根据地来掠取殖民地的原料与财富，使得葡萄牙一时间成为当时欧洲最富裕的国家。葡萄牙作为大航海时代初期的海洋大国，却在16世纪末走向衰落，其直接原因是被西班牙吞并而失去其海上势力，其根本原因则是国际治理体系的落后。葡萄牙作为一个封建国家，其对殖民地的开发止步于直接的资源掠夺与原始的海上贸易，未能刺激本国制造业的发展，带来生产力的腾飞，因此被英国、荷兰等资本主义后起之秀取代是必然的趋势。

2. 西班牙

西班牙与葡萄牙地理临近，海洋条件类似。葡萄牙通过海上航运获取大量财富刺激了西班牙向海外扩张的愿望。西班牙总体上采取了与葡萄牙相似的策略，一方面举全国之力支持航运事业的发展，另一方面与葡萄牙签订了《托尔德西里亚斯条约》与《萨拉戈萨条约》，划分海上势力，建立起于自身有益的海洋秩序。相比于葡萄牙，西班牙在16世纪建立起了强大的海上军事力量——一支强大的海洋舰队"无敌舰队"，为其海上势力的扩张提供了重要保障。1580年，西班牙吞并葡萄牙，海洋实力到达顶峰。1588年，"无敌舰队"在西班牙与英国海战中的落败标志着西班牙海洋霸权的衰落。

3. 荷兰

荷兰作为一个以转运贸易为立国之本的资本主义国家，其需克服的首要障碍便是由西班牙与葡萄牙两大海洋强国对海上贸易通道的封锁，加入与东印度地区的海上贸易进程。受西班牙"无敌舰队"的影响，荷兰深知建立一支强大的海军对于海洋强国建设的重要意义。因此，依托于本国先进的造船业，荷兰成立了海军部，为本国的商船与渔船保驾护航。此外，荷兰通过格老秀斯的著作《论海洋自由》与《捕获法》来强调海洋的公共属性，以此为本国在海上的行为正名。荷兰还成立了荷兰东印度公司，不仅能够在国民间甚至国家间募集资金，而且能够通过垄断手段巩固本国海上贸易利益，避免公司间的恶性竞争。[8]

葡萄牙、西班牙与荷兰的海洋强国战略是典型的小国发展战略，三者都因为陆地国土面积狭小而最早萌发向海扩张的念头，并抓住了地理位置所带来的优势地位，首先将建设海洋强国作为国家战略从而占据先发地位。然而受限于落后的政治体制与生产力，其地位逐渐被英国、法国等后起之秀取代。

4. 英国

英国作为近代海洋历史上近4个世纪屹立不倒的海上巨人，其海洋战略发展经历了以下4个阶段：首先是防御阶段。英国是一个四面临海的典型海洋国家，海洋作为天然防护屏障极大地保护了英国国土免受外敌侵扰。然后是海外贸易阶段。新航路开辟后，英国成立东印度公司，积极开展海外贸易与殖民掠夺，累积了大量原始资本。尤其在工业革命之后，英国凭借强大的生产力一跃成为世界工厂，在全世界建立殖民地，掠夺原材料并倾销商品，获得"日不落帝国"称号。与此同时，英国通过发展造船业、扩张海军等方式建立起强大的海上军事力量，通过先后打败西班牙、荷兰、法国等海上强国确立了海上霸主的地位。英国还通过欧洲均势政策来平衡欧洲大陆势力，保护了陆地国土的安全，使得更多的资源与资金向海外扩张倾斜。[9]最后是衰落阶段。随着美国、德国等新兴海上强国的兴起与两次世界大战挑战了以英国为主导的海上秩序，民族解放浪潮使得殖民地纷纷宣布独立，殖民体系面临崩溃，英国的海上霸权也逐渐走向末路。

进入21世纪以来，英国将海洋强国战略重点转移到海洋经济与海洋科技领域，并且以法律的形式确定了海洋政策的地位与规范。[10]在海洋经济方面,英国不仅大力发展造船业、港口业等传统优势海洋产业,更是大力发展海事服务业,推动伦敦由国际航运中心向国际航运服务中心转变。此外,英国十分重视海洋科技实力的提升,如《2025海洋研究计划》(Oceans 2025)确定了英国该阶段海洋研究的10个研究主题和3个机构建设内容,《预见未来海洋》报告从海洋经济发展、海洋环境保护、全球海洋合作、海洋科学等4个方面分析阐述了英国海洋战略的现状和未来需求。[11]

5. 美国

美国是"海权论"思想的发源地。美国海洋战略学家马汉认为海权包括三大要素:海军、海外贸易与殖民地,该思想获得了大多数西方海洋国家的认同并渗透到了美国海洋发展战略的方方面面。[12]首先,自美国独立以来,英国在海上占据了绝对的主导地位,美国深刻地认识到发展海上势力的重要性。在罗斯福执政期间,美国大力扩张海军规模,建造大型战舰设备,优化海军管理制度,为美国指向了一条从陆权向海权的前进之路。[13]威尔逊总统、特朗普总统都提出了海洋强军计划,试图通过增强海洋军事实力保障美国在全球海洋秩序中的利益。其次,海洋经济与海洋生态保护也是美国海洋战略的重要组成部分。自"冷战"以来,海洋世界热战停息,美国将海洋开发的重点逐渐转向资源开发。为此,美国成立了国家海洋和大气管理局,主要负责美国海洋资源、海洋环境与海洋经济方面的管理,还出台了一系列海洋政策与研究计划(如《我们的国家与海洋》《21世纪海洋蓝图》等),进一步为海洋资源开发与保护指明了方向。最后,海洋综合管理体系也是美国成为海洋强国的重要原因。美国对海域的管理经历了从松散的州政府管理到联邦政府管理再到区域综合治理的变革路径,并且出台了一系列海洋法以确保助海洋综合治理的实现。[14]纵观美国海洋发展战略,海洋科技发展与海洋规则制定是美国屹立于海洋世界的两大支点:通过海洋科技进步为海洋军事、海洋经济等其他战略提供技术保障,通过参与并主导国际海洋规则来维护自身有利地位是美国在世界范围内推行海洋霸权的重要途径。

6. 日本

日本国土面积狭小,四面环海,是一个典型的海岛国家。由于国内资源匮乏,日本极度依赖于海洋贸易运输与海洋资源开发。因此,为维持社会的基本运转与经济发展,向海洋扩张、开发海洋是日本必然的选择。19世纪,日本被迫签订不平等条约开国通商,通过向西方海洋强国学习,从此开启了以海强国之路。在此海洋战略指导下,日本成立了海军省,不断壮大海军实力,先后通过甲午海战、日俄海战等占据了我国台湾、朝鲜等地区并且不断朝东南亚入侵,成为东亚名副其实的海上霸主。[15]"二战"日本战败后,受战败国条约的影响,日本原有的海军力量遭到了巨大的打击,日本海洋战略转向海外贸易,通过不断发展造船业、渔业、港口运输业等海洋产业带动战败后的经济恢复与发展。此外,日本还通过建立海洋外交、发展海洋科技、参与国际海洋规则制定等一系列战略来增强其国际影响力,以确立其海洋强国的地位。[16]进入21世纪后,日本进一步明确了以经济与政治外交为突破口的海洋扩张模式,通过制定圈层结构不断向太平洋与印度洋拓展势力范围,并发布《海洋基本法》与《海洋基本计划》等海洋政策,进一步指导海洋发展道路。[17]

7. 中国

中国自秦汉以来便开拓了海上丝绸之路，唐宋的海洋贸易也在东亚不断拓展，明朝时的郑和下西洋更是到达了中国古代海权的巅峰。然而，受中国小农经济体制以及儒家文化等思想影响，中国古代并未产生过强烈的向海扩张的愿望。随着清朝闭关锁国政策的推行，中国与海外的交流通道基本被关闭，中国对世界的认知逐渐落后于现实。直到西方列强从海上强行打开中国国门，清政府才开始组建北洋海军。然而，受官僚腐败、战乱不休等因素影响，近代中国一直没有发展出一支强大的海军力量。新中国成立后，中国为维护国家安全，不断壮大海军与海防建设。至改革开放时期，中国逐渐融入世界经济体系，海外贸易、海洋运输等海洋产业获得了飞速的发展。2003年《全国海洋经济发展规划纲要》中首次提出了将中国建设为"海洋强国"。在党的十九大报告中，习近平总书记强调建设海洋强国是建设社会主义现代化强国的重要组成部分。

中国海洋强国战略主要表现为三部分。首先，要大力发展海洋经济，作为海洋强国的重要支撑。国务院通过发布《全国海洋经济"十四五"规划》等一系列政策文件来对海洋经济发展进行总体的规划。同时，国家加强对海洋科技的推动力，通过金融、人才、政策等一系列手段推动海洋科技创新。其次，海洋生态保护也是建设海洋强国的重要战略目标，《中华人民共和国环境保护法》与《国土空间规划法》等以法律的形式确立海洋环境保护的重要地位并将海洋空间纳入国土空间规划体系，以实现陆海统筹发展。最后，中国作为一个新兴的海洋大国，积极关注国际海洋问题，参与国际海洋事务，不断提高自身的国际影响力与话语权。

二、21世纪海上丝绸之路愿景与行动

（一）时代背景

在全球增长格局演变[18]、新自由主义思想指导下地区发展不均衡[19]、后危机时期美国重返亚洲与亚太再平衡战略的威胁[18]、中国与东盟持续的友好合作关系等国际背景，以及我国改革开放以来各领域措施系统集成研究不足[20]、经济体系面临巨大的转型压力、产能过剩、外汇资产过剩、矿产资源对外依存度高等问题亟待解决的背景下，21世纪海上丝绸之路倡议应运而生。"丝绸之路"的概念最早在19世纪由德国地理学家李希·霍芬（Ferdinand von Richthofen）在《中国——亲身旅行和据此所作研究的成果》中提出。[21] 1913年，法国学者沙畹（Emmanuel-èdouard Chavannes）指出丝绸之路有陆上和海上两条道路之分。[22] 20世纪80年代，我国学者陈炎明确以海上丝绸之路为对象，系统论述了不同时期中国丝制品通过海路外传的路线。[23] 随着研究的深入与拓展，"海上丝绸之路"作为"丝绸之路"的衍生概念逐渐明晰起来。

古代海上丝绸之路最早可以追溯到公元前1世纪，并延续到19世纪中后期。[24] 公元前1世纪之前，大陆各个板块内部及一些相邻板块之间已经形成了一定规模的海上贸易交往。公元前1世纪左右是海上丝绸之路的萌芽期，随着各条线路的发展和商业规模的扩大，活跃在大洋上的各条线路逐步建立起了稳定的联系，形成了一个由海上交通线路构建

的海上贸易体系。公元前 1 世纪—6 世纪末是形成期，西端的罗马帝国凭借大量的金银货币购买来自沿线各地的货物，东端的汉朝向西出口丝绸，并吸收来自南亚的佛教。在罗马帝国衰亡后，南亚的商人转向东南亚，与东方建立起了更为紧密的联系。佛教和印度教在南亚、东南亚以及中国传播。7 世纪初—10 世纪末是发展期，伊斯兰文明与中华文明都相对稳定。穆斯林商人遍布世界，中国福建和广东的海上贸易也进一步繁荣。11 世纪初—15 世纪中期是鼎盛期，多元文化繁荣，伊斯兰教进一步扩张，东非、东南亚伊斯兰化，中国执行强劲的海外贸易政策，中国商人活跃在东南亚，郑和七次下西洋。这一时期，南亚诞生了朱罗王朝海上帝国，印度教的商人和水手在强大的朱罗海军的保护下，在东印度洋地区留下了印度教的宗教与建筑遗迹。15 世纪中期—19 世纪中后期是转折期。这一时期以地理大发现和大帆船贸易的开始为起点，以蒸汽轮船的广泛应用为终点。欧洲人开始遍布海上丝绸之路沿线，并开启了从美洲跨越太平洋的新航线，天主教随着欧洲殖民者的扩张迅速传播。19 世纪中后期以后是衰落期，蒸汽轮船取代木帆船成为海上贸易的主要交通工具，一批欧洲殖民者主导下的新港口——孟买、马德拉斯、加尔各答、吉大港、仰光、新加坡和雅加达等兴起，传统的海上丝绸之路体系消亡。

作为一项持续时间 2000 多年、范围覆盖大半个地球的人类历史活动和东西方文化经济交流的重要载体，海上丝绸之路的经济价值、文化价值和历史价值亟待被挖掘和活化。进入 21 世纪以来，中国在继承古丝绸之路和平友好、互利共赢的价值理念基础上，提出了共建 21 世纪海上丝绸之路的倡议，为之注入了新的时代内涵，实现了从古代较为单一的海上运输的传统联系到现代全方位互联互通的立体联系的转化。[25] 2013 年 10 月 3 日，习近平主席在印度尼西亚国会演讲时，提出与东盟国家共建 21 世纪海上丝绸之路的构想。这是基于历史，着眼于中国与东盟建立战略伙伴 10 周年的历史起点上，为进一步深化中国与东盟的合作，构建更加紧密的命运共同体，为双方乃至本地区人民的福祉而提出的。该构想与习近平主席此前 9 月 7 日在哈萨克斯坦纳扎尔巴耶夫大学发表演讲时提出的与中亚国家共建丝绸之路经济带倡议，共同构成"一带一路"倡议。2015 年，国家发展改革委、外交部、商务部联合发布《推动共建丝绸之路经济带和 21 世纪海上丝绸之路的愿景与行动》，提出利用长三角、珠三角、海峡西岸、环渤海等经济区开放程度高、经济实力强、辐射带动作用大的优势，加快推进中国（上海）自由贸易试验区建设，支持福建建设 21 世纪海上丝绸之路核心区，打造粤港澳大湾区，推进浙江海洋经济发展示范区、福建海峡蓝色经济试验区和舟山群岛新区建设，加大海南国际旅游岛开发开放力度。

（二）具体行动

近 10 年来，"一带一路"倡议逐渐得到海上丝绸之路沿线国家和地区的认同，从中国倡议上升为相关国家与地区的共识，从方案的提出落实为具体的行动，借用古代海上丝绸之路的历史符号，高举和平发展的旗帜，积极发展与沿线国家的经济合作伙伴关系，共同打造政治互信、经济融合、文化包容的利益共同体、命运共同体和责任共同体。21 世纪海上丝绸之路的建设主要围绕两大目标：一是从国内发展出发，通过打通与东盟各国的贸易通路以应对新形势下的新挑战，用开放倒逼国内产业结构升级，拓展中国经济发展的战略空间，促进我国海洋城市建设，最终实现海洋强国战略目标；二是从国际合作视角出发，通过加强国家间贸易、文化、人员的往来增进理解，消除隔阂，建设人类命运共同体，构建和平稳定、繁荣共进的周边环境，促进沿线国家共同繁荣。总体而言，是要以"一带一路"建设为契机，开展跨国互联互通，提高贸易和投资合作水平，推动国际产能和装备制造合作，通过提高有效供给来催生新的需求，并在当前世界经济持续低迷的情况下，支持沿线国家推进工业化、现代化和提高基础设施水平的迫切需要。即在国际风云激荡之时为腾飞的中国大鹏再插上一双翅膀，使之飞得更高更远，同时通过国际互利合作重振全球经济，为周边国家乃至世界的发展创造新的机遇和空间。

1. 区域范围

海上丝绸之路是一个以海洋为纽带的世界性体系，其涉及的空间范围可以划分为东亚、东南亚、南亚、西亚、埃及—地中海、东非六大板块。海上丝绸之路网络的整体性主要建立在相邻板块之间的跨板块航线之上，而各板块之间及板块内部都存在一些以港口片区为基本空间形态的节点。[24]一是东亚板块，包括中国沿海地区、日本及朝鲜半岛。其中，中国东海与南海沿岸的港口是东南亚板块进入东亚板块的主要枢纽。二是东南亚板块，包括中南半岛、海岛和东南亚地区。其中，马六甲海峡一带是东亚板块和南亚板块航路之间的必经之路。三是南亚板块，包括南亚次大陆、斯里兰卡及周边海域。其中，南亚次大陆南部的科罗曼德尔海岸、马拉巴尔海岸和斯里兰卡是海上丝绸之路整体的地理中心。四是西亚板块，包括阿拉伯半岛，以及阿拉伯海（阿曼湾）、亚丁湾和红海波斯湾等海域。其中，波斯湾和红海两个区域是其他板块经西亚连接地中海板块的枢纽。五是埃及—地中海板块，包括地中海及围绕其周边的陆地、岛屿地区。其中，苏伊士地峡和土耳其是这一板块与西亚从海路和陆路连接的节点。六是东非板块，包括索马里、肯尼亚、坦桑尼亚、莫桑比克的沿海地区及近海岛屿，以及科摩罗群岛和马达加斯加。其中，北部以摩加迪沙、基尔瓦和蒙巴萨为代表的港口片区是西亚板块和南亚板块进入东非的节点。

21世纪海上丝绸之路的重点方向有二：一是从中国沿海港口过南海到印度洋，延伸至欧洲；二从中国沿海港口过南海到南太平洋。其以重点港口为节点，共同建设通畅安全高效的运输大通道，主要航线为：泉州—福州—广州—海口—北海—河内—吉隆坡—雅加达—科伦坡—加尔各答—内罗毕—雅典—威尼斯。

2. 规划措施

一是政策沟通。加强政策沟通是"一带一路"建设的重要保障。沿线各国加强政府往来，增进沟通了解，就经济发展战略和对策进行充分交流对接，共同制定推进区域合作的规划和措施，协商解决合作中的问题，利用双方的互补优势开展各项合作，促进地区繁荣。

二是道路联通。基础设施互联互通是"一带一路"建设的优先领域。包括交通基础设施、能源基础设施和跨境光缆等通信干线网络的互联互通合作。建立完善基础设施互联互通，推动合作交流国际化，以海洋经济为突破口，共同建立海洋养殖合作基地，探索产业园区双向投资，健全常态化的合作交流机制；构筑沿线各方海上互联互通网络，开拓港口、海运物流和临港产业等领域合作，积极发展好海洋合作伙伴关系。

三是贸易畅通。投资贸易合作是"一带一路"建设的重点内容。着力研究解决投资贸易便利化问题，消除投资和贸易壁垒，构建区域内和各国良好的营商环境；拓展贸易和投资领域，推动新兴产业合作，优化产业链分工布局。

四是资金融通。资金融通是"一带一路"建设的重要支撑。推进亚洲货币稳定体系、投融资体系和信用体系建设；加强金融监管合作，逐步在区域内建立高效监管协调机制；等等。

五是民心相通。民心相通是"一带一路"建设的社会根基。旨在为深化双多边合作奠定坚实的民意基础，广泛开展文化交流、学术往来、旅游合作，加强沿线国家之间立法机构、主要党派和政治组织的友好往来和民间组织的交流合作。如提升区域合作的海上丝绸之路学术研究水平，加强媒体间、文化间的交流与合作，提高合作向心力。

参考文献

[1] 刘笑阳. 海洋强国战略研究[D]. 北京：中共中央党校，2016.

[2] 孙悦民，张明. 海洋强国崛起的经验总结及中国的现实选择[J]. 国际展望，2015，7（1）：52–70，154–155.

[3] 朱锋. 海洋强国的历史镜鉴及中国的现实选择[J]. 人民论坛·学术前沿，2022（17）：29–41.

[4] 贾宇. 关于海洋强国战略的思考[J]. 太平洋学报，2018，26（1）：1–8.

[5] 吴梵，高强，刘韬. 海洋科技创新对海洋经济增长的门槛效应研究[J]. 科技管理研究，2019，39（20）：113–120.

[6] 许忠明，李政一. 海洋治理体系与海洋治理效能的双向互动机制探讨[J]. 中国海洋大学学报（社会科学版），2021（2）：56–63.

[7] 王大威，陈文. 欧洲早期民族国家的海洋发展与国家治理策略：以葡萄牙为例[J]. 广东社会科学，2020（5）：79–85.

[8] 崔凤，陈默. 突破教皇子午线：荷兰的海洋强国之路[J]. 中国海洋大学学报（社会科学版），2015（4）：16–22.

[9] 尤琳. 论英国崛起中的海权因素及其对中国的启示[J]. 理论月刊，2017（7）：183–188.

[10] 杨金森，王芳. 他国海洋战略与借鉴[J]. 中国工程科学，2016，18（2）：119–125.

[11] GOVERNMENT OFFICE FOR SCIENCE. Foresight future of the sea[R]. https://www.gov.uk/government/uploads/system/uploads/attachment_data/file/693129/future-of-the-sea-report.pdf.

[12] 解晓东，赵青海. 美国对海权的再认识及其政策影响[J]. 国际问题研究，2017（3）：63–75.

[13] 赵露，陈宁. 美国海洋战略及其启示[J]. 国土资源情报，2018（12）：3–9.

[14] 沈杰. 美国海洋管理的经验与启示[J]. 中国海事，2016（11）：56–59.

[15] 况腊生. 论日本海洋战略及海洋体制的发展[J]. 日本研究，2022（2）：76–88.

[16] 马俊宇，陶金. 现代日本海洋战略发展过程考析[J]. 水上安全，2023（5）：4–6.

[17] 巴殿君，沈和. 日本海洋安全战略模式的历史演变与内在逻辑[J]. 东北亚论坛，2017，26（6）：15–24，125.

[18] 卢锋，李昕，李双双，等. 为什么是中国？："一带一路"的经济逻辑[J]. 国际经济评论，2015（3）：9–34.

[19] 刘卫东. "一带一路"：引领包容性全球化[J]. 中国科学院院刊，2017，32（4）：331–339.

[20] 黄凤琳. 应加强"一带一路"的基础理论研究[J]. 新西部（理论版），2016（10）：48.

［21］RICHTHOFEN F V. China：ergebnisse eigener reisen und darauf gegründeter studien［M］. Erster Band，Berlin：Verlag von Dietrich Reimer，1877.

［22］沙畹. 西突厥史料［M］. 冯承钧，译. 上海：上海社会科学院出版社，2016.

［23］陈炎. 略论海上"丝绸之路"［J］. 历史研究，1982（3），161-177.

［24］燕海鸣，朱伟，聂政，等. 古代世界的海上交流：全球视野下的海上丝绸之路［J］. 中国文物科学研究，2016，42（2）：17-22.

［25］侯丽丽. 考虑海上丝绸之路影响的班轮运输枢纽线选址问题［D］. 大连：大连海事大学，2020.

第一章　全球城市与全球海洋中心城市

一、全球城市的概念

全球城市（Global City）这一概念最初见于法国著名思想家亨利·列斐伏尔（Henri Lefebvre）的经典著作《都市革命》一书中。列斐伏尔将其所理解的都市社会划分为三个层次/维度：全球性的G层（Global）、私域性的P层（Private），以及G层和P层之间的过渡性M层（mixed/mediator/intermediary）。其中的G层便对应着"全球城市"的概念，它代表全球尺度下，都市社会中国家权力的彰显，并且作为一种整体性的国家全球发展战略，导致了以不平衡发展为代价的全球性同质化过程。全球城市在都市社会中起整体性、决定性作用。[1]全球城市具有里程碑意义的研究成果来源于著名城市学者Sassen的著作 *The Global City: New York, London, Tokyo*。Sassen将全球城市定义为金融和商业高度发达的中心，通过高级生产性服务业管理和协调全球尺度下分散的经济活动。结合纽约、伦敦、东京三个案例城市分析，Sassen对全球城市进行了较为详细的阐述：在全球经济活动地理分散的背景下，跨国公司的业务管理日趋复杂，城市作为信息生产和交换的场所，承担了跨国经济活动的管理和服务功能。其中，部分集聚了大量高级生产性服务业的城市通过跨境服务网络为跨国公司业务提供相关服务，进而成为全球经济活动的管理和控制中心，即全球城市。然而，全球城市的形成也带来了相关社会问题，如产业转向和就业结构改变带来的社会极化问题，以及更加激烈的公司竞争中催生的非正规经济活动。[2]Sassen的研究奠定了对全球城市的基本认识，对后来的全球城市研究及全球城市建设议程产生了重要影响。

在全球化时代的城市理论争鸣当中，世界城市（World City）概念的提出和相关研究同全球城市有着千丝万缕的联系。相较于全球城市，世界城市概念最早由Goethe于1889年提出，在后续的几十年间由Geddes、Hall等人不断完善[3-4]，并在20世纪80年代Friedmann发表的"World city formation"和"The world city hypothesis"[5-6]两篇文章中形成了对世界城市的总体性认识。在"The world city hypothesis"中，Friedmann详细阐释了世界城市的本质和特点：全球资本网络的流动塑造形成了复杂的世界城市等级体系，在新国际劳动分工中的地位确定了城市的等级。其中，世界城市是集聚了大量企业总部、运输和通信设施、金融和服务业的全球经济中心，在世界城市等级体系中具有统治地位。同时，世界城市和世界城市体系的涌现也反映了新一轮资本主义重构引起的社会经济矛盾，在世界体系中表现为集聚大量财富的中心国家和边缘国家的发展鸿沟进一步加大，在世界城市内部则表现为社会结构的两极分化。

总的来说，Sassen和Friedmann最初对全球/世界城市的探讨，均来源于对西方发达国家20世纪70年代新自由主义改革后一系列变化的观察：福特主义的瓦解和后福特主义的崛起、世界贸易和金融的去管制化和信息、交通技术的飞速发展极大地促进了经济全球化进程，世界经济重构引起了新一轮的国际劳动分工，集中表现为发达国家的制造业大规模地向具有劳动力、土地成本优势的发展中国家转移。在这样的背景下，经济活动的地理分散性要求管理和控制中心的存在。因此，在贸易和金融方面具有悠久历史、集聚了大量高级生产性服务业和高新技术产业的世界级城市便开始凸显出来，并一举成为全球经济的控制和管理中心。

从 Sassen 和 Friedmann 的论述中可以发现，Sassen 关注全球城市如何通过高级生产性服务业来实现其对全球经济的管理和协调，以及全球城市业态变化所带来的社会不平等问题；Friedmann 则重点关注经济全球化给世界城市和世界城市体系带来的新变化，以及世界城市内部和世界城市体系中中心国家和边缘国家不断激化的不平等问题。两者关注的侧重点虽然有所不同，但关注的均为同一现象，均强调全球/世界城市对全球经济的控制作用以及随之而来的不平等问题。因此，在全球/世界城市的早期理论发展过后，区别全球城市和世界城市已不再是学界的主要研究方向，学界对全球/世界城市的特征已基本形成了共识。

从全球城市的研究脉络来看，自 Sassen 和 Friedmann 对全球/世界城市做出开创性研究之后，全球城市一直是城市研究的前沿领域，相关研究不断深化，较具代表性的有：Castelles 在 *Rise of the Network Society* 一书中提出了信息时代流动空间的关系模式，认为全球城市支配着全球通信网络，信息技术的发展和应用让全球城市得以将地方社会的经济、社会、政治活动纳入整个网络中，从而为理解全球城市管理和协调世界城市体系的具体方式提供了强有力的视角[7]；Taylor 等人在 Sassen、Castelles 等人研究的基础上深化了世界城市之间的联系方式，将中心地方法和网络方法结合起来，提出了世界城市网络研究的中心流动模式[8]；Scott 注意到了全球化时代后，福特主义生产模式背景下全球经济、区域中心城市和区域三者之间的关系，提出了城市发展的新形态——全球—城市—区域。[9]除继续深化基本理论的发展之外，不少学者也对全球城市的理论提出了质疑和批判，比较具有代表性的如：Robinson 认为全球城市研究"将城市从地图上摘除"，即研究对象的选取具有主观性，让世界上的许多城市都从全球城市研究中消失[10]；Hill 等基于东京和首尔两个亚洲城市，对经典世界城市理论提出了挑战，他认为经典世界城市理论将纽约、伦敦过分模型化，对东京、首尔的分析则表现出不同的世界城市特征[11]。此外，Abu-Lughod 对经典城市理论缺乏历史因素进行了批判。然而，相关学者的批判并没有阻挡全球城市研究的进程，反而进一步完善了全球城市理论。[12]

在早期全球城市研究中，研究侧重基本概念和理论的探讨，定量研究较为缺乏。首先出现的全球城市定量研究是 Beaverstock、Godfrey 等人根据跨国公司数量、高级生产性服务业数量对全球城市进行排序和分级[13-14]，但该类研究对全球城市等级的衡量并不完全符合全球城市的理论假设，特别是没有揭示全球城市体系中城市与城市之间的作用关系，被认为是"有属性无关系"的研究。20 世纪末期至 21 世纪初兴起的城市网络研究则很好地弥补了这一缺陷，Short、Keeling 等人开始使用国际航班数据和信息数据对全球城市网络进行初步探讨。[15-16]其中，以 Taylor 为代表的 GaWC 组织及其著述 *World City Network* 真正奠定了世界城市网络研究的基本范式，他们综合运用全球城市体系中生产性服务业的分布情况、基础设施网络、学术专利合作情况等数据，对全球城市网络进行了较多探究，从网络和关系的角度为认识全球城市的联系方式做出了较大贡献。[8]

随着城市网络定量研究范式的确定，全球城市研究呈现出较明显的定量化趋势，但当时的定量化研究并不能及时反映全球化形势的迅速变化。2008年全球金融危机被称为全球化时代的"分水岭"，西方传统发达国家经济发展疲软，以中国、印度为代表的新兴发展中国家则从经济危机中迅速复苏，开始在全球政治经济活动中发挥着越来越重要的作用。在此背景下，全球城市网络研究逐渐式微[17]，相关研究开始重新对全球城市经典理论进行思考。同时，新兴发展中国家注意到了全球城市在全球经济活动的重要作用，纷纷将建设全球城市纳入其政治经济的重要议程，相关研究也开始着手探讨全球城市的建设路径。[18-19]此外，一些研究注意到了全球城市发展过程全球—地方的互动过程。[20-22]从研究对象来看，全球城市经典理论的案例基本集中于纽约、伦敦、东京等传统发达国家的中心城市，对新兴发展中国家逐渐崛起的城市关注不够，相关学者也从后殖民主义、比较城市主义的视角对该问题做出了批判。[23]从近10年的全球城市研究来看，越来越多的研究开始从全球城市的理论视角关注南方国家或发展中国家的城市。[24-26]在经历了几十年的演变之后，目前全球城市研究正处于急需变革的阶段，如何回归经典理论所提出的研究主张，使得相关研究具有延续性成果，如何将更加多元的认识论、方法论和地理情境带入相关研究中，改变研究议题二元对立的困境，是目前全球城市研究急需解决的问题。[27]

综上，全球城市是新国际劳动分工以来在全球层面对经济活动起到管理和协调作用的核心城市，具有世界级的政治经济影响，而与全球城市相关的议题一直是人文地理学和城市研究的重要领域。然而，从研究脉络来看，全球城市的海洋特征始终没有被纳入全球城市研究的核心领域，较多研究在近10年内才开始兴起。但实际上，全球城市的海洋属性是一个不容忽视的重要属性：从全球城市的现实特征来看，不管是经典理论中所提及的纽约、伦敦、东京等全球城市，还是新兴发展国家/南方国家近些年逐渐崛起的上海、新加坡等城市，都是世界上著名的港口城市或海事服务城市；在已有的重要港口城市航运网络分级研究中，最终结果与全球城市分级存在较明显的一致。此外，在最初全球城市的讨论当中，Friedmann便强调了港口对全球城市的重要性[5]，全球城市不管是从现实特征还是理论假设来看都具有较明显的海洋特征。在此基础上，本书将重点关注海洋属性与全球城市之间的关系，试图重申港口对全球城市的重要作用，并将更广泛的海洋属性纳入后续讨论中，一定程度上延续了经典理论的基本主张，同时将更多元的视角和方法带入研究中，促进全球城市研究的多元化发展。

二、海洋城市的概念

狭义的海洋城市通常指港口航运、渔业、生态系统等单一功能，但实际上现代海洋城市具有十分广泛的内涵。根据陆杰华等人的定义，海洋城市是在原有的沿海城市功能基础上增加海洋功能的城市，其重心依托于海洋开发、陆海统筹与互动发展，是海洋与陆地共同组成的完整系统，是利用海洋优势资源从事生产生活的城市，具有海洋特色以及在生态环境平衡制约下的经济社会可持续发展模式，包括海洋经济、海洋空间、海洋生态、海洋文化、海洋治理、海洋科技等方面的内涵（表1.1）。[28]

表 1.1　海洋城市内涵

海洋城市内涵	具体内容
海洋经济	开发海洋资源、利用海洋空间进行的各类产业活动的总和
海洋空间	海洋城市具有海岸、海上、海中、海底等多维度海洋开发利用空间，不仅应该利用海上的生产空间，有效进行油气等海洋空间资源的开发，还应该利用海洋空间进行海上交通运输
海洋生态	在合理科学开发海洋资源的同时注重污染防治、生态修复等保护措施，维护海洋自然再生产能力的原则下，积极推动海洋资源开发方式向循环利用型转变
海洋文化	海洋城市应当能够体现具有特色的海洋社会历史、海洋民俗风情、海洋景观风光、海洋生活方式等海洋文化
海洋治理	海洋城市应针对海洋环境污染问题，由海洋到内陆探索导致海洋环境污染的来源，并研究陆海统筹的海洋环境污染治理路径及海洋环境污染治理对策，实现陆海一体可持续发展
海洋科技	海洋城市需大力发展海洋科技，重点突破深度、绿色、安全等海洋高技术领域科技，在推进海洋经济转型的过程中掌握核心关键技术，促使海洋科技进一步创新

从本质上来说，海洋城市位于人类生态系统（城市）和自然生态系统（海洋）的交界地带，兼具两种生态系统的特点，相较于其他城市形态具有独特性。一方面，海洋城市的形成需要依托于海岸带生态系统，同时，海洋贸易、海洋渔业等海洋产业的发展需要充分利用好海洋生态系统的自然资源和区位优势，也就是说，海洋城市的形成和发展归根结底是对海洋生态系统的充分利用；另一方面，自然资源的易得性、丰富性以及独特的地理优势也意味着生态系统的脆弱性，海洋城市在工业化、城市化过程中往往伴随着不断占用和侵蚀海洋生态系统及其资源，不可避免地会给海洋生态系统带来风险和危机，进而影响海洋城市的可持续发展。因此，在利用好海洋生态系统自然资源和区位优势的同时，如何有效防范和应对海洋城市工业化、城市化过程所带来的生态风险，促进海洋城市高质量、可持续发展，一直是海洋城市的核心议题。

为了明确现有海洋城市的研究议题和进展，采用 citespace 对国内外相关文献（国内文献主题包括"海洋城市""沿海城市"，国外文献主题包括 marine city、ocean city、coastal city）进行关键词共现分析，将与研究议题无关的关键词剔除后，对关键词的频数进行统计（图1.1~图1.3）发现：在国外的海洋城市研究中，全球气候变化背景下海洋城市的生态保护和可持续发展问题成为该领域最主要的研究议题，在出现频次大于50的关键词中，共有10个关键词隶属于该议题（如 climate change、pollution、sea level rise 等）。在对关键词的聚类分析中，结果共得出10个聚类，并且10个聚类之间重合度较大，说明相关议题虽然侧重点有所不同，但关注的议题具有较大的重叠性。在10个聚类中，仅有 climate change、source appointment、heavy metal、remote sensing 四个聚类频数较高，比较具有代表性，其他聚类出现频次较低。在关键词共现分析中，除上述四个议题外，出现频次较高的为transport，共出现了66次，说明海洋城市的港口航运也是相关研究的重要议题。在国内的海洋城市相关研究中，"海洋产业""城市能级""引力模型""智慧海洋"是出现频次较高的关键词，可以认为关注海洋城市的经济属性和城市发展，探索新的海洋城市发展管理模式，并与相关定量方法相结合，是国内海洋城市研究的主要方向。

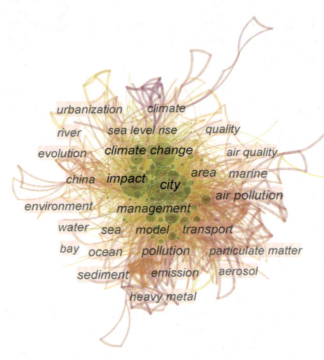

图1.1 海洋城市研究关键词共现结果

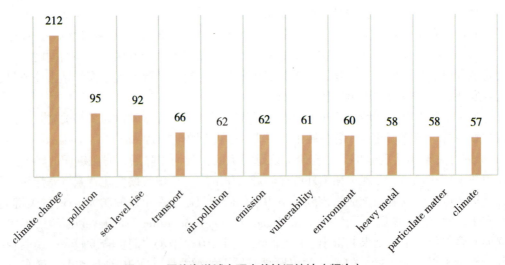

图1.2 国外海洋城市研究关键词统计（频次）

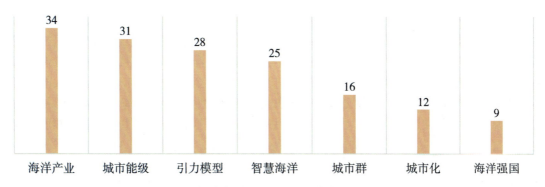

图 1.3 国内海洋城市研究关键词统计（频次）

全球气候变化背景下海洋城市的生态保护和可持续发展问题实际上关注的是如何治理海洋城市发展给海洋生态系统带来的污染和破坏，以及防范、应对不确定因素对海洋城市发展的负面影响，即海洋城市系统有效地抵御、吸纳和承受内生和外生灾害的影响，并从中恢复，这就指向了近几年学术界特别关注的"韧性"概念。韧性最初为物理学概念，指物体受到冲击后恢复到冲击前状态的一种能力。随后该概念被引入生态学领域，强调生态系统更新、重组和自我调节的能力。[29]如今社会科学领域所通用的韧性概念则由 Adger 和 Martin 引入，分别指社会群体、社区以及经济活动抵抗外部压力并恢复原有状态的能力。针对不同地区在面对外部冲击时的韧性差异，相关学者又提出了区域经济韧性的概念。[30-31]目前，区域经济韧性的相关研究主要集中在区域经济韧性定义、区域经济韧性测度、区域经济韧性影响因素等方面，特别在区域经济韧性影响因素的探讨中，相关学者已经针对具体案例讨论了产业结构、制度环境、社会文化资本等因素对区域经济韧性的影响机制。[32]在区域经济韧性的研究之外，韧性的概念已经被应用到了城市、社区研究当中，关注在面对自然灾害、突发公共卫生灾害时，社区、城市如何通过社会网络和应急治理体系进行应对，以及推动灾害过后的日常生活秩序恢复和复工复产。[33]总的来说，在如今金融危机周期性爆发、全球极端气候灾害频发、全球性公共卫生事件出现的背景下，对韧性的研究具有特定的时代意义，并且受到了学术界的广泛关注。

海洋城市作为当今区域发展的重要形态，相较于其他类型区域主体，在全球气候变化等背景下，海洋城市面临的外部冲击更加严峻和复杂。一方面，海洋城市位于人类生态系统（城市）和自然生态系统（海洋）的交界地带，城市的发展有可能会对海洋生态系统造成破坏；在全球气候变化背景下，自然生态系统的不确定性（如台风、海平面上升、海啸等）又会威胁到城市的发展以及城市居民的日常生活。另一方面，海洋城市通常是外向型经济主导的发展模式，容易受到外部经济形势动荡的影响，在全球经济高度一体化的今天，海洋城市经济发展面临着更大的风险。但从目前的研究进展来看，海洋城市生态经济系统韧性并非韧性研究中的主要命题，研究进展同研究需求存在较明显的滞后现象。通过 citespace 关注国外海洋城市韧性的研究进展发现：climate change 是出现频次最高的关键词，说明全球气候变化及其附属效应对海洋城市的影响是海洋城市韧性研究当中最为核心的议题（图 1.4、图 1.5）。具体到研究内容上则较为丰富，如：Cinner 等针对马达加斯加面临社会、政治、生态等多方面不确定因素的状况，对其海洋保护区的社会韧性进行了度量[34]；Patrice 等关注了自然生态系统退化及气候变化背景下双壳类动物的大规模死亡，探讨了社会经济系统、自然生态系统、社区治理三个维度韧性在双壳类动物产业可持续发展中的重要作用[35]；Ferro-Azcona、Fiorenza 等探讨了海洋保护区的建立对海洋自然生态系统及沿海社区韧性提高的促进作用[36-37]。气候变化为全球海洋城市带来了极大的不确定性因素，全球金融危机、突发公共卫生事件等外部风险也在影响着海洋城市的可持续发展。但从目前的研究进展来看，对后者的关注有所不足，少部分研究主要从定量测度的视角探讨了海洋城市应对外部经济风险的韧性。例如，Zhu 等选择中国 11 个沿海省份，测度了其海洋经济效率和韧性协同演化的特征，并从海洋文化、海洋产业、海洋治理的角度为提高海洋经济韧性提供了政策参考建议[38]；Wu 等以中国三个主要的海洋经济区为例，通过构建指标体系，探究其海洋经济韧性的时空演化特征[39]。

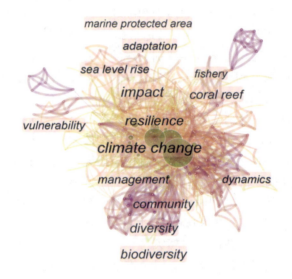

图 1.4　海洋城市韧性研究关键词共现结果

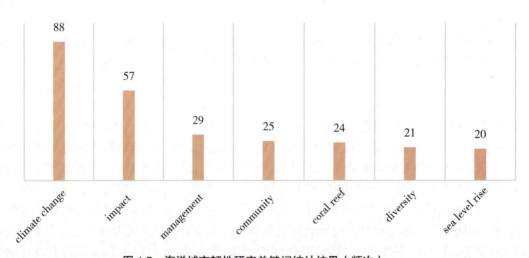

图 1.5　海洋城市韧性研究关键词统计结果（频次）

从现有关于海洋城市生态经济系统的研究中可以看出：国内研究缺乏对海洋城市该维度问题的考虑；国外大多数研究则仅考虑海洋城市在面对全球气候变化等自然灾害时的韧性，对海洋城市经济发展如何应对外向型风险关注较少。考虑到气候变化背景下海洋城市生态系统面临的共同问题以及海洋城市发展的外向依赖特征，未来研究应当充分整合海洋城市生态系统和经济系统，对海洋城市韧性做出更为全面的探讨。

另外，海洋城市的相关研究还重点关注港口航运在城市形成、发展当中的作用。从港口在海洋城市发展中的地位来看，港口是其发挥经济功能最重要、最直接的载体。从具体功能来说，港口是区域或国家的贸易门户，是区域乃至国家空间结构的基本支撑。由于其在航运贸易等方面的重要作用，在 20 世纪初便有学者开始关注港口与海运贸易的关系；30 年代，Götz 创立了系统的港口区位理论，标志着港口研究进入理论构建阶段[40]；50 年代，Morgan 系统阐述了港口与地理环境的具体关系，港口地理学得以建立[41]。随着世界经济活动不断呈现全球化趋势，港口在海运贸易方面的作用日益凸显，越来越多的地理学者开始关注港口地理议题，港口地理也逐渐成为独立于经济地理学的分支学科。[42] 同时，新国际劳动分工、国际航线重组、全球气候变暖等制度、经济、环境层面的变化都在推动着港口体系不断演化，从最初以货物装卸、集散转运为主导功能的港口 1.0 演变到了如今结合物流服务、国际进出口贸易、数字化服务、绿色低碳可持续发展为一体的港口 5.0（表 1.2）。[43-44]

表 1.2 港口发展阶段及各阶段具体内容

港口体系演变	时间	具体内容
港口 1.0	1950 年前	通常与港区外运输、贸易相隔绝；主要将货物通过船舶运往陆地；管理系统较为独立；港际之间互不往来
港口 2.0	20 世纪 50—80 年代	为港口使用者提供工商服务；工业设施设在港区内；与运输、贸易业主保持稳定关系；形成"港产城"联动雏形；与当地产业保持较为密切的联系
港口 3.0	20 世纪 80—90 年代	参与全球航运供应链；国际航线加密，国际货物运输份额扩大；通过整合，形成以港口为中心的完整物流链，保证产业链和物流链有机结合，开始出现以物流服务供应链方式融入产品供应链的趋势
港口 4.0	20 世纪 90 年代—2010 年左右	高度数字化，实现在港口服务供应链上的信息集成和共享、物联网的全覆盖、货物的智能化；高度自动化，包括自动化码头、智慧航道、集装箱无人驾驶集卡系统等；港航联盟形成，港口服务柔性化、定制化和精益化
港口 5.0	2010 年至今	港口发展与资源利用、环境保护有机结合，探索港口低碳、零碳排放发展模式；节能减排，增长方式优化，绿色能源广泛应用，规模效应显著；环境健康、生态良好，"港区—人—自然"和谐共处，实现可持续发展

在港口演化的过程中，至港口 3.0 和港口 4.0 发展阶段，港口和其所在城市的关系从孤立走向共生，港口贸易的进行离不开以城市为依托的物流、金融等第三产业服务，城市的发展和兴旺则依托于港口的航运贸易，港口与城市交融形成了独具特色的港口城市（海

港城市)。具有良好腹地(城市)经济基础和优良港口条件的港口城市成为区域乃至全球具有重要影响的经济中心,与之相关的研究议题也得到了足够关注。从港口城市的相关研究议题来看,通过citespace分别对国内外研究进行关键词共现分析发现:港口城市管理、港口城市可持续发展、港口贸易网络、港城关系是国外港口城市的核心命题,国内则主要关注港城关系、港口经济、"一带一路"和沿海城市港口等议题(图1.6~图1.9)。总的来说,现有研究已经表现出了对港口城市相关议题的足够关注,但从长期研究脉络来看,内陆腹地—港口—海向腹地关系、航运贸易网络等议题在较长时间内并不是相关研究的核心领域。直到近10年,才有学者运用世界城市网络和全球生产网络的研究方法,将原来对港口本身和港口—内陆腹地的关注逐渐转向了港口海向腹地及世界航运网络。比较具有代表性的如:Ducruet对1996年和2006年的全球航运数据进行网络分析,测度了各港口在全球航运网络中的位置[45];Verhetsel关注了世界海事城市的海事服务网络,并探讨了世界城市和世界海洋城市之间的关系[46]。

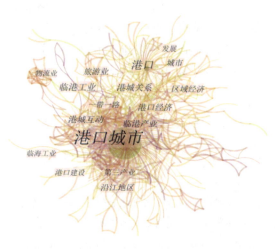

图1.6 国内港口城市研究关键词共现结果

图1.7 国外港口城市研究关键词共现结果

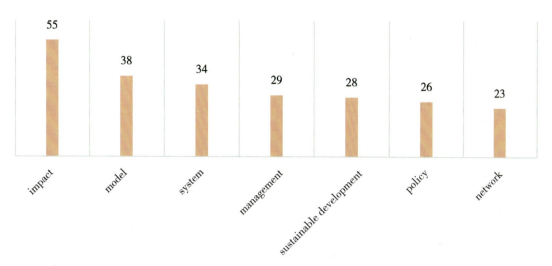

图 1.8　国外港口城市研究关键词统计结果（频次）

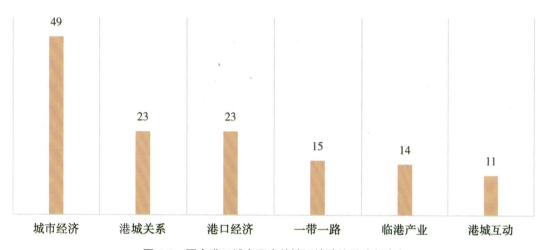

图 1.9　国内港口城市研究关键词统计结果（频次）

若港口城市对海向腹地的影响力扩展到全球层面，就会成为具有全球影响力的全球港口城市，这些港口城市将会对世界港口贸易、海事服务及其他相关经济活动起到管理和协调作用。但由于海洋城市海向腹地在较长时间内并非该研究领域的核心议题，大量对港口航运与全球城市关系的探讨也集中在近10年，港口城市的全球性并没有受到足够关注。从现实情况来看，汉堡、香港、新加坡等传统港口城市已经凭借其强大的港口航运能力对全球贸易和经济活动起到了十分重要的作用，成为具有全球影响力的港口城市。如何将这类城市纳入全球城市的相关讨论中，是未来相关研究的重要方向。

通过对海洋城市含义及其相关研究进展的梳理可以发现，海洋城市具有十分丰富的内涵，包括海洋经济、海洋空间、海洋文化等方面，不同维度的内涵相互交叉、影响，共同构成了海洋城市的核心含义。在研究进展方面，国内研究一直以来比较重视对海洋城市经济属性的测度以及发展模式的探讨，实用导向较为明显；国外研究在关注海洋城市港口航运的基础上，将研究重心转移到了海洋城市的综合生态系统。但目前海洋城市的相关研究依然存在条块分离、整合性不够的问题，同时，在全球气候变化背景下海洋城市的可持续发展问题方面缺乏对外部经济风险的考量，在港口航运方面缺乏对海洋城市全球性的关注，关于海向腹地的研究较少。因此，未来应当进一步整合海洋城市的相关研究，重点关注不确定因素影响之下的海洋城市综合韧性以及海洋城市对全球经济的影响，并为海洋城市的可持续发展提供相应政策建议。

三、中心城市的概念

"中心"可直接理解为几何中心，即与四周距离相等的位置，也可理解为具有重要地位的事物。同时，"中心"一直是人文地理学关注的重要概念，对该概念的关注最早可追溯到20世纪30年代德国学者克里斯塔勒对德国南部城镇的研究。通过探索城镇的分布规律，克里斯塔勒发表了《德国南部的中心地》一书，对城镇分布的规律进行了充分探讨，提出了中心地理论。[47]其中心地是指向周围地域提供货物和服务的地方，实际上就是为周围居民提供货物和服务的城镇；同时，中心地还有等级之分，其等级决定了其提供服务的等级高低以及服务范围。在中心地之外，克里斯塔勒提出了中心性和服务范围两个关键概念，前者表示一个地点对围绕它周围地区的相对意义的总和，后者表示该地点所提供货物或服务的销售范围。中心地理论中的中心地实际上就是中心城市的雏形。在克里斯塔勒对中心地的探讨中，就体现了中心城市的两个关键内涵：集聚（中心地汇聚了不同等级的货物和服务，以及提供不同服务、具有不同职能的企事业单位，是服务业经济较发达的城镇）和辐射（或称为扩散，即中心地需要将其所具有的货物和服务提供给周围地域）。其次，对地理学中"中心"概念影响深远的还有"中心—边缘理论"，该理论分别由弗里德曼和沃勒斯坦提出。在弗里德曼的理论中，主要强调中心城市（区域）与边缘城市（区域）之间的相互作用，中心城市一方面通过极化作用不断发展壮大，另一方面则通过扩散作用来促进边缘城市的发展，最终边缘区域形成新的中心城市，并与原有中心区域形成相对均衡的空间结构。弗里德曼的中心—边缘理论描绘了一个从中心与边缘区域发展极不均衡、相互孤立走向中心与边缘区域发展相对均衡、紧密联系的动态过程。这个过程中主要依靠中心城市（区域）的极化作用（吸引要素向其集聚）和扩散作用（通过供给系统、市场系统等影响外围区域），体现的依然是中心城市的集聚和辐射（扩散）内涵。[48]沃勒斯坦的中心—边缘理论实际上是其世界体系理论的一部分，他将资本主义主导的世界体系概况为"核心国家—半边缘国家—边缘国家"，其理论基础为剩余价值理论。沃勒斯坦认为核心国家通过劳动地域分工和不平等交换从半边缘国家及边缘国家提取剩余价值，最终形成了不平衡发展的资本主义世界体系。[49]在这个过程中，核心国家主导了利益分配的基本原则，是世界体系中把握最高政治权力的主体。相较于弗里德曼的理论中中心城市的极化和扩散作用，沃勒斯坦的理论更加强调中心地区通过制定利益分配原则而实现对边缘地区的统治，具有较强的政治意义。

综合上述有关"中心"概念的探讨，可以将中心城市归纳为：在区域中通过集聚和扩散作用发挥影响，主导着区域城市体系利益分配原则，具有重要经济、政治地位的城市。从目前对中心城市的相关探讨来看，吴勇保认为中心城市以经济区和城市群为依托，是经济区生产布局和城市群功能分工的空间表现形式，是具备较强聚集扩散、服务和创新功能的区域经济中心[50]；周阳通过对世界城市体系等相关理论的梳理，将国家级中心城市定义为国家重点城镇群（城市区域）的核心城市，全国性或国家战略区域的经济中心，全球城市网络体系和产业价值链分工体系的重要功能节点，促进区域融合和参与国际竞争的门户，在现代化和国际化方面居国内领先水平，在配置国际国内资源、促进资源要素双向流动中具有重要地位和作用，具有较强控制、管理、整合、创新功能的特大中心城市[51]。可以发现，现有对中心城市的定义基本涵盖了中心城市集聚和扩散的内涵。部分观点还认为中心城市具有较明确的政治意义（如国家级中心城市的确定具有一定的行政色彩，通常由行政指令或规划文件确定），同时将建设中心城市作为城市发展目标，实则为城市争夺资源配置优势的行为。

中心城市的核心内涵是集聚和辐射。在最初克里斯塔勒对中心地理论的探讨中，其服务范围是周围地域，周围地域即对应着今天所指的"腹地"概念，表明中心地服务范围是有界的、地理邻近的。但在信息和交通技术高度发达的今天，中心—腹地的意义正在发生演变，时空压缩效应极大削弱了地理邻近效应的影响，空间组织方式逐渐从地理距离邻近的场所空间走向社会行为与关系的接近、时间与过程共享的流动空间，城镇体系开始逐渐向网络化转变，中心城市的腹地范围开始超越地理邻近。[52-53]技术变革加上生产组织方式的变化，催生了管理和协调全球经济活动的全球城市，其不仅集聚了众多跨国公司和生产性服务业，同时还将其影响通过城市网络辐射到世界范围。经济全球化背景下，港口航运贸易得到进一步强化，海洋城市通过港口航运和物流贸易辐射着内陆腹地和海洋腹地，同样在区域或全球尺度发挥着中心城市的作用。因此，不管是全球城市还是海洋城市，均包含了中心城市的内涵。现在大多数研究并没有特别关注全球城市或海洋城市的中心性；同时，中心城市的相关研究主要关注中心城市的策略，没有将全球城市或海洋城市纳入其研究领域中。因此，未来有必要在全球城市和海洋城市的研究中体现其中心性，将中心城市的内涵融入全球城市和海洋城市的研究中。

四、全球海洋中心城市的概念

全球海洋中心城市这一概念最初来源于三个知名海洋组织联合发布的研究报告《全球领先的海事之都》。[54]该报告对全球具有重要地位的海洋城市进行了综合排名。"全球海洋中心城市"则是我国学者基于中文语境，为了更方便体现其内涵，对"全球领先的海事之都"一词的翻译。[55]目前，虽然没有对全球海洋中心城市概念形成普遍共识，但随着该词被引进国内并被"十三五"规划文本采纳，众多学者已经开始对全球海洋中心城市的定义进行了探讨。例如，周乐萍将全球海洋中心城市阐释为全球城市、中心城市和海洋城市的合集，既具有全球城市的国际影响力和对外开放度、中心城市的区域规模效应和辐射带动力，又具有海滨城市的特有属性，其中海滨城市的特有属性包括具有突出的海洋产业、科技或者文化全球领先等，从全球海洋城市发展系统和世界海洋城市网络的视角来看，全球海洋中心城市是其中的中枢或组织节点[56]；钮钦则认为全球海洋中心城市是具有雄厚的航运发展基础，在全球的海洋经济发展、海洋科技创新和海洋专业化服务中处于绝对领先地位，凭借自身强大的城市综合实力和优良的营商环境，在全球城市网络中具有强大集聚度、辐射力和主导性的城市[57]。总的来说，现有对全球海洋中心城市的理解基本来源于对"全球""海洋""中心"三个核心概念的理解,并将全球海洋中心城市视为三个概念的合集;但事实上,相关阐释只是对三个概念进行简单加和,并没有对三者之间的关系以及三者如何结合形成全球海洋中心城市进行论述。此外,全球海洋中心城市这一概念来源于《全球领先的海事之都》,对于其定义的探讨还应当追溯到"全球领先的海事之都"的测度指标及其特征。现有研究虽然关注了这一测度指标,但并没有将其纳入全球海洋中心城市定义的探讨中。因此,本书将综合现有研究的观点,在全球城市、海洋城市、中心城市的概念和研究进展的基础上,对三者的关系及其如何共同构成全球海洋中心城市的核心概念进行论述,并追溯"全球领先的海事之都"的定义和标准,将两者结合,最终形成对全球海洋中心城市较为全面、准确的定义。

首先,全球海洋中心城市兼具全球城市、海洋城市、中心城市的特点:在全球层面,全球海洋中心城市要具有全球级别的经济、政治、文化影响力,对全球经济活动起到控制和协调作用;在海洋层面,全球海洋中心城市要具有海洋经济、海洋空间、海洋生态等方面的内涵,充分利用海洋生态系统优质资源和区位优势,探索陆海统筹的社会生态可持续发展模式;在中心层面,全球海洋中心城市要体现出中心城市的集聚优势和辐射作用,成为极具竞争力的城市,同时要对其他地区的发展起到带动作用。其次,全球海洋中心城市还因"全球—海洋—中心"三个层面的特性结合而展现出独特性:"全球"和"海洋"特性的结合意味着全球海洋中心城市要通过港口航运、海事服务等海洋属性来控制和协调全球经济活动,对海洋自然资源和区位优势的利用不仅要促进其城市内生性发展,同时要将城市的影响力扩展到全球尺度;"全球"和"中心"特性的结合意味着全球海洋中心城市的集聚规模要在全球具有竞争力,其腹地范围要覆盖全球,在影响其他地区社会经济活动的同时,也要作为重要网络节点发挥其独特功能;"海洋"和"中心"特性的结合则意味着全球海洋中心城市的中心城市功能需要通过其海洋属性体现出来,海洋产业的发展不断提高城市的集聚规模和综合竞争力,同时也对其内陆腹地和海向腹地产生相应影响。因此,从基本概念出发,全球海洋中心城市兼具全球城市、海洋城市、中心城市的特点,同时三类城市特点的交叉和结合也塑造了全球海洋中心城市的独特性(表1.3、图1.10)。

表1.3 全球城市、海洋城市、中心城市的定义

城市类型	定义
全球城市	管理和协调全球经济活动,在国际劳动分工中起着决定作用,并且通过高级生产性服务业在社会、经济、文化或政治层面直接影响全球事务的城市
海洋城市	在原有的沿海城市功能基础上增加海洋功能,其重心依托于海洋开发、陆海统筹与互动发展,是海洋与陆地共同组成的完整系统,是利用海洋优势资源从事生产生活的城市,具有海洋特色以及在生态环境平衡制约下的经济社会可持续发展模式,包括海洋经济、海洋空间、海洋生态、海洋文化、海洋治理、海洋科技等方面的内涵
中心城市	在区域中通过集聚和扩散作用发挥影响,主导着区域城市体系利益分配原则,具有重要经济、政治地位的城市。随着交通和信息技术的不断发展,一些中心城市的辐射范围逐渐脱离了地理邻近,覆盖到了世界各地

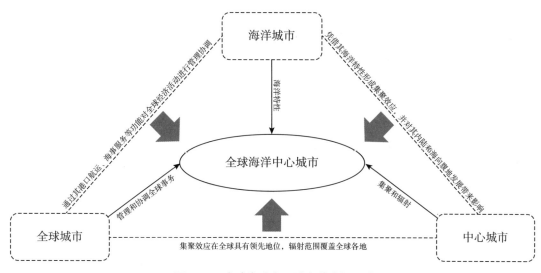

图 1.10　全球海洋中心城市的内涵组成

从《全球领先的海事之都》来看，衡量全球海洋中心城市的指标包括航运中心、海洋金融与法律、海事技术和服务、港口与物流、城市的吸引力和竞争力（表1.4）。航运中心、港口与物流指标包括船队规模、航运公司数量和市值、港口总货物量、港口装卸能力等子指标，衡量的实际上是城市的港口航运功能，港口航运功能则是全球海洋中心城市形成与发展的基本支撑；海洋金融与法律指标包括海洋产业上市公司数量和市值、法律费用、保险费用等子指标，衡量的实际上是支持海洋经济发展的金融和法律体系的完善程度，金融与法律行业作为高级生产性服务业，也是全球海洋中心城市实现对全球经济活动管理和协调作用的手段；海事技术指标包括船厂修造船产量、船级社数据、技术专利数等，衡量的是可为港口航运所提供的海事服务能力，同时，海事服务是全球海洋中心城市所特有的生产性服务业，在全球海洋城市网络中具有十分重要的作用；城市的吸引力和竞争力指标包括营商便利度、制度环境、关税负担等，主要测度城市在吸引企业入驻方面的能力。从五个基本指标来看，航运中心、港口与物流是全球海洋中心城市最为核心的特点和功能，海事技术和服务、海洋金融与法律作为其支撑存在，同时城市的吸引力和竞争力是通过营商制度环境进一步推动全球海洋中心城市发展的重要基石。因此，从最初《全球领先的海事之都》的测度指标来看，全球海洋中心城市实际上是在港口航运领域具有全球领先地位，同时具有良好营商制度环境，通过优质的海事服务、金融和法律体系支撑本地海洋经济的发展，并对全球航运活动起到控制和协调作用的世界级中心城市。[54, 58]

表 1.4　"全球领先的海事之都"测度指标

指标	子指标
航运中心	城市管理的船队规模
	拥有的船队规模
	拥有的船队价值
	航运公司数量

续表 1.4

指标	子指标
海事金融与法律	法律费用
	海事法律专家数量
	保险费收入
	海洋产业贷款规模
	航运投资规模
	海洋上市公司数量
	海洋产业上市公司市值
	股票市场交易量
海事技术和服务	船厂修造船产量
	船级社数量
	在建船舶市场价值
	技术专利数
	海洋教育机构
港口与物流	港口装箱吞吐量
	港口总货物量
	港口装卸能力
	港口基础设施质量和等级
城市的吸引力和竞争力	营商便利度
	政府透明度
	廉洁程度
	创业、海关手续负担

资料来源：文献［54，58］。

综合全球海洋中心城市的概念内涵和"全球领先的海事之都"测度指标，本书试图对全球海洋中心城市做出如下定义：全球海洋中心城市是以其海洋属性为依托，具有全球领先地位的海洋经济以及可持续的社会生态发展模式，并且通过港口航运、海事服务和其他生产性服务手段，对其内陆、海向腹地以及全球社会经济活动起到管理和协调作用的世界级城市。它应当具有以下特征：①以港口航运为依托，高度发达的海洋经济；②优质的营商制度环境，具有全球影响力的金融、法律和海事服务体系；③注重城市生态系统与海洋生态系统的和谐发展，具有可持续的社会生态发展模式；④对内陆和海向腹地均有辐射作用,其影响力可覆盖到全球范围。

海洋资源的开发利用和管理保护已经成为现代社会发展与进步必不可少的组成部分,各国纷纷将海洋置于国际竞争的战略高地,海洋强国成为全球性的发展战略。例如,"提高海洋资源开发能力,坚决维护国家海洋权益,建设海洋强国"已经被写入党的十八大报告中,成为国家重大战略的一部分。此外,在全球各国围绕海洋进行角逐的同时,变幻莫测的国际局势和经济周期,以及充满着不确定性的气候问题也在不断推动着各国走向合作共赢之路。21世纪海上丝绸之路便是我国面对新的国际形势,积极主动提出加强国际海洋合作,推动区域、国家、全球海洋可持续发展的战略构想。

然而,无论是海洋强国战略还是21世纪海上丝绸之路倡议,除各国政府的合作推动之外,还需要相应的主体来实现。城市作为现代社会的主要实体和动力源,承担着商品生产、交换和资本、信息流通等重要功能,海洋资源的开发利用、管理保护必须以海洋城市作为载体,各国的海洋合作也必须建立在海洋城市经济、文化等层面的广泛联系之上。因此,全球各国的海洋强国战略以及21世纪海上丝绸之路倡议的海洋合作,实际上是以全球海洋城市体系的竞争与合作为基础的。发展的现实需求呼唤学术研究的科学指引。目前,已经有较多研究针对全球城市、海洋城市的相关问题进行了探讨。但正如上文所述,各类研究难以将全球海洋中心城市所涉及的问题整合起来,目前也缺少全球海洋中心城市的系统性研究。全球海洋中心城市作为全球海洋城市体系中具有统治地位的城市,在未来将会领衔全球各国的海洋竞争与合作,凭借其强大的港口航运能力、海事服务能力、对内陆腹地和海向腹地辐射能力,对全球经济活动、区域发展产生重要影响。同时,在全球气候变化的背景下,全球海洋中心城市势必作为海洋城市可持续发展的先锋,探索城市生态系统和海洋生态系统协调发展的新模式。在此基础上,本书将对典型全球海洋中心城市的网络格局、综合竞争力、用地布局特征、城市韧性进行科学测度,并介绍新加坡、香港、伦敦、东京四个典型全球海洋中心城市的基本状况,以展示全球海洋中心城市的发展图景,进而为未来全球海洋中心城市的可持续发展和全球海洋城市体系的竞争与合作提供对策建议。

参考文献

[1] LEFEBVRE H. The urban revolution [M]. Minneapolis: University of Minnesota Press, 2013.
[2] SASSEN S. The global city: New York, London, Tokyo [J]. Political science quarterly, 2003, 107 (2).
[3] GEDDES P. Cities in evolution [M]. London: Williams & Norgate, 1915.
[4] HALL P. The world cities [M]. London: Weidenfeld & Nicolson, 1984.
[5] FRIEDMANN J, WOLFF G. World city formation: an agenda for research and action [J]. International journal of urban and regional research, 1982, 6 (3): 309-343.
[6] FRIEDMANN J. The world city hypothesis [J]. Development and change, 1986, 17.
[7] CASTELLS M. Rise of the network society: the information age: economy, society and culture [M]. Hoboken: Wiley-Blackwell, 1996.
[8] TAYLOR P J. World city network: a global urban analysis [M]. London: Routledge, 2003.
[9] SCOTT A. Global city-regions [M]. New York: Oxford University Press, 2001.

[10] ROBINSON J. Global and world cities: a view from off the map [J]. International journal of urban and regional research, 2002, 26 (3): 531.

[11] HILL C R, KIM J W. Global cities and developmental states: New York, Tokyo and Seou [J]. Urban studies, 2000, 37 (12): 2167-2195.

[12] ABU-LUGHOD J L. World cities in a world-system: comparing Chicago, New York, and Los Angeles: testing some world cities hypotheses [M]. MN: University of Minnesota Press, 1995.

[13] BEAVERSTOCK J V, SMITH R G, TAYLOR P J. A roster of world cities [J]. Cities, 1999, 16 (6): 445-458.

[14] GODFREY B J, ZHOU Y. Ranking cities: multinational corporation sand global urban hierarchyJ]. Urban geography, 1999, 3 (20): 268-281.

[15] SHORT J R, KIM Y H, KUUS M, et al. The dirty little secret of world cities research: data problems in comparative analysis [J]. International journal of urban & regional research, 2010, 20 (4): 697-717.

[16] KEELING D J. World cities in a world-system: transport and the world city paradigm [M]. Cambridge: Cambridge University Press, 1995.

[17] 屠启宇. 21 世纪全球城市理论与实践的迭代 [J]. 城市规划学刊, 2018 (1): 41-49.

[18] WANG H M, CHENG Z, ZHU D J. Striving for global cities with governance approach in transitional China: case study of Shanghai [J]. Land use policy, 2020, 90: 104288.

[19] 吕拉昌. 全球城市理论与中国的国际城市建设 [J]. 地理科学, 2007 (4): 449-456.

[20] LEMARCHAND N. Mega-mall, global city and social issues of our times the case of europacity in Paris [J]. Cities, 2021 (114): 103205.

[21] ZUKIN S, KASINITZ P, CHEN X M. Global cities, local streets: everyday diversity from New York to Shanghai [M]. London: Routledge, 2015.

[22] 王立, 薛德升. 解绑—嵌入: 广州天河北全球化空间的跨国生产 [J]. 地理研究, 2018, 37 (1): 81-91.

[23] DELEUZE G, GUATTARI F. A thousand plateaus: capitalism and schizophrenia [M]. Twin Cities: University of Minnesota Press, 1987.

[24] CHENG Y, LEGATES R. China's hybrid global city region pathway: evidence from the Yangtze River Delta [J]. Cities, 2018, 77: 81-91.

[25] SHI Q J, LIU T, MUSTARD S, et al. How social structure changes in Chinese global cities: synthesizing globalization, migration and institutional factors in Beijing [J]. Cities, 2017, 60 (pt. A): 156-165.

[26] TIMBERLAKE M, WEI Y D, MA X, et al. Global cities with Chinese characteristics [J]. Cities, 2014, 41 (pt. B): 162-170.

[27] HOYLER M, HARRISON J. Global cities research and urban theory making [J]. Environment and planning A, 2017, 49 (12): 2853-2858.

[28] 陆杰华, 曾筱萱, 陈瑞晴. "一带一路"背景下中国海洋城市的内涵、类别及发展前景 [J]. 城市观察, 2020 (3): 126-133.

[29] 李连刚, 张平宇, 谭俊涛, 等. 韧性概念演变与区域经济韧性研究进展 [J]. 人文地理, 2019, 34 (2): 1-7.

[30] ADGER W N. Social and ecological resilience: are they related? [J]. Progress in human geography,

[31] MARTIN R. Regional economic resilience, hysteresis and recessionary shocks [J]. Journal of economic geography, 2012, 12 (1): 1-32.

[32] 孙久文, 孙翔宇. 区域经济韧性研究进展和在中国应用的探索 [J]. 经济地理, 2017, 37 (10): 1-9.

[33] 赵瑞东, 方创琳, 刘海猛. 城市韧性研究进展与展望 [J]. 地理科学进展, 2020, 39 (10): 1717-1731.

[34] CINNER J, FUENTES M, RANDRIAMAHAZO H. Exploring social resilience in madagascar's marine protected areas [J]. Ecology & society, 2009, 14 (1).

[35] PATRICE G, ALLISON E H, ALIDA B, et al. A comparative appraisal of the resilience of marine social-ecological systems to mass mortalities of bivalves [J]. Ecology & society, 2017.

[36] FERRO-AZCONA H, ESPINOZA-TENORIO A, CALDERON-CONTRERA R, et al. Adaptive capacity and social-ecological resilience of coastal areas: a systematic review [J]. Ocean & coastal management, 2019, 173 (MAY): 36-51.

[37] MICHELI F, SAENZ-ARROYO A, Greenley A, et al. Evidence that marine reserves enhance resilience to climatic impacts [J]. Plos one, 2012, 7 (7): e40832.

[38] ZHU W C, LI B, HAN Z L. Synergistic analysis of the resilience and efficiency of China's marine economy and the role of resilience policy [J]. Marine policy, 2021, 132.

[39] WU J, LI B. Spatio-temporal evolutionary characteristics and type classification of marine economy resilience in China [J]. Ocean & coastal management, 2022, 217: 106016.

[40] GÖTZ H J. Klimatische grundlagen des vorkommens von polysarcusdenticauda (orthopt) im gebiet der schwabischen alb [M]. Wütterm-berg: Association for Patriotic Natural History Wütterberg, 1936: 139-153.

[41] MORGAN F W. Port and harbours [M]. London: Hatchinson's Univer-sity Library, 1952: 11-32.

[42] 王成金. 现代港口地理学的研究进展及展望 [J]. 地球科学进展, 2008 (3): 243-251.

[43] 周正雄. 关于港口发展阶段理论的探索：以打造港口1.0至5.0盐城港范本为例 [J]. 中国港口, 2022 (5): 18-23.

[44] 陈岩. 论第五代港口 [J]. 中国集体经济, 2009 (21): 114.

[45] DUCRUET C, NOTTEBOOM T. The worldwide maritime network of container shipping: spatial structure and regional dynamics [J]. Global networks, 2012, 12: 395-423.

[46] VERHETSEL A, SEL S. World maritime cities: from which cities do maritime decision-makers operate? [J]. Transport policy, 2008, 16 (5): 240-250.

[47] 许学强, 周一星, 宁越敏. 城市地理学 [M]. 北京：高等教育出版社, 2009.

[48] FRIEDMANN J R. Regional development policy: a case study of Venezuela [M]. Cambridge MA: MIT Press, 1966.

[49] WALLERSTEIN I. The modern world-system Ⅰ: capitalist agriculture and the origins of the european world-economy in the sixteenth century [M]. Oakland: University of California Press, 2011.

[50] 吴永保, 周阳, 夏琳娜. 做强中心城市　促进中部崛起 [J]. 青岛科技大学学报（社会科学版）, 2007 (4): 1-7.

［51］周阳. 国家中心城市：概念、特征、功能及其评价［J］. 城市观察，2012（1）：132-142.

［52］王士君，冯章献，刘大平，等. 中心地理论创新与发展的基本视角和框架［J］. 地理科学进展，2012，31（10）：1256-1263.

［53］王士君，廉超，赵梓渝. 从中心地到城市网络：中国城镇体系研究的理论转变［J］. 地理研究，2019，38（1）：64-74.

［54］JAKOBSEN E W，MELLBYE C S，SØRVIG Ø S. The leading maritime capitals of the world 2021［R］. Menon economics，2021.

［55］张春宇. 如何打造"全球海洋中心城市"［J］. 中国远洋海运，2017（7）：52-53.

［56］周乐萍. 中国全球海洋中心城市建设及对策研究［J］. 中国海洋经济，2019（1）：35-49.

［57］钮钦. 全球海洋中心城市：内涵特征、中国实践及建设方略［J］. 太平洋学报，2021，29（8）：85-96.

［58］杨明. 全球海洋中心城市评选指标、评选排名与四大海洋中心城市发展概述［J］. 新经济，2019（10）：30-34.

第二章　全球海洋中心城市的地位与网络格局

　　网络由节点和连线组成，其中节点和连线都是广义的，节点表示网络中的元素，两节点的连线表示元素之间的相互作用。如果将海上运输系统中的每个港口看作网络中的节点，将港口与港口之间通过船舶进行货物转移的相互联系看作网络中节点与节点之间，或者说边所依托的连接关系，航运网络即可作为复杂网络的一种具体形式。由此形成的港口体系时空演变受实体空间经济、文化、制度等因素的影响，也与网络内部各港口间的相互作用息息相关。本章选取集装箱海上运输航线作为研究的原始数据，以港口为网络节点，以港口之间的航线及数量为边和边权，以 Gephi 软件为平台，构建 2021 年 115 个海洋城市集装箱海上运输无向网络并进行航运网络分析。其中，115 个港口城市以欧洲和中国沿海为主，其次为美洲、中亚，非洲也有少数几个城市。

一、数据来源

　　（1）集装箱船舶数据。通过 VesselFinder 网站（https://www.vesselfinder.com/vessels）搜集集装箱船数据，该网站记录了大量集装箱船舶的静态和动态信息，包含船舶类型、服役退役时间、海事移动服务标识符（Maritime Mobile Service Identity，MMSI）、国际海事组织编号（International Maritime Organization Number，IMO）、船舶长度、宽度、总吨（GT）、载重吨（DWT）以及实时位置等。最终，搜集到了全球 3600 多条集装箱船舶的静态信息。

　　（2）港口数据。我们在全球 6300 多个港口中筛选各海洋城市所包含的港口，通过数据整理得到了全球 115 个海洋城市所包含的 210 个港口（图 2.1），经过停港分析后，最终采用了 49 个城市的 149 个港口信息（表 2.1）。其中，亚洲城市 26 个（53.03%），港口数量 72 个；欧洲城市 12 个（24.49%），港口数量 28 个；美洲城市 10 个（20.41%），港口数量 46 个；非洲城市 1 个（2.41%），港口数量 3 个。

a. 亚非海洋城市及对应港口空间分布

b. 欧洲海洋城市及对应港口空间分布

c. 美洲海洋城市及对应港口空间分布

图 2.1 各海洋城市及对应港口空间分布

表 2.1 49 个海洋城市港口数量及对应集装箱吞吐量

城市	城市	港口数量	2020年吞吐量/百万 TEU	城市	城市	港口数量	2020年吞吐量/百万 TEU
Buenos Aires	布宜诺斯艾利斯	15	0.90	Guangzhou	广州	4	23.51
Istanbul	伊斯坦布尔	12	4.00	Saint Petersburg	圣彼得堡	4	2.15
New Jersey	新泽西	8	7.59	Busan	釜山	3	21.82
kingston	金斯顿	7	2.10	Jakarta	雅加达	3	6.87
Singapore	新加坡	6	36.87	Antwerp	安特卫普	3	12.03
Zhoushan	舟山	6	28.72	Shenzhen	深圳	3	26.55
Ho Chi Minh	胡志明市	5	7.85	Incheon	仁川	3	3.27
Genoa	热那亚	5	2.50	Sudan Port	苏丹港	3	0.45
Chittagong	吉大港	5	2.84	Bremerhaven	不来梅—不来梅哈芬	3	4.77
Los Angeles	洛杉矶	5	9.21	Hamburg	汉堡	2	8.54
Rotterdam	鹿特丹	4	14.35	Panama City	巴拿马城	2	3.16
Rio de Janeiro	里约热内卢	4	0.00	Le Havre	勒阿弗尔	2	2.42

续表 2.1

城市	城市	港口数量	2020年吞吐量/百万 TEU	城市	城市	港口数量	2020年吞吐量/百万 TEU
Yokohama	横滨	2	2.66	Naples	那不勒斯	1	1.78（2021）
Ningbo	宁波	2	28.72	Lianyungang	连云港	1	4.80
Kaohsiung	高雄	2	9.62	Barcelona	巴塞罗那	1	2.96
New Orleans	新奥尔良	2	—	Valencia	瓦伦西亚	1	5.43
Yangon	仰光	2	2.00	Lisbon	里斯本	1	0.33
Semarang	三宝垄	2	—	Surabaya	泗水	1	2.04
Bandar Abbas	阿巴斯港	2	3.00	Amsterdam	阿姆斯特丹	1	7.00（2021）
Newark（NJ）	纽瓦克—纽斯卡尔	1	7.59	Medan	棉兰	1	0.70
Xiamen	厦门	1	11.41	Haiphong	海防	1	5.12
Bangkok	曼谷	1	9.87	Zhuhai	珠海	1	1.84
Jeddah	吉达	1	4.73	New York	纽约	1	7.59
Osaka	大阪	1	2.35	Tampa-Hillsborough	坦帕—希尔斯伯勒	1	0.44
Manila	马尼拉	1	4.44				

说明：部分城市集装箱吞吐量缺失，用"—"表示。

（3）船舶 AIS 轨迹数据。我们利用 MMSI，从原始自动识别系统（Automatic Identification System，AIS）数据中提取出了 2021 年全球 3425 条集装箱船舶的 AIS 轨迹信息，并基于 210 个港口进行停港分析。由于数据搜集存在一定的遗漏，最终构建了全球 49 个海洋城市基于 2064 条集装箱船舶的航线网络数据，并在 49 个海洋城市之间构建了 514 条集装箱船舶的起止流（Origin-Destination Flow，OD 流）。

二、研究方法

随着复杂网络理论的发展，尤其是无标度模型和小世界模型提出后，该理论广泛地运用于各领域的网络研究中，也十分常见其被运用于航运网络的相关研究中。因此，我们采用复杂网络分析方法从整体和局部两方面对全球区域集装箱航运网络进行评价，主要使用复杂网络理论中的五个指标（表 2.2）进行量化分析，采用 Gephi 软件和 ARCGIS 进行航运网络的可视化和部分统计指标计算。

表 2.2 复杂网络的基本指标

复杂网络基本指标		地理意义
整体网络特征	度与度的分布	港口节点的度是与该港口有航线连接的港口数量，表示港口的联系范围
	平均路径长度	代表连接两个港口的平均最短航段数，可以反映航运网络整体的连通性
	聚类系数	港口节点与其他港口联系的紧密性，聚类系数越大，易于周边节点形成区域集聚
局部网络特征	度数中心性	港口在航运网络中与其他港口的直接可达性，表示港口的联系范围
	中介中心性	港口的中转和衔接功能，港口的枢纽性地位

三、航运网络分析

（一）49 个海洋城市的集装箱航运网络整体特征

1. 数量联系特征：部分城市间差异较大，城市航线联系数量分布无明显的长尾特征

城市节点度值代表城市所连接航线数量，49 个海洋城市间度与度的分布空间差异性不大（如图 2.2）。整个网络的平均度值为 13.76，表明 49 个海洋城市航运网络中平均每个港口有 13～14 条航线，而高于平均度值的有 22 个城市。网络中航线联系数量前 10 位的城市为中国广州、深圳、厦门、宁波，韩国釜山，巴拿马巴拿马城，西班牙瓦伦西亚，荷兰鹿特丹，美国纽瓦克，越南胡志明市，这些城市在整个全球集装箱航运网络中占据着重要地位，其城市的联系范围较大，与网络中众多城市建立了航线网络联系；整体来看，49 个海洋城市的集装箱船舶航运网络中各城市节点度值分布空间差异较大，欧洲、中国及周边国家海洋城市节点度值一般较高，全球海运网络重要节点如巴拿马城节点度值也较高。此外，各城市间航线联系程度存在一定差异，部分城市存在较低的节点度值。

从各大洲的角度来看（如图 2.3），亚洲城市数量多，各个城市联系十分紧密，尤其以中国沿海城市和东亚、东南亚城市的联系较为突出，并且出现了广州、厦门等高中心性节点；欧洲则是形成了以鹿特丹、汉堡等为中心性节点的航运网络，很好地沟通了波罗的海、北海和大西洋，为西亚部分城市联通欧洲提供了便利；美洲则是以巴拿马城沟通了太平洋东西岸和南北美洲，是重要的海洋城市之一。

全球海洋中心城市综合竞争力发展报告
QUANQIU HAIYANG ZHONGXIN CHENGSHI ZONGHE JINGZHENGLI FAZHAN BAOGAO

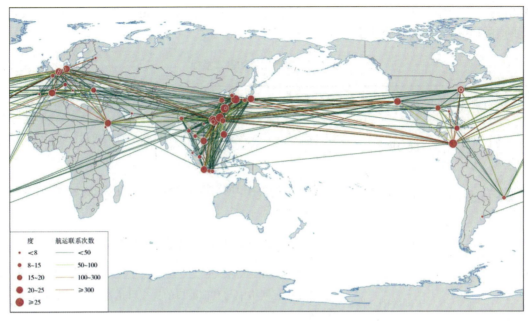

图 2.2　49 个海洋城市航运网络度中心性分布

说明：图中以城市节点度值为节点属性，以经纬度坐标进行布局。

资料来源：采用 ARCGIS 软件自绘。

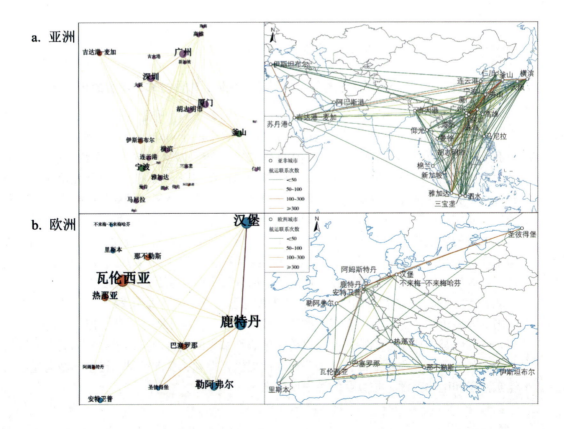

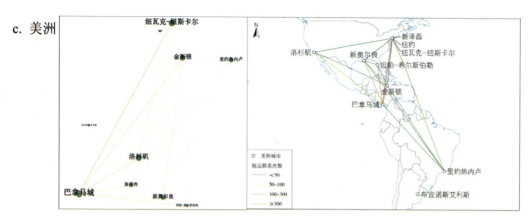

图 2.3 各大洲城市航运联系

注：亚洲包含一个非洲城市。

资料来源：采用 ARCGIS、Gephi 软件自绘。

从度累积概率分布图（图 2.4）来看，49 个海洋城市的集装箱航运网络累计概率分布未呈现明显的"长尾"特征。这一方面可能是由于网络类型、数据收集方法等因素而未呈现"长尾"特征；另一方面也说明这 49 个海洋城市在网络中没有出现极少数节点占据绝大多数的情况，存在较少的规模差异，使得其在分布上趋向于聚集在一起。此外，网络高度的互联互通也是造成这一现象的原因之一，没有出现明显的瓶颈或隔离现象。

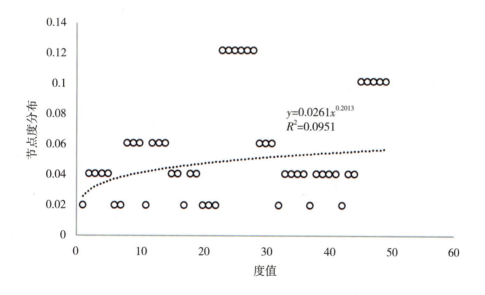

图 2.4 49 个海洋城市航运网络度累计概率分布

说明：图中横坐标为港口节点度值从高到低排序后的港口位序数值。

2. 网络连通度特征：城市间联系便捷，运输组织效率高，小世界特征显著

通过网络相关拓扑特征数值计算（表2.3），49个海洋城市的集装箱航运网络中任意两个港口之间进行航线连接需要通过1.90个航段（网络平均路径长度为1.90），这表明49个海洋城市集装箱航运网络中节点之间的连通度较小，港口间可较容易建立彼此间的航线联系。另外，航运网络平均聚类系数较大，为0.73，表明网络中各港口形成短距离联系的可能性较大。总体来看，49个海洋城市的集装箱航运网络展现出一定的小世界特征，表明49个海洋城市的联系较为密切，区域航运网络连通性较强，航运网络的运输组织效率较高。

表2.3　49个海洋城市航线网络拓扑特征统计

拓扑特征	网络
平均度	13.76
平均加权度	780.29
网络直径	4
模块化	0.31
平均聚类系数	0.73
平均路径长度	1.90

资料来源：采用Gephi软件计算汇总。

（二）49个海洋城市的集装箱航运网络局部特征

综合来看，采用不同的评价方法，中心性排名前10位的城市顺位没有发生明显的变化，表明集装箱航运网络主要由重点港口把握，中心性排名靠后的港口占据航运网络的比重较低，整体发展以大型港口为主。

1. 重点港口：中国沿海港口城市、巴拿马城、鹿特丹等

一方面，全球航运业面临着动态变化。近年来，全球贸易增长和供应链优化的趋势推动了集装箱运输的需求增长。中国作为全球制造业大国和贸易大国，其港口的集装箱航运网络迅速发展。广州、深圳、厦门和宁波作为中国重要的海洋城市，不仅紧密连接着中国内陆和沿海地区，还作为国际货物贸易的重要枢纽，与全球各大港口保持着广泛而深入的联系。这使得它们在全球航运网络中具有较高的中心性。

巴拿马城、瓦伦西亚等地理位置优越，位于海域连接的"咽喉要道"，在集装箱航运网络中具有独特的作用，是连接太平洋和大西洋之间的重要枢纽，并提供转运服务。这意味着此类城市的集装箱航运网络可连接全球的主要海洋城市。

鹿特丹位于荷兰的西南部，毗邻著名的鹿特丹—阿姆斯特丹—安特卫普港口集群。其

地理位置使得鹿特丹成为连接北欧、中欧和地中海等地区的理想选择，具有便利的航运通道和战略优势。因此，作为欧洲最大的集装箱港口，鹿特丹港每年可处理数百万TEU的货物，是欧洲重要的贸易枢纽之一，连接了整个欧洲内陆和海外市场。

2. 港口中心性分析：中国沿海港口城市为重要中心性节点，各城市联系紧密

根据表2.4的统计结果，从度中心性分析，广州、深圳、厦门、釜山、宁波等城市具有绝对领先的地位，其作为网络中重要的枢纽节点，网络中连通的辐射范围广，能够一定程度上吸引其他港口与其建立直接的航线联系，其余港口之间度中心度差异不大。除以上城市外，巴拿马城、瓦伦西亚、鹿特丹、纽瓦克、胡志明市也处于前列。釜山港是韩国最大的港口和重要的国际贸易枢纽，截至2021年，釜山港集装箱吞吐量排名世界第7（其排名曾一度升至世界第3，位列香港港和新加坡港之后）。[1-2]巴拿马城则依靠其独特的地理位置优势占据了航运网络中的特殊地位，据统计，2016年全球近5%的货物贸易是通过巴拿马运河完成的，其中88%是美国与亚洲地区的贸易货物，而与我国有关的占38%，并在持续增长中。[3]

从中介中心性分析，各城市的中介中心性数值均较小，平均中介中心性为0.02；仅有16个城市的中介中心性数值高于平均值，其中仅有广州的中介中心性值高于0.1；另有10个城市其中介中心性数值表现为0。中介中心性测量的是节点对资源控制的程度，说明众多航线、众多港口想要进行联系都一定程度上要经过广州，体现其在整个网络中处于核心枢纽的地位。[4]其他城市的中介中心性数值则大部分较低，这一定程度上反映了集装箱班轮运输的特点。[5]在集装箱航运中，班轮公司在决定航线和港口调度方面具有较大的选择权，但航线调整往往牵扯各方主体，替代港口选择存在一定的难度和滞后。从港口角度出发，各个港口之间存在激烈的竞争关系，都希望能够成为班轮公司的重要调度点。因此，港口需要与班轮公司竞争或合作来获取更多的业务，这进一步使得城市之间通过更改航线产生联系变得更加困难。[6]

表2.4　49个海洋城市航线网络中心性排名前10位

排名	城市	度中心性	城市	中介中心性	城市	临近中心性
1	广州	0.67	广州	0.13	广州	0.75
2	深圳	0.61	深圳	0.09	深圳	0.73
3	厦门	0.61	瓦伦西亚	0.09	厦门	0.71
4	釜山	0.55	吉达	0.06	釜山	0.70
5	宁波	0.55	厦门	0.06	巴拿马城	0.69
6	巴拿马城	0.53	巴拿马城	0.06	宁波	0.68
7	瓦伦西亚	0.49	金斯顿	0.05	瓦伦西亚	0.67
8	鹿特丹	0.47	釜山	0.05	鹿特丹	0.66

续表 2.4

排名	城市	度中心性	城市	中介中心性	城市	临近中心性
9	纽瓦克—纽斯卡尔	0.47	勒阿弗尔	0.05	纽瓦克—纽斯卡尔	0.66
10	胡志明市	0.47	鹿特丹	0.04	汉堡	0.65

资料来源：采用 Gephi 软件计算汇总。

从航运网络的主要联系对来看（表 2.5），主要联系发生在各大洲的内部，较少出现跨大洲的航运联系，如汉堡—鹿特丹、厦门—深圳、广州—深圳等。同时，一些重要的国际航运枢纽，如巴拿马城等，其沟通不同大洲城市的能力更加突出。[7]且巴拿马运河扩建后，来往集装箱船舶单箱成本有较大幅度的减少，与其他运输路径相比进一步加大了竞争优势。[8]

表 2.5 49 个海洋城市集装箱港口参与构建航运网络主要联系对

主要航运联系对	联系频次	主要航运联系对	联系频次	主要航运联系对	联系频次
汉堡—鹿特丹	940	釜山—厦门	295	洛杉矶—深圳	188
厦门—深圳	586	鹿特丹—深圳	292	巴拿马城—鹿特丹	183
巴拿马城—釜山	551	巴拿马城—纽瓦克—纽斯卡尔	283	巴拿马城—厦门	182
广州—深圳	425	巴拿马城—深圳	237	釜山—洛杉矶	182
广州—厦门	417	釜山—横滨	220	汉堡—圣彼得堡	182
釜山—深圳	414	洛杉矶—深圳	215	巴拿马城—金斯顿	161
宁波—釜山	356	巴塞罗那—瓦伦西亚	208	洛杉矶—厦门	158
热那亚—瓦伦西亚	317	宁波—厦门	206	胡志明市—雅加达	152
大阪—横滨	301	胡志明市—厦门	198	宁波—洛杉矶	145
鹿特丹—圣彼得堡	299	宁波—洛杉矶	198	鹿特丹—吉达	143

3. 城市网络社区聚类明显

应用 Gephi 软件对城市网络聚类进行分析，分类结果如图 2.5 所示。通过 Gephi 可视化，可以清楚地看到网络中不同社区的划分和关系，帮助我们理解网络的组织结构和社区之间的连接。聚类结果表明，49 个海洋城市在集装箱航运网络中形成了四类社区：第一类是以广州、深圳、厦门、胡志明市、横滨、雅加达等城市为主要节点。这类城市以亚洲国家的城市为主，表明东亚和东南亚各国海洋城市的联系较为突出。第二类是以西亚及部分欧洲国家的城市为主要节点,如伊斯坦布尔、吉达、瓦伦西亚、阿姆斯特丹、巴塞罗那等。这类城市大多具有独特的地理位置优势,如地处直布罗陀海峡、苏伊士运河等。这些地理位置突出的亚欧城市扮演着沟通亚洲主要城市和欧洲海洋城市的重要作用。第三类是以宁波、釜山、巴拿马城、洛杉矶为高度中心性城市的社区网络。这些城市基本上形成了一个网络,以深圳等城市为核心,辅以宁波、厦门等城市,与美国东部的洛杉矶和西部的纽约、纽瓦克等城市进行联系。[9]第四类以大西洋东部沿岸的欧洲城市如汉堡、鹿特丹为主,这些城市更多地与美洲城市发生航运联系,同时也会通过瓦伦西亚等沟通西亚城市。

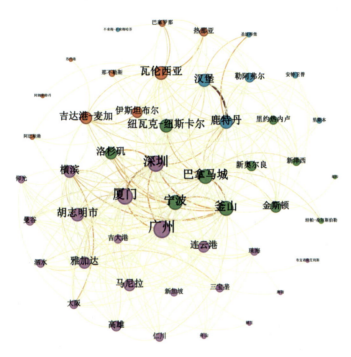

图 2.5　49 个城市社区聚类图——基于 Gephi 社区检测聚类方法

注：节点大小为城市节点度值大小,颜色深浅为航运联系次数。

四、结语

（1）全球集装箱航运网络联系密切,重要节点突出。49 个海洋城市发展较为迅速。其中,在航线联系数量上,城市间差异较大,广州、深圳、厦门、宁波等城市航线联系处于领先地位；在网络连通性方面,区域航运网络连接较便捷,任意两个城市间通过 1.90 个航段即可建立联系；各海洋城市分级并不明显,除广州、深圳、厦门、宁波等城市各类中心性水平均较高而可分为一类的情况下,各城市联系较为紧密,未出现明显的中介效应。通过网络聚类分析可知,各大洲都形成了一个相对紧密且区别于其他大洲的集装箱航运网络。

建立在集装箱网络上的海洋城市网络在空间上呈现明显差异：中国海洋城市发展迅

速,广州黄埔港、新沙港等,深圳的蛇口港、深圳港和盐田港,厦门、宁波等逐渐在集装箱航运网络中占据重要地位,这些港口和中国其他沿海港口城市,以及东亚、东南亚港口城市等都形成了复杂且连续性较强的航运网络。因此,中国周边国家的集装箱航运网络联系也明显高于全球其他地区。此外,地处世界航运通道关键节点(如运河、海峡)的海洋城市也成为沟通海洋城市的主要支撑节点,如吉达、巴拿马城、瓦伦西亚等,这些港口城市往往联系着不同海域,对于缩短集装箱船舶航运周期、提高运输效率有极大的帮助。

在网络连通性方面,区域航运网络联系较便捷,任意两个城市间通过1.90个航段即可建立联系;各海洋城市分级并不明显,除广州、深圳、厦门、宁波等各类中心性水平均较高而可分为一类的情况下,其他城市联系较为紧密,未出现明显的中介效应。跨海域、跨大洲的航运联系也往往以世界航运通道等关键节点城市作为重要节点。

(2)各大洲内部联系密切,跨区域以节点城市作为重要支撑。通过网络聚类分析,各大洲都形成了一个相对紧密且有别于其他大洲的集装箱航运网络,而跨区域的航运联系以重要节点城市作为支撑。在亚洲,东部城市广州、深圳、厦门、宁波等航线联系处于领先地位,在亚洲东部向美洲的航运网络中,航运联系以中国宁波、厦门等为主,沟通日本大阪、横滨,韩国釜山,菲律宾马尼拉,印尼雅加达,再与区域外巴拿马城、洛杉矶保持高频次的航运联系;亚洲西部的航运联系主要以沙特吉达为重要节点,沟通亚洲东西,连接欧洲。在欧洲,鹿特丹、汉堡等以较高频次连结欧洲西部城市,地中海沿岸的航线也同样是欧洲高频次航线但航线选择较少。在欧洲城市联系美洲和亚洲西部城市的航线中,直布罗陀海峡周边的西班牙城市瓦伦西亚起到了重要的桥梁作用:向西通过大西洋沟通美洲纽约、里约热内卢等全球重要城市,向东通过地中海和印度洋联通亚洲。在美洲,美洲集装箱航运联系以北美为主,美国洛杉矶、纽瓦克、新奥尔良、金斯顿联系密切,中部巴拿马城和南美的里约热内卢则在跨区域航运联系中发挥了重要作用。

(3)疫情影响下的集装箱航运网络难题。在疫情后,全球集装箱航运面临诸多难题:一是船舶延误。疫情导致了许多国家和地区实施了封锁、限制措施,导致船舶无法按时到达港口,航班被取消或减少。这会引发集装箱船舶延误和排期紊乱,造成供应链中断和延迟,增加了港口和物流网络压力。二是集装箱短缺和堆积。由于疫情期间全球贸易放缓,部分港口操作受限,这使得部分出口货物无法及时装箱,导致港口堆积的集装箱数量增加,进一步加剧了全球集装箱航运的拥堵和混乱。三是运输成本上涨。疫情期间海上货运的成本大幅上涨,船运费用也大幅上涨。这给企业带来了额外的运营成本和压力。四是船员供应问题。由于疫情措施的限制和船舶调度的混乱,船员的轮船工作周期被迫延长,且船员换班和休假存在困难。这导致船员的工作和生活条件恶化,可能会对航运安全和船舶操作产生潜在风险。同时,航运业是一个劳动密集型产业,由于不同国家疫情控制和恢复情况不同,主要进口国没有足够劳动力,造成集装箱流转效率过低,从而使主要出口国可用集装箱短缺,同时引发船员等重点职业工资上涨,致使人力成本增加。[6]

(4)集装箱航运中的中国问题与解决方案。这些问题同样也是中国诸多海洋城市面临的难题。疫情过后,全球和中国的消费市场信心逐渐恢复,在诸多调查报道中[10-11],中国出口集装箱运输市场出现稳中向好走势,运输需求总体平稳,中国出口需求下降,但内需还需要进一步提振信心。

面对船期不稳定和延迟,以及由此带来的集装箱管理和堆场压力,中国各界都在积极应对。如在上海建设集装箱码头以帮助闲置集装箱集中管理停放。同时，全球主要港口空箱堆积的另一个重要原因是疫情期间集装箱产量过大，在过去两三年中，整个市场的新造箱量远远超过历史数据。而这也是集装箱未能有效中转带来的问题之一。因此，中国一方面要推动数字化转型，利用先进的信息技术和物联网技术，推动港口和物流的数字化转型；建设智能港口管理系统，优化集装箱运输的跟踪和监控，提高运输信息的实时性和准确性。另一方面要提升物流整合的能力，加强港口、货运代理、货运公司和物流企业之间的合作与协调，提供一体化的物流解决方案，减少运输环节的中间环节和成本。

此外，与干散货市场和原油市场不同的是，中国集装箱货物在全球占比较小。[12] 且中国集装箱贸易长期存在顺差。受疫情的影响，来自国外的集装箱货物需求减少，而中国集装箱货物进口需求所占比例过小，不能满足集装箱运输市场对于货物的需求。因此，中国一方面应继续加强多元化市场开拓，减少对特定国家或地区市场的依赖，积极开拓其他国家和地区的贸易机会，通过与新兴市场国家的合作，开辟新的贸易通道，提高集装箱航运的多样性和稳定性；另一方面应发展内需市场，提振国内经济消费需求，推动内需市场的增长，加强内陆地区与沿海地区的贸易合作，降低对外贸易的依赖性。

参考文献

[1] 金亨根, 姬佳慧. 釜山港发展规划及对中韩港口的启示 [J]. 中国港口, 2022（3）: 21-26.
[2] 陈继红, 朴南奎. 上海自贸区国际集装箱物流中转服务策略：基于韩国釜山港经验 [J/OL]. 中国流通经济, 2016, 30（7）: 25-32.
[3] 曾庆成, 吴凯, 孙祥君. 巴拿马运河扩建对中美集装箱运输路径选择的影响 [J]. 中国航海, 2016, 39（3）: 109-113.
[4] 郭建科, 何瑶, 侯雅洁. 中国沿海集装箱港口航运网络空间联系及区域差异 [J]. 地理科学进展, 2018, 37（11）: 1499-1509.
[5] 徐剑华. 2004—2017 年全球班轮运输相关指数和连通性变迁 [J]. 中国船检, 2018（3）: 32-36.
[6] 栾宇. 后疫情时代国际航运供应链中断应对分析 [J/OL]. 中国海事, 2022（4）: 64-68.
[7] 刘婵娟, 胡志华. "21 世纪海上丝绸之路"海运网络空间格局及其复杂性研究 [J]. 世界地理研究, 2018, 27（3）: 11-18.
[8] 陈继红, 曹越, 梁小芳, 等. 巴拿马运河扩建对国际集装箱海运格局的影响 [J]. 航海技术, 2013（1）: 73-76.
[9] 王列辉, 叶斐, 郑渊博. 中美集装箱航运网络格局演化与脆弱性评价 [J]. 经济地理, 2020, 40（5）: 136-144.
[10] 中国枢纽港集装箱码头多式联运吞吐量快报（2023 年 1 月）[J]. 集装箱化, 2023, 34（2）: 32-33.
[11] 赵荣博. 中国出口集装箱运输市场月评（2023 年 3 月）[J]. 集装箱化, 2023, 34（4）: 26.
[12] 葛颖恩, 杨佳琳. 基于对比分析的新冠疫情对航运业的影响研究 [J]. 交通信息与安全, 2020, 38（2）: 120-128.

第三章 全球典型海洋中心城市的用地布局空间特征

一、全球典型海洋中心城市海岸线用地类型与变化特征

(一)背景

沿海地区是陆地与海洋的过度地带,同时,也是人类活动密集的地带。沿海地区占全球陆地面积不到20%,却供养了全球45%以上的人口。[1-2]海岸带地区受到陆地和海洋的共同作用,蕴含着丰富的生态、矿产资源,具备丰富的海陆景观旅游资源以及良好交通区位条件。[3]密集的人口和优越的区位条件使得沿海地区成为人类活动的集中地带,而频繁发生的人类活动也影响着海岸线的变化。Llorens等的研究表明西班牙东南部的大多数城市的海岸线发生了变化,这些变化的主要驱动因素是人类活动。[4]因沿海地区人口密集,许多森林被砍伐用于农业用地或城市建设用地。[5]围海造田等活动也不断重塑着海岸线的形态与结构。在1980—2010年30年间,中国人工海岸线所占比例已从1980年的24.6%上升到2010年的56.1%,城市建设和海洋运输开发是塑造海岸线的主要人类活动类型。[6]

然而,在沿海地区频繁发生的人类活动对海岸线的稳定和沿海地区的可持续发展带来了隐患。人类活动正在加快海岸线的侵蚀,而气候变化也在加剧这一过程。人们普遍认为,全球气候变化对沿海地区最大的影响是加快海平面上升。联合国政府间气候变化专门委员会(IntergovernmentalPanel on Climate Change,IPCC)第一工作组预测,到2100年,海洋的热膨胀和小型冰川的融化将导致全球海平面上升30～110 cm,并且上升速度不断加快。[7]海平面上升将会增加沿海地区受风暴潮等极端气候的风险,对沿海地区造成经济、社会、环境等诸多方面的影响。经济方面,由于自然灾害发生频率增加,政府需要承担多余的安置和重建费用;社会方面,难民的增加将对社会安定造成影响;环境方面,海平面上升将加剧沙质海岸带侵蚀,如果没有补沙,21世纪全球土地损失将达到6000～17000 km^2,导致近1.6万～530万人被迫迁移,迁移成本为300亿～10000亿美元。[8]此外,海平面上升还将会导致沿海地区生态系统发生变化,如沿海湿地后退、土壤被咸水侵蚀等。

因此,面对气候变化等一系列影响沿海地区稳定性的因素,针对海岸线开展勘测以及用地类型研究,并分析海岸线人工—自然结构,对于确立海岸线用地承载能力及制定合理的海岸线开发规划有着重要的意义。

(二)相关概念界定

海岸带的相关概念如图3.1所示。

第三章 全球典型海洋中心城市的用地布局空间特征

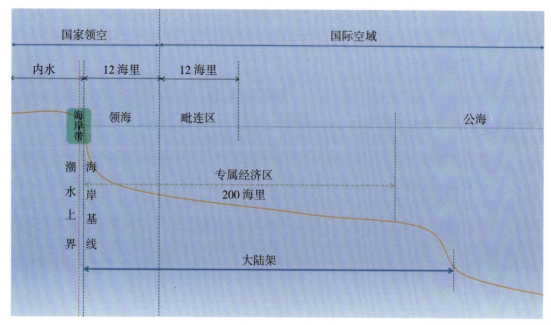

图 3.1 海岸带相关概念

（1）领海边界。《联合国海洋法公约》[9]制定了有关海域治理和管制权的一般规定。领海的宽度是由基线量起不超过 12 海里为止。其中基线是指沿海国官方承认的大比例尺海图所标明的沿海低潮线。

（2）海洋领域。海洋领域是从海面到海床的三维物理空间，它包括从海岸乃至大陆架以外的深海的浅水和深水。海洋中存在各样的栖息地、不同的（海水）深度、特征和物理过程，了解这些对于规划和理解生物多样性、其现有或未来用途以及气候变化的影响非常重要。海洋领域这一概念与主权水域不同，它是一个三维的空间。

（3）内水。领海基线向陆一侧的水域构成了沿海国的内水。

（4）毗连区。毗连区是从测量领海的基线起不超过 24 海里的水域。沿海国可在其毗连区内防止并惩治违反其领土或领海内海关、财政、移民或卫生法律和规章的行为。

（5）专属经济区。专属经济区是领海以外并邻接领海的一个区域，它的宽度为由测量领海基线向外延伸 200 海里的区域。沿海国在专属经济区内享有以下权利：①勘探和开发、管理和养护海床上的覆盖水域、海床及其底土自然资源（不论生物或非生物资源）的主权权利，以及在该区内从事经济开发和勘探，如利用海水、海流和风等生产能源等活动的主权权利；②人工岛屿、结构和建筑的建造和使用、海洋科学研究、海洋环境保护和保全等管辖权。

（6）大陆架。沿海国的大陆架包括其领海以外依据其陆地领土的全部自然延伸，扩展到大陆边外缘的海底区域的海床和底土。如果从测量领海的基线到大陆边外缘的距离不足 200 海里，则延伸至 200 海里。

（7）海岸线。海岸线是海洋和陆地的分界线，它一般指海岸涨潮时的高潮位置。[10]

（8）海岸带。海岸带是指连接陆地和海洋生态系统的地理区域。海岸带可能包括也可能不包括淡水或潮汐生态系统，如沿海湿地和咸水沼泽。海岸带的精确空间边界在世界范围内并没有普遍定义，它可以是潮水上界两侧的几百米到几千米范围不等。从公共政策的角度来看，海岸带没有标准定义，因为它是各个国家政策工具中基于环境或国家行政单位定义的区域。例如，美国 1972 年的《海岸带管理法案》将海岸带定义为"沿海州的海岸县和彼此间交互影响的临海水域（包括其中和其下的陆地）和邻近的滨海陆地（包括其中和其下的水域）。这一地带包括岛屿、过渡区与潮间带、湿地和海滩"。《墨西哥海洋和海岸可持续发展的国家环境政策》中，将海岸带看作三个区域的组合：①陆地区域，这个区域被沿海自治市和靠近沿海自治市的内陆自治市覆盖；②海洋区域，淹没在水下的区域往上到 200 米等深线处；③所有墨西哥岛屿的组合。中国学者则认为海岸带包括三个部分：一是沿着海岸线的陆地，二是潮水出没的滩地，三是陆地向海面以下延伸的部分。海岸带的上界划在海浪作用可达到的地方，下界定在海水深度（H）相当于当地经常作用的波浪长度（L）的 1/3 或 1/2 的地方，即 $H=(1/3～1/2)L$ 处。[11] 总的来说，海岸带范围的确定主要有以下标准：自然地理标准、经济地理标准、行政区域标准、任一距离标准、人为选择的地理单元。因所采用标准的差异，海岸带的大小范围也随之不同，其宽度从几百米到几百千米不等。

（三）全球主要陆地海岸线变化

在对全球海岸带用地类型变化进行介绍之前，我们准备先用简短的篇幅概述过去一段时间内全球海岸线的变化。利用美国国家环境信息中心所发布的 GSHHG（全球自成一体的分层高分辨率地理数据库）①中的海岸线数据，观察 2013—2018 年间全球主要陆地海岸线的变化。

我们使用 2013 年的海岸线作为基线，并以 1000 km 为间隔对其进行划分。进一步依据分割好的海岸线建立缓冲区作为分析单元，统计每个单元内海岸线长度变化的绝对值。图 3.2 展示了 2013—2018 年间主要陆地海岸线的变化情况。从图中可以看出，全球大部分区域陆地海岸线长度没有太大变化，但也有一些区域有着一些较为明显的变化，这些区域包括格陵兰岛、日本群岛、土耳其半岛、印度尼西亚群岛、英吉利海峡和美国东海岸。这些地区多是海岸线形态较为复杂的半岛、群岛、岛屿和海湾，因其地貌演化变化较快，海岸线变化明显。

---

① GSHHG 是一个高分辨率的地理数据集，由两个数据库合并而成：世界矢量海岸线（WVS）和中央情报局世界数据库 II（WDBII）。前者是海岸线的基础，后者则是湖泊的基础。GSHHG 数据经过了广泛的处理，弥补了内部不一致之处，如不稳定点和交叉点。海岸线由完全封闭的多边形构成。GSHHG 数据可以使用 ESRI Shapefile 格式或二进制格式。分辨率分为五种：简单（C）、低（l）、中间（i）、高（h）和全（f）。海岸线分为四个层次：陆地与海洋的界限（L1）、湖泊与陆地的界限（L2）、湖中与湖泊之间的界限（L3）、岛屿与岛屿之间的界限（L4）。数据集的坐标系统是 WGS-84。

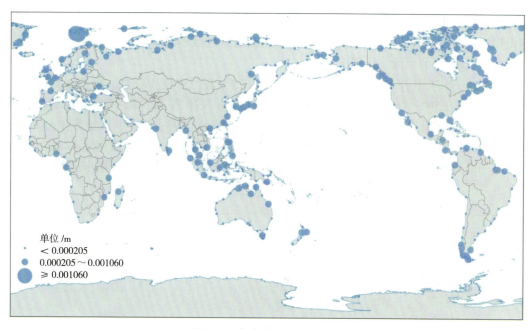

图 3.2　全球陆地海岸线变化

（四）全球海岸线主要用地类型分布及变化模式

全球海岸线土地利用方面的研究较为丰富，主要集中于遥感监测以及模型构建等方面。如 Le Cozannet 等构建了海岸影响模型，对沙质海岸线变化进行重建和预测，并对海岸线投影不确定性进行基于方差的全球敏感性分析，发现沙质海岸的变化具有很大的不确定性，需要综合考虑气候变化和海平面上升的影响。[12] Ponte Lira 等构建了海岸线指标（foredune toe）来量化海岸线演变，并对葡萄牙低洼沙质海岸的影像进行目视解译，发现海滩侵蚀是过去 50 年海岸线变化的主要原因。[13] 侯婉采用类型面积偏差、类型面积相关、误差矩阵和类型空间混淆等方法，对多种全球海岸带多源土地利用/覆盖分类产品进行对比与分析，探讨了多源数据融合方法下的全球海岸带土地利用制图。[14] 总体来看，目前仍缺乏大尺度、长时序海岸带变化研究，全球海岸线的土地利用类型及变化模式仍有待探索。

我们选取从海岸线向内陆缓冲 50 km 范围内的陆地作为研究区，但不包括大型内陆湖泊和南极洲沿岸。采用美国地质调查局提供的 500 m 分辨率 MODIS 土地利用/覆被数据产品 MCD12Q1.061[①] 实现对研究区的长时序变化监测。其中，产品所提供的用地类型为 17 类，分别为常绿针叶林、常绿阔叶林、落叶针叶林、落叶阔叶林、混交林、封闭灌木、开放灌木、木质稀树草原、稀树草原、草原、湿地、农田、建设用地、农田植被混合地、永久冰雪、荒地和水体。本章选取全球海岸线区域 2008 年、2013 年、2008 年数据，分析沿海土地利用类型及变化情况，并进行可视化研究。

---

① https://lpdaac.usgs.gov/products/mcd12q1v061/.

剔除原数据集中水体部分，将土地利用类型合并为林地、草地、灌木、湿地、农田、建设用地、永久冰雪、荒地八种类型，得到全球沿海区域不同时期土地利用类型分布，探究2008—2018年的用地变化情况。

2018年全球海岸线主要用地类型（图3.3）为：林地17.5%，灌丛4.1%，草地41.9%，湿地3.5%，农田4.9%，建设用地0.6%，永久冰雪12.7%，荒地14.5%。其中，以林地为主要利用类型的海岸线集中分布于太平洋沿岸区域；灌丛、湿地零散分布于亚洲、北美洲的北部地区；农田则主要分布西欧、东亚、南亚等地；建设用地占比较少，主要分布于沿海城市群地区；荒地主要位于阿拉伯半岛、撒哈拉沙漠、阿塔卡玛沙漠等荒漠地区。

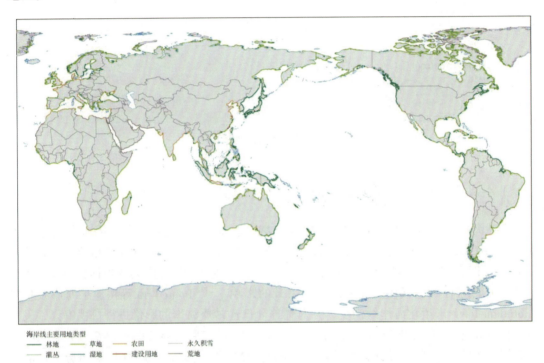

图 3.3　2018 年全球海岸线主要用地类型

林地增加的海岸线地区主要位于中国东部沿海地区、地中海北部、北美洲西岸、澳大利亚东部等地区；林地减少的区域主要位于低纬度地区，如非洲西海岸、马来群岛、中美洲等区域，这可能是因为发展中国家的开发行为，以及农田的开垦占用了沿海的林地（图3.4）。

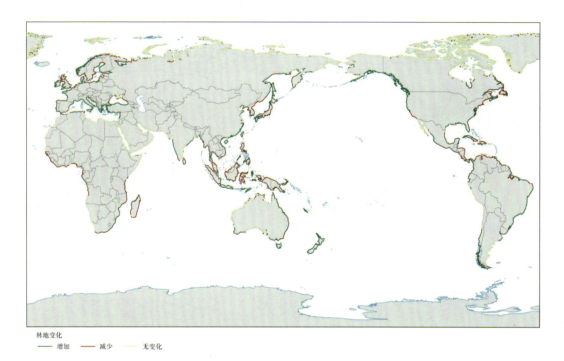

图 3.4　2008—2018 年全球海岸线林地变化

沿海湿地包括红树林、盐沼、海草、珊瑚礁、海滩、河口以及 –6 m 深度以内的沿海水体。[15] 其中，以分布于亚热带至北极地区的盐沼和分布于热带泥质海岸的红树林最为突出。本研究所使用的 MCD12Q1.061 产品对永久湿地的定义为水覆盖率 30%～60%、植被覆盖率 ≥ 10% 的永久淹没的土地。海岸线的湿地变化呈现较为明显的纬度差异，湿地减少的区域位于高纬度地带，如亚欧大陆北部、加拿大西岸等；人口更为密集的中低纬度地区则主要呈现较为明显的湿地增加趋势（图 3.5）。但这与现有对湿地的研究结果存在差异，一般的观点认为全球沿海湿地在过去的 50 年里，以每年 0.5%～1.5% 的速度迅速减少[16]，原因主要是海水养殖、填海造陆、海岸侵蚀以及海平面上升等。但从图中结果显示，中低纬度的红树林等生态功能较强的湿地得到了较好的保护，高纬度的盐沼则在逐渐缩减。

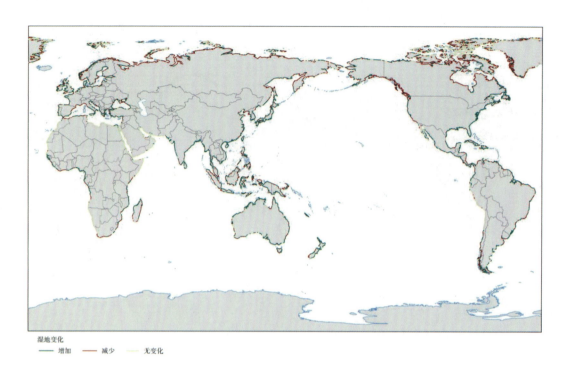

图 3.5　2008—2018 年全海球岸线湿地变化

2008—2018 年，全球沿海地区的灌木地普遍呈现缩减的趋势，其中较为密集的区域为亚欧大陆北部、地中海沿岸、澳大利亚沿岸和南美洲南部等地区（图 3.6）。一方面，灌木地作为受重视程度较低的用地类型，在海岸带开发的过程中往往会受到挤占，因此在全球海岸的用地中均呈现萎缩的趋势；另一方面，在对灌木地的识别上存在较大的年际差异，表明所采用的土地利用产品 MCD12Q1.061 可能存在一定误差。

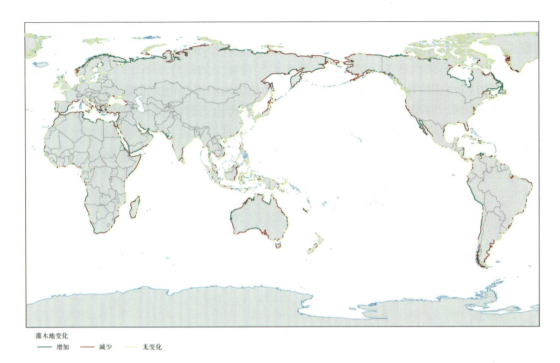

图 3.6 2008—2018 年全球海岸线灌木地变化

作为全球海岸带中占比最高的用地类型，草地的变化在全球范围内表现出较为混杂的模式。其中，西非、东南亚、北亚、南美洲西部等地区草地呈现增加的趋势，中国东南沿海、欧洲北部、北美洲北部等地区草地减少较为明显（图 3.7）。

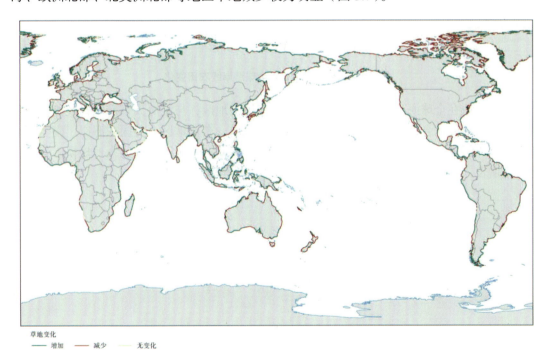

图 3.7 2008—2018 年全球海岸线草地变化

全球海岸带农田变化的区域位于人口稠密的地区，总体来看呈现增加与减少混合并存的模式，欧洲北部沿海、南海地区、日本东部沿海为农田增加较为明显的区域，地中海沿岸、黄海沿岸、马来群岛等区域的农田则主要呈现减少的趋势（图3.8）。从人类活动来看，建设用地对农田的侵占以及围海造田等行为是影响农田变化的重要因素。从自然因素来看，全球变暖、海平面升高，以及海啸等自然灾害也会影响农田的空间分布情况。同时，农田识别在遥感技术中仍然是一个难点，农田容易与草地、灌木等植被类型混淆，因此农田数据的准确性仍有待验证。

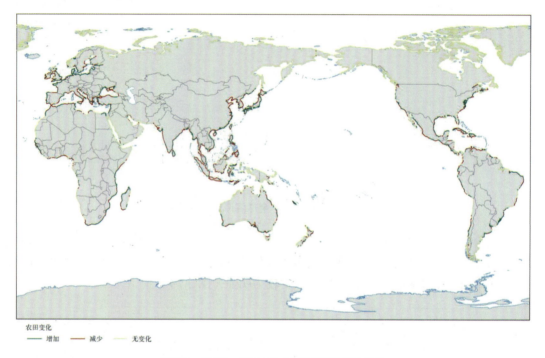

图3.8　2008—2018年全球海岸线农田变化

建设用地在全球海岸带均呈现明显增加的海岸带地区，与沿海大都市圈以及其他人口稠密的地区高度重合，典型地区如西欧、非洲西海岸、东亚地区、美国东海岸、南美洲东部沿海等（图3.9）。这也反映出2008—2018年10年间，全球沿海地区人口规模、建设用地快速增长，并伴随着对空气、水和土地等自然资源消耗的增加。

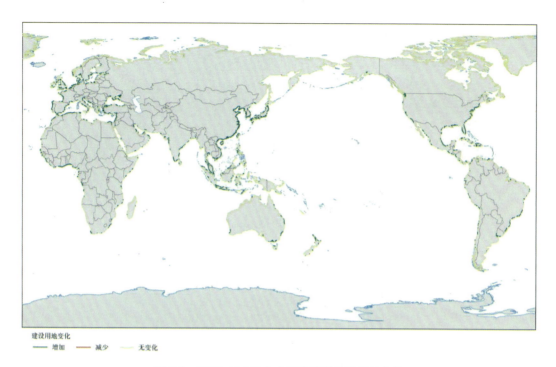

图 3.9　2008—2018 年全球海岸线建设用地变化

整体来看，荒地减少的区域大多位于太平洋沿岸，如中国东部沿海、澳大利亚北部、南美洲西部等地区，荒地增加最为密集的区域为索马里沿海地区和加拿大北部的部分岛屿（图 3.10）。海岸带荒地减少的重要动力为沿海地区的开发与建设活动，如沿海盐碱荒地农业、旅游开发等。另外，填海造陆等活动也可能会使荒地的面积增加。[17]这两种相向的力量共同塑造了沿海地区荒地的变化模式。

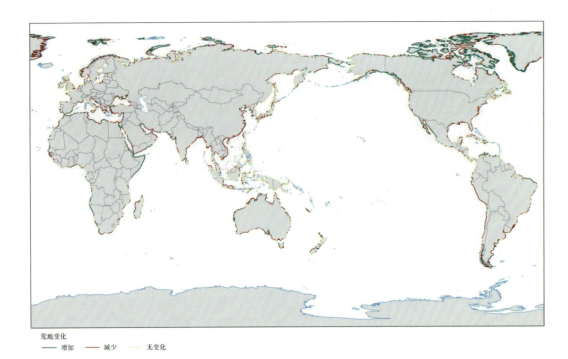

图3.10　2008—2018年全球海岸线荒地变化

全球海岸带地区的永久冰雪主要分布于中高纬度地区，尤其是北极圈以内。从2008—2018年数据来看，永久冰雪的变化呈现较为明显的空间差异：格陵兰岛及周边地区呈现增加的趋势，北美洲西北部沿海、亚欧大陆北部、南美洲南部沿海则表现为退化的模式（图3.11）。一方面，全球的持续变暖造成了冰雪融化；另一方面，有研究表明格陵兰冰盖顶部的夏季平均气温以2.2 ℃/10年的速度下降[18]，冰川融化相对缓慢，甚至呈现逐渐扩张的趋势，这也与研究得到的结果一致。

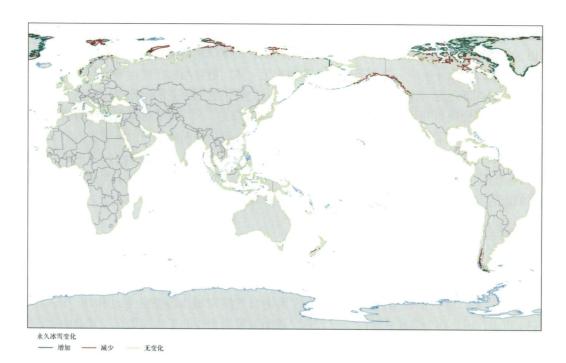

图 3.11　2008—2018 年全球海岸线永久冰雪变化

二、全球典型海洋中心城市港城关系特征

(一) 港城关系理论与方法

1. 港口的发展历程

　　海洋城市的发展依托于港口与腹地。港口不仅是海洋城市与外界进行交流的重要窗口和海陆交通体系的重要节点，同时带动了海洋城市相关产业的聚集发展，在一定区域范围内发挥着明显的辐射带动作用，对海洋城市的国际地位与全球影响力具有重要影响。国际上有学者从不同的角度对港口的演化进行了研究。Taffee 通过对尼日利亚等沿海港口的实证考察与分析，发现港口在空间作用过程中存在货运集中的发展趋势，由此提出海洋中心城市港口体系演化的六阶段模型，即港口孤立发展、航线渗透阶段和港口集中、支线相互联络阶段、腹地交通持续发展、腹地节点集中、国家干线形成。[19] Mayer 等学者开始关注区域枢纽港与支线港之间的关系，打开了对区域港口体系研究的新局面。[20] 1992 年，联合国贸易与发展会议在《港口的发展和改善港口的现代化管理和组织原则》中对港口功能演变的阶段进行了划分：第一代港口是指 20 世纪 50 年代以前以海运货物的转运、存储、收发等功能为主的港口，此时港口仅作为海陆运输之间的接口，相对独立于城市；第二代港口指 20 世纪 50—80 年代的港口，该阶段在原有的功能上增加了货物增值工业、商业功能，并且集装箱运输与海陆联运成为主要特点；第三代港口指 20 世纪 80 年代—21 世纪初的港口，该阶段港口在第一代、第二代港口的基础上向综合物流服务发展，呈现出高度的现代化、商业化和信息化特点，港口的服务超出以往界限，与海洋城市建立了较为密切的联系；第四代港口为 21

世纪初以来的港口，代表着港口未来的发展趋势，港口将通过港航联盟与港际联盟发展风险共担、利益共享的横向网络，实现整合式物流。该阶段港口集运输仓储、维修代理、航运金融、信息管理、工业生产、物流服务等多种功能于一体，港口与所在海洋城市与经济腹地的建设与发展逐渐融为一体，驱使港口逐步跳出被动的提供后勤服务的旧框架，而演变成为主动参与国际经贸决策和组织各类经济活动的前方调度总站。[21]通过对相关理论的梳理我们可以发现，随着大宗货物海运和现代信息技术的发展，港口逐渐由单一的区域交通节点转变为区域经济发展的增长极，并已成为集产业中心、物流中心与信息中心等于一身的多功能复合区域，且随着港口的持续发展，其与所在城市的互动与联系愈发密切并不同程度地影响着海洋城市的发展与影响，港城关系发展与演变是海洋中心城市研究关注的重点。

2. 港城关系理论研究进展

由于处于不同地区、具有不同发展历程的海洋中心城市在港城关系上呈现出截然不同的特征，根据海洋中心城市的发展历程，可以将其概括成城以港兴和港以城兴两种港城关系类型。城以港兴型的海洋中心城市表现为港口发展对城市经济的带动作用。Hoyle 和 Pinder 指出，海港作为多式联运的重要节点，逐渐发展为主要的工业聚集点与就业中心，并成为国家与地区发展的重要增长极。[22] 21 世纪以来，海洋贸易占国际贸易的 80%，海洋城市快速发展的趋势使得港口被认为是城市与区域发展的关键。国内外大量学者就港口对海洋城市经济增长的影响进行测算，结论证明港口吞吐量、港口产业和港口基础设施等对海洋城市的就业率、城市扩张、经济增长、吸引投资和减少贫困等多个方面具有显著的积极作用[23-26]，香港、深圳、新加坡等海洋中心城市是典型成功案例。同时，部分研究表明港口对区域经济的增长效应也受到相应条件的限制。例如，Deng 等指出随着港口自动化与集装箱化，港口对就业的贡献将不断下降[27]；Bottasso 则指出相较于服务业，港口吞吐量对工业就业率影响更显著[23]。甚至一些研究认为港口和城市不同的土地使用模式可能导致港城之间地理隔离的加剧，土地紧张、环境污染、交通拥挤等问题可能给城市发展带来一系列负面影响。港以城兴型海洋中心城市表现为港口发展对城市与腹地资源的依赖。腹地为港口提供了货源与客源，决定了港口的区位条件，腹地越发达，港口的发展就越有潜力。海洋城市通常作为港口腹地的中心，为港口的发展提供大量的劳动力、相对完善的基础设施和丰富的制度与投资支持，极大地降低了港口的建设与运营成本。此外，相较于西方港口城市的演化历程，许多殖民地港口城市如上海、雅加达、加尔各答等都是建立在已有的大城市的基础之上，以加强对周边地区的控制，同时实现货物的快速倾销。[28]城市优越的政策环境也是港口发展的重要因素之一。例如，经济特区政策优势极大地促进了深圳港口的发展，此后中国加入世界贸易组织使得政策效应在更多港口城市得到了广泛的体现。

当前，国外对港城关系的研究多偏重于单个港口的案例分析，对不同港口的研究方法也不尽统一，较难对不同海洋中心城市的港城关系及其演变进行系统的横向与纵向的对比分析，未能有针对性地提出促进海洋城市与其港口发展的参考建议。国内对海洋中心城市的研究开展相对较晚。随着近年来中国港口与城市的飞速发展，成果主要集中于海洋中心城市港城互动关系、动力机制、内在机理研究。例如，唐宋元、潘玉慧等分别探讨了港城关系的变化特点以及港城相互作用的内在机理[29-30]；郭建科等采用脉冲响应函数和动态相对集中系数定量分析了环渤海区域主要海港城市的港口和城市关系[31]；高涛等运用数据包络和偏相关分析方法研究港城的互动情况并探讨推动港口与城市关系协调发展的因素[32];熊勇清等运用面板数据模型与众多检验方法,对海上丝绸之路的沿线港口物流和港城经济的动态关系进行探讨[33];毕森等完善相对集中指数并结合空间统计分析方法,对海上丝绸之路的38个重要港口及港口所在城市的港城关系进行评价[34]。我们可以看到,大部分研究侧重于分析模型的创新,缺乏系统地对中国海洋中心城市与全球海洋中心城市的横向发展对比研究。

总结上述对港口体系及港城关系理论相关研究进展可以发现,港城关系主要体现在港口与城市之间的互动,港口的发展能够增强城市竞争力,同时城市也为港口发展提供了市场与资源。随着港口的发展,港城关系经历了复杂的演化历程:一方面,港口功能的拓展使得港口逐渐发展成城市核心区域,港口与城市间互动越发密切;另一方面,港口与城市在功能和空间上的矛盾使得港口和城市可能发生地理上的隔离,港口对城市的经济效益减弱甚至造成负面影响。在研究内容方面,国内研究一直以来比较重视对海洋城市经济属性的测度以及发展模式的探讨,实用导向较为明显;国外研究在关注海洋城市港口航运的基础上,将研究重心转移到了海洋城市的综合生态系统。总的来说,目前海洋城市的相关研究依然存在条块分离、整合性不够的问题。

3. 典型海洋中心城市的港城关系演变

根据新加坡、伦敦、香港、上海等国内外海洋中心城市的发展经验,全球海洋中心城市的功能定位体现多方面,如港口航运枢纽功能、海洋科技创新功能、产业集聚功能、文化交流功能、治理供给功能等。其中,港口航运枢纽功能是全球海洋中心城市最基本的标准之一,良好的港口条件和发达的港口物流网络是保持全球海洋中心城市港口与物流优势的重要基础,是港口航运枢纽功能得以正常运转的硬环境条件。港口营运能力主要表现在具有完善的港口基础设施,在货物吞吐量和集装箱吞吐量规模上具有绝对优势,并且还需要有较高的装卸货效率和能力,以提升港口周转效率;航运能力主要表现在该城市拥有的船队规模、航运公司总部数量、航运服务效率和品质等方面。

港口城市与所辖港口相互之间的需求、影响与制约关系就是港城关系,主要包括经济、管治、地理与外部网络等四方面的关系。经济关系,是指港口和城市之间为了达到相应的经济利益,所形成的社会关系,包括城市对港口的需求、港口对产业发展的影响等;管治关系,是指港口的建设与经营受到港口城市政府的管辖与管理;地理关系,是指二者在空间中的布局关系;外部网络关系,是指港口作为运输节点,吸引大量航线后海上的网络关系会变得极为庞大。这四方面的关系也是相互影响、相互关联的。

以新加坡、伦敦和汉堡为例。新加坡连续五次位列"全球领先的海事之都"榜首,是欧洲和远东的贸易中心,与东南亚、印度次大陆和太平洋国家的所有港口都有良好的联系。新加坡处在特殊的地理位置,自然资源严重匮乏,进而导致其经济高度依赖于其港口与城市腹地的运行。因此,维护城市与港口之间的联系就成为要实现发展的重中之重。实际上,新加坡政府也秉持"港为城用,以城促港"的理念,搭建适宜产业集群发展的政策环境,为港城之间的良性互动产生积极推进作用。伦敦作为一个历史悠久的港口城市,在整个城市的发展过程中,港口与城市之间的关系得到了较好的处理,以促进科技创新为重点,以创新引领产业现代化转型,将制造业经济模式变革为高技术含量、高附加值、低消耗的服务型经济模式，使伦敦这一国际航运中心转变为国际航运服务中心，并保持世界大都市的活力，实现港口与城市发展的双赢。同时，随着航运资源配置能力与航运服务功能的逐步完善，形成了具有以多部门、多层次、协调合作、共同提升为特点的国际航运服务体系，该体系能够为创新型港口服务业经济发展起到积极引领作用。汉堡受益于有利的地理位置——既靠近北海也靠近波罗的海，与内陆腹地连接的便利使汉堡发展为北欧、亚洲和波罗的海国家的贸易运输枢纽。汉堡港是德国最大、欧洲第二大海港，有近300条航线通向世界五大洲，与世界上1100多个港口保持着业务往来。在过去几十年中，汉堡投入了大量资金进行港口现代化改造，扩建码头，挖深易北河河道，建设成为世界上领先的智能码头。港口内装卸设备先进，机械化和自动化程度极高，被誉为"德国通向世界的门户"和"欧洲最快的转运港"。汉堡港距离汉堡机场仅约15 km。汉堡港已经建立了世界上一流的港口信息数据通讯系统，真正做到了港口、铁路、陆路、航空的无缝隙运输。

除上述四层城市与港口之间的关系外，一个沿海港口城市的发展必然受到更高层次体系的影响。在中国，主要港口曾经一度是完全由国家通过交通部系统规划、建设、管理和运营的。因此，我们这里把上述四层关系看作内生的港城互动关系，而我们需要将这个关系框架（图3.12）放在一个变动的外在环境里考察。我们关注的港城空间及其规模关系是多样的。

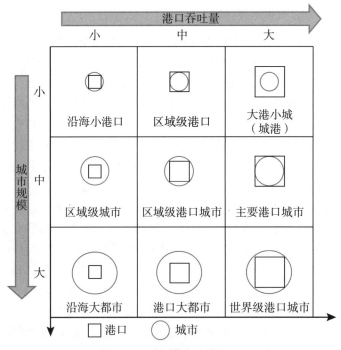

图 3.12 港城空间规模关系

资料来源：文献［35］。

港城之间的空间关系大部分都经历了不同的阶段：①以港兴城，港以城兴阶段。城市和港口在地域空间上紧密接壤，在功能上相互依赖，城市围绕港口兴起，港口又是城市中心区域。②港城空间扩张阶段。工业、贸易和相关服务的发展，使港口和城市在地域上不断向外拓展，以更多的空间满足港口物流、产业、服务和人居的需要。港和城各自功能的独立显现，地域空间需求开始分化。由此，港口与城市在功能上和地域上产生了冲突和矛盾，原来高度融合的状态发生改变，港城界面发生分离，功能出现分异。③港城功能分异阶段。该阶段的主要特征是港口与城市功能显著发生分化。现代工业的迅速发展和规模的扩大，航运技术的发展和船舶规模的扩大，使得城市内水域已经不能满足航运发展的需要，港区内新的港口设施需要占据更多和更大的空间，港口开始向城市外围扩展；港口对城市的交通和环境等产生越来越大的影响，城市陆上运输条件已不能满足其货物集散的要求，需要更有效的集疏运网络系统。这导致港口在性质上与城市的进一步分离。④港城空间分离阶段。该阶段的主要特征是港口从城市滨水地区撤离，新港区建成，老港区进入再开发阶段。由于港口仍然需要依托城市的服务功能，城市对港口也有一定的依赖，港口对城市的干扰日益严重，港城空间分离的程度成为港城发展的重要战略议题。这对于国际航运中心和国际大都市显得更加重要。

最后，城市用地作为城市经济发展与人口增长的空间载体与作用者，用地扩张阶段及空间形态的变化体现着该城市的土地利用发展趋势。而不同港口在参与所在海洋中心城市用地扩张中的角色与其中的港城互动关系正是让该海洋中心城市集聚效应位于全球领先地位、辐射作用拓展至全球范围的关键。因此，本章将整合海洋城市与港口发展的相关研究，对全球不同港口与其所在典型海洋中心城市之间的互动关系进行客观分析，从港城链接及其用地特征两个方面对海洋中心城市进行综合评价。研究结果可以为不同地区、处于不同发展阶段的港口与其城市发展，提供数据支撑和研究依据。

（二）典型海洋中心城市的交通基础设施布局特征

典型海洋中心城市是海洋经济的载体，同时往往扮演全球交通枢纽和区域门户的角色。交通基础设施布局特征深刻影响着海洋经济的功能和空间结构。在众多类型的交通基础设施中，港口生产力往往决定着典型海洋中心城市的全球竞争力[36]，地方海事集群仍围绕港航活动嵌入价值链的不同环节[37]。尽管当今港口已成为全球贸易中的一类节点，但不可否认，历史上大量海洋中心城市因港口而兴起，同时因全球性或区域性航线和货流格局的变化而出现地位演替。本小节将以港口为核心，比较全球不同区域海洋中心城市的交通基础设施布局特征。

1. 海洋中心城市样本选取

在城市样本选取上，本小节以是否具备大型港口作为选取基础，根据前文章节中的全球海洋中心城市名录，通过将港口图层与城市行政区图层相叠加匹配，得到完整的港口城市的分析样本。虽然各国行政区划在分层级、范围划定上存在显著差异，且多年份的全球港口吞吐量数据不可获取，但是，由于样本城市分布于全球不同地区，涵盖不同的城市经济规模等级，可以认为在呈现交通基础设施地理差异上具备良好的代表性。

大型港口的确定基于统一的比较标准，参考英国权威港航业媒体《劳氏日报》公布的各年全球集装箱吞吐量Top100榜单，选择2011年、2014年、2017年、2020年入围榜单的160个港口（图3.13）。经过对四个年份入围港口吞吐量排名整理（表3.1），可以发现：①近10年来，排名前50的港口仅有小幅度变动，这些港口多为所在区域的枢纽港，主要承担转运功能;排名后 50 的港口有较明显的构成变动,多数为喂给港,或仅开辟少量直航航线。所有港口中,34% 四个年份均入围,33% 仅在一个年份入围。②亚洲,尤其是东亚和东南亚港口地位整体抬升,欧美港口地位整体下降。2011 年有 29 个东亚港口、7 个东南亚港口入围,2020 年分别增至 35 个和 10 个,其中前 10 名港口中,2020 年东亚占了 8 席;欧洲和北美 2011 年分别有 30 个和 16 个,至 2020 年分别减少至 19 个和 10 个。

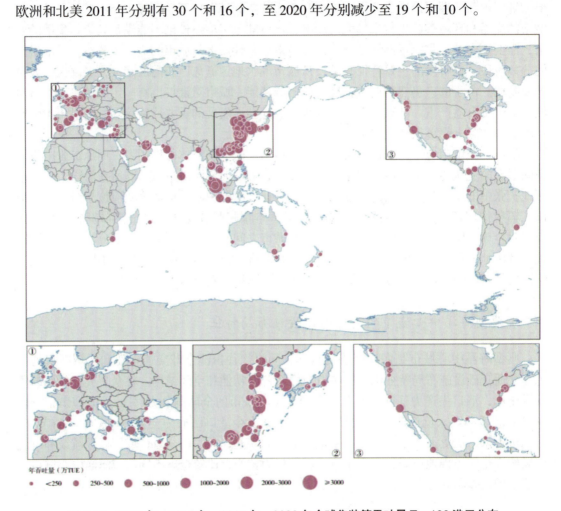

图 3.13　2011 年、2014 年、2017 年、2020 年全球集装箱吞吐量 Top100 港口分布

表 3.1　2011 年和 2020 年集装箱吞吐量 Top100 港口规模概况

单位:个、万 TEU

地区	2011 年		2020 年	
	港口数	年吞吐量均值	港口数	年吞吐量均值
东亚	29	707	35	865
东南亚	7	679	10	998
南亚	2	241	5	438

续表 3.1

地区	2011 年		2020 年	
	港口数	年吞吐量均值	港口数	年吞吐量均值
欧洲	30	177	19	436
北美	16	237	10	480
中南美	4	170	7	316
大洋洲	7	85	2	270
非洲	5	164	5	316
全球	104	374	100	632

注：2011 年港口规模排名存在并列情况，故总数超过 100。

经过与全球海洋中心城市行政边界的匹配，最终筛选出 76 个城市样本，用于交通基础设施布局的具体分析。为了便于同时反映布局特征的地区之间和地区内部的分异性或相似性，根据城市所属大洲将样本集划分为 5 类：东亚地区（样本数 25），东南亚地区（样本数 11），欧洲地区（样本数 20），北美地区（样本数 7）和其他地区（含西亚、南亚、大洋洲、中南美洲和非洲等地区，样本数 13）。其中东亚、欧洲和北美地区包含为数较多的海洋中心城市，且内部国家构成相对简单，城市可比性最佳。例如，中国以港口所在的地级市为界，美国以港口所在的 county 或 city 为界，欧洲则以欧盟 nuts1 区划来界定（图3.14）。少数具有全球影响力的城市特殊处理，如纽约以"纽约都市圈"定义范围，东京以"东京都"定义范围，伦敦和巴黎分别以"大伦敦"和"大巴黎"定义范围。

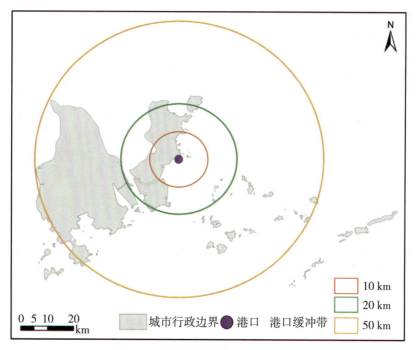

图 3.14　海洋中心城市样本示例

2. 港口在海洋中心城市内的区位特征

港口在海洋中心城市内的区位深刻地影响着港与城的产业、功能相互作用模式和强度，是港城关系的空间映射，又同时由海洋中心城市发展阶段与港口自身代际所决定。围绕港口区位，我们一方面要讨论港口相距所在城市中心的距离，另一方面要讨论港区的发育状况，重点是港口周边地带的城市活动强度。我国学者王缉宪[38]曾将港城空间互动模式抽象为三维模型，在不同模式下，港口到市中心距离随着时间推移和港口占用空间的扩大而呈现不同的变化趋势。具体而言，互动模式共分为四类，分别为渐变模式、大港适距起步模式、空间跳跃模式、双港并存模式。但在全球港城空间互动分析中，由于各国在港区、市中心界定上并无统一标准，造成理论模式应用不便，本小节采取一种简易的比较方法。

DMSP/OLS夜间灯光数据被广泛应用于大尺度城市建成区面积、开发密度、人口、经济总量等方面的研究，本小节采用该数据识别海洋城市的市中心。具体思路为：①根据市中心往往具有最高开发强度、人口和产业高度集聚的特征，将城市行政边界内灯光值最大的栅格提取出来，近似视为市中心。相比以地方行政中心或几何中心作为市中心的做法，这一方法的优势在于充分考虑了部分城市建成区的多中心形态。②计算海洋城市所包含港口到所有提取栅格的直线距离均值。同样地，一个海洋城市可包含多个港口。实际上，城市内 DN 值饱和区（DN=63）面积越大，则计算直线距离均值过程中这一中心区权重也越大。③除此之外，以港口为圆心，计算10 km和20 km缓冲带范围内陆域的 DN 值，并与城市行政边界内 DN 值对比，以直观反映港区相对于全市的开发强度，判断港口周边是否形成一个成熟的新功能区。为避免影像中噪音的影响，仅将 $DN \geq 10$ 的栅格纳入计算范畴。

据表3.2的统计结果，从全球范围来看，样本城市港口与市中心的距离集中在20 km以内，4个距离60 km以上的城市可视为极端值。比较5个地区港口与市中心的距离，易发现东南亚港口与市中心的距离均值明显小于其他地区，接近10 km，欧洲、东亚、北美3个地区的距离均值接近20 km，其他地区受极端值的影响，距离均值接近25 km。东南亚港口城市样本中，相当大一部分为前殖民地城市。Lee等[39]在对亚洲港口城市发展模型的论述中指出，殖民地港口往往位于已经建立成型的城市，连接海外和内陆腹地市场，建立早期的欧洲殖民区，城市的主要经济功能和人口都集中在港口周边，由此形成了更强的港城共生关系。对比各地区的距离均值和中位数，可以看出东亚、北美和其他3个地区的中位数与均值存在较大差距，原因在于这些地区都存在少数远离所在城市中心的深水港，多为旧港区向外围扩张和港区专业化的产物，如东亚的上海港、天津新港、黄埔新港，北美的洛杉矶港，其他地区的吉达港、桑托斯港。

表3.2 各地区港口与城市中心距离

单位：km

指标	东亚	东南亚	欧洲	北美	其他	全球
均值	20.54	10.55	17.33	21.45	24.58	19.03
中位数	13.82	8.81	15.33	13.14	8.27	13.03
60 km以上的城市	上海	—	阿尔赫西拉斯	—	吉达、桑托斯	—

从港口缓冲带内的 DN 均值来看（图3.15），无论历史上形成的、靠近城市中心的港口，还是新建的、位于城市边缘区的港口，普遍以港口物流为基础对各类城市活动都产生一定的集聚力，尤其是临港重化工业、加工业，乃至高级航运服务业，并形成连片的功能区，而这一集聚力又因距离摩擦而衰减。对应到数据中，全球范围内和各地区范围内，DN 均值空间分布都呈现 10 km 缓冲带＞20 km 缓冲带＞城市行政区的现象。东南亚地区的例外（城市行政区＞20 km 缓冲带）很大程度上是由于港口 20 km 缓冲带覆盖了大量城市行政区之外的面积。比较不同地区，港口 10 km 缓冲带 DN 均值并没有表现出明显的地区间差异，所有地区 DN 均值都接近饱和值；主要差异集中在 20 km 缓冲带，北美、东亚和东南亚 DN 均值仍在 50 以上，欧洲和其他地区降低至 45～50 区间。但就城市行政区范围而言，东南亚地区统计出最高的 DN 均值，证明该地区有限的海洋中心城市在集中国家人口和经济资源方面相比其余地区更为突出。

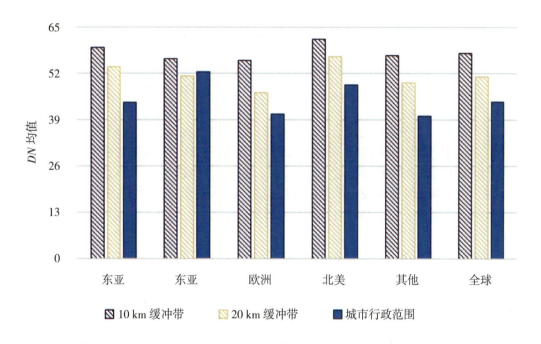

图 3.15　各地区海洋中心城市港口缓冲带 DN 均值

图 3.16 将所有海洋中心城市样本置于同一坐标系中，更直观地展示港口区位与其周边城市活动强度的关联。横坐标为港口与市中心的距离，纵坐标为港口周边一定范围的 DN 均值。可以看出，对于港口与市中心距离处于（0，20 km]区间的城市而言，港口 20 km 缓冲带相比 10 km 缓冲带 DN 均值已有明显的降低；距离处于（20，60 km）区间的城市这一变化并不明显。这组数据与前文的统计结果相符，再次表明港口周边城市活动强度的剧烈衰减普遍出现在 10～20 km 之间。相当一部分港口位于规模有限的城市，港区即为所处城市活动强度最高的地带。

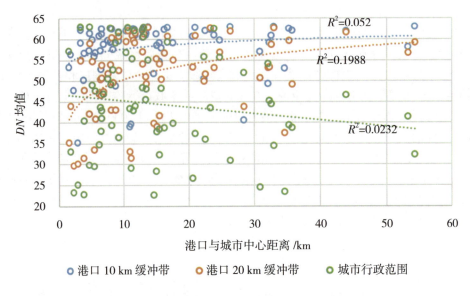

图 3.16　海洋中心城市港口区位双指标数值分布

注：港口与城市中心距离超过 60 km 的极端值样本已剔除。

对样本城市的双指标进行拟合，结果显示，港口 20 km 缓冲带 DN 均值大小与距城市中心的远近有较强的正相关性，对数函数的 R^2 为 0.23；港口 10 km 缓冲带和城市行政区 DN 均值相对应的拟合效果均不佳。由此可见，港口远离城市中心并不意味着港城关系脱钩；相反，在合理的规划和充分的基础设施配套下，大型集装箱港口即使位于下游且与旧城区在空间上相互独立，同样具备产业和人口集聚能力，可逐步发展成城市的新开发区或副中心。

为便于进一步归纳，参考港口与市中心距离的四分位数，并根据两指标的大小组合，得出以下四种包含样本城市数较多的港口区位类型：①典型类别一，指标特征为"远距离，高 DN 值"，港口与市中心距离大于 75% 分位数，缓冲带 DN 值大于 50。这类港口城市主要分布于东亚、北美和欧洲，集中了大量的国际性大都市，如上海、深圳、广州、洛杉矶、纽约、鹿特丹、赫尔辛基等。部分城市已在沿江河地带和出海口建成新、旧港区，吞吐量规模巨大。②典型类别二，指标特征为"中等距离，高 DN 值"，港口与城市中心距离介于 25% 分位数至 75% 分位数之间，缓冲带 DN 值大于 50。这类城市数量最多，经济发展水平同样偏高，既包括具备综合经济职能的大都市，也包括以海洋经济为支撑的港市，如宁波、香港、高雄、仁川、安特卫普、巴塞罗那、伦敦、诺福克、德班、雅加达、槟城等。③典型类别三，指标特征为"中等距离，低 DN 值"，港口与市中心距离介于 25% 分位数至 75% 分位数之间，缓冲带 DN 值在 50 以下。这主要包括亚洲和欧洲区域性或国家性中心港口，吞吐量规模低于前两个类别，如厦门、海防、神户、勒阿弗尔、雷克雅未克等。④典型类别四，指标特征为"短距离，低 DN 值"，港口与城市中心距离低于 25% 分位数，缓冲带 DN 值在 50 以下。这一类别主要位于欧洲、东亚和其他三个地区，多为传统港市，经济职能相对单一，以港口和航运业为主导，中心区往往由港区向外逐步扩散而来，城市经济规模、高密度建成区面积小，如热那亚、费利克斯托、吉大港、汕头、福州等。

3. 海陆联运与海空联运设施布局

早在 21 世纪初，多位学者就指出，随着贸易全球化及区域货运量的增长，港口正日渐成为全球供应链的一个节点。[40-41] 时效性在供应链管理中重要性的提升无疑促进了多式联运过程中不同运输环节之间功能和空间的整合。事实上，航运技术的革新，尤其是船舶大型化已大大降低了海运成本，而供应链产生的成本仍很大程度集中在陆运环节。因此，全球海洋中心城市在国际物流网络的地位维系不仅取决于是否拥有巨型海港，还取决于陆路交通设施、空港和海港综合布局所影响的多式联运便捷程度。本章节的后续部分将先后通过公路、铁路和机场与集装箱港口的空间关系，宏观展示港口城市的海陆联运和海空联运设施布局状况。

（1）海陆联运。基于 Global Biodiversity Model for Policy Support（GLOBIO）（详见 https://www.globio.info/resources）提供的 2015 年全球公路网数据集和 Natural Earth 提供的全球铁路数据集，对 10 km、20 km 缓冲带范围及海洋城市行政范围内的网络密度做比较（图 3.17）。

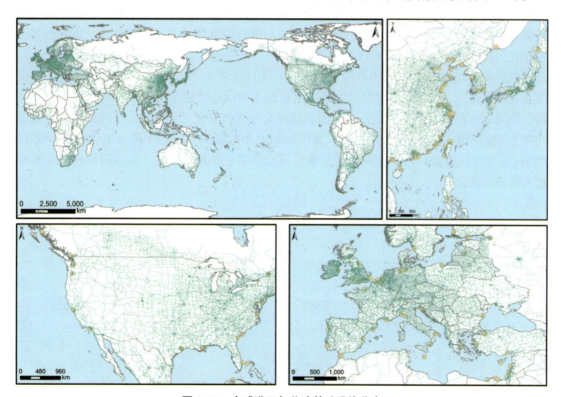

图 3.17　全球港口与公路基础设施分布

第一种比较方法是按地理区域分组，计算组内所有样本的指标均值。结果显示：①尽管当前各国对于港区无清晰统一的空间范围界定标准，但海陆联运在全球海洋中心城市之间得到普遍的重视，大型港口多数对周边空间产生经济辐射力，通过吸引各类涉海产业的临近布局产生更多陆路交通基础设施的配套需求，反映在数据上，就全球所有港口城市样本而言，港口 10 km 缓冲带内的公路和铁路网密度分别达到 2.18 km/km² 和 0.09 km/km²，

20 km 缓冲带内则分别为 1.68 km/km² 和 0.07 km/km²，这两组指标值都数倍于城市行政范围对应的指标值。显然，连接港口的陆路交通设施在布局上符合距离衰减特征，随着缓冲带范围的扩大，交通设施的密度都趋于降低。②全球不同地区的港口城市之间在港口周边陆路交通设施密度，以及公路和铁路之间的相对布局优势上都存在一定的差异（图3.18）。首先对于公路，发展中地区港口缓冲带的路网密度都大于欧美发达地区的路网密度。以 10 km 港口缓冲带为例，路网密度的组内均值最大值和最小值分别为东亚 2.87 km/km² 和北美 1.36 km/km²。铁路在港口缓冲带内的密度呈现出完全不同于公路的地区间差异，组内均值最大值则出现在北美，其次为欧洲，两个地区港口 10 km 缓冲带密度都在 0.10 km/km² 以上，20 km 缓冲带密度分别达到 0.11 km/km² 和 0.08 km/km²，均高于其余三类地区 10 km 缓冲带的密度。这体现了欧美地区更突出的港口区域化，即港口通过铁路实现更大范围的内陆渗透，与内陆市场紧密联系。值得注意的是，欧美港口缓冲带呈现的公路低密度很大程度上是由港城分离现象所导致，部分门户枢纽港的位置与国家或区域经济中心并不重合。历史上的内陆经济中心可能仍维持制造和消费活动上的集聚优势，而原有的内河运输已趋于衰落，港航活动迁往更方便大船靠泊的沿海区。典型例子如，英国最大的港口为东南部沿海的费利克斯托，国家经济中心为沿河的伦敦；法国最大的港口为南部沿海的马赛，国家经济中心为更内陆的巴黎。③随着与港口距离的扩大，陆路交通设施的密度梯度变化同样在不同地区之间呈现差异（图3.18）。东亚地区的梯度变化幅度最小，无论公路还是铁路，港口 20 km 缓冲带的密度都达到 10 km 缓冲带的 80% 以上；欧洲地区的梯度变化幅度最大，20 km 缓冲带的公路网密度仅为 10 km 缓冲带的 66%。另外，东南亚和其他两类地区都出现港口城市行政范围的陆路交通设施密度介于 10 km 缓冲带和 20 km 缓冲带之间的现象。这一方面是受港口城市面积大小的影响，相当一部分港口城市被港口 20 km 缓冲带所覆盖；另一方面则是受港口与城市中心距离的影响，较远的距离可能导致更大的梯度变化。

图 3.18　各地区海洋中心城市港口缓冲带陆路交通基础设施密度

第二种比较方法按港口规模，即按年吞吐量大小将所有样本划分为 5 个等级，即 2500 万 TEU 以上、1000 万～2500 万 TEU、500 万～1000 万 TEU、250 万～500 万 TEU 和

250万TEU以下,在此基础上计算每个等级内港口10 km和20 km缓冲带公路、铁路密度均值,再做比较。各等级的吞吐量大小和港口数量如表3.3所示。①从公路密度来看,港口规模等级的提高大致伴随缓冲带内公路密度的增大,20 km缓冲带表现尤为明显,密度值在高低规模等级间单调变化。10 km缓冲带的公路密度并未完全遵循上述变化规律,年吞吐量250万~500万TEU的港口相比500万~1000万TEU的港口,周边公路密度更大;显然,年吞吐量2500万TEU以上的港口周边公路密度远大于其他规模等级的港口。②从铁路密度来看,港口规模等级高低与各缓冲带的铁路密度并无明显数量关系。最大密度值出现在年吞吐量500万~1000万TEU和250万~500万TEU两个规模等级内。与公路密度统计结果形成最鲜明对比的是,规模等级最高的少数港口,周边铁路网布局密度最低。这提醒我们注意不同地区港口城市在海陆联运设施选择上的分异。

表3.3 各规模等级港口缓冲带陆路交通基础设施密度

单位:km/km²

港口规模 /万TEU	样本数 /个	10 km缓冲带 公路密度	20 km缓冲带 公路密度	10 km缓冲带 铁路密度	20 km缓冲带 铁路密度
≥2500	4	3.80	2.83	0.05	0.04
1000~2500	12	1.97	1.73	0.07	0.06
500~1000	14	2.08	1.71	0.10	0.08
250~500	29	2.15	1.60	0.11	0.08
<250	18	2.06	1.49	0.08	0.06

进一步观察各规模等级的港口组成,可以发现港口规模的地区性特征,一定程度上解释了公路和铁路在不同港口缓冲带的密度分布。年吞吐量2500万TEU以上和1000万~2500万TEU的港口中,除迪拜、安特卫普和鹿特丹外,其余都分布于东亚和东南亚,这些港口中相当一部分为近10年新兴的港口,疏港铁路的规划建设相对滞后于港口的快速发育,港口物流高度依赖公路和卡车运输,港口通道向内陆延伸所形成的大型物流节点仍有限。500万~1000万TEU等级的港口主要分布于欧洲、北美和东南亚,且多数承担国家或区域性门户的功能,其中发达地区的港口很多较早就实现了集装箱化,并配套了疏港铁路。

(2)海空联运。港口承担着全球海洋中心城市与世界其他地区大部分货物交换的功能,被视为全球供应链的一个环节。作为客流和少量货物输入及输出的窗口,机场同样被整合到地方多层级枢纽中,与港口共同决定城市在全球交通网络中的坐标。以往学者在对城市(区域)与交通流关系的探讨中,不乏将港口与机场结合讨论的尝试。例如,Hesse和Rodrigue[42]、O'Connor[43]都论证了全球范围内,物流活动选址与大型港口和机场两类节点的关系,得出多港口和机场共同存在对于全球城市区域物流地位的特殊意义;Wang和Cheng[44]构建多层贸易中心的概念模型,其中海运枢纽为大规模贸易的基础,航空枢纽位于更高层级,为时间敏感型供应链提供支持。

基于前人研究的发现，本章节将 Natural Earth 提供的全球机场数据集与港口城市样本图层相叠加，观察港口周边机场的布局情况。考虑到不同服务水平机场带来的影响力差异，我们参考英国机场质量标准评测机构 Skytrax 发布的"2021 全球最佳机场百强榜"（World's Top 100 Airports 2021），将百强机场归为核心机场，其余机场为普通机场，分开做统计。参考指标包括港口 20 km 缓冲带内的机场数量和港口至机场可达性两项。参考交通地理学领域常用的可达性分析方法，通过港口与机场的直线距离测度港口获得海空联运能力的机会大小，具体算法如式（3.1）。式中 AC 表示某一港口的机场可达性，D_i 表示港口与机场 i 的距离，S_i 为机场 i 的赋分，β 为距离衰减系数，一般取值为 2。机场赋分方面，同时参考 Natural Earth 对机场规模的划分和 Skytrax 榜单，核心机场赋分 4，major、mid 和 small 级别的机场分别赋分 3、2 和 1，military 机场赋分 0。机场搜索半径设定为港口周边 100 km。

$$AC = \sum_{i=1}^{m} \frac{S_i}{D_i^{\beta}}。$$

港口缓冲带的机场数统计结果显示：在不区分机场类型的情形下，约 57% 的港口 20 km 缓冲带内有机场；但地区之间差别明显，欧洲和北美地区都各有 70% 以上的港口达到条件，东南亚地区这一比例仅为 36%。另外，极少数港口缓冲带内包含 2 个机场，分别为东亚的仁川、欧洲的赫尔辛基和北美的纽约。按核心机场统计的情形下，核心机场普遍位于港口 20 km 缓冲带之外；仅 20% 的港口在 20 km 缓冲带内包含核心机场，东亚、东南亚、欧洲、北美和其他地区分别有 16%、9%、25%、29% 和 23% 的港口满足条件。

分地区统计港口缓冲带内的所有机场平均数，得出 10 km 缓冲带范围内，其他地区平均每个港口分配到 0.38 个机场，为所有地区类型的最大值，这与该地区样本港口城市中包含更多经济功能集中的门户型城市有关；北美和东亚的均值接近 0，显然海港与空港功能区在空间上更趋于相互独立。将范围扩大至 20 km 缓冲带，东亚的机场平均数获得最显著的增加，达到 1.08；其次为北美和欧洲地区，其平均数也都达到 0.8 以上。可见这三个地区的城市机场大量布局于距港口 10~20 km 范围内。按核心机场统计的情形下，北美地区海港和空港邻近的优势凸显，20 km 缓冲区核心机场平均数为五个地区的最高值，显示了空运在北美城市对外交通联系中的关键地位；东亚和东南亚地区核心机场平均数都偏小，未超过 0.2，除了与大型交通基础设施规划布局直接相关外，也与这两类地区港口城市规模等级构成相对复杂，而人均机场数有限，多个城市共用一个核心机场有关。

港口至机场可达性统计结果所反映出的地区间差异与港口 20 km 缓冲带核心机场数量相似。五类地区的港口城市样本均值由大到小依次为北美＞欧洲＞其他＞东亚＞东南亚。可达性高低位序显示出与 GaWC 全球城市排名一定程度的相似性，数值最高的港口城市大多同时为全球经济管理中心，如东南亚地区的胡志明市和马尼拉，欧洲地区的伦敦、巴塞罗那和汉堡等，北美地区的纽约和温哥华，其他地区的迪拜和悉尼。同样值得注意的是，一部分全球城市排名中等但良好地整合了海空联运优势的港口城市，典型代表为东亚地区，广州、珠海、深圳和高雄等机场可达性居于最高水平，优于东京、香港和台北等。这批港口城市共同组成 O'Connor（2010）所描述的，承载全球关键物流活动的多机场和港口全球城市区域。从地区内部港口城市间的差异来看，北美地区可达性标准差最大（0.28），其次为其他地区（0.22），东亚、东南亚和欧洲地区可达性标准差都在0.15～0.20区间。

综合上述两项指标，欧美地区以及中南美、大洋洲等其他地区海洋中心城市在海空联运便捷程度上相对亚洲地区更有优势，海上门户枢纽往往兼具国际空港功能，东南亚地区则处于相对劣势。港口机场可达性的差异一方面与所在港口城市产业结构有关，高附加值行业，尤其是高级生产性服务业比重大的城市，往往在全球供应链中承担更多的管理职能，获得在航空网络中的更高地位；另一方面与国家人口、经济和政治职能在少数海洋中心城市的高度集聚有关，典型代表如澳大利亚的悉尼。

4. 海洋中心城市交通基础设施布局模式

受海洋中心城市规模、社会经济发展阶段等多重因素的约束，不同的交通基础设施布局特征之间存在一定的关联。因此，我们综合前文，通过所有海洋中心城市样本的多指标比较，总结海洋中心城市的交通基础设施布局模式。在考虑港口—城市样本间所具有的共同特征与异质性的前提下，选取4个指标，即港口距城市中心距离、港口10 km缓冲带公路密度、铁路密度和港口机场可达性，对应表示港口在城市内的区位和周边陆、空交通基础设施，借助系统聚类方法，将交通基础设施布局模式归类为若干种模式。

初步聚类将76个海洋中心城市样本划分为9种类型，但考虑到其中有的类型包含样本城市过少，故结合指标间的差异程度做适度归并，最终形成6种模式（图3.19）。

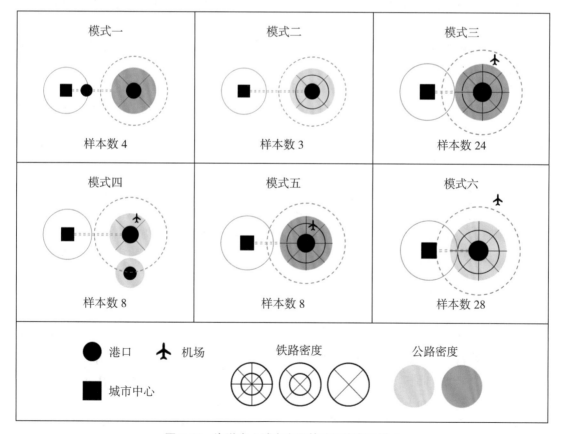

图3.19 海洋中心城市交通基础设施布局模式

模式一包含上海、天津、广州、吉达4个亚洲城市样本。其特征是港口与城市中心距离较远（均值62 km），港口缓冲带公路密度高（均值2.34 km/km²）而铁路密度低（均值0.03 km/km²）。港口机场可达性存在一定的组内差异。属于这种模式的海洋中心城市规模本身较大，城市中心远离深水航道，港口在全球海运中转运地位突出，城市新旧港区往往建成于不同历史时期。旧港区靠近城市中心，多凭借河运发育起来。后由于土地利用、拥堵、居住环境等因素，港城空间互动出现明显摩擦，且难以适应船舶大型化需求，面临"边缘挑战"。因此，远离中心区开辟深水新港区，以便大船靠泊，维持城市在航运网络中的地位。深水港区以物流功能为核心，周边人口和配套产业密度偏低，甚至出现"飞地"现象，如上海洋山港区、广州南沙港区。

模式二包含北美的洛杉矶、欧洲的阿尔赫西拉斯和南美的桑托斯3个城市样本。与模式一相似，港口与城市中心有最远的距离（均值77 km），不同的是，其港口缓冲带公路密度偏低（均值0.82 km/km²），铁路密度处于中等水平（均值0.06 km/km²）。

模式三包含香港、新加坡、雅加达和东京等24个城市样本。其特征是港口与城市中心之间的距离偏小（均值14 km），港口缓冲带内布局高密度的公路和铁路网（均值分别为2.60 km/km²和0.12 km/km²），港口机场可达性在各组中处于中等水平（均值0.26）。这些城市的地区组成复杂，包含5类地区，其显著特点是包含了最多数量的国家首都或承担全球经济活动管理职能的城市，吸收了最大量的海外投资。尽管有些城市港口的吞吐量在全球排名中已不靠前，港口物流活动和工业生产活动迁往周边其他空间更充裕的城市，但历史上形成的海洋经济优势仍保留，尤其是港口关联的金融、保险、货代等高端航运服务业仍在城市内高度集聚。部分城市中心周围形成大面积连片的、沿海湾分布的高密度建成区，已延伸至大型海港附近。

模式四包含深圳、纽约、塔科马和阿布扎比等8个城市样本。其特征是中高水平的港口与城市中心距离（均值33 km），港口缓冲带内公路和铁路密度较低（均值分别为1.63 km/km²和0.04 km/km²）。与模式一相似，部分城市内出现了双港区，如北美的两个组合港——东海岸的纽约—新泽西和西海岸的西北海港联盟（塔科马—西雅图）。组合港原为两个港口，位于不同行政区，历史上归属不同部门管辖，彼此独立发育形成功能区，后经历经营整合，成为一个港口。深圳的蛇口/赤湾和盐田港区是另一类双港区例子，两港区均为深水港，分别位于城市东、西部，由两家大型港口企业经营。双港区中的新港区往往由于相对远离城市中心而导致周边陆运设施密度偏低。海空联运方面，该模式下的城市由于地处国家核心经济区域或对外联系的门户区域而普遍拥有良好的机场可达性（均值0.31）。

模式五包含宁波、鹿特丹、台北和圣彼得堡等8个城市样本。这些城市与模式四同位于经济功能相对成熟的区域，因此，海陆联运和海空联运便捷程度在所有类型中都具备优势（港口缓冲带公路和铁路密度分别为2.64 km/km²和0.09 km/km²，港口机场可达性均值0.32）。但城市依托大港而兴的发展轨迹更加明显，港口在历史上长期作为国家或区域货物集疏中心，港城空间互动更强，港口生产力规模普遍更大。港口与城市中心的距离居于中等水平（均值23 km）。

模式六包含巴生、汉堡、墨尔本、热那亚等28个城市样本，为所有模式中数量最多的。其特征是最短的港口与城市中心距离（均值6 km），港口缓冲带内低密度的公路网

（均值 1.99 km/km²）和高密度的铁路网（均值 0.10 km/km²），弱机场可达性（均值 0.20）。在港城关系中，这些城市的港口属性普遍强于城市属性，可能相对远离国家经济、政治中心。因此，城市规模整体不大，建成区开发强度也相对低。港口航运业为城市传统的支柱产业，其他产业功能区可能由原港口功能区向外扩张而形成，导致港口关联产业与多种产业混合布局。

综上所述，模式三和模式五均属于多种交通基础设施相对均衡配置、多式联运可获取性良好的类型，有利于为货主和承运方提供多种物流解决方案。剩余类别在海陆联运和海空联运上优劣势各异。港口机场可达性与城市在国家乃至区域中的经济和政治功能地位关联性强，港口周边陆路交通设施受城市形态和空间范围、港口区位、港区开发过程和设施规划建设重点等多因素共同影响而呈现复杂的地区特征，但整体上公路布局受城市人口密度影响明显，铁路布局更取决于轨道交通在国家和区域层面运输系统中的位置。

（三）典型海洋中心城市的港城用地扩展规律

城市用地作为城市经济发展与人口增长的空间载体与作用者，用地扩张阶段及空间形态的变化体现着该城市的土地利用发展趋势。不同港口在参与所在海洋中心城市用地扩张中的角色与其中的港城互动关系正是让该海洋中心城市集聚效应位于全球领先地位，辐射作用拓展至全球范围的关键。

基于清华大学宫鹏 2019 年发布的全球近 40 年的不透水数据集与欧洲联合研究中心发表的 1984—2020 年全球地表水数据集，模拟全球典型海洋中心城市城市中心到城市边缘土地的变化规律，由此得到每个城市基于土地密度的城市扩张规律，结合各海洋中心城市主要港口的区位与城市核心区的相对位置变化，分析不同海洋中心城市的港城链接与用地特征演变。

从上述视角来综合评价海洋中心城市，是对现有港城关系研究的补充，能够为全球不同地区、处于不同发展阶段的港口与其城市建设发展提供数据支撑和研究依据。

1. 研究区域与方法

本项目拟挑选参与全球航运网络度中心性超过 100 及其拥有涉海企业数量排名前 20 的海洋城市（表 3.4）作为研究区域。在全球的海洋中心城市中，不同类型的涉海企业分散在全球 11641 座城市。新加坡和比雷埃夫斯的涉海企业高达 2000 多家，我国城市只有香港（第三位）和上海（第二十位）进入全球前 20 位，其他均来自英美和欧洲发达国家的城市。

表 3.4 全球拥有涉海企业数排名前 20 的海洋城市

排名	城市	企业数量/家	排名	城市	企业数量/家
1	比雷埃夫斯	2424	4	伦敦	1262
2	新加坡	2235	5	伊斯坦布尔	1207
3	香港	1381	6	东京	1102

续表 3.4

排名	城市	企业数量/家	排名	城市	企业数量/家
7	巴拿马城	1089	14	孟买	616
8	釜山	982	15	马尼拉	596
9	雅典	961	16	鹿特丹	567
10	雅加达	899	17	首尔	524
11	汉堡	861	18	利马索尔	499
12	迪拜	817	19	华盛顿州西雅图	473
13	德克萨斯州休斯顿	616	20	上海	458

选取全球典型海洋中心城市 20 个，采用基于圈层的反 S 函数模拟城市中心到城市边缘土地的变化规律，由此得到每个城市基于土地密度的城市扩张规律。[45] 反 S 函数表达式为：

$$f(r) = \frac{1-c}{1+e^{\alpha\left(\frac{2r}{D}-1\right)}} + c \quad (1)$$

式中：$f(r)$ 为城市密度；r 为到城市中心的距离；e 为欧拉数；α 为控制反 S 函数曲线斜率的参数；c 为城市腹地建设用地密度的背景值；D 为主要城市区域半径的拟合估计值。[46]

本研究的 $f(r)$ 通过圈层分析法计算得到。以 1 km 为半径从城市中心向外做多环缓冲区，直至最外圈层的缓冲区基本覆盖 2018 年的城市用地。城市中心由联合国人居署提供的城市地图数据集与谷歌地图所提供的高分辨率城市卫星影像图进行综合验证并最终确定。城市土地密度（$Density$）的计算公式如下：

$$Density = \frac{S_{build-up}}{S_{ring} - S_{water}} \quad (2)$$

式中：$S_{build-up}$ 为缓冲区内各圆环的建设用地面积；S_{ring} 为缓冲区内各圆环的面积；S_{water} 为缓冲区内各圆环的水体面积。根据反 S 函数拟合的内城区和城区半径的比值计算城市各个研究时点的紧凑度。紧凑度 K_p 值若随着时间节点的增加而减少，则表示城市朝着紧凑方向发展。根据焦利民所提出的公式[45, 47]，K_p 的计算公式如下：

$$K_p = \frac{r_2 - r_1}{D} = \frac{1.316957}{\alpha} \quad (3)$$

式中：$r_2 - r_1$ 为内城区范围；D 为城市半径；α 为控制反 S 函数曲线斜率的参数。

反 S 函数拟合得到的参数 D 是主城区的半径估计值，通过计算 D 值的增长速度，可以表征每个城市空间增长的速度，城市空间增长速率 V 为：

$$V = \sqrt[n]{\frac{D_t}{D_0}} - 1 \text{。} \tag{4}$$

式中：D_t 为研究期末城市半径；D_0 为研究期初城市半径；n 为研究时段。

同时，结合由谷歌地图确定的各海洋中心城市主要港口位置，计算其与城市核心区的相对位置变化情况，与相关指标进行比较，尝试从港口角度对港城关系进行描述。

2. 典型海洋中心城市的港城用地类型

如表 3.5，对 20 个典型海洋中心城市进行港口区位与城市核心区范围的汇总分析，在 1990—2018 年期间，我们可将这些典型海洋城市的港城关系依据城市核心区范围与港口之间距离的大小关系划分为三类：研究时段内，港口一直处于城市核心区内；港口一直处于城市核心区外；港口由核心区外进入核心区内。

20 个城市内，多数海洋城市的港口一直处于城市核心区内，如汉堡、东京、伦敦等，这些城市多以港兴城，城市和港口在地域空间上紧密接壤，功能上相互依赖，城市围绕港口而兴起，港口处于城市中心区域。同时，受部分城市地理空间范围与地形地貌所限，其港口与城市地域向外扩展已接近极限，留给城市和港口的空间都相对紧缺，即使地域空间需求产生分化，港口依旧位于城市核心区范围内，影响着其自身与城市的发展。

也有部分海洋城市的港口一直处于城市核心区外。出现这种现象的原因可归纳为两方面：一是以城兴港，城市带动港口初期发展；二是港城功能分异，进入港城分离状态。

同时，在 1990—2018 年期间，也有城市的港口由核心区之外进入核心区内，其原因也可从两方面进行归纳：一是以城兴港，港再兴城，城市随着港口发展而一并扩展；二是港城功能分异又重组，由港城分离进入新形态的港城融合。如荷兰的鹿特丹，作为曾经的世界第一大港口城市，其港—城关系由因港而兴转变为港城分离，再发展到如今的港城再融合，通过对老城港口的更新，建设新都心，实现"还港于城，与海共生"，提供了对众多国际航运中心和国际大都市港城空间分离问题的一个参考。

表 3.5　1990—2018 年典型海洋城市港城关系

港城关系	包含城市数	包含城市	原因
港口一直在城市核心区之内	13	汉堡、东京、伦敦、香港、休斯顿、雅加达、西雅图、巴拿马城、马尼拉、比雷埃夫斯、伊斯坦布尔、迪拜、利马索尔	以港兴城，港口与城市共同发展
港口一直在城市核心区之外	5	新加坡、釜山、雅典、孟买、首尔	①以城兴港，城市带动港口初期发展；②港城功能分异，进入港城分离状态
港口由核心区之外进入核心区内	2	上海（1990—2000 年）、鹿特丹（2010—2018 年）	①以城兴港，城市随着港口发展而一并扩展；②港城功能分异又重组，由港城分离进入新形态的港城融合

3. 港城用地扩展规律

（1）世界集装箱港口吞吐量横向与纵向趋势。根据全球集装箱大型港口发展报告，随着全球贸易的起飞，20世纪90年代标志着集装箱运输"黄金时代"的开始。商品交易带来了经济迅速增长，特别是东亚发展中国家的制造业飞速发展。这与当地众多的廉价劳动力密切相关，集装箱化使东亚制造的货物在运输上减少了阻碍。

西方世界也对能用较为低廉的价格买到质量上乘的电视、家具等日用品十分满意。据《集装箱化全球年鉴》，1990年全球集装箱年吞吐量不到100万TEU；到21世纪初，其吞吐量已接近2.5亿TEU。20世纪90年代集装箱化的成功引起了中国的注意，中国就如何利用这个不断扩大的行业进行了大量尝试，上海在10年后就成为全球吞吐量前10名的港口之一。

20世纪90年代末，中国开始对港口基础设施进行大量投资。在其蓬勃发展的制造业和廉价劳动力市场的推动下，中国在海岸线上开发了巨大的集装箱码头以支持繁荣的出口贸易。中国已成为世界的工厂。到了2010年，上海已取代新加坡成为世界上最大的集装箱港口（按年吞吐量计算），中国有不少于六个港口属于全球超大的港口行列。

21世纪初，中国经济不断崛起的同时，集装箱贸易继续加速，全球供应链越发复杂，电子商务贸易逐渐萌芽。唯一的特别之处出现在2009年，当时全球金融危机导致该行业自成立以来集装箱吞吐量首次出现年度下降，直至2020年新冠肺炎引发的低迷期间，只发生了一次这样的下降。然而，这场危机也标志着一个更平缓的增长期——这更符合全球经济增长的趋势，这一影响在某种程度上一直持续到今天。

就集装箱贸易动态而言，从港口部门的角度来看，过去20年的重大改变是中国的持续的主导地位，随着其经济的快速崛起而发展。如今中国的港口占全球前10个最大港口中的7个，占前100个港口的1/4；中国集装箱设施的处理量也占《劳氏日报》最新排名100个港口处理贸易总额的40%以上。

（2）典型海洋中心城市用地扩展规律。

A. 城市空间增长速率。由反S函数拟合可计算得到海洋中心城市1990—2018年三个时间段的城市空间增长速率。根据增长速率与研究城市数据的特性，可将海洋中心城市的空间增长速率划分为三个类型：较高速率、中等速率与较低速率（表3.6）。

表 3.6 1990—2018年典型海洋城市空间增长速率

空间增长速率	1990—2000年	2000—2010年	2010—2018年
较高速率	休斯顿、雅加达、利马索尔、雅典、孟买、首尔	上海、休斯顿、雅加达、雅典、孟买、首尔、利马索尔	鹿特丹、上海、休斯顿、雅加达、雅典、孟买、首尔、利马索尔
中等速率	鹿特丹、汉堡、上海、香港、巴拿马城、马尼拉、伊斯坦布尔、迪拜、比雷埃夫斯	鹿特丹、汉堡、香港、巴拿马城、马尼拉、伊斯坦布尔、比雷埃夫斯	汉堡、巴拿马城、马尼拉、伊斯坦布尔、比雷埃夫斯
较低速率	新加坡、东京、伦敦、釜山、西雅图	新加坡、东京、伦敦、釜山、西雅图、迪拜	新加坡、东京、伦敦、香港、釜山、西雅图、迪拜

近30年来，本研究中城市空间增长速率一直保持中低速率的城市有新加坡、东京、伦敦、釜山、鹿特丹、香港等原经济发展较快的世界城市与港口城市，由于城市用地发展空间有限与相关多中心战略的制定，城市用地扩张速率在近30年保持在中低水平；也有部分城市如马尼拉等扩张速率一直保持在中等速率，经济发展较为稳定，第二产业与第三产业稳步发展，城市用地空间呈现持续稳定扩张的趋势；一直保持较高速率且不断增加的城市有上海等，保持较高速率但不断下降的城市有雅加达，因各城市内部发展政策的调整而带来城市扩张速率的提升与放缓；由中等速率转为高速率的城市有鹿特丹等，近30年间这部分城市逐步推进经济转型，加快发展先进制造业与服务业，如旅游、文化和创意产业等，以此推进区域城市经济可持续发展，区域用地扩张速率相较之前呈现快速增长趋势。

由此看出，1990—2018年期间内城市化水平加速提高，大部分海洋中心城市呈现中高速城市空间增长速率；由于各城市政治经济与社会文化发展差距较大，用地扩张的速率也各不相同。

B. 城市紧凑度。内城区与城市半径的比值可表征城市的紧凑度。通过计算海洋城市的紧凑度，从宏观层面分析城市整体扩张状态特征和变化趋势，可将城市空间增长模式划分为紧凑型、保持型和蔓延型三种类型（表3.7）。

表3.7 1990—2018年典型海洋城市空间增长模式

空间增长模式	1990—2000年	2000—2010年	2010—2018年
紧凑型	新加坡、鹿特丹、汉堡、东京、伦敦、上海、香港、休斯顿、雅加达、西雅图、巴拿马城、马尼拉、伊斯坦布尔、迪拜、雅典、孟买、首尔、利马索尔、比雷埃夫斯	新加坡、汉堡、伦敦、香港、釜山、休斯顿、雅加达、西雅图、巴拿马城、马尼拉、伊斯坦布尔、迪拜、孟买、首尔、利马索尔、比雷埃夫斯	新加坡、鹿特丹、汉堡、东京、伦敦、上海、香港、休斯顿、雅加达、西雅图、马尼拉、伊斯坦布尔、迪拜、雅典、孟买、首尔、利马索尔、比雷埃夫斯
保持型	釜山	鹿特丹、东京、雅典	釜山
蔓延型		上海	巴拿马城

1990—2018年期间，新加坡、汉堡、伦敦、香港、雅加达等城市一直保持紧凑型的空间增长方式，釜山一直保持着保持型或紧凑型的增长，巴拿马城等城市由紧凑型转为蔓延型。不同模式的出现可归因于各区域独特的地理环境限制与发展的不同阶段。如新加坡属于沿海岛屿城市，其城市扩张受制于城市腹地大小以及地形条件影响，由于城市用地极为有限，城市内部用地利用率较高，用地呈现紧凑型扩张方式。

C. 港城用地扩展。一个港口的大小与其所在城市群的大小有关，特别是拥有良好港口区位的沿海城市。传统的港城关系视角中，由于内陆运输成本较高，城市规模和港口规模应趋于一致，海事活动是海洋城市发展的直接驱动力。同时，由于城市腹地有限，港口活动的水平必然与该城市作为消费和生产中心的经济活动水平密切相关。

集装箱的普及与扩散通过支持更大的港口码头并扩大内陆通道改变了传统的港城关系，这让港口活动水平与城市规模之间可能存在较大差异。其中，存在中转枢纽港的城市作为少有交通流量流向内陆地区的沿海区域就是最显著的案例。因此，港口的大小可能与城市的大小完全无关。不同港口通过服务于广阔的内陆地区带来了港口规模与城市规模之间的差异，如鹿特丹等欧洲门户港就是典型的例子，其属于中型城市，且港口面积大于所在城市的面积。

在过去的研究中，对于港口城市、海洋城市多是通过分离不同的地理尺度与要素来讨论，如地方、区域、国家、全球、港口与城市等角度。单一固定的视角难以阐明海洋城市港口与城市之间的复杂联系与演变机制，而对这种港口与城市规模关系的认知对于城市管理者、港口当局和航运公司的决策者又至关重要。已有学者通过对欧洲和东亚港口城市的港口与城市规模的定量比较，与现实相映衬，证明了这种多标准分析的相关性，为识别海洋城市发展的关键因素提供了新的方法。该研究建立了一个城市与港口规模发展的九宫格模型，以横轴为港口吞吐量，纵轴为城市规模，从左往右，从上至下将城市与港口规模各划分为小、中、大三类，得出9种港口城市的发展阶段：沿海小港镇—区域港口城镇—主要港口城镇—区域城市—区域港口城市—主要港口城市—沿海大都市—港口大都市—世界级港口都市。以2000年、2010年与2018年的港口集装箱吞吐量为横轴，2000年、2010年与2018年的城市核心区范围为纵轴，建立20个典型海洋中心城市发展的九宫格（图3.20）。

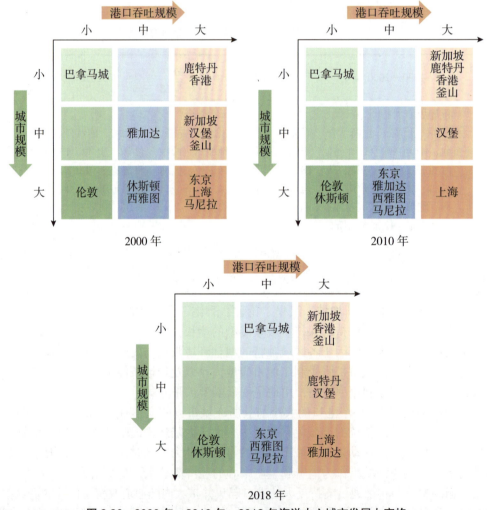

图 3.20　2000 年、2010 年、2018 年海洋中心城市发展九宫格

可以看到，一直保持在世界级港口都市的城市只有上海，其他同属2000年世界港口都市的东京、马尼拉则因港口规模增长相对较缓而转变为港口大都市，休斯顿从港口大都市转变为沿海大都市；与之相对应的是雅加达由双中等规模的区域港口城市快速成长为世界级港口都市。由于城市规模增速相对较缓，新加坡与釜山从主要港口城市转变为主要港口城镇；由于城市规模增速较快，鹿特丹由主要港口城镇再开发为主要港口城市。城市规模较小而吞吐量增速平稳，香港一直保持为主要港口城镇；随着港口吞吐量规模的快速提升，巴拿马城由沿海小港口转变为区域港口城镇；更有一些城市港口吞吐量与城市规模共同以极快的速度提升，由沿海小港镇、区域港口城镇发展为主要港口城市。

九宫格模型可以很好地反映不同时间点海洋城市的城市规模与港口影响力，也可以体现随着时间变化海洋城市用地规模与港口吞吐量增长的相对快慢，结合不同城市政治经济与社会文化背景即可以很好地阐述海洋城市空间拓展速度与港口发展速度之间的港—城关系。然而，由于缺乏判断城市与港口规模大小的量化标准，只能通过研究对象规模的相对大小来解释不同规模，只能相对地判断港城关系，难以清晰地判断不同海洋城市港城关系发展的阶段。同时，受选取指标影响，无法全面地体现用地拓展上的港城关系。如受制于城市腹地大小以及地形条件影响，对用地拓展已接近顶点，港口发展已达到一定阶段的新加坡与釜山的港城关系的判断就因为空间拓展速率相对较低而不准确。仅选取城市用地拓展规模不能完全阐述港城关系的类型、阶段与作用机制。

（五）总结

港城用地扩张形态可分为三种类型：紧凑型，保持型和蔓延型。其中，紧凑型城市用地扩张主要发生在沿海大都市、主要港口城市等区域性中心城市，这些城市通常拥有较高的经济实力和人口规模，城市用地扩张受到土地资源、交通条件等因素的限制，因此城市用地拓展速度相对较慢。保持型城市用地扩张主要发生在港口大都市、沿海大都市等区域性中心城市，这些城市通常拥有较为完善的城市基础设施和发展条件，城市用地拓展速度相对较快，但受到土地资源、交通条件等因素的限制，因此城市用地扩张形态相对较为稳定。蔓延型城市用地扩张主要发生在沿海小港镇、区域港口城镇等地区，这些地区通常缺乏完善的城市基础设施和发展条件，城市用地拓展速度相对较慢，但随着城市经济的发展和人口规模的增加，城市用地扩张形态呈现出较为明显的蔓延趋势。

港城用地扩张速率可分为三个阶段：较高速率，中等速率与较低速率。其中，较高速率城市用地扩张主要发生在世界级港口都市、区域性中心城市等地区，这些地区通常拥有较为完善的城市基础设施和发展条件，港口用地拓展速度相对较快，但土地资源、交通条件等因素仍可能对扩张速度产生一定限制；中等速率城市用地扩张主要发生在主要港口城市、沿海大都市等地区，这些地区通常拥有较为完善的城市基础设施和发展条件，港口用地拓展速度相对较快，但在土地资源、交通条件等条件的制约下，扩张速度有所降低；较低速率城市用地扩张主要发生在沿海小港镇、区域港口城镇等地区，这些地区通常缺乏完善的城市基础设施和发展条件，港口用地拓展速度相对较慢，但随着城市经济的发展和人口规模的增加，城市用地扩张速率呈现出较为明显的上升趋势。城市用地扩张速率与城市经济发展、政治经济与社会文化背景密切相关。一般来说，经济发展水平较高的地区，城市用地拓展速度相对较快；经济发展水平较低的地区，城市用地拓展速度相对较慢。此外，政治经济与社会文化背景也会对城市用地扩张速率产生影响。例如，一些地区可能存在较为严格的土地资源管理政策、交通规划政策和环境保护政策等，这些政策会限制城市用地的拓展速度。从1990—2018年期间来看，大部分海洋中心城市呈现中高速的城市空间增长速率。这表明这些城市在过去的几十年中经历了快速的城市化进程，城市化水平得到了较大的提高。然而，不同城市的用地扩张速率存在较大的差异。一些地区由于拥有较为完善的城市基础设施和发展条件，以及较好的政治经济与社会文化背景，因此城市用地拓展速度相对较快；一些地区则由于缺乏这些有利条件，以及受到土地资源、交通条件等因素的限制，因此城市用地拓展速度相对较慢。

根据以上研究结果，我们可以提出以下港城发展建议：

（1）优化港城空间关系。针对不同类型和不同发展阶段的港口城市，应采取不同的空间发展战略。对于紧凑型城市，应注重提高土地利用效率，优化城市空间结构，促进城市与港口的协调发展；对于保持型城市，应注重完善城市基础设施和发展条件，提高城市品质和生活质量；对于蔓延型城市，应注重加强城市规划和管理，控制城市用地的无序扩张，保障城市与港口的可持续发展。

（2）加强政策引导。政府应加强对港口城市用地扩张的监管和管理，制定科学合理的土地利用政策和城市规划政策，引导城市用地有序扩张。同时，应加强对港口经济发展的支持力度，提高港口城市的国际竞争力和影响力。

（3）提高港口服务质量。为了提高港口城市的竞争力，应注重提高港口的服务质量，包括提高港口的装卸效率、运输可靠性和通关效率等方面。同时，应加强与航运公司的合作，建立良好的合作关系，促进航运与港口经济的协同发展。

（4）加强临港产业发展。临港产业是港口城市发展的重要支撑，应注重加强临港产业的发展，推动港口与产业的协同发展。同时，应加强对新兴产业的引进和支持，推动港口城市的产业结构升级和转型发展。

参考文献

[1] CROSSLAND C, KREMER H, LINDEBOOM H, et al. Coastal fluxes in the Anthropocene: the land-ocean interactions in the coastal zone project of the International Geosphere-Biosphere Programme [M]. Springer Science & Business Media, 2005.

[2] MENTASCHI L, VOUSDOUKAS M I, PEKEL J-F, et al. Global long-term observations of coastal erosion and accretion. [J]. Scientific reports, 2018, 8 (1): 12876.

[3] SORENSEN J C, MCCREARY S T. Institutional arrangements for managing coastal resources and environments [M]. National Park Service, US Department of the Interior, 1990.

[4] MARCET LLORENS P. Coastal line changes in mediterranean cities: man or nature? [J]. 2018, 179: 103-112.

[5] R V P. Economía e historia del turismo español del siglo XX [J]. Historia contemporánea, 2002 (25).

[6] 武芳, 苏奋振, 平博, 等. 基于多源信息的辽东湾顶东部海岸时空变化研究 [J]. 资源科学, 2013, 35 (4): 875-884.

[7] WARRICK R A, RAHMAN A A. Future sea level rise: environmental and socio-political considerations

［J］. Confronting climate change: risks, implications and responses, 1992: 97–112.

［8］HINKEL J, NICHOLLS R J, TOL R S J, et al. A global analysis of erosion of sandy beaches and sea-level rise: an application of DIVA［J］. Global and Planetary Change, 2013, 111: 150–158.

［9］TREVES T. United Nations Convention on the Law of the sea［J］. United Nations Audiovisual Library of International Law（http://untreaty.un.org/cod/avl/pdf/ha/uncls/uncls_e.pdf）, 2008.

［10］刘宝银, 苏奋振. 中国海岸带与海岛遥感调查: 原则　方法　系统［M］. 北京: 海洋出版社, 2005.

［11］赵锐, 赵鹏. 海岸带概念与范围的国际比较及界定研究［J］. 海洋经济, 2014, 4（1）: 58–64.

［12］COZANNET G L, BULTEAU T, CASTELLE B, et al. Quantifying uncertainties of sandy shoreline change projections as sea level rises［J］. Scientific reports, 2019, 9（1）: 42.

［13］CRISTINA P L, ANA N S, RUI T, et al. Coastline evolution of Portuguese low-lying sandy coast in the last 50 years: an integrated approach［J］. Earth system science data, 2016, 8（1）: 265–278.

［14］侯婉. 基于多源数据融合的全球海岸带土地利用/覆盖遥感制图及变化特征研究［D］. 烟台: 中国科学院大学（中国科学院烟台海岸带研究所）, 2020.

［15］CHARLES W F. Coastal wetlands of the world: geology, ecology, distribution and applications［J］. Journal of coastal research, 2017, 33（2）: 481.

［16］MARWA W A H, PAUL E G, JEFFREY A H, et al. Land use/land cover change detection and prediction in the north-western coastal desert of Egypt using Markov-CA［J］. Applied geography, 2015, 63.

［17］GUNEROGLU A. Coastal changes and land use alteration on northeastern part of Turkey［J］. Ocean & coastal management, 2015, 118: 225–233.

［18］PETR C, JASON E B, GLEN L. Global warming and the greenland ice sheet［J］. Climatic change, 2004, 63（1）: 201–221.

［19］TAAFFE E J, MORRILL R L, GOULD P R. Transport expansion in underdeveloped countries［J］. Geographical review, 1963, 53: 502–529.

［20］MAYER H M. Some geographic aspects of technological change in maritime transportation［J］. Economic geography, 1973, 49（2）: 145–155.

［21］孙光圻, 刘洋. 现代港口发展趋势与"第四代港口"新概念［J］. 中国港口, 2005（6）: 16–17, 21.

［22］HOYLE B S, PINDER D A. Seaports, cities and transport systems［C］//HOYLE B S, PINDER D A. Cityport industrialization and regional development［C］. London: Belhaven, 1981: 1–10.

［23］BOTTASSO A, CONTI M, FERRARI C, et al. The impact of port throughput on local employment: evidence from a panel of European regions［J］. Transport Policy, 2013, 27（27）: 32–38.

［24］Youl Kim Sang, H O Park, Ryoo Dong Keun. The effects of the port logistics industry on port city's economy［J］. Journal of Korean navigation and port reserch, 2015, 39（30）: 267–275.

［25］YUDHISTIRA M H, SOFIYANDI Y. Seaport status, port access, and regional economic development in Indonesia［J］. Maritime economics & logistics, 2018, 20（4）: 549–568.

［26］ZHAO Q Y, XU H, WALL R S, et al. Building a bridge between port and city: improving the urban competitiveness of port cities［J］. Journal of transport geography, 2017, 59: 120–133.

［27］DENG P, LU S, XIAO H. Evaluation of the relevance measure between ports and regional economy using structural equation modeling [J]. Transp policy, 2013, 27: 123-133.

[28] LEE S W, SONG D W, DUCRUET C. A tale of Asia's world ports: the spatial evolution in global hub port cities [J]. Geoforum, 2008, 39 (1): 372-385.

[29] 唐宋元. 港城关系演变特点及对港口城市发展的启示 [J]. 商业时代, 2013 (4): 142-143.

[30] 潘玉慧, 温艳萍. 港城关系研究综述 [J]. 中国农学通报, 2014, 30 (11): 57-61.

[31] 郭建科, 杜小飞, 孙才志, 等. 环渤海地区港口与城市关系的动态测度及驱动模式研究 [J]. 地理研究, 2015, 34 (4): 740-750.

[32] 高涛, 高金敏, 曲林迟. 基于DEA和偏相关分析的港城发展关联效应 [J]. 中国航海, 2017, 40 (2): 129-134.

[33] 熊勇清, 许智宏. 海上丝绸之路上港口与港口城市的互动发展机制研究 [J]. 财经理论与实践, 2017, 38 (1): 128-133.

[34] 毕森, 张丽, 谷雨, 等. 21世纪海上丝绸之路沿线港口及港城关系变化分析 [J]. 中国科学院大学学报, 2020, 37 (1): 74-82.

[35] DUCRUET C. The trans-scalar development of transportation hubs-a-quantitative comparison of european and east asian contatiner port cities in the 1990s [J]. 경상논집, 2004, 18 (2): 171-199.

[36] JACOBS W, DUCRUET C, DE LANGEN P W. Integrating world cities into production networks: the case of port cities [J]. Global networks, 2010, 10 (1).

[37] LIAO Q, ZHEN H. The effect of maritime cluster on port production efficiency [J]. Maritime policy & management, 2021, 48 (1): 61-74.

[38] 王缉宪. 中国港口城市的互动与发展 [M]. 南京: 东南大学出版社, 2010.

[39] LEE S-W, SONG D W, DUCRUET C. A tale of Asia's world ports: The spatial evolution in global hub port cities [J]. Geoforum, 2008, 39 (1): 372-385.

[40] NOTTEBOOM T E, RODRIGUE J-P. Port regionalization: towards a new phase in port development [J]. Maritime policy and management, 2005, 32 (3): 297-313.

[41] ROBINSON R. Ports as elements in value-driven chain systems: the new paradigm [J]. Maritime policy & management, 2002, 29 (3): 241-255.

[42] HESSE M, RODRIGUE J-P. The transport geography of logistics and freight distribution [J]. Journal of transport geography, 2004, 12 (3): 171-184.

[43] O'CONNOR K. Global city regions and the location of logistics activity [J]. Journal of transport geography, 2010, 18 (3): 354-362.

[44] WANG J J, CHENG M C. From a hub port city to a global supply chain management center: a case study of Hong Kong [J]. Journal of transport geography, 2010, 18: 104-115.

[45] JIAO L. Urban land density function: a new method to characterize urban expansion [J]. Landscape and urban planning, 2015, 139: 26-39.

[46] 赵睿, 焦利民, 许刚, 等. 城市空间增长与人口密度变化之间的关联关系 [J]. 地理学报, 2020, 75 (4): 695-707.

[47] 焦利民, 李泽慧, 许刚, 等. 武汉市城市空间集聚要素的分布特征与模式 [J]. 地理学报, 2017, 72 (8): 1432-1443.

第四章　全球典型海洋中心城市灾害韧性评价

一、全球典型海洋中心城市灾害空间格局及其趋势

海洋中心城市在各自的国家中承担着非常重要的角色，它们在集聚人口的同时作为引擎带动着整个国家的经济发展。[1-3]在逐步走向全球化的今天，海洋中心城市承担着更加重要的职责。

海洋中心城市建设与发展的过程中面临着各种各样的风险挑战。典型海洋中心城市位于海洋边缘，对流明显，气候多变，海陆间相互作用明显，受气候变化的影响强烈。[1, 4, 5]在全球气候变化的大背景下，全球变暖和海平面上升将会对城市防护工程造成严重的影响。[5-6]部分城市建成区过于靠近海洋，灾害造成的影响也将被进一步放大。[2]随着人口快速增长和城市建成区面积的不断扩大，城市与人类本身在自然灾害前的脆弱性越来越高。因此，关注典型海洋中心城市的灾害及其韧性是有必要的。[6-8]

在全球气候变化和沿海城市带人口和产业集聚的背景下，海岸带韧性的问题受到国际社会的广泛关注。与传统灾害学对致灾因子、承灾体脆弱性和灾害后果的关注不同，国外对海岸带韧性的研究，重在强调海岸带系统能否吸收扰动、迅速恢复，以实现海岸带系统向人海关系更加和谐、区域发展更加可持续的方向演进。国内对海岸带韧性的研究处于萌芽阶段，现在正初步实践将海岸带韧性视为陆海统筹生态管理的核心机制和沿海生态修复的关键目标，将韧性理论方法应用于海岸带生态管理实践。然而，国内对海岸带韧性的理解和应用还具有较强的局限性，缺乏对该领域研究进展的整体把握。[9]

国内外关于海岸带和海洋中心城市的韧性研究的成果主要集中在针对城市单一子系统的韧性提升。然而，城市是一个复杂系统，提升城市韧性需要从城市全局的视角出发，识别关键节点，并将有限的资源最优地配置到城市的各个系统和组分当中，实现整体韧性提升的最优。为了解决这些问题，有学者提出了基于多层有向赋权网络结构的城市工程系统建模方法。[10]研究的重点还在于建立了基于偏置PageRank算法的基础设施重要性测度与排序方法，该方法能够综合节点的拓扑属性和功能属性，更全面地评价城市工程系统节点的重要性。该方法还可推广至整个城市系统，通过联合物理要素、社会组织与城市居民构建网络模型，以识别出城市中最关键的防护节点。[11]此外，当今的研究还建立了基于动态规划算法的城市工程系统韧性优化模型[12]，可为有限资源下城市韧性的全局管控和优化提供参考。

典型海洋中心城市较容易受到的灾害主要包括海洋灾害、海洋城市建成区灾害、气象和气候灾害。

（一）海洋灾害

海洋灾害是指海洋自然环境发生异常或者激烈变化，导致在海上或海岸带发生的

严重危害社会、经济、环境和生命财产的事件。[6, 13, 14]海洋中心城市可能遇到的海洋灾害包括风暴潮、海浪、海冰、赤潮、绿潮、海岸侵蚀、海湾淤积、海水入侵地下含水层、沿海土壤盐渍化、咸潮上溯和海上溢油等。[15-16]以上灾害又可分为海洋气象灾害、海洋地质灾害与海洋生态灾害三种类型。[13]其中，风暴潮、海冰、海雾和海浪属于海洋气象灾害，海啸、海岸侵蚀、海湾淤积、海水入侵沿海地下含水层、咸潮上溯与土壤盐碱化属于海洋地质灾害，赤潮、绿潮等海洋环境变化引起的灾害属于海洋生态灾害。[6, 17]根据时间尺度的长短，海洋灾害可以分为突发性灾害与缓发性灾害。[6-7]突发性灾害包含风暴潮、海浪、海冰、海雾、风灾、地震海啸、赤潮、溢油等，缓发性灾害则包括海岸侵蚀、海湾淤积、海水入侵沿海地下含水层、海平面上升、沿海土地盐碱化等。[5]

风暴潮是由强烈大气扰动，如台风、温带气旋等灾害性天气引起的潮水升降与天文大潮叠加而成的海水水位波动现象。[13, 18]风暴期间，风暴将海水推向海岸，海水水位出现异常上升，且远超正常天文潮水位。在任何给定位置的风暴潮的振幅，取决于海岸线与风暴路径方向上的风暴强度、大小和速度，以及该地区的海水深度。[13, 19]在天文潮汐中，由于太阳和月球同时处在地球的同一侧，此时该海区正处于天文大潮潮位。若恰逢风暴潮发生，风暴潮引起的潮水水位叠加在较高的天文大潮潮位，便会使水位暴涨，越过沿岸堤防设施涌进内陆，造成财产损失和人员伤亡。[4, 20]风暴潮灾害受风暴增水的大小与当地潮位制约，同时也受受灾地区的地理位置、海岸形状、岸边与海底地形及当地社会经济状况的影响。[18]台风风暴潮多见于夏秋季节，是由台风引起的强烈大气扰动导致的海平面升降异常，其特征为来势猛、速度快、强度高和破坏力强。台风风暴潮的形成包括两个方面：一是台风中心气压低于外围的气压差，使海面在台风中心处隆起，形成气压潮；二是台风带来的强风，使海水受到风力的推动，向岸边堆积，形成风力潮。这两种作用相互叠加，形成了台风风暴潮。[4, 18]温带风暴潮则是温带气旋移至洋面形成的海潮现象。其形成机制是地面低压的产生及增强，使海面存在持续的向岸大风，产生较强的风应力和风生洋流，以及温带气旋与潮汐相互作用，使潮位受到气旋的影响而发生变化。温带风暴潮的增水过程比较缓慢，增水高度低于台风风暴潮。[21-22]

海浪与风暴潮有所不同，海浪是由风引起的海面波动现象，主要包括风浪和涌浪。通常波长较短、周期较小。[17]

如图4.1所示，从全球范围来看，受风暴潮较为严重的海洋城市分布在太平洋西岸、印度洋沿岸以及美国东北与西海岸。结合图4.2所示的热带气旋的全球密度分布，台风风暴潮影响较为严重的区域主要集中于西太平洋和北印度洋的沿海地区，如中国东南部、印度尼西亚等。同时，欧洲北部沿海和大西洋北部沿海，风暴潮水位相对较高，但未及上述台风风暴潮多发地区严重，其多受温带气旋的影响。海浪方面，如图4.3，中低纬度地区典型海洋中心城市近海的海浪波高较高，集中分布在东亚、东南亚、地中海沿岸与北美加勒比海地区。

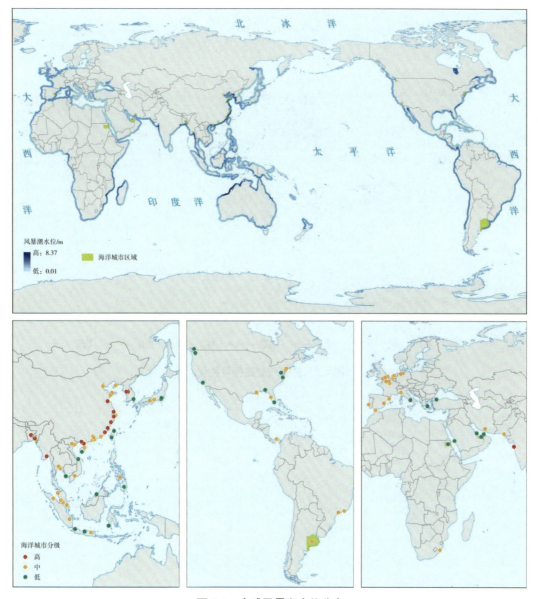

图 4.1　全球风暴潮水位分布

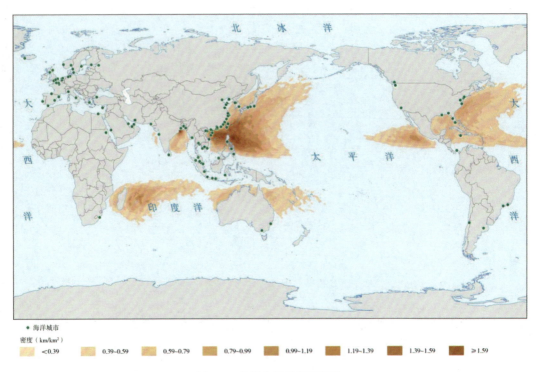

图 4.2 热带气旋路径可视化

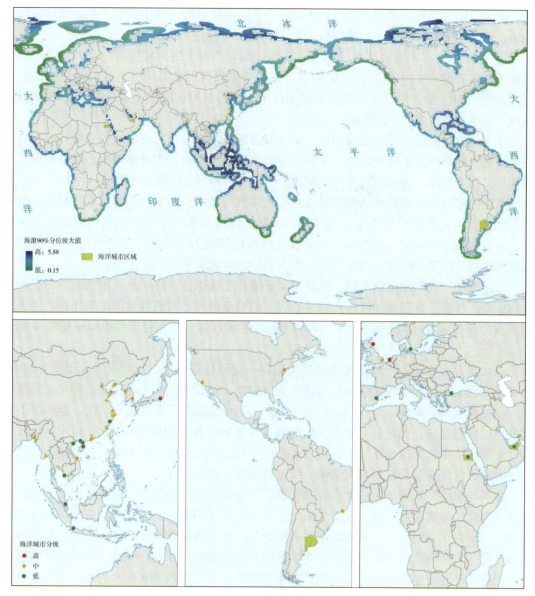

图 4.3 全球海浪高度极大值分布

海啸是对人类生命财产安全有严重威胁的自然灾害之一。[23]海啸的成因复杂,主要由于海底地震、火山爆发、海底滑坡与塌陷或者水下和爆炸等自然或人为原因导致的海水长周期波动,并能造成近海岸海面大幅度涨落。与海浪的短波长不同,海啸的波长达数百km,周期一般为2~200 min,波速可达700~800 km/h。海啸在海洋上的波高不足1 m,但在近海,波速减小、波长缩短的同时波高急剧增加,形成水墙,瞬时侵入滨海陆地,造成人员伤亡和财产损失。[13]

在海啸的分类中,根据引发海啸的原因可分为地震海啸、滑坡海啸和火山海啸,根据海啸源与受影响沿海地区的距离可分为局地海啸、区域海啸和越洋海啸。[13, 24]在海域分布上来看,海啸事件多发生在太平洋,大西洋与印度洋上海啸事件较少。[24]从强度上来看,据《中国海洋灾害公报2022》,共记录了8次海啸事件,其中仅有3次海啸波幅超过10 cm,仅有2次超过50 cm,波幅最大为154 cm。[17]

进入21世纪以来的两次造成较大人员伤亡和财产损失的海啸灾害均为因强震产生的局地海啸。2004年,印尼苏门答腊附近海域的9级强震引发海啸,造成大量人员伤亡和财产损失。2011年,东日本大地震引发福岛第一核电站附近海域出现35 m高海啸,海啸淹没了核电站并造成严重的核事故。[23, 24]

本书列出的典型海洋中心城市中,部分城市近海水深较浅,海底地形平缓开阔,只有在个别地方的近海发生特大地震,才有可能产生海啸。同时,部分海洋中心城市外海有一系列岛弧作为屏障,屏障对海啸的削弱效果明显,因而也不容易发生海啸。[23]

亚洲国家马尔代夫的经济和文化活动与海洋紧密相关。马尔代夫的首都为马累,位于马尔代夫最大的岛屿马累岛上,是该国的政治、经济和文化中心。马尔代夫近海水深较浅,海底地形平缓开阔,拥有众多岛弧。这些岛弧和较为平坦的海洋地形等可作为屏障,减缓海啸波的能量和高度,对保护马尔代夫免受海啸威胁发挥一定作用。[25]

海地是位于加勒比海的岛国,其首都太子港位于该国西海岸,是该国的政治、经济和文化中心。得益于特克斯和凯科斯群岛、大安的列斯群岛等对海啸波的削弱作用,加之海地周围的海底地形相对平缓开阔,没有明显的地形障碍,都有利于保护海地免受海啸威胁。[26]

在水质灾害方面,赤潮是海洋浮游生物在一定环境条件下,过度聚集或爆发性增殖,达到某一密度,引起水体变色或对海洋中其他生物,乃至人类产生危害的一种生态异常现象,也可称为有害藻华。[6, 17]绿潮是海洋中一些大型绿藻(如浒苔等)在一定环境下的爆发性增值与聚集,到达某一水平后,导致的生态环境异常的现象。[15, 17]以中国区域为例,赤潮优势生物为夜光藻、环胺藻、东海原甲藻、大角管藻、叉角藻、海链藻、链状亚历山大藻、指沟卡尔藻和蝴蝶凯伦藻,绿藻的优势生物为浒苔。

赤潮与绿潮是一种复杂的生态异常现象,发生的原因较为复杂,主要有以下方面:海水富营养化,海水养殖污染,水文气象与海水理化因子的变化。随着气候变化,在海岸线沿线,海平面水温增加,易出现绿潮、叶绿素过多等水体富营养化灾害。发生赤潮的海域拥有丰富的氮、磷、硅、碳,还有作为诱发因素的微量物质存在。同时,海水温度的增加会对形成赤潮和绿潮的藻类生长和繁殖产生直接影响。过多的温暖海水为藻类提供了适宜的生长环境,导致其大量繁殖,形成大面积的藻类覆盖。这种现象对海洋生态系统造成了威胁,导致海底含氧量减少,对海洋生物的栖息条件产生极大破坏,对海洋生物多样性和渔业资源造成不可忽视的影响。

海水温度上升还可能引发水体富营养化。海洋中的叶绿素在适宜的环境下会大量繁殖,当海水温度上升时,营养物质的循环速度进一步加快,导致海洋中的叶绿素过多积聚。这种水体富营养化不仅会导致海洋生态系统的失衡,破坏水体的透明度和生态平衡,还会引发藻华现象,对水产养殖和生态环境造成严重影响。图4.4所示为全球沿海叶绿素浓度分布。

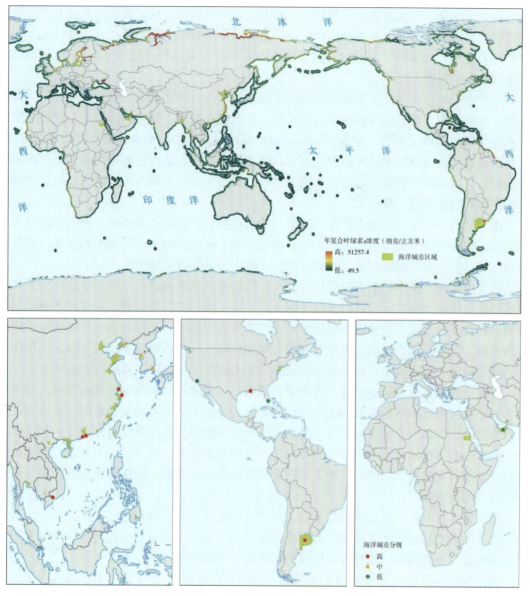

图 4.4 全球沿海叶绿素浓度分布

(二)海洋城市建成区灾害

海洋灾害主要的承灾体为海上设施及海岸带地区。海洋灾害会对受灾地区造成一系列的次生灾害和衍生灾害,往往会造成更为严重的后果。海洋中心城市较为容易受到海洋灾害的威胁,并伴随有较大人员伤亡与经济损失的风险,在海洋城市的发展历程中需要对来自海洋的危害引起重视。[5,27]

在海洋城市内部,随着城市建成区的扩张和不透水下垫面面积的扩大,较容易受到的灾害是洪水、内涝、土地沉降、咸潮上溯等。

在如今的全球变暖背景下，海洋中心城市所在的海岸带区域面临着海平面上升所带来的高潮位，以及风暴潮引发的极值水位，二者共同作用导致的海岸洪水对沿海社会经济和自然环境造成巨大影响。海洋中心城市所在的海岸带区域脆弱性较强，极易受到风暴潮、涌潮和海浪的侵袭。

海洋中心城市大多处于大流域河流的下游入海口处。这些地区水面大都较宽广，水流缓慢，失去冲刷力带动的河流夹带的泥沙便在此缓慢处沉积，导致河道淤积。淤积的河道对水流的畅通形成了阻碍，使得水体在河道中滞留时间增加。当遭遇剧烈降雨或暴洪时，这种滞留效应会加剧洪水的规模和冲击力。这使得海洋中心城市更容易受到洪涝灾害的侵袭。而且，这种泥沙的沉积是一种长期的过程，如果无法在短期内扩大河床容积，会导致洪涝灾害影响范围进一步扩大。

由于全球气候突变与城市扩张，城市自然水文循环遭受了严重破坏，进而导致城市水生态系统的自我调节能力急剧降低。这一情况加剧了极端降雨事件的频次和强度，导致城市面临着蓄排能力不足的问题，同时也使城市内涝灾害变得更加频发。

海洋中心城市基本处于沿海低洼地区上，这类地区通常覆盖有主要由全新世黏土和有机质组成的软质土壤。由于这类土壤不耐承重，易压实，对沉降敏感，在这种下垫面上建造建筑物需要制定完善的预防下沉措施。在许多发展中国家，这样的措施往往被城市建设者所忽略。世界范围内，如印度尼西亚的大雅加达地区和墨西哥首都墨西哥城，都存在着较为严重的地表沉降问题。我国的地表沉降灾害主要发生在长江三角洲和华北平原。

海洋中心城市的土壤还会受到人类活动影响。城市地表的沉降会使该地区对洪涝灾害更为敏感。城市建成区的建设和油气资源的开发是导致地表沉降的重要原因。在地表沉降强烈的地区，海洋中心城市的土壤会受到人类活动的影响，并且对洪涝灾害会更为敏感。

海洋中心城市的地下水位于水循环中地下径流的最末端，地下径流与海洋直接接触或间接接触的可能性极大。同时，地下水的变化会导致地表沉降，间接导致海水倒灌等海洋中心城市的海洋灾害。

近年来，针对地下水位降低的问题，海洋中心城市管理者使用经过处理的城市污水对城市地下的含水层进行人工补给，或者通过挖井注水对地下含水层进行加压。这种地下水补给措施会在短时间内生效并有效缓解城市地表下沉的现象。[28]

城市中地下水的贮存形式为上层滞水、潜水和承压水。[6]在海洋中心城市中，多数城市因为城市发展的需要修筑有地下商场、地下轨道交通等地下工程，这些地下工程建成投运后，将会以永久构筑物的形式留存在含水层中。这对于地下水环境有潜在的、持久的影响。[29]地下工程在物理上会拦截城市地下水径流，影响地下水的循环，使地下水补给、径流、排泄受到相应的限制。[30]同时，地下建筑对于含水地层来说是一个不透水的物件，因此，地下径流在受到地下建筑的阻隔的时候会产生壅塞效应。[29]地下工程如同水坝一般拦截地下径流，使得被拦截的地下径流在地下工程附近的水头升高，进而引起地面建筑上浮。"水坝"的另一侧地下水水头降低，又有引发地表沉降的可能。[28, 31]

城市的地下水位不会是固定的。当地下水位低于地下工程的底板，同时在地下工程建造时对地下水上升预期不足，地下工程设计或施工时可能就会忽视对地下水头上升的设防。地下水位上升后，就会导致既有地下工程渗水的问题，增加运行成本。随着地下水位的上升，既有的地下工程构筑物可能会因抗浮力的不足，出现上浮和底板损伤等，对结构造成影响。[30]地下水位上升还会促进混凝土构筑物的劣化、剥离及钢筋腐蚀，进而缩短工程的使用寿命。

以日本东京地区为例。东京在"二战"后为了缓解供水紧张和满足灌溉与工业需求而大量开采地下水，地下水位骤降。后续随着供水环境转好，地下水位上升。此时寸土寸金的日本首都圈已经兴建完成许多地下商场和设施，这使得城市的地下空间遭遇渗水、积水的情况，进而导致腐蚀漏电、设备故障等问题。这已经成为东京地区的一大安全隐患。[30-31]

（三）气象和气候灾害

在气象和气候灾害方面。在IPCC第六次评估报告第二工作组的报告（2021）中指出，自2013年发布第五次评估报告以来，已观测到的由全球变暖引起的极端气候和天气的频率和强度的增加，包括陆地和海洋的极端高温、强降水事件、干旱等，已经对生态系统、人类、住区和基础设施产生了广泛而普遍的影响。[6, 32]这些影响越来越多地归因于人为引起的气候变化。同时，观测到的野火烧毁面积的增加归因于某些地区人为引起的气候变化。由于海平面上升和强降水的增加，热带气旋的不利影响以及相关的损失和损害已经增加。[33]随着极端气候事件的增加，不同类型的极端事件同时期发生的概率增加，复合极端事件对城市以及城市中的居民造成更大的影响。[34]

海洋中心城市及周边城市群居住着大量人口，经济活动频繁，社会生产总值高。灾害性天气会对海洋中心城市带来较大的影响。因此城市范围内容易出现急剧的温度变化。同时由于城市热岛效应、不透水下垫面等影响，海洋中心城市区域内较容易出现强对流天气。强对流天气在海洋中心城市内不仅容易造成强降水，也容易引发洪涝及城市内涝等灾害。因此，也需要关注海洋中心城市内的防洪和排涝系统的建设和改进。城市应该建立健全应急预案和灾害救援体系，确保在灾害发生时能够及时响应和展开有效的救援行动。从下垫面透水性出发，可以适当增加绿化覆盖，以缓解城市热岛效应，改善城市气候环境，减少极端天气的发生频率和强度，增加水分的下渗。

同时，海洋中心城市的分布在南方更为密集，如长江三角洲和珠江三角洲地区，对城市的影响也不仅限于陆地。寒潮的到来会进一步加剧这种影响。寒潮带来的低温天气，使得城市面临着冻结和结冰的风险。这对道路交通、供水系统[35]和城市基础设施造成了严重威胁。同时，寒潮还会导致能源需求的激增，居民和工业部门都需要加大供暖设施的使用。冷高压到达海上造成大风，对航运和渔业生产都有严重影响。

以东亚地区为例，冬季风可一直到达华东、华南沿海，中南半岛南部等地区，影响菲律宾的多个城市。这些海洋中心城市在寒潮和冬季风的双重影响下，必须采取有效的措施来保障城市的正常运行和居民的生活安全。

如图4.5，全球海岸带极端降水量的最大值分布在东亚和东南亚、新几内亚岛和澳大利亚大陆北部、中美洲和南美洲北部、几内亚湾和莫桑比克海峡两岸。此类区域分布在大陆的东海岸季风气候区和季风性湿润气候区，西海岸赤道低气压气候区和温带海洋性气候区、受海陆热力性质差异、盛行西风带和赤道低气压影响，带来持续性的降水。最小值分布在北冰洋沿岸地区和赤道附近大陆西岸。此类区域分布在热带沙漠气候区和极地气候区，降水分布受极地高气压带和副热带高气压带影响，故此类地区的气候特征为偏冷干。

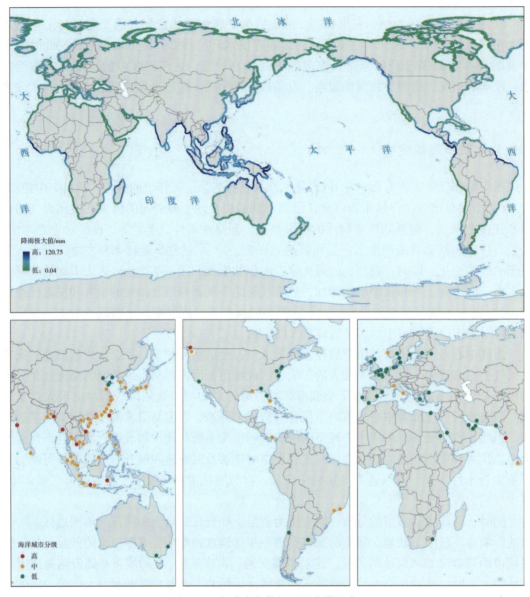

图 4.5　全球海岸带极端降水量分布

如图 4.6，全球海岸带年均热浪日数的最大值分布在北极圈和更高纬度地区，东亚和西欧地区的热浪日数也较多。此类区域分布在大陆的最北端和近北端。热浪日数分布受纬度地带性差异影响，随着纬度升高，热量会显著减少，所以当暖流携带的暖气团来临时，气温上升差异明显。全球海岸带年均热浪日数的最小值分布在赤道附近的东南亚和南美洲北部地区。此类区域受赤道低气压带和副热带高气压带影响，温度较为稳定。

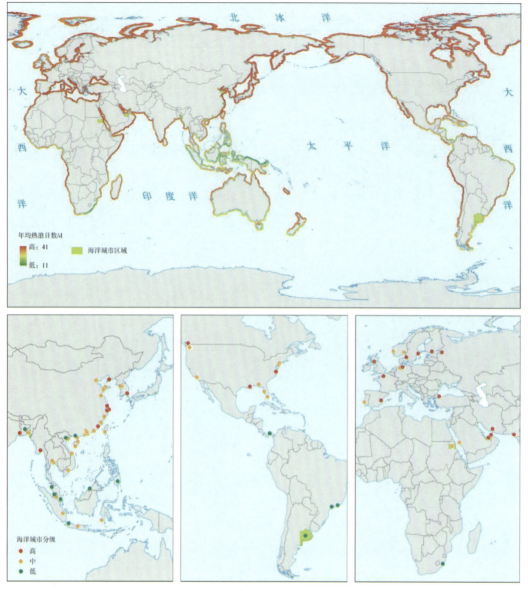

图 4.6 全球海岸带年均热浪日数

如图 4.7，全球海岸带热浪均温的最大值分布在低纬度地区，热点主要在中东半岛、美国西海岸和东亚东南亚地区。由于热浪均温受纬度影响较大，因此随纬度增加，热浪天数逐渐减少，热浪均温也逐渐减小。

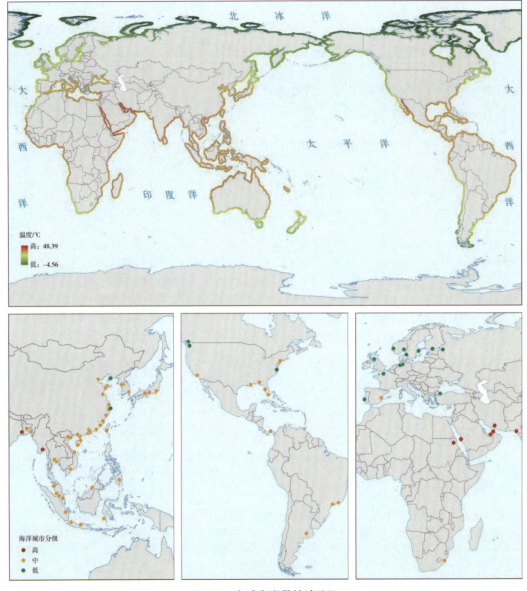

图 4.7 全球海岸带热浪均温

全球气候变化条件下，极端气温、极端降雨等极端天气气候事件发生频率增加，且强度更高。[34, 36]极端事件造成的人员伤亡和财产损失对全球和区域社会经济发展造成威胁。与此同时，极端事件"碰头"的概率将大幅度增加。[34]若多个因素与多个极端事件过程通过时空耦合和相互作用，形成的复合事件与单一事件相比，对社会经济与居民安全的危害性将会变得更大。[36]据 IPCC 管理极端事件的特别报道中的定义，复合事件是指两个或以上极端事件同时或相继发生的现象，或者放大事件影响的极端事件的组合；或者多个事件本身可能并不极端，但它们组合起来后会造成极端影响。[36]

在全球气候变暖的大背景下，根据 IPCC 发布的第六次评估报告，气候变暖产生的效应将越来越明显。[32, 37]截至 IPCC 发布报告的 2021 年，气候变化已经对自然与人类系统造成了广泛的不利影响。全球平均陆地表面气温和海洋表面气温都在不同程度地增加,冰川加速融化,全球海平面上升速率不断地增加。据近年来通过全球气候模式(GCMs)模拟预测得到的结果,未来在人为温室气体浓度增加的情况下,海平面上升的情况会更加剧烈。[38-39]

在以上提到的气候变化的影响中,海平面的上升是世界各地沿海城市面临的主要威胁。[37]近百年来,全球海平面上升主要是因全球气候变暖导致的海水增温膨胀、冰川与冰盖融化等因素造成的。[40]据IPCC报告显示,1901—2010年全球海平面上升了190 mm,其中1993—2010年间平均速度达到每年3.2 mm。[6]在全球海平面上升的影响下,未来遭遇百年一遇的洪水灾害时,典型海洋中心城市的人口将部分甚至全部暴露在洪水淹没区中。21世纪,遭遇超过百年一遇水平的风暴的频率随着全球极端气候事件增加的大势会增加10~100倍。[6]

基于CMIP5气候模式集合数据的研究,本章研究了近未来的时间尺度下,两种典型浓度路径(RCP 4.5和RCP 8.5)下全球海平面上升的幅度。RCP 4.5代表一种中等排放情景,假设温室气体排放在2045年左右开始减少;RCP 8.5则是一种高排放情景,假设温室气体排放在整个21世纪持续上升。全球范围内,海平面上升较为严重的区域为太平洋西岸、印度洋沿岸和大西洋西岸。如图4.8与图4.9所示,在RCP 8.5环境下,典型海洋中心城市沿海的海平面较RCP 4.5上升幅度大。在本研究中的典型海洋中心城市的近海几乎都出现了不同程度的海平面上升。在化石燃料依旧占主要地位、节能减排议题政治化、全球经济增速放缓的今天,未来气候变化所带来的影响依然是严峻且不可忽视的。[19, 38]

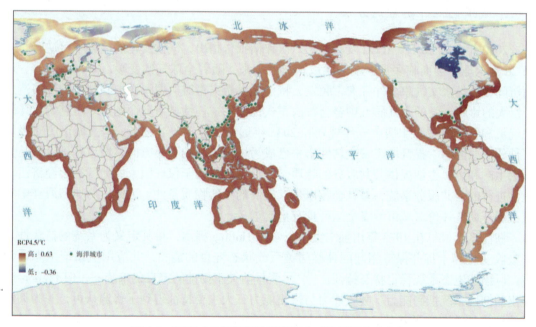

图4.8　RCP 4.5辐射强迫路径下全球海平面上升分布

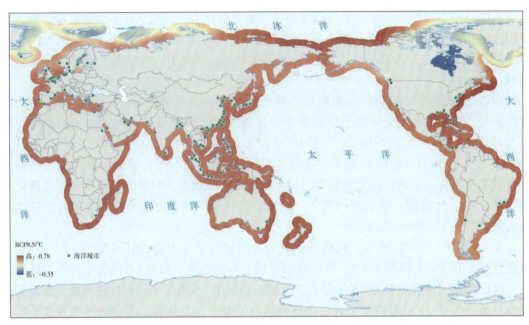

图 4.9 RCP 8.5 辐射强迫路径下全球海平面上升分布

二、全球典型海洋中心城市灾害韧性评价

(一) 城市韧性评价常用方法

2022 年 2 月 28 日，IPCC 发布的第六次评估报告指出，气候变化的趋势不可逆转，未来 20 年全球将会面临多重极端气候威胁。近年来，随着全球气候变暖，海平面上升、地面沉降、极端水文气象事件等灾害频发，特别是洪涝灾害对典型海洋中心城市的发展造成了巨大的影响。党的十九届五中全会首次正式提出了"韧性城市"命题，并将其纳入《国民经济和社会发展第十四个五年规划和 2035 年远景目标纲要》之中，增强城市应对极端事件的应急能力、提升城市安全韧性水平已成为城市建设的重要方向。城市基础设施是为社会生产和居民生活提供公共服务的物质工程设施，是用于保证国家或地区社会经济活动正常进行的公共服务系统，是社会赖以生存发展的一般物质条件。因此，对典型海洋中心城市展开韧性评价对城市的安全运行具有重要意义。

韧性概念最早在 1973 年由加拿大生态学家 Holling 提出，将其定义为系统的持久性及其吸收变化和干扰并保持相同的种群间关系或状态变量的能力，并应用于系统生态学领域，以描述生态系统稳定状态特征。[41]尽管目前关于韧性的定义仍未统一，但 Francis 所提出的韧性系统抵御能力、吸收能力与恢复能力三大主要特征得到了普遍认可，并为韧性系统评价计算奠定了基础。[2]联合国减灾署把韧性定义为一个系统、社区或者社会暴露于危险中时，能够通过及时有效的方式抵抗、吸收、适应并从其影响中恢复的能力，包括保护和恢复其必要基础设施和功能。[3]随着韧性研究的不断深入和拓展，韧性理念已被广泛应用于工程、社会、经济和灾害管理等领域。城市是最复杂的社会生态系统，自形成以来便持续地遭受来自外界和自身的各种冲击和扰动。当面对愈来愈严重的极端灾害事件干扰甚至破坏时，为避免造成重大生命财产损失、城市功能失效、社会秩序失衡等灾难性后果，城市系统需要以更加稳健可靠的抗干扰能力抵御灾害打击。为衡量城市在孕灾环境下对致灾因子造成结果的抵抗、吸收以及从该结果中恢复的能力，韧性思想自然地被应用于城市系统中。城市韧性主要包括三个重要组成部分，即自然韧性、社会韧性以及经济韧性（表 4.1）。目前，在城市应对自然灾害韧性领域研究已取得了丰富的研究成果，充分涉及经济、社会、生态、基础设施、制度、信息等多个维度。

表 4.1 城市韧性评价指标分类

一级指标	二级指标
自然韧性	热带气旋密度、极端降水、风暴潮水位、海平面上升水平
社会韧性	水库数量、人口密度
经济韧性	购买力平价

1. 定性评价方法

（1）指标体系法。

A. 构建评价指标体系。根据科学性原则、代表性原则、可行性原则，选取合理、切实可行的评价指标是开展风险评价的先决条件。

B. 指标归一化处理。数据归一化处理是指经过特定的算法，把需要处理的数据限制在一定的范围内，消除测量单位对原始数据的影响。将指标数据归一化是进行风险综合评价的前提，而归一化过程实际上就是单因素评价指标评价函数的构建过程。有多种方法可以用来将指标数据转化为相同的尺度，如线性变换法、对数变换法、指数变换法等。

C. 确定各指标权重。评价海洋中心城市韧性，需要借助某种数学手段，通过计算各指标权重大小，来反映各个指标对韧性评价结果的影响程度。目前常用的指标权重计算方法有层次分析法、熵值法、因子分析法等。层次分析法是由美国的 T. L. Saaty 教授在 20 世纪 70 年代提出的一种定性和定量相结合的系统分析方法[38]，通过指标之间的对比标度、定性判断与定量推断相结合的方式，降低判断的主观性，使得判断更加客观、科学。其主要步骤为：建立层次分析结构，构造判断矩阵，计算指标权重，一致性检验。

a. 建立层次分析结构。根据城市洪水灾害风险各个指标之间的相互作用及灾害形成机制，构建城市洪水灾害风险指标评价体系，依次分为目标层、准则层和指标层。

b. 构造判断矩阵。建立层次分析结构后，依次将同层次分析结构之间的元素进行两两比较，确定其重要性的相对大小，比较后得到判断矩阵，如式（4.1）所示。通常采用 9 分标度法，比较标度及其含义见表 4.2。

$$C = \begin{bmatrix} a_{11} & \cdots & a_{1n} \\ \cdots & \cdots & \cdots \\ a_{n1} & \cdots & a_{nn} \end{bmatrix} 。 \qquad (4.1)$$

式中：n 为指标总数，a_{ij}（$i=1, 2, \cdots, n$；$j=1, 2, \cdots, n$）取值为：当指标 i 比指标 j 重要时，a_{ij} 为表 4.2 中的整数；当指标 j 比指标 i 重要时，a_{ij} 为表 4.2 中整数的倒数。

表 4.2 分标度法含义

比较标度	含义
1	元素 a_i 与元素 a_j 同等重要
3	元素 a_i 比元素 a_j 稍微重要
5	元素 a_i 比元素 a_j 明显重要
7	元素 a_i 比元素 a_j 强烈重要
9	元素 a_i 比元素 a_j 极端重要
2，4，6，8	元素 a_i 与元素 a_j 相比，重要性介于相邻标度之间
$1/c_i$	已知 a_i，则 $a_i=1/a_i$，当 $i=j$ 时，$a_i=1$

c. 计算指标权重。求取判断矩阵的最大特征值 λ_{max} 和相应特征向量 W，利用归一化方法对向量 W 进行处理，所得的特征向量 W 即为各指标权重。

d. 一致性检验。对判断矩阵进行一致性检验，矩阵 C 的一致性指标可由式（4.2）计算：

$$CI = \frac{\lambda - n}{n - 1}。 \quad (4.2)$$

为衡量 CI 的大小，引入随机一致性指标 RI：

$$RI = \frac{CI_1 + CI_2 + \cdots + CI_n}{n}。 \quad (4.3)$$

其中，随机一致性指标 RI 和判断矩阵阶数有关，矩阵阶数越大，出现偏差的可能性越高（RI 标准值见表 4.3）。

表 4.3 随机一致性指标 RI

n	1	2	3	4	5	6	7	8	9	10
RI	0	0	0.58	0.9	1.12	1.24	1.32	1.41	1.45	1.49

将 CI 与 RI 进行比较，得出检验系数 CR：

$$CR = \frac{CI}{RI}。 \quad (4.4)$$

如果 $CR < 0.1$，则认为该判断矩阵通过一致性检验；否则不通过一致性检验。

D. 构建综合评价模型。采用加权综合评价法，将计算得出的各指标权重与各指标归一化数值相乘，其总和即为海洋中心城市韧性评价归一化数值。

（2）半定量研究法。这是在定性研究法和定量研究法之间的一种方法，它结合了定性分析的主观性和定量分析的客观性，通过对指标进行打分、排序、赋权等方式，将定性信息转化为定量数据，从而进行综合评价。其主要包括以下几个步骤：

a. 确定评价目标和评价范围。明确评价的海洋城市和评价的时间尺度。

b. 构建评价指标体系。选择反映海洋城市韧性的各个方面的指标，如经济、社会、生态、基础设施等，并分为一级指标和二级指标。

c. 确定评价方法和模型。选择合适的半定量方法，如层次分析法、模糊综合评价法、灰色关联分析法等，并建立相应的数学模型。

d. 收集和处理数据。根据指标体系收集海洋城市相关的数据，如统计数据、专家意见、问卷调查等，并进行数据清洗、归一化等处理。

e. 进行半定量分析。根据评价方法和模型对数据进行打分、排序、赋权等操作，将定性信息转化为定量数据，并计算出各个指标和总体韧性的评价值。

f. 分析评价结果。根据评价值对海洋城市进行韧性等级划分，如高韧性、中韧性、低韧性等，并分析各个指标对韧性的影响程度和方向，找出优势和劣势因素。

g. 提出提升建议。根据评价结果和分析，针对海洋城市韧性存在的问题和不足，提出相应的提升策略和措施，如加强基础设施建设、提高社会参与度、增加生态空间等。

2. 定量评价方法

（1）基于性能曲线的评价。这种方法通过建立海洋城市各个系统或要素的性能曲线，来反映其在不同干扰强度下的响应程度和恢复速度，从而评价其韧性水平。性能曲线可以是线性或非线性的，可以是单一或多元的，可以是静态或动态的，具体取决于系统或要素的特征和数据的可用性。例如，可以用一条非线性曲线来描述海洋城市经济系统在受到台风影响后的损失和恢复情况，其中横轴表示台风强度，纵轴表示经济损失比例，曲线越陡峭表示经济系统越脆弱，曲线越平缓表示经济系统越有韧性。基于性能曲线的评价方法的优点是直观、简单、易于理解和比较，缺点是需要大量可靠的数据支撑，且难以考虑系统之间的相互作用和影响。

（2）基于建模仿真与智能技术的设施韧性评价。建模仿真是通过建立海洋城市设施的数学模型或计算机模拟，来模拟其在不同干扰下的运行状态和损伤情况，从而评价其韧性水平。建模仿真可以采用确定性或随机性、静态或动态、单一或综合的方法，具体取决于设施的特征和目标的要求。例如，可用有限元法来建立海洋城市桥梁结构的数学模型，然后通过引入不同程度的地震载荷来模拟桥梁结构在地震作用下的变形和破坏情况，从而评价桥梁结构的韧性水平。智能技术是指利用人工智能、机器学习、数据挖掘等技术来辅助建模仿真和分析结果，从而提高评价效率和精度。例如，可利用神经网络来预测海洋城市供水系统在不同干扰下的水质和水量变化情况，从而评价供水系统的韧性水平。基于建模仿真与智能技术的设施韧性评价方法的优点是科学、精确、灵活、可扩展；缺点是需要专业知识和技术支撑，且难以考虑人为和社会因素的影响。

（3）基于空间信息技术融合建模。基于空间信息技术指通过利用遥感、地理信息系统、全球定位系统等空间信息技术，来获取海洋城市的空间数据和属性数据，然后通过融合分析和建模，来评价海洋城市的韧性水平。空间信息技术可以提供海洋城市的多尺度、多时相、多源的数据，可以反映海洋城市的空间分布、动态变化、关联关系等特征，从而为韧性评价提供丰富的信息支撑。融合建模是指将空间信息技术与其他评价方法相结合，如基于性能曲线的评价、基于建模仿真与智能技术的评价、层次分析法和模糊综合评价法等,从而提高评价的全面性和准确性。例如,可以利用遥感影像和地理信息系统来获取海洋城市生态系统的空间分布和属性数据,然后通过层次分析法来确定各个生态要素的权重,最后通过模糊综合评价法来计算海洋城市生态系统的韧性水平。基于空间信息技术融合建模的方法的优点是信息量大、覆盖范围广、更新速度快、可视化效果好;缺点是需要高效的数据处理和分析能力,且难以考虑非空间因素的影响。

（二）数据及来源

1. 海平面上升数据

海平面上升数据来自汉堡大学气候服务中心（ICDC）提供的全球海平面重建数据集（Global Sea Level Reconstruction Data Set）[42]。该数据集利用卫星高度计、潮位计和海洋模式,重建了1900—2018年的全球月平均海平面变化。该数据集可以在以下网址下载：www.cen.uni-hamburg.de/icdc。

2. 温度与降水数据

温度与降水数据来自欧洲中期天气预报中心（ECMWF）提供的ERA5再分析数据（ERA5 hourly data on single level from 1940 to present）[43]。该数据集包含了从1940年至今的全球单层逐小时气象变量,如温度、降水、风速等。该数据集可以在以下网址下载：https://cds.climate.copernicus.eu/cdsapp#!/dataset/reanalysis-era5–single-levels。

3. 风暴潮潮位数据

风暴潮潮位数据来自4TU Research Data提供的风暴潮潮位数据（Storm surge water levels）[44]。该数据集收集了1950—2018年全球各地区发生的风暴潮事件的最高潮位记录,以及相应的气压、风速和波浪高度等信息。该数据集可以在以下网址下载：https://data.4TU.nl。

4. 人口密度数据

人口密度数据来自美国国家航空航天局（NASA）提供的全球人口密度数据集（Gridded Population of the World, Version 4）[45]。该数据集利用多种人口普查和调查数据,估计了2000—2020年的全球每km^2的人口数量,以及相关的人口特征,如性别、年龄、教育等。该数据集可以在以下网址下载：http://dx.doi.org/10.7927/H46T0JKB。

5. 热带气旋密度数据

热带气旋密度数据来自4TU Research Data提供的热带气旋路径数据（Tropical Cyclone Tracks）[46]。该数据集收集了1842—2018年全球各地区发生的热带气旋事件的路径记录,以及相应的气压、风速和风暴类别等信息（Muis, et al., 2016）。该数据集可以在以下网址下载：https://data.4tu.nl/articles/_/12706085/2。

6. 购买力平价

全球网格化地理经济数据（G-Econ）提供了 1990 年、1995 年、2000 年和 2005 年的全球网格化国内生产总值（GDP）数据，包括市场汇率（MER）和购买力平价（PPP）[47]。该数据集利用了多种经济统计数据，如国家账户、卫星遥感数据、地理信息系统等，估计了全球每个网格单元的经济活动水平（Nordhaus，2005；Chen and Nordhaus，2011）。该数据集可以在以下网址下载：http://sedac.ciesin.columbia.edu/data/set/spatialecon-gecon-v4。

7. 水库数量

水库数量指标的数据来源是 GRanD 数据库版本 1.3[39]，它包含了 7250 个水库多边形，总蓄水量为 667 km^3。该数据库是一个全球性的水坝和水库地理空间数据库，由全球水系统项目及其合作伙伴开发。GRanD 数据库可供非商业用途免费使用，网址为 globaldamwatch.org 或 sedac.ciesin.columbia.edu/pfs/grand.html。

（三）技术路线图

对海洋中心城市的韧性进行系统性评价时，我们选取了多种灾害类型并对其使用了指标体系法，相应的评价技术路线可汇总如图 4.10 所示。

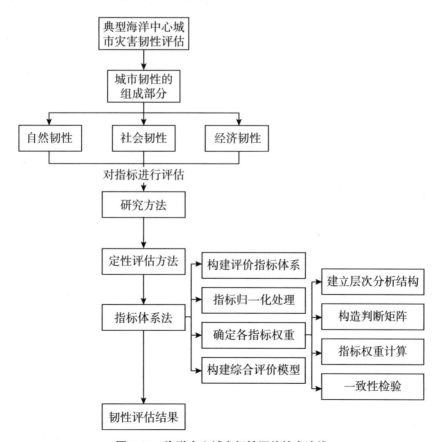

图 4.10 海洋中心城市韧性评价技术路线

（四）基于指标体系法的典型海洋中心城市韧性评价

1. 指标体系法评价模型构建

（1）构建评价指标体系。为了对海洋中心城市进行韧性评价，参考表4.1中的指标体系划分方式，本章选取了热带气旋密度、极端降水、风暴潮水位、海平面上升水平等自然韧性中的二级指标，水库数量、人口密度等社会韧性中的二级指标，以及购买力平价这一经济韧性指标。

本章使用指标体系法进行分析，每个指标的选取合理性和作用如下：

A. 热带气旋密度。热带气旋是海洋中心城市面临的主要自然灾害之一，其强度和频率与全球气候变化有关。热带气旋密度反映了海洋中心城市受热带气旋影响的程度。热带气旋密度越高表明城市越容易遭受热带气旋的威胁，城市韧性越低。

B. 极端降水。极端降水是指超过一定阈值的降水量或强度，通常会引发洪涝、滑坡等灾害，对城市的基础设施和社会经济造成损失。极端降水反映了海洋中心城市的降水变化特征。极端降水越高表明城市越容易受到极端降水的影响，城市韧性越低。

C. 风暴潮水位。风暴潮是指由风力驱动的海面异常升高现象，通常伴随着热带气旋或寒潮等天气系统。风暴潮水位反映了海洋中心城市的海岸线变化特征。风暴潮水位越高表明城市越容易受到风暴潮的侵袭，城市韧性越低。

D. 海平面上升水平。海平面上升是指全球或局部海域的平均海面高度随时间而增加的现象，主要由于全球变暖引起的冰川融化和海水热膨胀等因素所导致。海平面上升水平反映了海洋中心城市的长期海岸线变化趋势。海平面上升水平越高表明城市越容易受到海平面上升的影响，城市韧性越低。

E. 水库数量。水库是指人工建造的用于蓄水或调节水流的工程设施，通常具有防洪、供水、灌溉、发电等多种功能。水库数量反映了海洋中心城市的水资源管理能力和应对干旱等灾害的准备程度。水库数量越多表明越有利于城市保障水安全和水利用效率，城市韧性越高。[48]

F. 人口密度。人口密度是指单位面积内的人口数量，通常用每km^2的人口数来表示。人口密度反映了海洋中心城市的人口规模和分布特征。人口密度越高表明城市越拥挤，对资源和环境的压力越大，城市韧性越低。

G. 购买力平价。购买力平价是指根据不同国家或地区的物价水平，将其货币单位换算成具有相同购买力的国际通用货币单位，通常用美元来表示。购买力平价反映了海洋中心城市的经济发展水平和居民生活水平。购买力平价越高，表明城市越富裕，应对各种风险和挑战的能力越强，城市韧性越高。

以上七个指标综合反映了海洋中心城市在自然、社会、经济等多个方面的韧性特征，可以为海洋中心城市的韧性评价提供科学依据。本章将根据这些指标的数据，采用层次分析法和综合评价法，对海洋中心城市进行定量分析和排序，对典型海洋中心城市进行韧性评价。

（2）指标归一化处理。为了消除不同指标之间的量纲和量级影响，提高数据的可比性和综合性，对选取的指标进行归一化处理。根据指标的特点和分布情况，本章采用线性函数法对指标进行归一化，即将原始数据通过线性变换映射到［0，1］区间内，使得归一化后的数据具有相同的数量级和无量纲性。线性函数法的公式如下：

$$x' = \frac{x - x_{\min}}{x - x_{\max}}。 \qquad (4.5)$$

式中：x'是归一化后的数据；x是原始数据；$x_{\max}$和$x_{\min}$分别是原始数据的最大值和最小值。

使用 ArcMap 软件中的模糊隶属度工具，选择线性函数作为隶属度函数，对栅格数据进行归一化处理。设输入栅格为X，输出栅格为Y，最小值为a，最大值为b，则有：

$$Y = \begin{cases} 0 & X < a \\ \frac{X-a}{b-a} & a \leq X \leq b \\ 1 & X > b \end{cases}。 \qquad (4.6)$$

其中，当$a < b$时，表示正斜率的线性变换，即较大的输入值具有较高的隶属度；当$a > b$时，表示负斜率的线性变换，即较小的输入值具有较高的隶属度。本章根据各指标的实际含义和逻辑关系，分别选择正斜率或负斜率的线性函数进行归一化处理。归一化后的输出栅格值范围为0～1，其中0表示不属于目标集合，1表示完全属于目标集合，0～1之间的值表示模糊隶属度。

（3）确定各指标权重。按本章所阐述 AHP 层次分析法的具体步骤，确定以上7个指标的权重（表4.4）。

表4.4 全球海洋城市韧性评价各指标权重

指标	权重
热带气旋密度	0.101639
极端降水	0.219160
风暴潮水位	0.082921
海平面上升水平	0.051177
水库数量	0.027932
人口密度	0.258585
购买力平价	0.258585

（4）构建韧性评价综合评价模型。将购买力平价、人口密度等7个指标归一化数值，分别与上述得出的指标权重相乘，进行加权求和，即得海洋城市韧性评价归一化数值。

2. 韧性评价结果

对海洋中心城市韧性评价的综合性分析如果如图4.11所示。总体趋势为美洲海岸带强于亚欧大陆海岸，其中美国东西两岸韧性最高，抗干扰能力最强；中国东部沿海地区次之；东南亚韧性最低，易被自然灾害干扰；印度洋三岸韧性均处于较低水平。美洲地区在自然条件、基础设施、社会经济、制度管理等方面具有较大的优势。相对于亚欧大陆海岸带，美洲海岸带受到热带气旋和风暴潮的影响较小，而且海平面上升水平也较低，这意味着其面临的自然灾害威胁较小；同时，美洲海岸带相对于亚欧大陆海岸带，拥有更多的水库数量和更高的人均购买力，在韧性评价体系中，这两项指标权重均显著大于其余指标，其在遭受干旱或洪涝时有更强的应对能力以及更快的重建速度。因此，在构建的模型中，美洲海岸带的韧性最高，表现出较强的抗干扰能力。

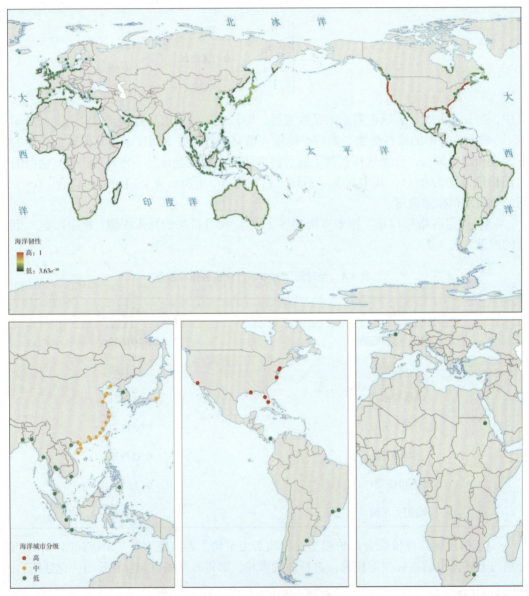

图 4.11　全球海洋城市韧性

由图 4.11，结合图 4.12、图 4.13，可以更直观地看出海洋中心城市韧性高低的区域集聚性特征：高值集中分布在美国东西海岸、中国东南沿海地区，低值集中分布在东南亚、中东、加勒比海地区。

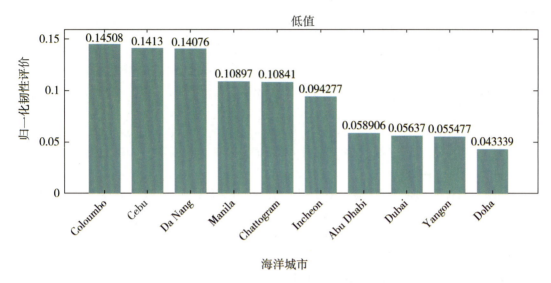

图 4.12　全球海洋城市韧性低值柱状图

图 4.13　全球海洋城市韧性高值柱状图

基于全章对海洋中心城市的韧性评价结果可以推断出，经济发展水平、城市规划和建设、气候和地形条件三大因素与城市韧性密切相关。以韧性评价体系中韧性指标的权重来看，由于经济指标的权重较大且其人为因素较强，我们可以以较发达地区与发展中国家和地区作为结果讨论的区分。美国东西海岸和中国东南沿海地区的城市韧性较高，可能得益于这些地区较高的国民生产总值,即较高的购买力平价指数。这类发达地区往往在资源配置、应急响应等方面有较高的投入和规划,从而提高了城市对各种自然灾害的应对能力。同时,发达地区合理的城市规划可以降低自然灾害和其他危机的影响,增加城市的抗灾和复原能力,如排水设施的铺设、应急物资的储备地点、救援物资的运输速度等。一些发展中国家或地区可能由于购买力较低,经济因素较为薄弱,因此基础设施建设不足或不合理,导致城市韧性较低。最后,城市韧性的关键在于自然灾害的频率,一些地区处于易受自然灾害影响的地带,如台风频发的东南亚地区、干旱多地质活动的中东地区、多地震的加勒比海地区,这些自然因素大大降低了这些地区的城市韧性。

参考文献

［1］董锁成,陶澍,杨旺舟,等. 气候变化对中国沿海地区城市群的影响［J］. 气候变化研究进展,2010,6(4):284-289.

［2］蔡榕硕,刘克修,谭红建. 气候变化对中国海洋和海岸带的影响、风险与适应对策［J］. 中国人口·资源与环境,2020,30(9):1-8.

［3］PAPER O E W. Ranking port cities with high exposure and vulnerability to climate extremes［R］. OECD,2007.

［4］方佳毅,史培军. 全球气候变化背景下海岸洪水灾害风险评价研究进展与展望［J］. 地理科学进展,2019,38(5):625-636.

［5］王思成. 风险治理导向下滨海城市综合防灾规划路径研究［D］. 天津:天津大学,2020.

［6］杜祥琬,丁一汇. 气候变化对中国沿海城市工程的影响和适应对策［M］. 北京:气象出版社,2021.

［7］DRONKERS J. Coastal cities and sea level rise［EB/OL］.［2023-07-28］. https://en.wikipedia.org/wiki/Sea_level_rise.

［8］TESSLER Z D,VÖRÖSMARTY C J,GROSSBERG M,et al. Profiling risk and sustainability in coastal deltas of the world［J］. Science(American Association for the Advancement of Science),2015,349(6248):638-643.

［9］李杨帆,向枝远,李艺. 海岸带韧性:陆海统筹生态管理的核心机制［J］. 海洋开发与管理,2019,36(10):3-7.

［10］潘胜杰. 面向居民生活质量的城市地震韧性建模与定量评价方法［D］. 北京:清华大学,2023.

［11］VAFEIDIS A T,NICHOLLS R J,MCFADDEN L,et al. A new global coastal database for impact and vulnerability analysis to sea-level rise［J］. Journal of coastal research,2008,244:917-924.

［12］毕玮,汤育春,冒婷婷,等. 城市基础设施系统韧性管理综述［J］. 中国安全科学学报,2021,31(6):14-28.

［13］许武成. 灾害地理学［M］. 北京:科学出版社,2015:321.

［14］MENTASCHI L,VOUSDOUKAS M I,PEKEL J,et al. Global long-term observations of coastal erosion and accretion［J］. Scientific reports,2018,8(1):12811-12876.

［15］HU P,LIU Y,HOU Y. Studies on marine dynamic disasters［J］. Journal of oceanology and limnology,2019,37(6):1791-1794.

［16］姜志浩,蔡勤禹. 我国海洋灾害演变趋势分析(1949—2020)［J］. 防灾科技学院学报,2022,24

（2）：90-99.

[17] 自然资源部. 中国海洋灾害公报（2022）[EB/OL]. https://gi.mnr.gov.cn/202304/P020230412572202855422.pdf.

[18] 徐文爽. 中国沿海地带风暴潮灾害综合风险评价[D]. 青岛：中国石油大学（华东），2020.

[19] 于洪蕾. 极端气候条件下我国滨海城市防灾策略研究[D]. 天津：天津大学，2015.

[20] GONNERT G. Maximum storm surge curve due to global warming for the European North Sea region during the 20th-21st century[J]. Natural hazards（Dordrecht），2004，32（2）：211-218.

[21] 徐文爽. 中国沿海地带风暴潮灾害综合风险评价[D]. 中国石油大学（华东），2020.

[22] 王喜年. 全球海洋的风暴潮灾害概况[J]. 海洋预报，1993（1）：30-36.

[23] 王南南. 基于MOST传播模型的中国边缘海近岸水域海啸强度评价研究[D]. 青岛：中国海洋大学，2015.

[24] 宁立新，惠春，程昌秀. 基于完整目录数据的全球海啸时空分异研究[J]. 海洋学报，2022，44（7）：122-136.

[25] Disaster risk reduction in Republic of Maldives：status report 2019[EB/OL]. https://www.undrr.org/publication/disaster-risk-reduction-republic-maldives-status-report-2019.

[26] HERARD D. Disaster risk reduction and the action plan for national recovery and the development of Haiti[J/OL]. https://www.academia.edu/87247404/Disaster_Risk_Reduction_and_the_Action_Plan_for_National_Recovery_and_the_Development_of_Haiti.

[27] FASULLO J T, OTTO-BLIESNER B L, STEVENSON S. ENSO's changing influence on temperature, precipitation, and wildfire in a warming climate[J]. Geophysical research letters, 2018, 45（17）：9216-9225.

[28] AOKI Y, YOSHIZAWA A, TAMINATO T. Anti-inundation measures for underground stations of Tokyo metro：Procedia Engineering[C]. 2016.

[29] 张颖. 城市轨道交通项目地下水环境影响评价与保护措施研究[J]. 环境科学与管理，2018，43（9）：177-181.

[30] 徐光黎，马郧，张杰青，等. 东京地下水位上升对地下工程的危害警示[J]. 岩土工程学报，2014，36（S2）：269-273.

[31] TASHIRO Y, MUTOU Y. Disaster-prevention measures for Tokyo metro tunnels[C]//World Tunnel Congress, 2013：275-282.

[32] WANG L, ZHANG B, SHI Y, et al. Interpretation of the IPCC AR6 on the impacts and risks of climate change[J]. Progressus inquisitiones de mutatione climatis, 2022, 18（4）：389-394.

[33] HINKEL J, JAEGER C, NICHOLLS R J, et al. Sea-level rise scenarios and coastal risk management[J]. Nature climate change, 2015, 5（3）：188-190.

[34] SEDLMEIER K, FELDMANN H, SCHÄDLER G. Compound summer temperature and precipitation extremes over central Europe[J]. Theoretical and applied climatology, 2018, 131（3-4）：1493-1501.

[35] 魏光华. 强寒潮对南方城市供水的影响及其对策[J]. 城镇供水，2017（2）：80-83.

[36] 方建，陶凯，牟莎，等. 复合极端事件及其危险性评价研究进展[J]. 地理科学进展，2023，42（3）：587-601.

[37] IPPC. IPCC sixth assessment report[R/OL]. https://www.ipcc.ch/activities/sixth-assessment-report/.

［38］ZHU J, HUANG G, WANG X, et al. High-resolution projections of mean and extreme precipitations over China through precis under RCPs［J］. Climate dynamics, 2018, 50（11-12）: 4037-4060.

［39］LEHNER B, LIERMANN C R, REVENGA C, et al. High-resolution mapping of the world's reservoirs and dams for sustainable river-flow management［J］. Frontiers in ecology and the environment, 2011, 9（9）: 494-502.

［40］KIREZCI E, YOUNG I R, RANASINGHE R, et al. Projections of global-scale extreme sea levels and resulting episodic coastal flooding over the 21st century［J］. Sci rep, 2020, 10（1）: 11629.

［41］李睿倩, 徐成磊, 李永富, 等. 国外海岸带韧性研究进展及其对中国的启示［J］. 资源科学, 2022, 44（2）: 232-246.

［42］MEYSSIGNAC B, BECKER M, LLOVEL W, et al. An assessment of two-dimensional past sea level reconstructions over 1950-2009 based on tide-gauge data and different input sea level grids［J］. Surveys in geophysics, 2012, 33（5）: 945-972.

［43］ERA5 hourly data on single levels from 1940 to present［DS］. https://cds.climate.copernicus.eu/datasets/reanalysis-era5-single-levels?tab=download

［44］MUIS S, VERLAAN M, WINSEMIUS H C, et al. A global reanalysis of storm surges and extreme sea levels［J］. Nature communications, 2016, 7（1）: 1-11.

［45］NETWORK C C F I. Gridded population of the world（GPW）, v4: population density adjusted to match 2015 revision un wpp country totals, revision 11［Z］. 2018.

［46］MUIS S, VERLAAN M, WINSEMIUS H C, et al. A global reanalysis of tropical cyclone tracks（1842-2015）［J］. Scientific data, 2016, 3（1）: 1-11.

［47］NORDHAUS W D, Chen X. Global gridded geographically based economic data（g-econ）, version 4［Z］. 2016.

［48］TESSLER Z D, VOROSMARTY C J, GROSSBERG M, et al. Profiling risk and sustainability in coastal deltas of the world［J］. Science, 2015: 349-6248.

第五章　全球典型海洋中心城市的综合竞争力评价

一、全球典型海洋中心城市的海洋资源禀赋

地球表面积约为 5.1 亿 km^2，其中海洋的面积近 3.6 亿 km^2，约占地球表面积的 71%。海洋是全球生命支持系统的基本组成部分，是全球气候的重要调节器，是自然资源的宝库，也是人类社会生存和可持续发展的战略资源接替基地。海洋是丰富的生物资源库，其中包括近 4 万种软体动物和 2.5 万种鱼类，是解决全球人口粮食问题的关键之一；同时，现代探测技术表明海底存在大量的非生物资源，意味着海洋资源的巨大开发潜力。今后一个时期，可开发的海洋资源主要包括海洋生物资源、海洋矿产资源、海水资源、海洋可再生能源、海洋空间资源等，根据所产生的价值不同可划分为生物资源、非生物资源（矿产和能源）和商业资源（航海、航空、贸易和运输等）三类。在现有科技水平和开发能力的前提下，依据国际海洋法赋予的开发权利，海洋开发总体上呈现出开发资源总量不断增大、开发海域由浅海向深海发展的趋势。在本章中，选取海洋资源中供应世界人口粮食资源的海洋渔业资源和支撑人类发展的海洋能源资源（包括海洋油气资源、海洋矿业资源和海洋可再生能源）进行描述和分析。

（一）海洋油气资源

随着地球陆地表面易于开发和获取的石油和天然气资源枯竭，伴随着技术的升级和革新，世界的目光逐步转向海洋，石油和天然气行业扩展到更深更广的海域。石油和天然气矿床的勘探行为是一项全球性工业活动，发展势头强劲，在资源开采领域中居于主导地位。据美国地质调查局评价，世界（不含美国）海洋待发现石油资源量（含凝析油）5.48×10^{10} t，待发现天然气资源量 7.85×10^{13} m^3，分别占世界待发现资源量的 47% 和 46%。在探明储量区域中浅海仍占主导地位。随着石油勘探技术的进步，逐渐转向深海发展勘探，如今海洋油气钻探最大水深和油田开发的作业水深已经超过 3000 m，铺设海底管道水深达到 2150 m。

海上油气勘探生产活动始于 20 世纪 40 年代，海洋油气勘探首先集中在墨西哥湾、马拉开波湖等地区；50—60 年代，则在波斯湾、里海等海区初具规模；70 年代是海洋油气勘探最为活跃的时期，成果最显著的是北海含油气区；此后随着技术进步逐步向深水领域推进，形成了美国墨西哥湾、巴西、西非三大传统深水油气区。亚太地区则是近年来迅速崛起的深水新区。目前，全球 90% 左右的已发现深水石油储量集中在巴西近海、西非沿岸、美国墨西哥湾、挪威北海及巴伦支海四大海域。[1-3] 如今全球已经进入深水油气勘探开发阶段，中国南海"蓝鲸一号"是世界上最大、井深最深的海上钻井平台，其钻井深度可达 15240 m，作业水深 3658 m。

1. 海洋活动钻机数量与分布

钻机活动数据可用于揭示海洋油气行业内部的全球化趋势。该行业经历了由兴盛到衰退，再次兴起到再次平缓的过程。从 1975 年有记录数据以来，第一次兴盛到衰退时间在 1982—2000 年左右，其中 1981 年全球钻机活动数达到峰值，在世界大陆架和斜坡上的开发勘探井和生产井超过 4500 台，约半数的钻机集中在美国墨西哥湾沿岸和北海，余下的分布在中东、非洲、拉丁美洲和亚太地区周边海域。2000—2022 年是第二次海洋油气勘探的兴衰时间，2014 年全球有接近 4000 台钻机运营，和以往不同的是这一阶段钻机多集中于亚太地区，欧美中东地区的运营钻机数量达到历史冰点（图 5.1、表 5.1）；在钻机数量变化的同时，相关技术在不断更新迭代，2000—2019 年间海上钻井项目平均水深由 435 m 增加到 963 m。

图 5.1　1982—2022 年全球运营钻机的数量变化

资料来源：https://rigcount.bakerhughes.com/.

表 5.1　1982—2020 年全球运营钻机的区域分布

单位：台

地区	年份								
	1982	1985	1990	1995	2000	2005	2010	2015	2020
欧洲	1179	1273	922	566	561	538	588	552	334
北美	985	1074	796	547	542	510	516	446	268
中东	789	537	231	299	257	400	425	603	508
非洲	646	383	276	285	240	167	308	385	139
拉美	1048	995	753	683	493	772	906	739	386
亚太	1117	1050	906	693	682	1306	1438	1117	996
总计	4779	4238	3088	2526	2233	3183	3665	3396	2363

资料来源：https://rigcount.bakerhughes.com/.

2. 海洋油气储量

目前已探明的海上石油储量（包括浅海、深海和超深海）约占全球石油储量的 15%，剩余技术可采储量中海洋石油约占世界常规石油的 30%（表 5.2）。

表 5.2 2016 年石油资源和储量

单位：10 亿桶

石油	技术可采储量	总产量	剩余技术可采储量	剩余技术可采储量所占比例	已探明储量
常规石油	4126	1363	2763	67%	1294
大陆	2247	885	1362	61%	825
浅海	795	299	496	62%	223
深海	224	26	198	88%	31
超深海	78	2	77	98%	6
其他	782	151	630	81%	209
非常规石油	3411	27	3384	99%	400
世界总计	7537	1390	6146	82%	1695

资料来源：IEA，World Energy Outlook 2017，https://www.iea.org/reports/world-energy-outlook-2017.

全球海洋石油产量大部分来自浅海区，总产量稳定在 2600 万～2700 万桶/天。其中 2015 年全球浅海区（深度＜125 m）每天生产 1810 万桶，深海区（深度为 125～1500 m）每天生产 780 万桶，超深海区（深度＞1500 m）每天生产 150 万桶（图 5.2）。浅水石油资源产量约 40% 来自成熟地区，如欧洲（挪威和英国）、北美（美国和墨西哥）和亚太（中国、印度、印度尼西亚和马来西亚）；深水石油资源主要集中在大西洋中南部。

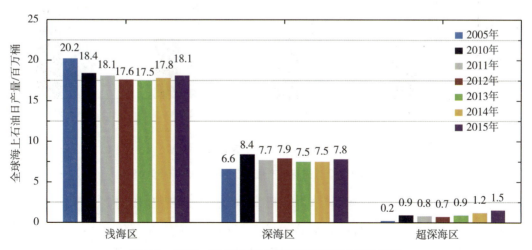

图 5.2 2005—2015 年按水深划分全球海上石油产量

资料来源：https://www.statista.com/statistics/626728/offshore-oil-production-worldwide-by-water-depth/.

海上天然气储量（包括浅海、深海和超深海）约占全球天然气储量的44%，剩余技术可采储量中海洋天然气储量约占世界常规天然气总量的2/3（表5.3）。

表5.3 2016年天然气资源和储量

单位：万亿 m³

天然气	技术可采储量	总产量	剩余技术可采储量	剩余技术可采储量所占比例	已探明储量
常规天然气	544	113	432	79	204
大陆	234	86	148	63	110
浅海	179	22	156	88	69
深海	79	4	74	95	22
超深海	53	0.2	53	99.6	4
非常规天然气	375	10	365	97	12
世界总计	919	122	769	87	216

资料来源：IEA，World Energy Outlook 2017, https://www.iea.org/reports/world-energy-outlook-2017.

在全球范围内，大部分天然气生产于陆地。以2022年为例，陆表项目的天然气产量为2.7亿 m³，海洋区域的产量为1.05亿 m³；预计到2050年，海上天然气项目产量将增至2.2亿 m³，呈现逐年增产的情形（图5.3）。

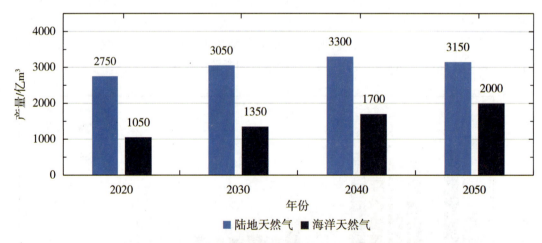

图5.3 2022年全球天然气产量以及2030—2050年的预测

资料来源：https://www.statista.com/statistics/1365007/natural-gas-production-by-project-location-worldwide/.

全球非常规油气可采资源量为5833.5亿t，其中非常规油为4209.4亿t（占72.2%），非常规天然气为136.78亿t（占27.8%），资源主要分布在60个国家的363个盆地。其中北美非常规油气资源最为丰富，可采资源量为1970.2亿t，占世界总量的33.8%；中亚—

俄罗斯位居第二，非常规油气可采资源量为1262.2亿t，占世界总量的21.6%。

3. 海洋油气资源分布

世界海洋油气资源产区集中在海湾地区、北海、巴西深水区、西非湾区和东南亚地区，海湾地区包括墨西哥湾（尤其是美国墨西哥湾）和波斯湾。其中，墨西哥湾是全球重要的深水油气产区之一，拥有丰富的海底油气资源，涵盖美国、墨西哥等；波斯湾涵盖波斯湾周边的多个国家，包括沙特阿拉伯、伊朗、科威特等；北海地区是欧洲重要的海洋油气产区，涵盖挪威、英国、丹麦、荷兰等，该地区拥有大量的海底油气资源，且已经进行了长期的开发；巴西深水区，特别是巴西的 Pre-Salt 油气区域，其油气储量相当可观，是目前该国主要的石油产区；西非湾地区包括尼日利亚、安哥拉、加蓬等；东南亚地区包括中国、马来西亚、印度尼西亚、越南等，以深水区域的油气开发为主。

现有的浮动石油、天然气钻井平台和固定海上操作平台，主要集中在沉积盆地，如北海、地中海、阿拉伯—波斯海湾，非洲西部和东部、北美、南美、印度、中国北海和南海地区和西澳大利亚，与 Päivi Lujala 等公布的2004年全球所有已知石油和天然气矿床的空间位置（图5.4）分布相似。

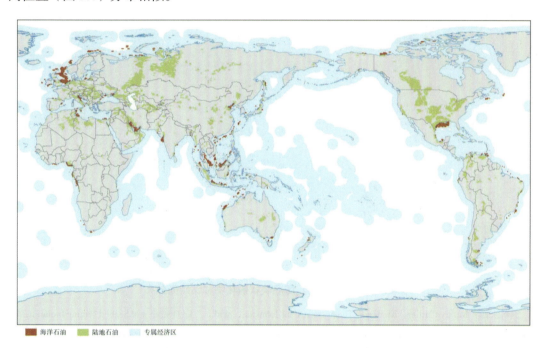

图 5.4 2004 年海洋石油与大陆石油资源时空分布对比情况

资料来源：Päivi Lujala, Jan Ketil Rod & Nadja Thieme, "Fighting over Oil: Introducing a New Dataset," *Conflict Management and Peace Science*, 2007, vol. 24, no. 3, pp.239-256. DOI: 10.1080/07388940701468526.

海上油气勘探可开发区域呈现出三湾、两海、两湖（内海）的格局。"三湾"即波斯湾、墨西哥湾和几内亚湾，"两海"即北海和南海，"两湖（内海）"即里海和马拉开波湖。波斯湾的沙特、卡塔尔和阿联酋，墨西哥湾的美国、墨西哥，里海沿岸的哈萨克斯坦、阿塞拜疆和伊朗，北海沿岸的英国和挪威，以及巴西、委内瑞拉、尼日利亚等，都是世界上重要的海上油气勘探开发国。其中，巴西近海、美国墨西哥湾、安哥拉和尼日利亚近海几乎集中了世界全部深海探井和新发现的储量。

（二）海洋矿业资源

海洋矿产资源是指在海底或海底形成的矿物质的积累，与石油、天然气或天然气水合物等能源资源以及鱼类等生物资源不同，人类可以从中提取金属、矿物、元素或骨料作为资源，具有相当高的潜在经济价值。按照矿产形成的海洋环境和分布特征，从滨海浅海至深海大洋分布有滨海砂矿、石油与天然气、磷钙土、多金属软泥土、锰结核、钴结壳、热液硫化物以及天然气水合物。[4-5]

深海采矿是一个新兴的国际产业，现有的深海潜在矿产资源主要指锰结核、海底块状硫化物和钴结壳。其分布如图 5.5 所示。

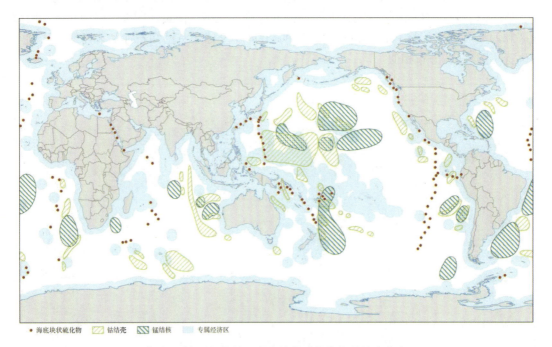

图 5.5　海洋锰结核、海底块状硫化物和钴结壳分布

资料来源：Kathryn Miller, Kirsten F. Thompson, Paul Johnston, et al., "An Overview of Seabed Mining Including the Current State of Development, Environmental Impacts, and Knowledge Gaps," *Frontiers in Marine Science*, 2018, vol. 4, pp.418-. DOI: 10.3389/fmars.2017.00418.

自 2010 年以来，国际海底矿藏勘探合同的数量从仅针对锰结核的 8 份合同增加到涉及所有三种资源的 29 份合同（图 5.6）。在国家水域内，包括斐济、巴布亚新几内亚、所罗门群岛和汤加在内的几个太平洋岛国已经签订了矿产勘探合同。2017 年 9 月，日本石油、天然气和金属国家公司（JOGMEC）在距离冲绳海岸 1600 m 深处开采矿床，完成了第一个海底大型硫化物试验矿。

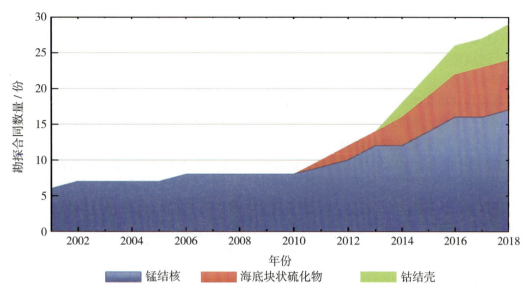

图 5.6 国际海底管理局（ISA）授予的国家管辖范围以外地区矿产资源勘探合同的累计数目

资料来源：P. P. Weaver, D. S. Billett, C. L. Van Dover, "Environmental risks of deep-sea mining," In: *Handbook on Marine Environment Protection*, Springer: Cham, 2018, pp. 215–245.

1. 锰结核

锰结核（也称多金属结核）是锰、氧化铁和其他金属（如铜、钴和锌）的球形沉淀，形成于核心材料（如贝壳碎片或鲨鱼牙齿）周围，结节的直径从几 mm 到 0.5 m 不等，广泛存在于中生代或年轻的深海盆地（深度 4000~6500 m）表层，包括太平洋（东北太平洋海盆区、中太平洋海盆区）、印度洋（中印度洋海盆、沃顿海盆、南澳大利亚盆地、塞舌尔区和厄加勒斯海台）以及部分大西洋海盆（北美—圭亚那、厄加勒斯角和布莱克海台）。锰结核的最大浓度出现在太平洋中部的克拉里昂—克利珀顿带（Clarion-Clipperton Zone，CCZ）。锰和铁是锰结核中的主要金属，但经济利益最大的金属是镍、铜和钴，它们加起来的重量可以达到 2.5%~3%。此外，还有其他贵重金属的富集，如钼、钒、钛、稀土元素和锂，这些金属被广泛应用于高科技和可持续发展的绿色技术中。1962 年，梅罗发表了对这些金属的原位价值的估计，引发了"淘金热"，许多国家展开勘探计划。这种"淘金热"也为国际规则的制定奠定了基础，最终形成了《联合国海洋法公约》。20 世纪 70—80 年代，锰结核得到了广泛的勘探。目前，深海锰结核、铁锰结壳是未来潜在稀土的海洋来源，CCZ 和中太平洋的主要铁锰结壳区均含有大量稀土元素，其储备相当于美国地质调查局 2009 年估计的全球陆地资源量的约 10%；同时，CCZ 也是开采最为积极的地区，横跨太平洋和印度洋共有 17 个勘探合同，其中有 16 个位于此区域。

2. 海底块状硫化物

海底块状硫化物（也称为多金属硫化物、黑烟矿床），是海底热液多金属沉积物的一种，是硫化铜、硫化锌和其他金属（如金和银）的沉淀，形成于火山活跃的海洋扩张中心和沿火山弧的海底下区域。产生原因是海水与热源（岩浆）相互作用，当热的（温度高达450 ℃）富含金属的流体与冷的海水反应时，金属硫化物颗粒析出，伴随着硫化物颗粒的积累，形成堆叠的富含金属的硫化物。大多数已知的海底块状硫化物通常都包含铜、锌、金和银等金属，以及有很重要的工业用途的铋、镓、锗、铟、碲等。

海底块状硫化物的探索分为国家水域和国际水域，其中以国家水域的活动水平最高，包括所罗门群岛，斐济和汤加都获得了勘探资源的许可证。目前，唯一针对活跃热液喷口的项目位于巴布亚新几内亚水域内，2011年加拿大鹦鹉螺矿业公司获得Solwara1热液喷口的采矿租约，该区域可能成为海底块状硫化物的第一个深海矿区。但由于各种原因，该项目在2019年已告终止。在不活跃的硫化物矿床方面，第一个测试矿于2017年9月在日本冲绳海岸附近完成。在国际水域，正在开发探索远离大洋脊轴的非活动地点的新技术，以便调查硫化物的全部海洋潜力。目前正在印度洋（共4个合同）和北大西洋（共3个合同）的大洋中脊进行硫化物矿床勘探，重点是不活跃的硫化物矿床。

3. 钴结壳

钴结壳是铁、钴、镍和锰的沉淀，形成于海山、山脊和高原的峰顶和侧面。经过数百万年的积累，矿物从周围的海水中沉淀到暴露的基岩上，海洋中几乎所有表面没有沉积物的岩石上都可形成。这些结壳由直接从海水中沉淀出来的锰氧化物和铁氢氧化物组成，厚度从不足1 nm到25 cm不等；形成于水深600~7000 m的火山海山、山脊和高原两侧，其中最厚、最富金属的结壳形成于水深800~2500 m之间；其增长率为1~5 nm/百万年。一般来说，钴结壳中铜和镍的百分含量低于锰结核，钴的百分含量则高出三四倍。其他潜在的副产品是稀土元素、铂族元素和碲。富钴地壳的勘探集中在国际水域，主要关注的地域是西太平洋，目前有4份合同；另一份合同位于南大西洋的里奥格兰德隆起区域。

然而，地壳开采技术仍处于概念阶段，到目前为止都没有进行商业采矿活动。目前获联合国批准的美国、法国、俄罗斯、中国、日本、德国等国的矿区主要集中在CCZ，据估计该区域有超过250万 km^2 富集金属镍、铜，是目前最具开采价值的区域。

（三）海洋渔业资源

渔业资源为贫穷或者没有其他食物来源选择的国家或者地区提供了人体所需的蛋白质和生活收入；对于富裕国家或者地区，渔业是连接高价值海产品和高度全球化贸易活动的纽带。因此，渔业资源被认为是许多国家粮食安全的核心。[6] 1961—2019年，全球水产食品消费量（不包括藻类）年均增长3.0%，几乎是同期世界人口年增长率（1.6%）的2倍。

联合国粮食与农业组织在20世纪50年代发布首个全球渔业数据集合。1950年，全球海洋捕捞量不足2000万t。随后全球渔业生产逐步向机器作业转型。到70年代，海洋捕捞量呈现波动上升态势，但整体稳定在8000万t的水平。海产养殖量在90年代进入蓬勃发展时期，从1990年的800万t快速增长，2020年达到5700万t。海洋渔业生产总量已经达到约14000万t（图5.7）。官方统计数据并未涵盖海洋手工渔业和非法捕鱼活动，人工捕鱼比例仍占全球渔业的45%，主要集中区域为非洲和亚洲，每年手工捕捞渔业估计相当于180亿美元。[7]

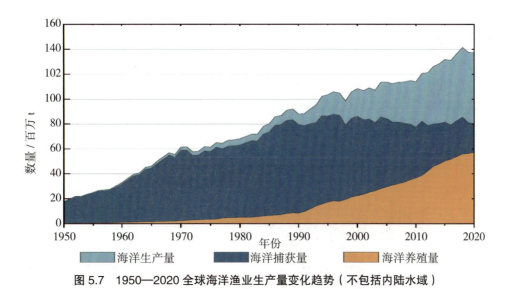

图 5.7　1950—2020 全球海洋渔业生产量变化趋势（不包括内陆水域）

资料来源：FAO，"Global Aquaculture Production. Fisheries and Aquaculture Division Rome," 2023，https://www.fao.org/fishery/en/collection/aquaculture?lang=en.

全球各大洋渔业捕获量以大西洋最多，其次是太平洋，地中海和黑海地区最少；其扩张速度整体均为大幅增加，其中太平洋和大西洋表现出相近的变化趋势（图 5.8）；对比 1950—2020 年各大洋中海洋养殖总量和捕获总量，太平洋的海洋养殖量相当于其海洋捕获量的 40%，其次是地中海和黑海，约为 10.8%，大西洋仅为 5.3%，最后是印度洋，仅为 2.4%。全球渔业规模扩张方向从北大西洋和西太平洋沿海水域到南半球水域，逐步延伸到公海。渔业捕捞范围以每年几乎一个纬度的速度向南扩展，最大的扩张期发生在 20 世纪 80 年代至 90 年代初；到 20 世纪 90 年代中期，世界上 1/3 的海洋和 2/3 的大陆架被以超过渔业初级生产 10% 的水平开发。截至 2010 年，只剩下公海的非生产性水域，以及北极和南极等相对难以进入的水域尚未开发。在半个多世纪，海洋渔业捕捞量的增长是通过开发新的渔场实现的。

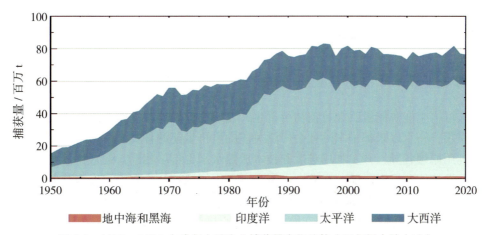

图 5.8　1950—2020 全球各大洋渔业捕获量变化趋势（不包括内陆水域）

资料来源：FAO，"Global Aquaculture Production. Fisheries and Aquaculture Division Rome," 2023，https://www.fao.org/fishery/en/collection/aquaculture?lang=en.

根据世界粮农组织（FAO）公布的数据，2020全球渔业总生产量上升至历史最高水平，达2.128亿t。其中，捕捞渔业产量（不包括藻类）为9030万t（7880万t来自海洋水域，1150万t来自内陆水域），估值约1410亿美元；水产养殖产量为1.225亿t，其中约5440万t在内陆水域养殖，6810万t来自海洋和沿海养殖。海洋养殖业逐步与海洋捕捞渔获量相当或已经开始呈现超越势头。从国家层面分析，按2011—2020年海洋渔业平均捕获量，中国仍然是最大的渔业生产国，其次是印度尼西亚、秘鲁、俄罗斯、美国、印度和越南（图5.9）。

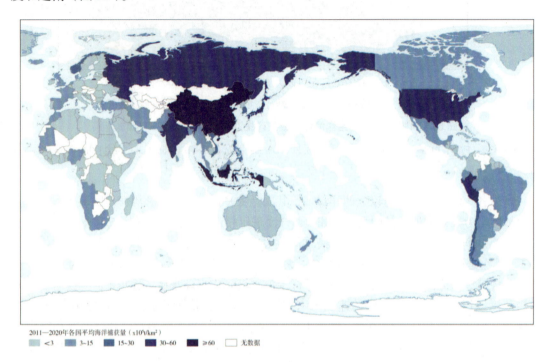

图5.9　2011—2020全球各国海洋渔业平均捕获量

资料来源：FAO，"Global Aquaculture Production. Fisheries and Aquaculture Division Rome，"2023，https://www.fao.org/fishery/en/collection/aquaculture?lang=en.

（四）海洋可再生能源

海洋可再生能源储量巨大且清洁可再生，在缩小世界能源差距和降低碳排放方面发挥着重要作用，一直以来都是国际社会广泛关注的可再生能源种类。海洋可再生能源的种类较多且利用原理各异，开发利用难度和技术成熟水平也不尽相同。通常将其按种类划分为波浪能、潮流能和近海风能。在欧洲，海洋可再生能源被认为有潜力成为欧洲可再生能源结构的重要组成部分，能够作为其长期能源战略的一部分。目前，欧盟中有45%的波浪能公司和50%的潮汐能公司已经在欧盟测试中心进行了测试；预计至2050年，全球波浪和潮汐能的潜在资源装机容量为337000 MW，市场估值高达530亿欧元/年。[8-9]然而，海洋能源技术仍处于发展的早期阶段，面临许多挑战，涉及技术、电网基础设施、成本和投资、环境影响和海洋治理等各个方面。因此，预计目前海洋能源不会对全球能源供给做

出重大贡献。[10-12]

1. **海洋波浪浪和潮汐能**

波浪能是指海洋表面波浪所具有的动能和势能，它是由风把能量传递给海洋而产生的，受风、洋面、地形等因素影响。波浪能具有能量密度高，分布面广等优点。它是一种最易于直接利用、取之不竭的可再生清洁能源。南半球和北半球40°～60°纬度间的风力最强。在盛风区和长风区的沿海，波浪能的密度一般都很高。例如，英国沿海、美国西部沿海和新西兰南部沿海等都是风区，有着特别好的波候。南极大陆、北海大陆近海地区的波浪能可开发潜力也较高。目前，可供利用的波浪能资源仅局限于靠近海岸线的地方。波浪能装置可以安装在海岸线上或靠近海岸的地方，但由于波浪与海底的摩擦会损失能量，因此潜在资源的可捕获性受到一定限制（图5.10）。[13]

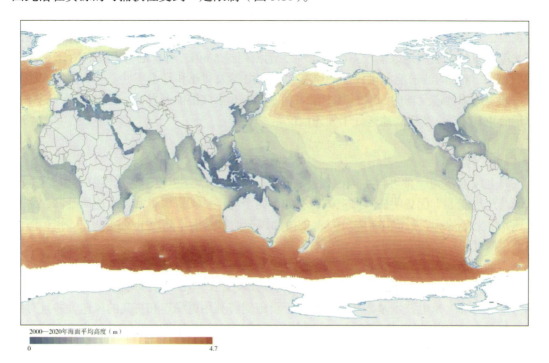

图5.10　2000—2020年全球海洋平均表面高度

资料来源：DOI: 10.24381/cds.f17050d7.

潮汐能是指海水在月球和太阳引力作用下周期性涨落产生潮差所形成的能量。当太阳、月亮和地球排成一线时，会产生最高（春季）潮差。潮汐电站等通过利用水位高度差所提供的势能来发电。潮差较大的区域多存在于狭窄的海峡和入口、岬角周围以及岛屿之间的航道内。潮汐能发电与水力发电原理相似，本质上是利用大坝或屏障产生的水体的高度差来发电。目前潮差利用系统有两种类型：拦河坝和潟湖。潮汐能拦河坝设在海湾和河口，潮汐能潟湖则是部分被天然或人工屏障包围的海洋水体。潮汐能资源丰富的地区有意大利与西西里岛之间的墨西拿海峡、印度尼西亚的岛屿、美国长岛湾和纽约港等。潮汐能的主要优点是可预测程度高。潮汐能的缺点是由于潮汐周期和当前涡轮机效率的性质，其

25%的容量系数远低于海上风电；同时潮汐能成本相对较高，潮差或流速足够高的地点可用性有限，从而限制了潮汐能的总体可用性。

尽管波浪能/潮汐能资源丰富且具有多种好处，但2020年全球发电量仅为1.6亿 kW·h（同时耗费了2.3万亿kW·h的电力），对全球能源结构的贡献微乎其微。2015年，潮汐能的总体成本估计为440美元/（MW·h），波浪能则为500美元/（MW·h）；同年，国际能源署海洋能源系统技术合作计划（IEA OES-TCP，OES）的一项研究估计，潮汐能商业规模项目的开发成本范围为130～280美元/（MW·h），波浪能为120～280美元/（MW·h）。

世界各地对波浪能和潮汐能的研究进度和开发程度差异较大。欧洲目前处于开发的前沿，拥有全球58%的潮汐能企业和61%的波浪能企业。尤其是英国，拥有相当丰富的潮汐流资源，约占欧洲已知资源的一半，全球已知资源的10%～15%；目前，英国的潮汐流发电技术已经能够实现在速度为2.8 m/s的潮汐流下产生300 kW的电力。北美潮汐能的利用主要位于拥有世界上最强潮汐的加拿大新斯科舍省和美国缅因州的芬迪湾，其中芬迪湾东北端的明纳斯通道地区潮汐差高达15 m，潮流超过5 m/s，可行的电力提取估计为2000 MW。亚太地区的波浪能和潮汐能的研究和开发由澳大利亚和日本主导，区域内潮汐能估计可开发资源约占全球的30%，其中澳大利亚拥有8家波浪能开发商，占世界波浪能开发总量的4%左右，在亚太地区处于领先地位。

2. 海上风能

海上风能作为一种可再生能源，发展迅速，前景广阔，相较于其他资源（如太阳能、风能及地热能等）优势明显。海上风能有如下四个优点：①资源丰富且风能质量高，海上风速比陆上风速高，近海岸距离10 km的海面风速通常是沿岸陆地上风速的1.25倍；海面表面粗糙度小，风切变较小，不需很高的塔架；②由于海上风湍流强度小，有稳定的主导风向，机组运行稳定，寿命长，一般是陆地风力机组寿命的3倍；③海上风的风速随高度的变化小；④海上风电机组距海岸较远，视觉影响小，产生的噪音可忽略不计。尽管海上风力发电与陆上风电技术基本相似，但海上设施能够利用更稳定和更高的风速，并且对地面面积和高度的限制更少。2016—2020年，全球海洋风能密度主要集中在北海大陆、非洲南部和环太平洋沿岸近海地区（图5.11）；对比海上风力技术，潜力主要集中在欧洲大陆、中国沿海地区和部分澳大利亚东北部。[14-16]

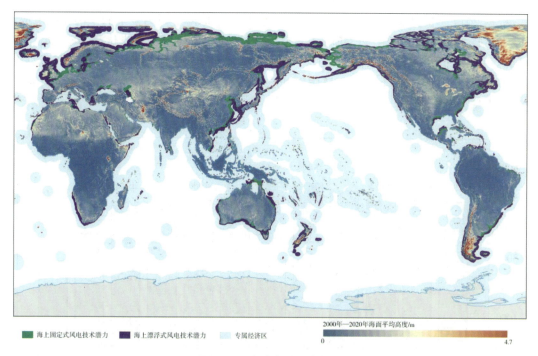

图 5.11 全球海洋风能密度

资料来源：1. https://energydata.info/dataset/offshore-wind-technical-potential；
2. https://globalwindatlas.info/zh.

全球海上风电装机容量从 2010 年的 3056 MW 增加到 2020 年的 63200 MW，增长了近 20 倍（图 5.12）；其中 80% 以上位于欧洲。装机容量最大的两个国家是英国（6800 MW）和德国（5400 MW），其次为中国（2700 MW），再次为美国、韩国和日本。

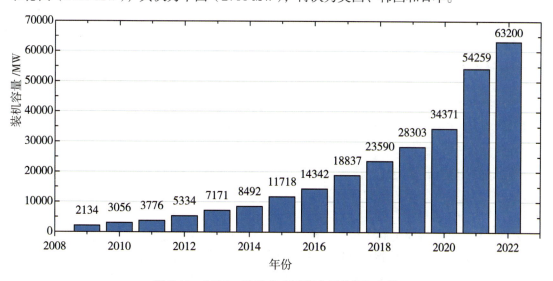

图 5.12 2009—2022 年全球海上风电装机容量

资料来源：IRENA-Renewable Energy Capacity Statistics，2023，https://www.statista.com/statistics/476327/global-capacity-of-offshore-wind-energy/.

根据2017年世界能源展望（WEO）统计报告，全球海上风力发电的平准化度电成本（levelized cost of electricity，LCOE）比陆上风力高150%，比太阳能光伏高50%以上。根据国际可再生能源署发布的报告，2021年全球海上风电装机成本平均为2858美元/kW，同比下降12%以上；2011年海上风电装机成本超过5500美元，为10多年来最高成本，此后一直呈持续下降趋势（图5.13）。

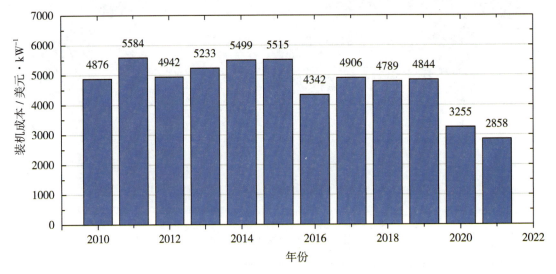

图5.13　2010—2021年全球海上风电装机加权平均成本

资料来源：IRENA-Renewable Power Generation Costs in 2021，https://www.statista.com/statistics/506756/weighted-average-installed-cost-for-offshore-wind-power-worldwide/.

二、全球典型海洋中心城市经济发展特点

（一）海洋经济概念、特征及发展路径

1. 海洋经济概念

世界范围内海洋经济概念的提出已有30多年的历史。在我国，对此的表述与界定主要可以根据时间进程总结为以下几类：①20世纪80年代，何宏权、杨金森等学者将海洋经济限定在海洋直接相关的经济活动，将其活动范围限定在海洋，将活动限定于对海洋资源的生产、交换、分配和消费等行为。②21世纪初期，徐质斌等学者将海洋经济的定义在原有的框架体系下进行延伸，将与海洋间接相关的经济活动纳入海洋经济的范畴；陈可文等将海洋经济按照关联程度划分为狭义、广义和泛义海洋经济三个层次。③2003年5月，国务院发布的《全国海洋经济发展规划纲要》将各类海洋产业相关经济活动均归为海洋经济范畴。国家海洋局于1999年发布的国家海洋行业标准《海洋经济统计分类与代码》（HY/TO 52—1999）对此做了一些基本的界定，引入"涉海性"的概念对海洋经济活动进行可操作性的标准划分。总的来说，学者及政府对于海洋经济的内涵的界定有两个共

同点：一是海洋经济的范畴不仅包括海洋产业活动，也包括与海洋产业相关的经济活动；二是海洋经济不仅包括海上经济活动，也包括陆域的涉海经济活动。综上述，海洋经济是指开发、利用和保护海洋的各类产业及其相关涉海活动的总和。

2. 海洋经济的特征

海洋经济隶属于国民经济，是陆域经济向海洋的拓展以及延伸，海洋产业可以看作与陆域产业同属于一个完整的产业价值链，但处于不同环节。因此，陆域经济已有的生产力的水平和技术水准，为该国海洋经济发展提供了重要的基础，其本身的经验教训也为海洋经济的发展提供了宝贵的借鉴。由于作用对象是海洋，海洋经济存在着有别于陆域经济的核心特征。

（1）资源依赖型特征。一方面，海洋经济本身具有涉海性，即一个国家（或地区）拥有一定面积的管辖海域是海洋经济发展的先决条件。国家（或地区）管辖海域越大，其所拥有的海洋资源总量越大，质量也相应越高，由于海洋经济的发展对海洋资源具有高度依赖性，该国家（或地区）发展海洋经济的潜力也越大。另一方面，相较于陆地，海洋拥有更加独特的物化和生态等方面的性质，其系统内部各组分之间的相互联系与影响更加紧密，组分被破坏之后带来的连锁反应的修复是困难且具有一定不可逆性的。因此，对于海洋环境的保护和海洋资源的养护是海洋经济可持续发展的必要手段，同时也是海洋经济对资源高依赖程度的典型特征。

（2）技术密集、资金密集和高风险特征。现代海洋经济产业主要分为传统与新兴两大类别。前者在发展过程中不断融入新科学、新技术和新型管理手段，以促进其结构升级、组织创新和管理创新，如海洋造船与运输业、港口业和海洋渔业等；后者多依托于高新技术发展，如海洋油气业、海洋材料化工业、海洋能源和海洋生物制药业等。科学技术在两者中均扮演了重要角色，海洋科学技术是现代海洋经济发展的核心依托和发展的重要基础。

海洋高新科学技术的密集研发和应用一般伴随着高额的资金投入，现代海洋经济产业的技术密集型特征决定了其资金密集型的特征。因此，包括陆域经济在内的一国（地区）国民经济总体实力，是发展现代海洋经济的重要的资金基础和来源。海洋经济活动主体的资金实力和融资状况，就成了当地海洋经济发展的约束条件。

海洋经济还是有高风险特征。其风险主要来自两个方面：一方面来自投资的正常风险范围，属于技术失败或者决策失误带来的负面影响；另一方面是地震、海啸、飓风、赤潮等海洋自然灾害对沿海地区所有相关经济产业造成损失的风险。随着地球气候环境的变迁，海洋自然灾害的发生已有频率越来越高、强度越来越大的迹象和趋势。因此，在海洋经济发展布局的过程中必须考虑到减灾防灾的重要性，同时提高自然灾害预警能力和相关科技水平，尽量降低灾害发生时所带来的损失。对海洋灾害的预警、预防和抵抗能力是一国现代海洋经济持续竞争力的重要组成部分。因此，加强海洋经济发展风险预警、规避和防范课题的研究非常重要。

（3）国家主导型特征。目前，几乎所有国家都将管辖的海洋资源界定为国家所有。特别是在我国，海洋资源的国有属性非常明确。但是，国家不可能直接进行海洋资源的开采、利用和经营，必须授权涉海企业、单位或个人来开采利用海洋。这些涉海企业、单位或个人是海洋经济活动的真正主体,也是海洋经济参与国际竞争的真正主体。各级政府海洋相关部门只是承担管理、监督、服务和协调的责任。

如此,海洋资源的所有权与使用开采权必须做到科学合理分离。而且为了避免"公地悲剧"的发生,在合理授受使用开采权之后,还必须对受权主体的开采使用行为进行有效监管。这对政府的海洋监管机构的管理职能和管理水平提出了较高的要求。事实上,各级政府海洋管理部门之间的分权协调是国家海洋资源开发利用体制和海洋海岸带综合管理过程中的核心环节。如果处理得当,则有利于海洋经济的健康可持续发展;否则可能造成资源浪费、经济低效、生态破坏,危及海洋经济健康发展的基础。因此,海洋资源开发利用和综合管理体制以及相关法律法规的制定和完善,也是确保海洋经济持续健康发展要着重研究的重要课题。此外,海洋经济对技术、资金和宏观管理方面的需求,都有赖于国家提供制度、法律、政策等方面的服务与支持。可以说,国家的制度和公共服务的供给对海洋经济的发展至关重要。

3. 海洋经济的发展路径 *

(1)海洋经济的国际发展现状。世界海洋经济的发展大致经历了远古代、古代、近代和现代四个阶段。现代海洋经济的出现要从20世纪60年代开始算起。海洋经济由传统向现代的转变,主要是源于人类社会经济领域所发生的几个巨大变化:资源需求的迫切,人口剧增的压力,海洋科技的发展和海上争夺的推进。基于前述三个方面的变化,海洋不仅具备了传统的军事国防上的重要意义,其所拥有的丰富的战略性资源也使其呈现出了巨大的经济利益前景,因而成为世界各国争夺的焦点。许多海洋大国在不遗余力发展海洋军事力量的同时,也抢先进行海洋科技、教育和资源勘查等方面的储备,为发展海洋经济、参与海洋经济竞争积蓄力量。

自20世纪末以来,世界海洋经济产值经历了一个快速增长的过程。20世纪60年代末,世界海洋经济产值仅有130亿美元,70年代初为1100亿美元,1980年为3400亿美元,1992年已达到6700亿美元,到了2006年达到约1.5万亿美元。在30多年的时间里,海洋经济产值每隔10年就翻一番,其增长速度远远高于同期世界总体经济的增长,在世界经济中的比重也由1970年的2%迅速增长至2005年的10%左右。据《海洋产业全球市场分析报告》显示,到2050年这一数值将上升至20%。

对此,不同国家在海洋经济产值方面表现出不同程度的增长水平。其中,中国和美国海洋经济总产值的增加值最大。2010年之前美国居全球领先地位;10年之后中国海洋经济产业增加值超过美国,成为世界海洋经济总产值增加值最高的国家。

(2)海洋经济的中国发展路径。目前,中国海洋经发展尚处于较为初级的阶段,其对国民经济的贡献比重较低;同时,国民的海洋意识仍旧较为薄弱。在此背景下,国家的扶持、引导、教育和服务作用显得尤为重要。具体来说,海洋经济发展的资源、科技、资金、人才等基础均需要国家的制度安排引导和夯实。因此,制定统一完整清晰的国家海洋政策,理顺海洋综合协调管理体制,加强对海洋科学技术和工程开发研究的投入,注重海洋软科学的研究,加强正式或者非正式的海洋教育,增强公众海洋意识,广泛培养爱护海

---

* 本小节主要参考文献 [17]。

洋环境的道德伦理，培育和储备未来海洋事业人才库，加强海上军事力量建设，保护国家海洋权益以及海洋经济发展资源基础，等等，是时代赋予我国建设海洋强国的重要要求，是可持续发展以及提升国际竞争力的必要手段。沿着这样的路径走下去，我国海洋经济的发展才具有可持续繁荣的未来。

（二）服务海洋经济发展的产业分类及简介*

根据上述对海洋经济的描述，可以总结出海洋产业活动包括与海洋产业相关的经济活动以及陆域的涉海经济活动。可以将海洋产业相关的活动按照其作用和作用对象的不同划分为核心、支持和外围三个层面。具体来说：第一层是海洋经济的核心层，即主要的海洋产业，是指在一定时期内具有相当规模或者占有重要地位的海洋产业，包括海洋渔业、海洋油气业、海滨矿业、海洋盐业、海洋船舶工业、海洋化工业、海洋生物医药业、海洋工程业、海水利用业、海滨电力业、海洋交通运输业和滨海旅游业等；第二层是海洋经济的支持层，即海洋科研教育管理服务业，包括海洋科学研究、海洋教育、海洋地质勘查业、海洋技术服务业、海洋信息服务业、海洋保险与社会保障业、海洋环境保护业、海洋行政管理、海洋社会团体与国际组织等；第三层是海洋经济的外围层，即海洋相关产业，是指以各种投入产出为联系纽带，通过产品和服务、产业投资、产业技术转移等方式与主要海洋产业构成技术经济联系的产业，包括海洋农林业、海洋设备制造业、涉海产品及材料制造业、海洋建筑与安装业、海洋批发与零售业、涉海服务业等（图5.14）。

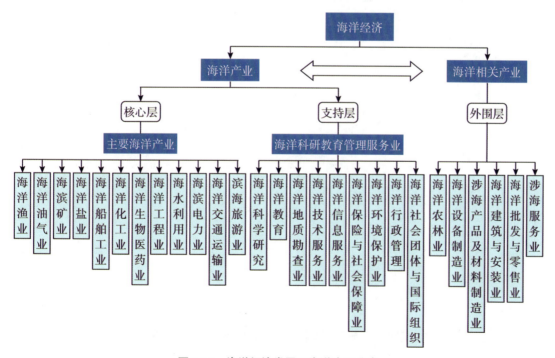

图 5.14 海洋经济发展下海洋产业分类

* 本小节主要参考文献［18］。

（三）全球—国家—城市多尺度海洋产业的空间布局特征

1. 115个全球典型海洋中心城市的海洋产业的空间布局特征

115个全球典型海洋中心城市共有27482个海事企业，覆盖至五个大洲，主要分布于55个国家（图5.15）。其中，机构总部共有16家，主要分布于10个国家；造船业共有3606家，包括造船厂115家，造船及维修555家，船舶设备2507家，船具商429家，主要分布于47个国家；海洋交通运输业共有423家，包括拖船及打捞206家，装卸公司70家，港口拖航72家，港口设施安全35家，港口修理厂/修理港40家，主要分布于45个国家；海洋油气业132家，主要分布于33个国家；海洋专业和管理咨询服务业共有19535家，包括船东/经理/营运人16617家，港口经理1116家，船舶经纪人576家，租船人198家，港务商/海港运营商588家，船舶经理440家，主要分布于52个国家；海洋技术服务业共有877家，主要分布于48个国家；涉海律师服务业共有777家，主要分布于42个国家；海洋计算机和信息服务业共有126家，主要分布于25个国家；涉海金融服务业141家，主要分布于19个国家；涉海保险服务业343家，包括海上保险54家，航运保险289家，主要分布于41个国家；海洋行政管理业803家，包括港务局166家，海事组织574家，引航管理机构14家，涉海民政当局49家，主要分布于45个国家；海洋科研教育119家，主要分布于31个国家；民间组织392家，主要分布于42个国家；海洋生态环境173家，主要分布于16个国家。

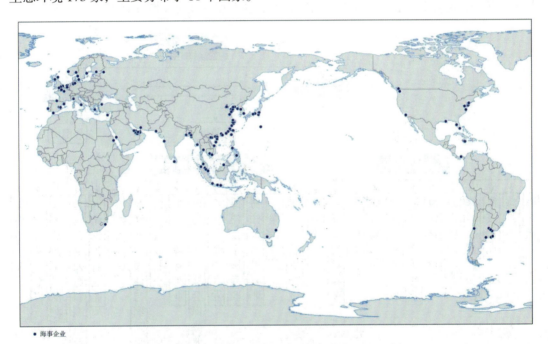

图5.15 典型海洋中心城市海事企业全球空间分布

（1）南北半球分布不均衡。115个典型海洋中心城市海事企业的分布南北半球体量差异悬殊：大部分海事企业集中分布于北半球；南半球仅有少量的聚集区，主要呈零星式分布。

（2）洲际差异较大。全球海事企业多集中分布于欧亚两大洲中，其次是南北美洲，而在大洋洲、非洲分布较少。在空间结构上，亚洲的海事企业沿太平洋海岸带呈现条状带分布。亚洲作为全球海运重要的战略地区，在能源资源和岛屿资源上均占有一定的优势，尤其是东南亚地区的环太平洋经济带，一系列的小岛屿在此发育，蓝色经济成为其主要的创汇来源，海洋经济的发展拥有悠久的历史。欧洲的海事企业多沿西部海湾呈环形分布。欧洲西部地区拥有较为破碎的海岸线，同时老牌的国际性领先国家有着众多的港口海运业集群，典型的有以伦敦为核心的英国海运服务业集群、以鹿特丹和阿姆斯特丹为中心的荷兰港口与港口服务业集群、以奥斯陆为中心的挪威航运与航运技术集群。[19]非洲的海事企业则呈点状分布于北非和西非几个重要的海上交通枢纽附近。非洲内部自然条件落后，利于生产生活的环境较为有限，西非是整个大洲目前经济活动最活跃的地区，北非公司优势也很明显。北美洲的海事企业主要集中分布于东西海岸四角。地理位置决定了北美洲理想的船舶聚集地位于以旧金山、西雅图和纽约为代表的几大城市，这些城市港口发展较为突出，航道条件优良，是理想的航运场所，吸引了大量的企业在此集聚。南美洲的海事企业主要呈簇团状分布于东海岸中部。南美洲经济发展东西差异较大，东海岸与欧洲交流较为密切，以里约热内卢、圣保罗、圣地亚哥为代表的现代化城市在此发展，城市内部工业需求和优越的自然环境为海事企业发展提供了良好的经济自然基础。与南美洲发展相似，澳大利亚的海事企业主要集中分布于以悉尼为代表的东南角区域，这里的经济、社会、自然条件均对海事企业的发展有着极大的便利条件。

总体而言，欧亚大陆面积较大，海洋资源丰富，向海开发历史悠久，各产业聚集程度高并且密集，使得海洋产业在这两个大陆蓬勃发展，具有分布范围广、产业链条完整以及资金充足等特点，聚焦效应明显，发展阶段成熟，发展水平较高。尤其是东南亚国家，由于陆地资源有限，被迫向海发展，因此各国家（或地区）产生了一套有别于传统陆上强国的发展路径，对海洋经济的充分开发利用较为充分，成为其他国家纷纷效仿的典型案例，新加坡就是其中最具有代表性的国家。而在南北美洲，海洋产业分布并未形成较大的聚集规模，而是散点状分布于蒙特利尔、纽约、洛杉矶、巴拿马城等少数几个典型的海洋中心城市，这些城市经济发展水平较高、基础设施配置完善、对外开放程度较高，给具有较高国际性依赖的海事企业提供了良好的营商环境，吸引了众多海事企业的聚集，但聚集规模有限，溢出效应尚未出现，暂未形成较大线状或片状的空间布局。并且东海岸的海事企业分布多于西海岸，形成"东多西少"的内部差异格局。由于本身自然条件不足，经济发展水平较为落后，非洲与大洋洲海事企业分布稀少，并且产业链条暂不完整。

（3）产业点轴式分布格局已基本形成。可以看到，在115个典型的全球海洋中心城市中，海洋产业的分布总体上存在点轴式分布的特点。随着沿海城镇体系的发育，不同海洋经济中心之间、海洋经济中心与陆地区域中心之间、海洋经济中心与其依托腹地之间的经济联系都会不断增强，物质、人口、信息、资金流动日益频繁，这促进了连接它们的各种线形基础设施线路的形成。这些线路一旦形成，便会成为承接海洋产业集聚和海洋经济中心产业扩散的重要载体，不断吸引人口和产业向沿线集聚，从而促使海洋产业布局形态逐步由点状分布向点轴式分布转变。[20]

（4）分布的集中性与国家和城市呈现出较好的耦合性。从国家层面来讲，涉海企业多聚集分布在老牌海洋大国之中。目前，全球102314个涉海企业，分布在230个国家和地区。排名前 50 的国家和地区大多为老牌海洋大国和地区，其涉海企业数量占全球份额的 87%（表 5.4）。

表 5.4　全球海洋国家和地区拥有涉海企业数排名

排名	国家和地区	企业数量	排名	国家和地区	企业数量
1	美国	11360	26	马来西亚	1136
2	日本	7943	27	中国台湾	1004
3	英国	6716	28	巴西	943
4	希腊	3910	29	越南	897
5	挪威	3493	30	乌克兰	885
6	荷兰	2976	31	比利时	874
7	德国	2901	32	芬兰	837
8	俄罗斯	2888	33	波兰	823
9	中国	2707	34	塞浦路斯	782
10	西班牙	2699	35	埃及	768
11	新加坡	2320	36	阿根廷	740
12	意大利	2251	37	南非	683
13	加拿大	2055	38	泰国	677
14	韩国	2019	39	新西兰	615
15	印度尼西亚	2016	40	葡萄牙	597
16	土耳其	1898	41	秘鲁	597
17	澳大利亚	1790	42	墨西哥	581
18	印度	1783	43	智利	553
19	丹麦	1497	44	爱尔兰	536
20	阿拉伯联合酋长国	1493	45	克罗地亚	455
21	法国	1489	46	罗马尼亚	451
22	中国香港	1381	47	沙特阿拉伯	414
23	瑞典	1218	48	瑞士	410
24	巴拿马	1206	49	孟加拉国	404
25	菲律宾	1106	50	西班牙加那利群岛	393

从城市层面来讲，典型的海洋中心城市占据大多数涉海企业。不同类型的涉海企业分散在全球11641座城市。比雷埃夫斯和新加坡涉海企业高达2000多家。其他排名靠前的海洋城市不仅包括了欧美等发达国家沿海城市，还有众多发展中国家沿海城市（表5.5）。

表5.5 全球海洋城市拥有涉海企业数排名前50

排名	城市	企业数量	排名	城市	企业数量
1	比雷埃夫斯	2424	26	台北	356
2	新加坡	2235	27	圣彼得堡	342
3	香港	1381	28	热那亚	338
4	伦敦	1262	29	符拉迪沃斯托克	338
5	伊斯坦布尔	1207	30	迈阿密	318
6	东京	1102	31	维戈（蓬特韦德拉）	300
7	巴拿马城	1089	32	安特卫普	297
8	釜山	982	33	大阪	284
9	雅典	961	34	大连	279
10	雅加达	899	35	沙迦	277
11	汉堡	861	36	摩尔曼斯克	274
12	迪拜	817	37	神户	270
13	休斯顿	616	38	卑尔根	268
14	孟买	616	39	莫斯科	265
15	马尼拉	596	40	里约热内卢	265
16	鹿特丹	567	41	伯利兹城	264
17	首尔	524	42	拉斯帕尔马斯	259
18	利马索尔	499	43	马德里	252
19	西雅图	473	44	塔尔图斯	249
20	上海	458	45	哥本哈根	242
21	高雄	443	46	敖德萨	242
22	奥斯陆	434	47	利马	230
23	曼谷	406	48	不来梅	228
24	布宜诺斯艾利斯	404	49	泗水	228
25	纽约	360	50	阿伯丁	225

2. 各类海洋产业的空间分布特征

（1）海洋企业规模特征。涉海企业机构总部由于特有的优势资源吸引企业总部集群布局，反映城市综合实力。目前，全球典型海洋中心城市拥有涉海企业机构总部共 16 家，呈现分散分布的特征（图 5.16、表 5.6）。

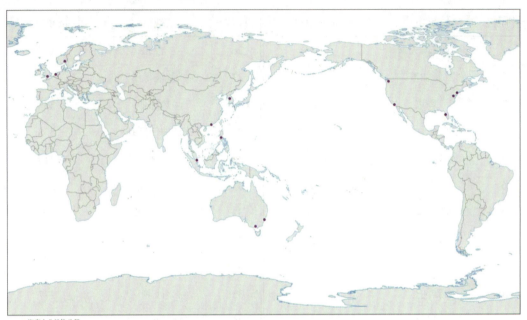

图 5.16 典型海洋中心城市海事企业机构总部全球空间分布

表 5.6 城市涉海企业总部数量 TOP5

序号	海事企业机构总部	
	城市	企业数 / 家
1	伦敦	3
2	华盛顿州西雅图	2
3	马德里	2
4	墨尔本	2
5	新加坡	2

海洋中心城市的发展目标之一就是引进涉海机构总部。总部经济一旦形成，就可以给当地区域经济发展带来诸多外溢效应，易于形成规模经济。伦敦、西雅图、马德里、墨尔本、新加坡和悉尼等城市很大程度上得益于城市天然的沿海和港口区位条件，为发展总部物流提供了便利。按照 2020 年 500 强企业总部所在城市统计，拥有 500 强企业总部数量最多的城市分别是：北京，55 家；东京，39 家；纽约和巴黎，各有 17 家；首尔和伦敦，

各有 14 家。由此可见，涉海和非涉海企业机构总部的城市分布并不完全一致。

（2）造船业。造船业是指生产销售船舶制造产品，为水上交通、海洋开发和国防建设等行业提供技术装备的现代综合性产业，也是劳动、资金、技术密集型产业，对机电、钢铁、化工、航运、海洋资源勘采等上、下游产业发展具有较强的带动作用，对促进劳动力就业、发展出口贸易和保障海防安全意义重大。造船业是多数海洋中心城市的重要战略性产业。船舶设备、造船和维修、船机厂和船具商的全球空间分布呈现出新加坡独大，汉堡、东京、比雷埃夫斯、上海激烈角逐的分布特征（图 5.17、表 5.7）。总体上，造船产业集中度保持在较高水平。

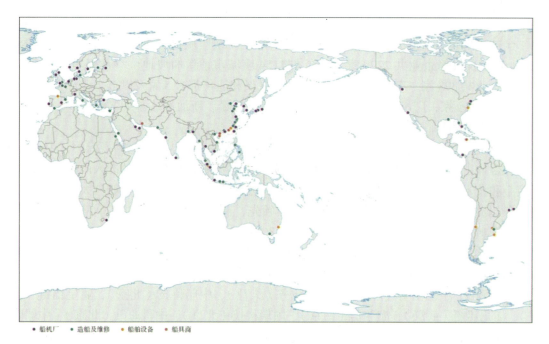

图 5.17 典型海洋中心城市造船业全球空间分布

表 5.7 城市造船业企业数量

造船业		排名				
		1	2	3	4	5
船舶设备	城市	新加坡	汉堡	东京	比雷埃夫斯	上海
	企业数	241	131	130	115	110
造船及维修	城市	新加坡	伊斯坦布尔	伊斯坦布尔图兹	东京	上海
	企业数	42	31	29	27	25
船机厂	城市	东京	上海	新加坡	汉堡	迪拜
	企业数	9	8	8	6	5

续表 5.7

造船业		排名				
		1	2	3	4	5
船具商	城市	汉堡	新加坡	孟买	塞得港	热那亚
	企业数	48	31	24	24	23
造船业	城市	新加坡	汉堡	东京	比雷埃夫斯	上海
	企业数	322	204	167	164	152

全球船舶设备企业众多，共 9890 家，分布在 3727 座城市，新加坡为数量之最（241家）；造船及维修企业共 2279 家，分布在 1154 座城市，新加坡地位举足轻重（42 家）；船机厂企业共 393 家，东京、上海、新加坡、汉堡和迪拜都有 5 家及以上企业分布；船具商企业共 1499 家，广泛分布在全球 633 座城市，汉堡、新加坡、孟买、塞得港、热那亚等城市拥有的船具商较多。

世界上三个主要造船国家分别是中国、韩国和日本。世界三大造船指标中，中、日、韩三国合计占比超过 95%。造成这种现象的原因，主要是由于造船业的准入门槛较高，对于资金和技术都有很高的需求，普通企业根本无法涉及造船业。我国造船三大指标国际市场份额以载重吨计和修正总吨计都保持世界领先，造船完工量、新接订单量、手持订单量以载重吨计分别占世界总量的 43.1%、48.8% 和 44.7%。分别有 5 家、6 家和 6 家企业进入世界造船完工量、新接订单量和手持订单量前 10 强（表 5.8 所示为全球手持订单量排名前 20 的船厂）。中国企业重要参与者有中国重工（北京）、中国船舶（上海）、中国动力（北京）、中船防务（北京）、天海防务（天津）、中船科技（北京）、亚星锚链（扬州）、江龙船艇（武汉）、海兰信（南京）、国瑞科技（北京）、中科海讯（北京）、中船防务（广州）、容百科技（无锡）、环球机械（温州）、海斯比（上海）、宝中海洋（广州）、华东修船（上海）、东舟船舶（温州）等。韩国三大造船厂包括现代重工（蔚山）、大宇造船（釜山）和三星重工（龟尾），日本则主要有三菱重工（长崎和神户）、川崎重工（神户）。其他的全球重要竞争者还有亨廷顿英戈尔斯工业（美国纽波特纽斯）、芬坎蒂尼集团意大利的里雅斯特等。[21] 尽管中日韩在造船业具有强大的企业基础和技术实力，但从城市规模、产业集聚程度和综合创新能力来看，这些国家的主要造船城市仍与世界领先的海洋中心城市（如新加坡和汉堡）存在一定差距，尤其是在全球供应链管理和高端海洋技术方面。

表 5.8 全球手持订单量排名前 20 船厂

单位：艘、t

排名	船厂	艘数	载重吨	修正总吨	排名变化
1	三星重工	117	15734292	7035747	0
2	现代重工	120	16752748	6841946	0

续表 5.8

排名	船厂	艘数	载重吨	修正总吨	排名变化
3	大宇造船	91	14285334	5351129	0
4	扬子江船业	170	12538945	4827290	1
5	现代三湖重工	82	11296518	4632276	−1
6	现代尾浦造船	131	4573386	2793475	0
7	江南造船	55	5014000	2229547	0
8	沪东中华造船	34	4409000	2084959	0
9	外高桥造船	51	7875000	2035772	0
10	广船国际南沙船厂	61	4736600	1912944	0
11	新时代造船	56	7225400	1695501	0
12	大西洋船厂	10	20236	1656150	0
13	芬坎蒂尼集团	11	10900	1362347	0
14	大岛造船	70	4663980	1232528	0
15	红星造船厂	30	2108000	1225821	−1
16	迈尔造船厂	10	39000	1203430	1
17	大连船舶重工	27	4810500	1189154	−2
18	扬州中远海运重工	31	4478000	1128871	0
19	北船重工	33	5620000	1116137	3
20	招商局金陵船舶（南京）	42	1648170	1094209	0

资料来源：https://www.clarksons.net/.

（3）海洋交通运输业。海上贸易占当今国际贸易的大多数。拥有良好的港口区位优势和交通运输网络设施是海洋中心城市的必要特征。[22]目前，海洋交通运输业方面的全球海洋中心城市有休斯顿、西雅图、鹿特丹、新加坡、迪拜（图 5.18、表 5.9）。

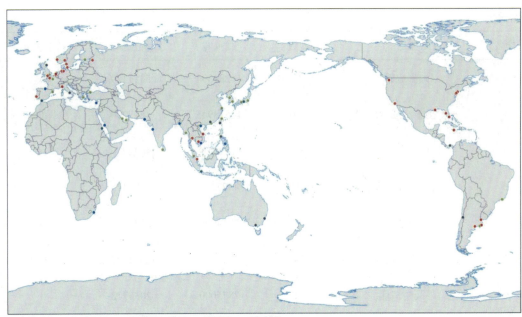

图 5.18　典型海洋中心城市海洋交通运输业全球空间分布

表 5.9　城市海洋交通运输业企业数量 TOP5

单位：家

海洋交通运输业		序号				
		1	2	3	4	5
拖船及打捞	城市	新加坡	鹿特丹	香港	伦敦	比雷埃夫斯
	企业数	27	21	11	11	11
装卸公司	城市	休斯顿	阿雷西费	鹿特丹	莫比尔	西雅图
	企业数	20	8	8	6	6
港口拖航	城市	西雅图	汉堡	檀香山	坦帕	巴尔的摩
	企业数	23	5	5	5	4
港口修理厂	城市	休斯顿	迪拜	卡那封	格丁尼亚	诺福克
	企业数	19	9	4	4	4
海洋交通运输业合计	城市	休斯顿	西雅图	鹿特丹	新加坡	迪拜
	企业数	48	34	31	29	17

　　拖船及打捞企业共 653 家，分布在全球 391 座城市，平均每座城市有不到两家，其中新加坡和鹿特丹均拥有 20 家以上；全球装卸公司共 506 家，分布在 330 座沿海城市，其中休斯顿在数量上占有重要地位（20 家）；港口拖航企业相对较少，仅 338 家，西雅图地位突出（23 家）；港口修理厂 285 家，休斯顿的数量优势明显（19 家）。总体上，海洋交

通运输业的企业数量占优势的城市主要分布于北美洲，欧洲、亚洲的数量优势不明显。

新加坡是世界上集装箱吞吐量和货运量第三大的港口。其国际港务集团是全球领先的港口集团之一，在亚洲、欧洲和美洲的17个国家开展业务。鹿特丹拥有欧洲最大的港口，在世界银行的港口基础设施质量指数排名第一。[23]欧美目前仍然是世界海运中心城市的聚集地，但现今许多亚洲城市更加重视海洋交通运输业建设。[24]根据GlobalData最全面的建设项目数据库，按价值确定的世界前25个最大的港口建设项目（表5.10），伊朗恰巴哈尔港口开发、新加坡大士Mega港口开发和坦桑尼亚巴加莫约港口开发在全球最大港口建设项目中名列前茅。

表5.10 全球港口建设项目TOP25

项目名称	项目价值/百万美元	项目所有者	位置
恰巴哈尔港开发	30000	伊朗矿业和采矿业发展与改造组织	伊朗
大士Mega港口开发	14478	新加坡海事和港务局	新加坡
巴加莫约港开发	11000	坦桑尼亚港务局	坦桑尼亚
穆巴拉克·卡比尔港口发展	10500	科威特公共工程部	科威特
哈马德港口开发	9500	新港口项目指导委员会	卡塔尔
巴士拉大法港	8000	伊拉克交通部	伊拉克
巴德拉克达姆拉港口扩建	6888	阿达尼集团、达姆拉港有限公司、盖尔（印度）有限公司、印度石油公司	印度
萨勒曼国王国际海事综合体	6800	巴赫里、Korea Shipbuilding & Offshore Engineering Co Ltd、兰普雷尔公司、沙特阿拉伯石油公司	沙特阿拉伯
阿博特角港口扩建	6626	北昆士兰散货港口有限公司	澳大利亚
望加锡新港开发	6300	PT Pelabuhan Indonesia Ⅳ	印度尼西亚
切尔切尔埃尔哈姆达尼亚港口开发	6000	阿尔及利亚交通部	阿尔及利亚
迪拜港	5000	艾玛尔属性、美拉斯控股有限责任公司	阿拉伯联合酋长国
丹戎不碌港扩建	4660	PT Pelabuhan Indonesia Ⅱ	印度尼西亚
伊博姆深海港口开发	4600	尼日利亚港务局	尼日利亚
钱凯港码头开发	3600	Terminales Portuarios Chancay SA	秘鲁
帕廷班港口开发	3482	印度尼西亚交通部	印度尼西亚
苏伊士运河走廊	3300	苏伊士运河管理局	埃及
蒙巴萨港扩建海岸省	3200	肯尼亚港务局	肯尼亚

续表 5.10

项目名称	项目价值/百万美元	项目所有者	位置
汉科艾深海港口	2500	卡毛省人民委员会	越南
伦敦门户港口开发	2450	伦敦盖特威港有限公司	英国
派拉海港发展	2412	孟加拉国航运部	孟加拉国
彩澳深水港开发	2300	Caioporto SA、安哥拉共和国交通部	安哥拉
克里希那帕特南港扩建	2219	克里希纳帕特南港口有限公司	印度
迪吉港开发	2000	巴拉吉基础设施项目有限公司、迪吉港有限公司（DPL）	印度
旗京海滩国际港口开发	2000	PT Pelabuhan Indonesia Ⅱ	印度尼西亚

资料来源：GlobalData 建筑项目数据库。

（4）海洋油气业。我们通过分析船用燃料企业的全球分布，来分析海洋油气业的城市发展特征。总体上，发展海洋油气业的城市有 366 座，585 家船用燃料企业较多地集中在新加坡、鹿特丹、伦敦、西雅图和汉堡（图 5.19、表 5.11）。在整个 20 世纪，全球石化行业由少数西方石油和化学公司主导，生产集中在西欧和北美，具有强大的进入壁垒。然而，自 2000 年以来，中国迅速成为世界上最大的石化生产国，在 2006—2016 年的 10 年中超过美国和欧洲。中国和其他新兴经济体石化产量的激增正在重新塑造全球石化市场的格局，挑战了长期以来由西方跨国公司主导的市场结构。[25]

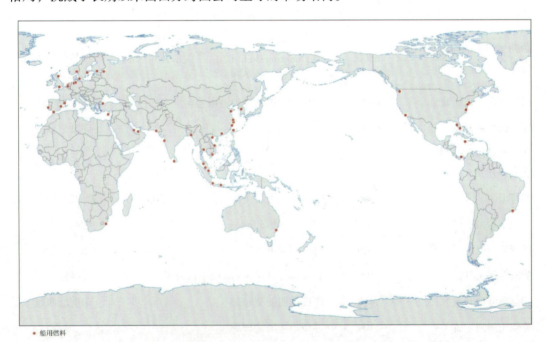

图 5.19 典型海洋中心城市海洋油气业全球空间分布

表 5.11　城市涉海海洋油气业数量

序号	海洋油气业	
	城市	企业数 / 家
1	新加坡	20
2	鹿特丹	9
3	伦敦	8
4	西雅图	7
5	汉堡	6

（5）海洋专业和管理咨询服务。海洋专业和管理咨询服务反映了所在城市对营商环境的重视程度，是海洋中心城市发展的基础。海洋专业和管理咨询服务中心城市通过船东、港口代理和港务商等，就商业政策和策略以及组织的总体规划、构建和控制问题，为涉海企业提供咨询、指导和业务援助服务。全球城市海洋专业和管理咨询服务业情况如图 5.20、表 5.11 所示。

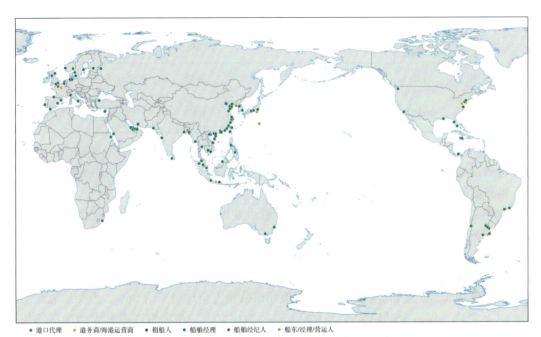

图 5.20　典型海洋中心城市海洋专业和管理咨询服务业全球空间分布

表 5.12 城市海洋专业和管理咨询服务业数量

单位：家

海洋专业和管理咨询服务业		排名				
		1	2	3	4	5
船东/经理/营运人	城市	比雷埃夫斯	新加坡	香港	巴拿马城	伊斯坦布尔
	企业数	1921	1520	1012	983	981
港口代理	城市	休斯顿	迪拜	利物浦	安特卫普	科伦坡
	企业数	94	70	55	51	51
船舶经纪人	城市	伦敦	比雷埃夫斯	汉堡	新加坡	雅典
	企业数	90	84	50	41	31
船舶经理	城市	孟买	比雷埃夫斯	敖德萨	新加坡	利马索尔
	企业数	48	37	36	36	33
租船人	城市	东京	伦敦	香港	汉堡	首尔
	企业数	25	18	15	14	13
港务商/海港运营商	城市	巴拉那瓜	长滩	拉韦纳	热那亚	卡塔赫纳
	企业数	45	33	30	25	23
海洋专业和管理咨询服务业合计	城市	比雷埃夫斯	新加坡	香港	伊斯坦布尔	巴拿马城
	企业数	2080	1652	1090	1062	994

船东/经理/营运人数量众多，分布广泛，59002 家企业分布在 6096 座城市；港口代理和港务商数量次之，但是远少于船东数量；船舶经纪人、经理和租船人数量相对较少，不足港务商的半数。

总体上，船东分布在全球各地，因此，航运业可以说是真正的全球化产业。克拉克森研究公司 2016 年的报告称，目前全球船队船舶总数达到 92867 艘，12.5 亿总吨，由 24090 家公司拥有，每个船东平均拥有大约 4 艘船。

在全球范围内，最常见的船东规模是极小型船东。全球共有 20797 个极小型船东，其船舶总数只有 32781 艘船。虽然这些极小型船东数量占全球船东的 86%，但船队总运力只有 1.88 亿总吨，仅占全球船队总运力的 15%。相比之下，超大型船东和大型船东的数量仅占全球船东的 1%，但船队总运力达 3.26 亿总吨，占全球船队总运力的 29%（表 5.13 所示为 2009 年全球十大船舶营运企业）。

表 5.13 全球十大船舶营运企业（2009 年）

排名	运营商	吞吐量 /TEU
1	新加坡国际港务集团	6040 万
2	中国远洋海运集团	4860 万
3	马士基码头公司	4680 万
4	和记港口公司	4570 万
5	迪拜环球港务集团	4430 万
6	招商局港口	4150 万
7	特米诺投资有限公司	2880 万
8	国际集装箱码头服务公司	1010 万
9	达飞轮船	830 万
10	美国海运装卸公司	830 万

资料来源：https://www.drewry.co.uk/.

欧洲船东船最多，亚洲船东数量多。就船舶数量而言，欧洲船东占全球船队船舶的最大份额。欧洲共有 7048 个船东，拥有 30155 艘船，5.6 亿总吨。其中只有 268 个船东为大型船东或超大型船东，共拥有 11001 艘船，运力达到 2.79 亿总吨，占该地区拥有船舶的一半。其中超大型船东只有 8 个，却拥有该地区 7% 的船舶和全球船队 3% 的船舶。就总吨而言，亚洲 / 太平洋地区拥有的船队数量略小于欧洲。该地区拥有大量的船东，共计 11632 个，其中大多数为极小型船东。不过，超大型船东在亚太地区仍然发挥着重要作用。全球超大型船东中有一半在亚洲，这 12 个船东控制了亚洲 / 太平洋地区 17% 的船舶和全球船队 7% 的船舶。其中的四大航运公司主要是由日本财团控制的，仅这 4 家公司拥有的船舶就占亚洲 / 太平洋地区的 12%。

在全球其他地区，大型船东占据了全球船队 41% 的份额；不过，这些地区超大型船东和大型船东的数量相比欧洲和亚洲少得多。在欧洲，船队被大型 / 超大型船东垄断；在亚洲，极小型船东和超大型船东则是关键。虽然全球大部分船东都是小型船东，但是拥有船舶数量更多的大型船东将对当今的航运市场产生重大影响。

《劳氏日报》发布了 2024 年十大船舶管理企业。不少船舶管理企业通过从船东手中接管船舶扩充船队规模，所有顶尖的船舶管理者都在探索新技术，以优化船舶性能和简化业务操作。其中，排名前五位企业的概况如下：Anglo-Eastern（中英船舶管理公司），管理的船队规模共计船舶 1230 艘，其中提供全面技术管理的 730 艘，提供船员管理的 500 艘；OSM Thome（奥斯姆托梅），管理的船队规模共计船舶 950 艘，其中提供全面技术管理的 400 艘，提供船员管理的 550 艘。V. Group（卫狮），管理的船队规模共计船舶 872 艘，其中提供全面技术管理的 504 艘，提供船员管理的 368 艘；Synergy Marine（希那基），管理船舶规模共计船舶714艘，其中提供全面技术管理的659艘，提供船员管理的55艘；Bernhard Schulte（贝仕），管理的船队规模共计船舶690艘，其中提供全面技术管理的485艘，提供船员管理的205艘。

世界前五位的船东国概况（Vessels Value2024年2月公布）如下：

第一位：日本。日本继续保持领先地位，拥有价值最高的船队，总资产约为2063亿美元。日本在油轮领域进行了重大投资，增加了近100艘船，总价值增加了15.5%。在最大的船东国家/地区中，日本拥有的液化天然气和液化石油气船队价值最高，分别为378亿美元和134亿美元，数量分别为202艘和344艘。日本还拥有规模最大、价值最高的车辆运输队，拥有334艘船，总价值229亿美元。

第二位：中国。在船舶拥有量方面，中国再次保持第一，共有6084艘船舶，价值达2040亿美元。中国拥有世界上最大的散货船船队，无论是船舶数量还是价值。由于市场基本面改善，散货船的收益保持坚挺，这对船队价值产生了积极影响。中国还拥有最多的油轮和集装箱：油轮船队有1576艘船，总价值为474亿美元；集装箱船队有1011艘船，总价值为426亿美元。

第三位：希腊。希腊在船队总数和总价值方面都保持了第三的位置。虽然中国拥有更多的油轮，但希腊油轮船队的价值最高，达到695亿美元。对俄罗斯持续的制裁以及由此导致的对石油的需求激增，继续支撑着油轮的收入。此外，至少在短期内，红海的局势也正在为油轮盈利提供进一步支持。这使得大多数行业的油轮价值徘徊在2010年以来的最高水平。希腊拥有世界第二大液化天然气船队（143艘船），船队价值311亿美元。

第四位：美国。美国保持在第四位。在总资产价值中，邮轮占490亿美元，巩固了美国作为世界上最大邮轮所有者的地位。世界领先的两家邮轮公司——嘉年华和皇家加勒比的总部都在美国。美国也是滚装行业的重要船东，其船队规模最大，价值25亿美元。

第五位：新加坡。新加坡以857亿美元的船队价值和第四名的船舶拥有量再次位居第五。新加坡的集装箱船队在全球排名第三，价值221亿美元，占整个船队价值的近1/4。液化石油气行业的改善和更强的价值引发了新加坡销售和购买活动的增加。液化石油气船队的估值为93亿美元，比上次报告大幅增长57%。这一增长使新加坡在液化石油气行业的价值方面升至第二位。

（6）海洋技术服务。2024年的《全球海事之都报告》中评价新加坡为世界领先的海事技术城市，紧随其后的是鹿特丹、伦敦和上海。新加坡虽然不以造船能力著称，但在建立海事研发项目框架方面很活跃。其中由新加坡海事及港口管理局设立的Pier71项目，致力于创建一个由海事技术供应商、投资者和客户组成的国际生态系统。新加坡还为自己设定了一个大胆的目标，即到2025年在海事技术领域拥有150家初创公司，并被称为海事技术硅谷。鹿特丹作为欧洲最大的港口，在港口基础设施、物流效率和航运服务方面表现突出。其地理位置使其成为重要的航运枢纽，支持全球贸易。伦敦因其历史悠久的劳氏船级社和顶尖的海事教育机构而得分很高。在海事金融与法律领域，伦敦是全球领先的海事法律和保险机构所在地，为航运业提供了强有力的支持。上海在航运中心、海事技术、港口与物流三个领域表现出色，分别排名全球第四、第四和第二。上海积极推动航运业数字化、智能化、绿色化转型，未来有望在全球海事城市中进一步提升地位。全球海洋技术服务业的相关情况如图5.21、表5.14所示。

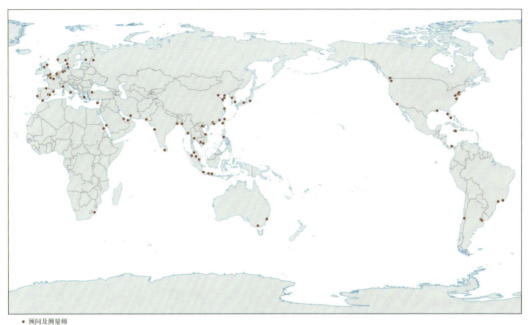

图 5.21　典型海洋中心城市海洋技术服务业全球空间分布

表 5.14　典型海洋中心城市海洋技术服务业企业数量

排名	1	2	3	4	5
城市	伦敦	新加坡	休斯顿	鹿特丹	香港
企业数/家	86	68	54	48	46

　　（7）海事法律服务。涉海法律服务业是现代海洋服务业的代表性行业之一。目前，全球海事律师事务企业分布数量最多的城市是伦敦。伦敦因其海事法律和海洋保险服务而受到广泛认可。它是世界领先的机构的所在地，如劳合社保险。随着英国法律在运输纠纷中广泛使用，伦敦已成为解决海上争端和国际海事仲裁的最佳地点。另外，同样作为领先的国际海事法律中心的纽约、巴拿马城、比雷埃弗斯和新加坡的重要性也日益增长。[26]全球海事法律服务业的相关情况如图 5.22、表 5.15 所示。

● 海事电脑及互联网

图 5.22 典型海洋中心城市海事法律服务业全球空间分布

表 5.15 典型海洋中心城市海事法律服务业企业数量

排名	1	2	3	4	5
城市	伦敦	纽约	巴拿马城	比雷埃夫斯	新加坡
企业数/家	105	74	55	42	33

（8）海洋计算机和信息服务。要将港口和码头运营商、货主、海关当局、货运代理、经纪人和运输公司无缝连接起来，海洋中心城市必须具有便捷的信息获取以及良好的同异地沟通的信息通道。平均端到端集装箱运输涉及 30 多个组织、100 多人和 200 多个信息交换。[①] 支持这种运输的流程和技术匹配需要海洋计算机和信息服务不断地发展。欧洲是船舶行业公司大数据岗位招聘增长最快的地区，其职位数量占大数据工作岗位总数的 20.4%，高于去年同期的 13.6%。同样，欧洲也是海洋计算机和信息服务企业数量之最，伦敦、汉堡、奥斯陆拥有企业较多。全球海洋计算机和信息服务业的相关情况如图 5.23、表 5.16 所示。

---

① "Shipping's transparency revolution," *Lloyd's List*（informa.com）.

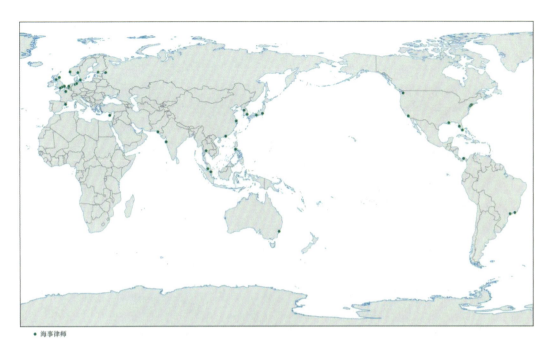

图 5.23 典型海洋中心城市海洋计算机和信息服务业全球空间分布

表 5.16 典型海洋中心城市海洋计算机和信息服务业企业数量

排名	1	2	3	4	5
城市	伦敦	新加坡	汉堡	奥斯陆	香港
企业数/家	23	17	11	10	8

（9）涉海金融服务业。船舶融资企业数量可以反映城市涉海金融服务业在全球的表现。船舶融资是指航运企业凭借其资信能力在金融市场筹集船舶投资资金的行为。航运业是世界上资本最密集的行业之一，一艘大型集装箱船或油轮的造价动辄就是上亿美元，一艘大型液化气船舶的造价更是高昂。航运企业要扩大船队规模，提高企业的国际竞争力，就必须广拓船舶融资渠道以筹集大量的船舶发展资金。船舶投资占了航运企业现金流量的50%以上。因此，船舶融资决策成为航运企业管理者最重要的决策之一，其在航运经济研究中也占据了重要的地位。[27] 全球涉海金融服务业的相关情况如图 5.24、表 5.17 所示。

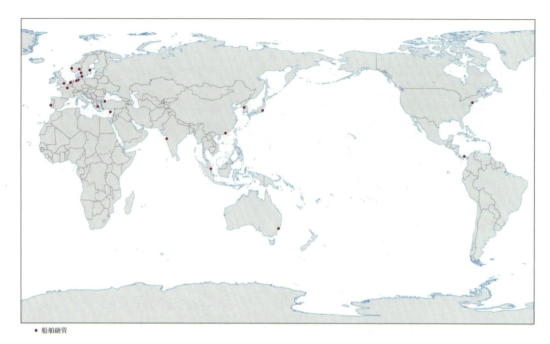

图 5.24　典型海洋中心城市涉海金融服务业全球空间分布

表 5.17　典型海洋中心城市涉海金融服务业企业数量

排名	1	2	3	4	5
城市	伦敦	纽约	香港	汉堡	奥斯陆
企业数	49	17	13	12	12

　　海洋金融中心城市包括伦敦、纽约、香港、汉堡和奥斯陆等。在海事金融方面，纽约排在首位。纽约是世界上最大的证券交易所的所在地，在海事业务融资方面发挥着关键作用。奥斯陆在海事金融中的强大地位主要得益于挪威在航运业历史上的强大地位和支撑航运业的世界领先金融服务业的发展。奥斯陆是全球两家领先的航运银行的所在地，并在以海洋为重点的证券交易所以及领先的保险和经纪实体方面拥有强大的地位。[7] 巴黎是一个没有重大港口和航运社区的内陆城市，其海事金融与法律服务排名靠前，是由于巴黎是 BNP Paribas、Credit Agricole 和 Sociétégénérale 等领先的船舶融资银行总部的所在地，其保险实力也较强。在船舶融资方面，鹿特丹虽然落后于奥斯陆，但仍被认为是这方面的领先城市。从 2017 年起，鹿特丹船舶行业贷款价值增加了 50%。总部位于鹿特丹的荷兰国际集团和荷兰银行提高了鹿特丹在船舶行业贷款和强制性牵头安排投资组合中的地位。

　　2008—2018 年，国际航运金融市场海事板块平均每年筹集的资金为 710 亿美元。银行为主要资金来源，在过去 10 年中约占航运金融市场资金来源的 70%。[11] 同时，更多另类资本正在进入航运金融市场，私人股本在航运业中的重要性有所上升。自 2017 年以来，香港、东京和上海等城市证券交易所上市公司数量呈增加态势，这表明它们对新上市公司的吸引力。基于银行的资产总额或市值进行排名的全球十大银行中有四家是中国的（中国工商银行、中国建设银行、中国农业银行和中国银行）。在评价总部位于世界各大城市银行顶级航运投资组合时，北京是表现最好的，其次是东京、巴黎、奥斯陆和鹿特丹。[23]

（10）涉海保险服务。涉海保险是航运市场正常运转的先决条件。大型航运公司每天通过大型船只运输价值数亿美元的货物，这些船只本身可能与其货物一样珍贵。为了减少航运过程中的风险，航运公司会对货物和船体都进行保险。全球涉海保险服务业的相关情况如图5.25、表5.18所示。

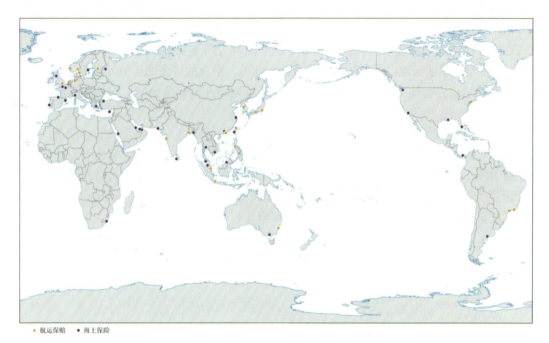

图 5.25 典型海洋中心城市涉海保险服务业全球空间分布

表 5.18 典型海洋中心城市涉海保险服务业企业数量

单位：家

	排名	1	2	3	4	5
海上保险	城市	伦敦	香港	迪拜	汉堡	新加坡
	企业数	67	18	17	14	13
航运保赔	城市	伦敦	香港	比雷埃夫斯	汉堡	奥斯陆
	企业数	15	8	7	4	4

续表 5.18

排名		1	2	3	4	5
涉海保险服务	城市	伦敦	香港	汉堡	迪拜	纽约
	企业数	82	26	18	17	15

伦敦是世界保险领先机构的所在地,其海上保险服务业得到了广泛的认可,如劳合社的保险业务,而且英国法律在航运纠纷中应用最为广泛。其他在海上保险方面发挥重要作用的欧洲城市包括巴黎、热那亚和鹿特丹。

在亚洲,东京和新加坡一直保持在前五名,它们的重点主要是国内客户。东京的保险公司在全球范围内的保险费收入排名第二,这些保险公司主要提供的保险类型包括货物保险、海上货物和船舶保险以及保护与赔偿保险。此外,东京的许多海运公司已经上市。新加坡在新加坡航运协会的支持下,推出了新加坡战争风险互助保险公司,以增加其海上保险活动。[23]

(11)海洋行政管理。海洋行政管理是指国家海洋行政机关及其授权的职能部门,依据法律,对国家的各种海洋实践活动和海洋事业进行管理,旨在通过法制化、专业化和综合性的手段,确保海洋资源的合理利用、海洋环境的保护和海洋经济的可持续发展,从而推动国家整体经济发展。全球海洋行政管理单位分布特点为:多集中于欧洲、亚洲、北美洲,在重要的交通要道地区集中分布。全球海洋行政管理的相关情况如图5.26、表5.19所示。

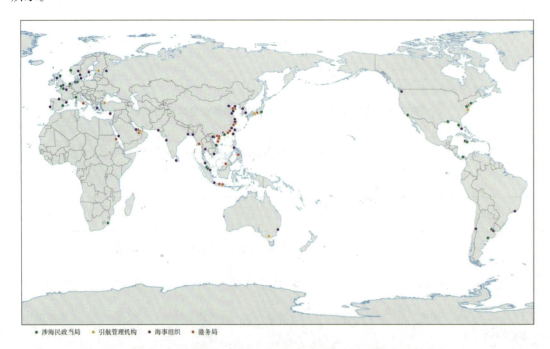

图 5.26 典型海洋中心城市海洋行政管理业全球空间分布

表 5.19 典型海洋中心城市海洋行政管理业单位数量

排名	1	2	3	4	5
城市	香港	鹿特丹	巴黎	奥斯陆	东京
单位数/家	48	36	35	28	22

在全球范围内，海洋行政管理业主要集中在沿海和海岛城市，这些城市因其独特的地理位置和丰富的海洋资源，承担着重要的海洋行政管理职责。其中，在中国，上海作为中国的经济中心和国际化大都市，在海洋行政管理方面具有重要地位。通过专职海洋行政管理机构，上海实施法制化管理，致力于海洋资源的合理利用和海洋环境的保护；深圳是全国首个海洋综合管理示范区，目标是建设成为全球海洋中心城市之一，深圳在海洋科技创新、海洋产业发展等方面走在前列，为海洋行政管理提供了有力支撑；广州致力于打造全球海洋中心城市，通过陆海统筹、科学开发海洋资源等策略，在海洋行政管理方面也取得了显著成效。美国的沿海城市，如纽约、洛杉矶等，在海洋行政管理方面也具有重要地位。这些城市通过制定和执行严格的海洋法规，确保海洋资源的合理利用和海洋环境的保护。欧洲的海洋城市，如伦敦、汉堡等，也是海洋行政管理的重要节点。这些城市在海洋科研、海洋产业发展和海洋政策制定等方面具有深厚底蕴。

（12）海洋科研教育。区域拥有高素质的人力资源和科研教育资源，能够使得涉海企业以较低的成本进行知识密集性价值活动的创造。提高城市的人力素质，同时制定优惠政策，吸引更多优秀人才到该城市创业发展，是海洋中心城市发展海洋经济的重要条件。全球海洋城市海洋科研教育的分布特征是：南北半球差异显著，集中分布于北半球，而南半球仅有零星点式分布。全球海洋科研教育的相关情况如图 5.27、表 5.20 所示。

纽约、香港、新加坡和北京、上海等城市具有丰富的人力资本和教育资源，可以满足公司总部知识密集型价值创造活动的特定需要，吸引了大量管理人员、技术人员入驻，这是其发展海洋经济具有的优厚条件。目前，这些城市纷纷在国际化上抢占先机：支持海洋科研机构承担和组织重大国际科技合作项目，深度参与国际海洋科技及产业研发计划；加强与沿海城市合作，参与联合国"海洋十年"行动方案。

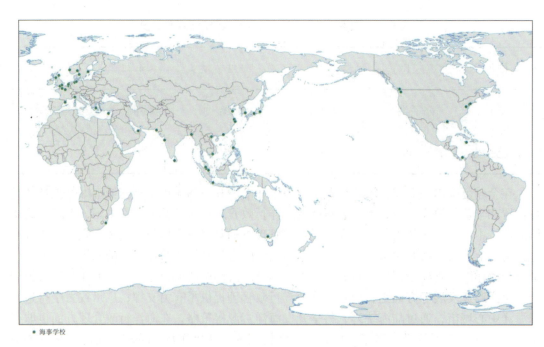

图 5.27　典型海洋中心城市海洋科研教育业全球空间分布

表 5.20　典型海洋中心城市海洋科研教育业企业数量

排名	1	2	3	4	5
城市	伦敦	鹿特丹	安特卫普	代尔夫特	马尼拉
企业数/家	21	8	5	5	5

（13）民间组织。世界船队总价值集中在美国、日本、中国和希腊，而欧洲目前仍然是船东的重要中心，全球船队价值的大约 40% 由设在那里的船东控制。虽然历史上欧洲在所有权方面一直占据主导地位，但今天许多亚洲城市在运营方面比传统的欧洲中心更重要。[24] 全球海洋民间组织的相关情况如图 5.28、表 5.21 所示。

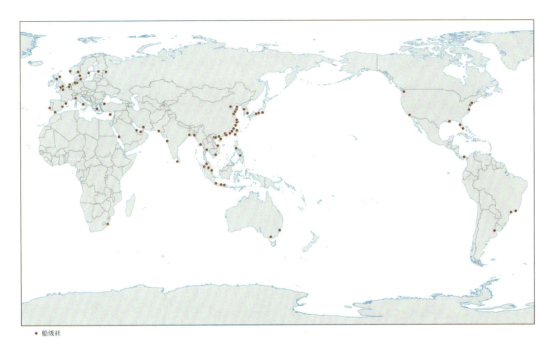

● 船级社

图 5.28 典型海洋中心城市民间组织全球空间分布

表 5.21 典型海洋中心城市船级社数量

排名	1	2	3	4	5	6	7	总计
城市	比雷埃夫斯	新加坡	釜山	迪拜	香港	孟买	上海	652
船级社/家	20	14	12	11	11	11	11	1340

东京拥有世界第二大船级社 ClassNK 船级社，其船队的规模和专利数量均位居第二。ClassNK 的大部分研发工作都在东京地区进行。在主观标准上，行业专家将东京列为全球第八大最重要的海事技术城市。[23]

（14）海洋生态环境。生态环境与资源是可持续发展的基础。合理利用海洋资源，提升海洋生态能力已成为未来海洋中心城市发展的重心。同时，良好的生态环境也会吸引众多对环境要求较高的海洋高端产业，进一步提升所在城市在海洋领域的竞争力。通过拆船商企业全球分布（图 5.29、表 5.22），可以反向反映城市海洋生态环境和相关环境政策松紧程度。

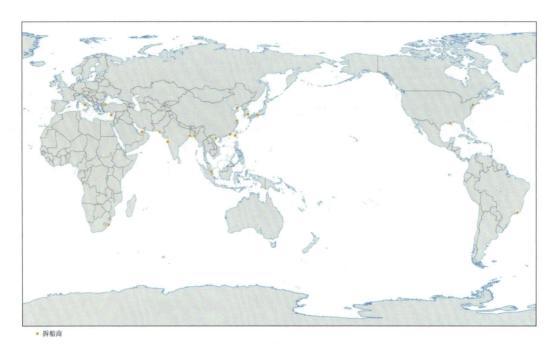

图 5.29　典型海洋中心城市拆船商全球空间分布

表 5.22　典型海洋中心城市拆船商数量

排名	1	2	3	4	5	总计
城市	巴夫那加尔	孟买	吉大港	阿利亚加	卡拉奇	109
拆船商/家	140	75	41	25	22	453

　　造船业的任务是提供新造船舶。当船舶不能再经营时，则最终由拆船厂购买并拆解。在经济结构上，两个行业差异甚大。造船是重工行业，出售大型和复杂的成品船，需要大量的资金投入和高水平的专业技术。造船业主要分布于日本、欧洲、韩国、中国大陆和中国台湾等工业化国家和地区。相比之下，拆船业是劳动力最密集的行业，主要分布在印度次大陆的发展中国家。在某些国家，拆船地点设在海滩上，工人仅用原始的手工工具和切割设备进行作业。[27]

　　拆船业的迁移性较大，这种非常低端的行业集中分布于低用工成本的发展中国家和地区，废钢材经加工后出售给建筑行业。在 20 世纪 80 年代中叶，将近 3/4 的拆船厂位于中国台湾、中国大陆和韩国。10 年之后，中国台湾和韩国已退出这个行业；因受制于船舶融资政策以及严格的环境法规，中国大陆拆船业的市场份额已由 1986 年的 23% 降至 1995 年的 9%。而印度、孟加拉国和巴基斯坦业已赶上并成为这个市场的主导者。巴基斯坦拥有一个全球最大的拆船基地，位于甘达尼海滩，其中，拆船厂超过 100 个，每个拆船厂平均占地 2500 m^2。

　　在西欧，拆船业面临着健康与安全立法以及环境保护方面的难题，而此等问题在发展中国家并不突出。过去数年间，在拆船业中，具有一定重要性的欧洲国家仅有西班牙、意大利和土耳其。此外，尚有一些小型拆船厂散布于英国和欧洲大陆，大多仅有 10～100 个雇工，专门拆解军舰和其他高价值船舶。[28]

（四）中国与其他国家海洋经济发展趋势对比*

首先，中国目前在世界上属于经济增长率最高的国家之一，可以说已经是高度依赖海洋的开放型经济。中国海洋经济增加值自 2011 年起就已经高于美国等众多国家，海洋经济总产值占 GDP 的 9.6%，海洋经济增加值占 GDP 的 4.0%，海洋经济甚至先于国家 GDP 达到世界首位。这为我国海洋经济强国建设创造了良好的开端。但是，相对于大多数国家而言，中国人均海洋 GDP 远低于多数国家，因此，提高中国人均海洋 GDP 是中国建设海洋强国在经济方面的奋斗目标。

其次，海洋资源是海洋经济发展的基础。中国在海洋资源丰富度上具有较为明显的优势。相较于加拿大这样同样具有丰富海洋资源的国家来说，虽然两国在海洋产业结构等方面具有高度相似性，但是由于中国本身的区位优势，对于海洋资源的开发本应更有利。但现状却不尽如人意，对海洋资源的开发，在深度、广度两个方面，中国与世界其他国家，尤其是像加拿大这样表现较好的国家，还存在着较大的差异。因此，进一步提高海洋资源的开发能力是我国今后的发展重点。

最后，在开发海洋资源从而发展海洋经济的过程中，海洋经济实力水平以中、美最强，其次是法国和日本，四个国家的海洋经济水平均高于全球平均水平，随后是是英国、韩国、印尼、加拿大、澳大利亚、泰国、新西兰和越南。对比美国、日本、英国以及法国等，中国在传统海洋产业的产量指标、海洋人口以及发展速度等方面占有优势；美国则在海洋经济的规模、能源和旅游等第三产业方面更具竞争优势；英国和法国在海洋经济领域的从业人员劳动劳动生产率上具有优势；而日本则在传统海洋产业的产业结构和技术发展方面占有优势。相较而言，我国应更加注重海洋产业结构的优化和调整，特别是在海洋第三产业领域，尤其是海洋运输和滨海旅游业的进一步发展。

三、全球典型海洋中心城市竞争力综合评价

21 世纪，海洋已成为连接城市、地区和国家之间经济发展的重要纽带，同时也是当今乃至未来补充全球大陆资源、世界各国拓展发展空间的主力。全球海洋城市不断挖掘海洋价值，推动城市海洋经济、航运发展。海洋经济已成为各国国民经济的新增长点和新旧动能转换的重要支撑，各大海洋城市在此趋势下抓准时机，研究提升城市定位、实现跨越式发展的有效途径，积极寻求世界成功经验。因此，构建合理的海洋中心城市竞争力评价指标体系对评价各城市竞争力状况尤为重要。本节立足于国内外学者对全球海洋中心城市评价体系的总结，重新构建航运视角下 126 个典型海洋中心城市的等级体系，并从海事企业角度总结出相关城市提升的发展路径，以期为海洋城市的建设提供更加有效的建设性的建议。

---

* 本小节主要参考文献 [29-30]。

当前最具有权威性的研究报告《全球领先的海事之都》是评价全球航运业发展的重要参考。它通过综合评价全球海事城市在航运中心、航运金融与法律、航运技术、港口与物流、吸引力与竞争力五大领域的表现（见表 1.4），揭示全球航运业的发展趋势和竞争格局，为城市管理者提供制定航运发展战略、提升竞争力的科学依据，同时也有助于推动航运业向更加环保、高效、智能的方向发展，促进国际合作与交流。

（一）典型海洋中心城市评价

评价海洋中心城市的过程其实就是评价全球海洋城市等级体系的过程。目前，国家层面，包括中国省级层面的海洋竞争力排名，主要依据各国的海洋经济分类标准进行评价。由于缺乏城市一级的涉海统计数据，因此，城市层面的海洋经济排名及其等级划分的研究仅从两个视角进行研究（表 5.22）：一是从海事特别是航运业角度出发，通过涉及航运业各个方面的企业，试图寻找和概括整个海洋经济发展特征，如"全球领先的海事之都"的分类依据；二是基于港口城市洪灾和气候脆弱性研究出发的生态视角。

表 5.23 全球海洋城市等级体系研究及其排名

研究视角	作者	范围	指标/数据		等级标准和体系
航运视角	Erik W. Jakobsen, 2012	50个城市	航运中心	航运中心	新加坡、雅典、汉堡、香港、上海等
			海运金融和法律	海运金融和法律	伦敦、纽约、奥斯陆、新加坡、香港等
			海运技术	海运技术	奥斯陆、汉堡、伦敦、釜山、东京等
			港口和物流服务	港口和物流服务	新加坡、鹿特丹、上海、香港、汉堡等
			吸引力和竞争力	吸引力和竞争力	新加坡、哥本哈根、伦敦、汉堡、鹿特丹等
			综合		新加坡、汉堡、鹿特丹、伦敦、香港等
	Ann Verhetsel、Matteo Balliauw、Thierry Vanelslander, 2008	130个城市	采用GaWC方法分析全球35家海运服务公司，办事处数量、员工数、区外职能	Alpha	1级：香港、汉堡；2级：新加坡、上海、东京、纽约、曼谷、伦敦

续表 5.23

研究视角	作者	范围	指标/数据		等级标准和体系
航运视角				Beta	3级：首尔、鹿特丹、安特卫普、吉隆坡、青岛；
					4级：热那亚、天津、广州、孟买、迪拜、台北、深圳
				Gamma	5级：宁波、厦门、大连、马尼拉、胡志明市、北京、雅加达、高雄、温哥华、勒阿弗尔；
					6级：科伦坡、不来梅、悉尼、休斯顿、巴塞罗那、洛杉矶、巴黎、马赛、圣保罗、大阪、布宜诺斯艾利斯、墨尔本、卡拉奇、哥本哈根、哥德堡、赫尔辛基、毕尔巴鄂、伊斯坦布尔、圣地亚哥、马德里
	Wouter Jacobs，2010	全球	650家船运APS公司、港口吞吐量	船运服务中心	伦敦
				港口货运中心	
生态视角	Robert J.Nicholls、Susan Hanson等，2007	136个城市	城市案例研究、沿海洪灾影响人数、沿海洪灾影响资产	人口暴露	孟买、广州、上海、迈阿密、胡志明市、加尔各答、大纽约、大阪神户、亚历山大港和新奥尔良
				资产风险	迈阿密、纽约、新奥尔良、大阪神户、东京、阿姆斯特丹、鹿特丹、名古屋、坦帕—圣彼得堡和弗吉尼亚海滩
	Susan Hanson，2011	136个城市	人口、资产、城市面积变化、基于海拔的GIS分析	人口暴露	孟买、广州、上海、迈阿密、胡志明市、加尔各答、纽约、大阪神户、亚历山大、东京、天津、曼谷、达卡和海防（列举了排名前20的港口城市）
				资产风险	迈阿密、广州、纽约纽瓦克、加尔各答、上海、孟买、天津、东京、香港、曼谷、宁波、新奥尔良、大阪、神户、阿姆斯特丹、鹿特丹、胡志明市、名古屋、青岛、弗吉尼亚海滩、亚历山大（列举了排名前20的港口城市）

借鉴以上研究的评价体系,本节综合航运视角和生态视角来评价全球海洋中心城市等级体系,大体上涵盖了海洋贸易、航运网络、交通基础设施和生态韧性四大类数据。①海洋贸易数据的提取基于 Maritime database 网站,爬取全球各海洋城市的海洋企业数据(包含海洋的基础属性等信息),以及企业的坐标信息。初步采集了 101981 家公司的数据,包含企业名称、注册地址、所属行业等信息。为保证数据的准确性,对数据进行多轮清洗。首先,剔除倒闭、注销、吊销及缺失企业位置信息的企业。其次,保留了有多家公司分部存在的企业。最终构建了有 41621 家企业分支机构的海洋企业数据库,Maritime database 网站上的海洋企业数据共囊括了 31 种海洋企业类别,包括但不限于 ship owner、maritime school 等类别。根据其行业类型。参考由中国海洋发展研究中心发布的国家标准《海洋及相关产业分类》(修订版)(以下简称《分类》),将 31 种海洋企业类别归类为 6 个大类,分别为海洋船舶工业、海洋科研教育、海洋管理、海洋交通运输业、海洋组织和涉海经营服务。②航运网络数据在 MarineTraffic 网站上进行爬取,该网站提供了全球的海运航线及航线密度、各条航线流量。通过 Python 对该网站的数据进行爬取,汇总为城市—城市的流量数据,并通过 ArcMAP 软件基于城市坐标建立空间连接,对节点城市匹配其对应的中心点坐标,完善航运 OD 流数据库。③交通基础设施数据参考英国权威港航业媒体《劳氏日报》公布的各年全球集装箱吞吐量 Top100 榜单进行整理,全球路网数据在 OpenStreetMap 网站上进行爬取。④生态韧性数据根据城市内部相关指标,主要针对城市海事企业、航运网络和基础设施特征进行计算和评价。

这些指标涵盖的多个方面既促进了海洋经济的繁荣,也有助于维持海洋经济生态系统的平衡。①海洋船舶工业作为海洋经济的重要支柱,通过制造和修理船舶,为海洋交通运输提供了坚实的物质基础;②海洋交通运输业作为连接世界各国的桥梁,通过远洋和沿海的旅客及货物运输,促进了国际贸易的繁荣与发展;③海洋科研教育在推动海洋科技进步和人才培养方面发挥着关键作用,为海洋经济的可持续发展提供了智力支持;④海洋组织在国际合作与协调中扮演着重要角色,它们通过制定和执行海洋政策,促进各国在海洋事务上的沟通与协作;⑤海洋管理则是确保海洋资源合理利用、环境保护和海洋安全的重要手段,通过规划、组织、协调、控制和监督等活动,维护国家海洋权益,推动海洋经济的健康发展;⑥涉海经营服务涵盖海洋旅游、海洋渔业、海洋工程等多个领域,这些经营活动不仅为海洋经济注入了新的活力,也为当地居民提供了就业机会和收入来源;⑦贸易航运网络作为海洋经济的重要组成部分,通过构建完善的航线、港口和航运企业体系,为全球贸易提供了高效、便捷的物流通道;⑧交通基础设施是海洋交通运输业的重要支撑,包括港口、航道、船舶等,它们的建设和完善对于提高海洋运输效率、降低运输成本具有重要意义;⑨海洋作为地球上最大的生态系统,其保护与管理直接关系到地球生态平衡和人类的生存与发展,加强海洋生态保护,促进海洋经济与生态环境的和谐发展,是全球各国共同面临的重要任务。总之,上述 9 个方面共同构成了海洋经济的庞大体系。这一体系不仅为人类提供了丰富的资源和便利的交通条件,也为全球经济一体化和可持续发展注入了强大动力,是衡量海洋中心城市的重要依据和主要指标(表 5.24)。

表 5.24 评价指标体系

评价体系	指标	指标权重
海洋船舶工业	造船业 海洋工程装备 拆船业 船舶修理 公司总部 船上用品	0.08
海洋交通运输业	港口经营 港口维护 港口拖运 港口装卸 拖船与打捞 船舶租赁 集装箱	0.11
海洋科研教育	海洋计算与互联网 海事学校	0.13
海洋组织	海事组织 海员工会 验船协会	0.04
海洋管理	船舶经营管理 船舶管理 领航管理 港口代理 港务管理 海事民政 海事法务 港口设施安全	0.03
涉海经营服务	船舶金融 海上保险 形式发票 咨询业 海运经纪人	0.06
贸易航运网络	航运等级 航运网络中心性	0.26
交通基础设施	集装箱吞吐量 公路网长度 铁路网长度	0.18
海洋生态	海洋生态韧性	0.09

说明：海事企业资料来源于 https://www.maritime-database.com，该库拥有全球众多涉海企业记录，共 31 类，被一系列海事专业人士在整个行业中使用。

基于以上评价体系，搜集相关数据，并根据具体数据基于熵权法进行权重赋予，其中贸易航运网络权重最大，航运管理权重最小，并按照权重和原始数据计算得分，最后得出结果（表5.25），并对标世界城市进行分类。

表5.25 海洋中心城市评价结果

评价等级	城市
Alpha++	鹿特丹、上海
Alpha+	汉堡、安特卫普、伦敦、东京、比雷埃夫斯、迪拜、奥斯陆
Alpha	新加坡、香港、巴塞罗那、哥本哈根、大连、宁波、釜山、曼谷、深圳、首尔、热那亚、台北、孟买、悉尼、雅典
Alpha-	雅加达、厦门、青岛、阿伯丁、马尼拉、吉隆坡、新奥尔良、神户、胡志明市、广州、吉达、瓦伦西亚、连云港、高雄、福州、大阪、德班、伊斯坦布尔、马赛、桑托斯、泗水、南安普顿、阿布扎比、巴拿马城、卡拉奇、卑尔根
Beta+	乐阿弗尔坦帕、尾方、温哥华、不来梅哈芬、横滨、吉大港、纽约（纽约州）、利马索尔、海防、威尔明顿、天津、亚历山大、格拉斯哥、阿姆斯特丹、斯德哥尔摩、金斯敦、多哈、迈阿密、柔佛巴鲁、名古屋、华盛顿、瓦莱塔
Beta	汕头、加尔各答、达卡、仰光、威尔明顿、吉布提、宿务市、埃斯波、圣迭戈、马塔旺、卡马斯、弗吉尼亚海滩、舟山、阿巴斯港、海口、槟城、棉兰、望加锡、贝尔梅奥、烟台、里约热内卢、墨尔本、温州、川崎、澄迈
Beta-	马德普拉塔、巨港、三宝垄、金边、文莱、河内、珠海、巴生港、齐尔贝纳、圣塞瓦斯蒂安、海牙、弗朗卡维拉、科尔切斯特、普罗奇达山、阿尔赫西拉斯、春武里、东洞、马六甲、皮口、达沃、巴拿马城、苏丹港、科伦坡、岘港、斯科讷、达累、格兰达坦基、弗谢沃洛日斯克

在本评价体系下，125个典型海洋中心城市被重新分级，具体包含Alpha++中的2个城市，Alpha+中的7个城市，Alpha中的15个城市和Alpha-中的26个城市；Beta+中的22个城市，Beta中的25个城市和Beta-中的28个城市。这些城市在本评价体系下被重新洗牌，与世界城市相比有较大的差距。因此，对海洋中心城市和世界城市进行对比性差异分析是有必要的。

（二）海洋中心城市与世界城市对比

与世界城市相比，本评价体系下的海洋城市与世界城市在多个维度上展现了各自独特的定位和价值。海洋城市凭借得天独厚的海洋资源和海洋产业优势，专注于海洋经济、海洋环境保护和海洋治理等方面的发展，为区域经济的繁荣和全球海洋产业的进步贡献力量；世界城市则凭借其全球性的影响力、高度的国际化和全面的城市综合实力，成为全球政治、经济、文化和科技创新的中心，引领全球发展的潮流。尽管两者在定义、特点和功能上有所不同，但它们之间却存在着紧密的联系和相互促进的关系。海洋城市的发展需要借助世界城市的全球化视野和资源支持,世界城市也需要海洋城市在海洋领域的发展和创新来丰富其全球治理和合作的内涵。因此,海洋城市与世界城市相互补充、协同发展,共同推动全球经济社会持续健康发展。

与世界城市相比,海洋中心城市排名格局有较大的变化。例如,海洋中心城市评价体系下,Alpha++等级有鹿特丹和上海,这两个城市在世界城市中分别位于第148位和第5位,其位次提升明显。这两个城市在海洋管理、航运网络等级、船舶工业、海洋企业、海洋组织、涉海经营和吞吐量等多个方面综合表现较为突出,具有优良的海事处理能力,同时由于拥有良好的生态韧性,因此海事修复能力也较为突出,即由于具有良好的综合海事竞争能力而位列前茅。

将海洋中心城市与世界城市评价结果的TOP50进行整理(表5.26),可以显示出海洋中心城市与世界城市之间的对标情况。首先,值得注意的是,迪拜、东京等16个城市展现出了独特的双重属性,它们不仅在全球城市体系中占据了举足轻重的地位,被公认为世界城市,同时也以其卓越的海洋资源和战略地位,成为无可争议的海洋中心城市。这些城市通常拥有强大的经济实力、先进的科技产业、深厚的文化底蕴和国际化的视野,它们在海洋经济、海洋科技、海洋文化等多个领域都发挥着引领和示范作用。例如,迪拜以其独特的地理位置和开放的经济政策,成为全球贸易和航运的枢纽;东京则凭借其先进的科技产业和强大的创新能力,成为全球城市发展的典范。

表 5.26 海洋中心城市 & 世界城市 TOP50 异同

世界城市 & 海洋中心城市	海洋中心城市	世界城市
迪拜、东京、广州、吉隆坡、伦敦、马尼拉、曼谷、上海、深圳、首尔、台北、悉尼、香港、新加坡、雅加达、伊斯坦布尔	阿伯丁、阿布扎比、安特卫普、奥斯陆、巴拿马城、巴塞罗那、卑尔根、比雷埃夫斯、大阪、大连、德班、福州、釜山、高雄、哥本哈根、汉堡、胡志明市、吉达、卡拉奇、连云港、鹿特丹、马赛、孟买、南安普顿、宁波、青岛、热那亚、桑托斯、厦门、神户、泗水、瓦伦西亚、新奥尔良、雅典	阿姆斯特丹、巴黎、班加罗尔、北京、波士顿、布拉格、布鲁塞尔、布宜诺斯艾利斯、德里、都柏林、多伦多、法兰克福、华沙、旧金山、里斯本、利雅得、卢森堡、洛杉矶、马德里、蒙特利尔、孟买、米兰、莫斯科、墨尔本、墨西哥城、慕尼黑、纽约、圣保罗、圣地亚哥、斯德哥尔摩、苏黎世、维也纳、约翰内斯堡、芝加哥

有一部分城市,如阿伯丁、阿布扎比、安特卫普等34个城市,它们虽然不具备世界城市的全面属性,但在海洋经济领域却具有显著的优势和特色。这些城市通常拥有丰富的海洋资源、完善的海洋产业体系和先进的海洋科技,它们在海洋资源的开发利用、海洋产业的转型升级、海洋环境的保护等方面都取得了显著的成就。

另外,阿姆斯特丹、巴黎和班加罗尔等34个城市则以其独特的魅力和优势,成为世界城市。这些城市通常具有悠久的历史文化、繁荣的经济体系、先进的科技产业和国际化的城市形象,它们在全球政治、经济、文化等领域都发挥着重要的作用。然而,与那些双重属性的城市相比,这些城市在海洋经济领域的发展相对较弱,尚未形成明显的海洋中心城市属性。

综上所述，通过对 TOP50 的海洋中心城市与世界城市的对标分析，可以清晰地看到不同城市在全球城市体系中的定位和发展方向。海洋中心城市在海洋经济、海洋科技、海洋文化等领域的发展情况，不仅反映了全球海洋经济的整体趋势和特征，也为各国城市未来向海发展提供了重要的参考和借鉴。

（三）海洋中心城市发展类型及路径

从全球海洋中心城市排名与全球城市等级演变的情况来看，海洋经济特色与城市体系实力协同互济是多数城市遵循的发展模式。部分城市采取专注海洋特色的发展模式，如汉堡、鹿特丹；部分城市在强调城市综合发展中自然衍生一定海洋经济影响力，如纽约、天津。从发展成效来看，协同互济是更为高效的提升模式，其中海洋特色充当着引领城市发展的长板。从决定全球海洋城市成功与否的关键要素来看，开放是全球海洋城市的天然属性，持续创新是全球海洋城市发展的不竭动力，高端航运服务体系是海洋城市的致胜法宝，广阔腹地是全球海洋城市的坚实支撑，国际性海事活动是全球海洋城市的响亮招牌，生态宜居是全球海洋城市的魅力所在。

对此，从航运海事企业经济视角来看，可以将当前国际海洋城市分为三种类型：一是伦敦型，以市场交易和提供全方位的航运服务为主，包括船舶注册、船舶买卖、航运交易、海事保险、海运融资、海事诉讼和仲裁、航运信息咨询、航运人才培训等；二是鹿特丹和纽约型，即由腹地型国际航运中心发展而来，以腹地货物集散服务为主，此类城市与全球重要港口通达，一般承担腹地 40% 以上的货物集散；三是新加坡和香港型，以其他国家和地区为经济腹地，依托开放的自由贸易政策、现代化港口机械化设备、先进的管理技术和高素质人才，着力提升集装箱吞吐量，以发展转口贸易和国际货物中转运输为主。这三种类型各有特点。基于此，本研究提出对不同类型城市提升综合竞争力的发展路径。

1. 伦敦型国际海洋城市

代表城市：悉尼、华盛顿特区、新奥尔良、雅典、巴黎等。

其发展提升路径大致可以总结为：①构建引领世界航运规则的海洋法律体系。通过海事仲裁协会等行政管理机构制定完善的条款，采用规模化的法律仲裁人员，降低仲裁成本，优化仲裁途径。②打造服务全球海事融资服务的国际海事金融中心。利用金融业的发展优势，为航运公司提供一流的专业服务，打通航运与金融之间的合作交流壁垒，汇聚金融服务资金，形成产业聚集，提高国际竞争力。③构建良好沟通机制，营造良好政商发展环境。推进政府与海洋经济金融领域的从业者保持动态、有效的沟通合作机制。以政府为抓手，使其具有开放和全球化的视野，积极引导和支持国际海洋城市金融业的海外发展。发挥政府的积极引领作用，支持并促进囊括从事海洋经济和海洋金融主要机构的海事行业协会的发展。

2. 鹿特丹和纽约型国际海洋城市

代表城市：鹿特丹、纽约、台北、高雄、汉堡等。

其发展提升路径大致可以总结为：①打造港—铁—陆—空无缝隙运输体系。发挥自身的地理便利优势，尤其是在集装箱海铁联运方面，完善对码头配套的铁路基础设施建设，提高铁路运输效率。通过建立港口信息数据通信系统等高科技服务体系，真正建立港口、铁路、陆路、航空的无缝隙运输路径。②打造欧洲运输物流的核心商品集散枢纽。发挥集散枢纽的功能优势，将更多的吞吐量吸引到此。通过积极的规模效益，提供高效且极具竞争力的物流服务。利用周围地区的出口导向型产业以及与其他地区的进出口贸易，以期从国际贸易路线的高效连接中受益。③打造具有竞争实力的战略新兴产业集群。充分挖掘并开发自身创新潜力，利用集群优势巩固提升竞争地位，加快促进城市产业从传统船舶、港口工业和加工业向高科技技术转型。保证港口及其周边区域均有传统及新型的经济行业以及大中小型企业落户，为大都市区的稳定及经济发展做出重要贡献。航运方向的科研机构则要保证技术和创新能够迅速转化到所有与产业集群相关的实践领域中去。④推动科技创新，引领工业数字化变革。为了促进本地区技术创新力度，积极推行行业联合体政策，不断投入资金，大力发展创新型企业。由政府牵头，鼓励业内企业与科研技术部门、学术团队和行会紧密合作，以企业需求为导向进行科技研发和技术转让，保证成熟的科研成果可以第一时间投入生产；推动生产链条的完整研发，调动研机构的研发积极性；加快从实验室到成品投放市场的转换过程，提高企业的资产回报率。

3. 新加坡和香港型国际海洋城市

代表城市：新加坡、香港、东京、首尔、上海等。

其发展提升路径大致可以总结为：①高度发达的海洋产业集群。在链接城市上下游产业的同时，吸引国际相关产业进入，从而形成完整的产业链，构建以航运为核心，融合修造船、石油勘探开采冶炼、航运金融保险等各种上下游产业的海事全产业链条，使得海洋经济的上下游产业可以相互配合、协同发展，其上企业不断聚集，产生集聚效应，实现利益共享、风险共担，降低成本，提高收益。②金融资本与高新技术持续大规模投入。科技作为现代海洋经济发展的核心依托，其水平高低决定了地区在海洋经济产业链中所处的位置和海洋经济的发展速度。科技的进步则依托于高素质人才的培养和对研发工作持续大量的资金投入。为发展海洋工程产业，需着力于海工技术的引进和创新，以吸引大量国际领先的企业和机构，同时带来高素质海洋工程人才的聚集。③发展服务海洋经济发展的现代高端服务业。海洋经济具有资本和技术密集型特征，因此需要高要求的金融支持体系以保证海洋经济发展的资金需求。成熟的资本市场、良好的市场环境、完备的法律规范、通用的语言体系都可以为发展海事仲裁、船舶登记、海洋金融等海洋经济相关领域业务提供较高的便利性。④优越的营商环境吸引发展要素聚集。海洋经济、海洋金融的专业服务人员国际流动性较强，产业集聚能够吸引专业人才聚集。为确保将这些专业人才转化为长期的人力资本，则需要良好的居住条件和商业便利化两大基础。同时还需要政府致力于打造优越的人居环境，维护良好的治安环境，配备完善的基础设施，形成完整的国际接轨渠道，将经营障碍降低到最小，为海洋产业提供最高的便利服务。

参考文献

[1] 江怀友, 潘继平, 邵奎龙, 等. 世界海洋油气资源勘探现状 [J]. 中国石油企业, 2008 (3):

77-79.

[2] 潘继平，张大伟，岳来群，等. 全球海洋油气勘探开发状况与发展趋势 [J]. 中国矿业，2006，15（11）：1-4.

[3] 王建强. 探测海洋油气资源之路 [J]. 自然资源科普与文化，2021（4）：20-23.

[4] CHERKASHOV G. Seafloor massive sulfide deposits: distribution and prospecting [C] //SHARMA R. Deep-sea mining: resource potential, technical and environmental considerations. Cham: Springer International Publishing，2017：143-164.

[5] TURNER P J. Deep-sea mining and environmental management [C] //COCHRAN J K, BOKUNIEWICZ H J, YAGER P L. Encyclopedia of ocean sciences (Third Edition). Oxford: Academic Press，2019：507-515.

[6] CHASSOT E, BONHOMMEAU S, DULVY N K, et al. Global marine primary production constrains fisheries catches [J]. Ecol lett，2010，13（4）：495-505.

[7] SWARTZ W, SALA E, TRACEY S, et al. The spatial expansion and ecological footprint of fisheries (1950 to present). Plos one，2010，5（12）：e15143.

[8] KREWITT W, NIENHAUS K, KLESSMANN C, et al. Role and potential of renewable energy and energy efficiency for global energy supply [R]. 2009.

[9] NIHOUS G C. A preliminary assessment of ocean thermal energy conversion resources [J]. J energy resour technol，2007，129（1）：10-17.

[10] 李军，袁伶俐. 全球海洋资源开发现状和趋势综述 [J]. 国土资源情报，2013（12）：13-16，32.

[11] BORTHWICK A G L. Marine renewable energy seascape [J]. Engineering，2016（1）：69-78.

[12] VOS R D, SAWIN J. Global and regional trends in renewable energy [C] //VOS R D, SAWIN J. Ready: renewable energy action on deployment. Boston: Academic Press，2012：3-28.

[13] KHOJASTEH D, SHAMSIPOUR A, HUANG L, et al. A large-scale review of wave and tidal energy research over the last 20 years [J]. Ocean eng，2023，282：114995.

[14] 宋育章. 浅析海上风力发电的现状及展望 [J]. 中国设备工程，2021（21）：258-259.

[15] 林盛，罗天怡. 海上风力发电及相关技术 [J]. 水电与新能源，2020，34（1）：36-37.

[16] CAPPS S B, ZENDER C S. Estimated global ocean wind power potential from QuikSCAT observations, accounting for turbine characteristics and siting [J]. J geophys res atmospheres，2010，115（D9）.

[17] 伍业锋. 海洋经济：概念、特征及发展路径 [J]. 产经评论，2010（3）：125-131.

[18] 何广顺，王晓惠. 海洋及相关产业分类研究 [J]. 海洋科学进展，2006，24（3）：365-370.

[19] 庄佩君，马仁锋，赵群. 欧洲港口海运产业集群发展模式 [J]. 中国航海，2013，36（2）：129-134.

[20] 王爱香，霍军. 试论海洋产业布局的含义、特点及演化规律 [J]. 中国海洋大学学报（社会科学版），2009（4）：49-52.

[21] 陆琪. 世界海运地理 [M]. 上海：上海交通大学出版社，2011.

[22] LANE J M, PRETES M. Maritime dependency and economic prosperity: why access to oceanic trade matters [J]. Marine policy，2020，121：104180.

[23] JAKOBSEN E W, SUNNEVAJULIEBØ, HAUGLAND L M, et al. The leading maritime capitals of the world 2019 [R]. 2019.

［24］MEADE R. Maritime cities：building the connected cluster［R］. 2019.

［25］VERBEEK T，MAH A. Integration and isolation in the global petrochemical industry：a multiscalar corporate network analysis［J］. Economic geography，2020，96（4）：363-387.

［26］JAKOBSEN E W，HAUGLAND L M，ABRAHAMOGLU S，et al. The leading maritime capitals of the world 2022［R］. 2022.

［27］杨靳. 国际航运经济学［M］. 北京：人民交通出版社，2014.

［28］卡拉基索斯，瓦纳维兹. 宏观航运经济学［M］. 金海，译. 上海：上海人民出版社，2020.

［29］张耀光，刘锴，刘桂春，等. 基于海洋经济地理视角的中国与加拿大海洋经济对比［J］. 经济地理，2012，32（12）：1-7.

［30］张耀光，刘锴，王圣云，等. 中国与世界多国海洋经济与产业综合实力对比分析［J］. 经济地理，2017，37（12）：103-111.

第六章　全球典型海洋中心城市——新加坡

一、海洋区位与海洋资源

（一）地理环境

新加坡是东南亚的一个岛屿国家、城市国家，位于马来半岛南端，马六甲海峡、南中国海和爪哇海的交汇处，是马六甲海峡和南中国海之间门户的一部分。北面，柔佛海峡将新加坡岛与马来西亚隔开；南面，新加坡海峡将新加坡岛与印度尼西亚的廖内群岛省隔开。新加坡北部海岸被一条连接新加坡和马来西亚半岛的堤道分为两半，形成东柔佛海峡和西柔佛海峡。

新加坡以热带雨林气候为主，长年受赤道低压带控制，为赤道多雨气候，气温在23～35 ℃之间，年温差和日温差小。新加坡同时受到西南季风（通常是5月到9月）和东北季风（通常是11月到3月）的影响。在东北季风期间，盛行风来自东北，风速高达20 km/h[1]，加上低压带的南移，导致每年11月和12月的月平均气温可能会略低，并带来12月和1月的暴雨。在西南季风期间，盛行风从东南向西南方向吹来，风速可高达144.4 km/h[2]。新加坡降水充足，年均降雨量在2400 mm左右，每年11月至次年3月为雨季，受较潮湿的季风影响，雨水较多，每天平均相对湿度介于65%～90%之间。

新加坡位于典型的热带雨林气候区，由于常年恒定的气温、长时间的日照、较大的降雨量，相应的土壤也有较高的地温与较高的含水量，其土壤为砖红壤土，土壤呈酸性，与红壤土环境非常相似。[3]

新加坡地形起伏和缓，其西部和中部地区由丘陵地构成，大多数被树林覆盖，东部以及沿海地带都是平原（图6.1）。平均海拔15 m，最高海拔处在武吉知马，为163.63 m。

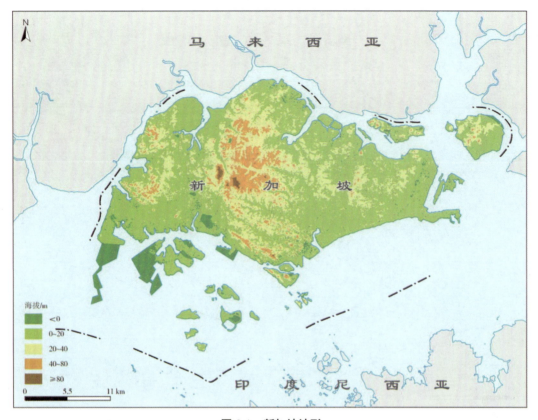

图 6.1　新加坡地形

资料来源：美国宇航局喷气推进实验室（2020），30 m 分辨率的全球 DEM 数据。

全岛共有 32 条主要河流，有克兰芝河、榜鹅河、实龙岗河等，最长的河道是加冷河。由于地形所限，新加坡的河流都颇为短小。大部分的河流都改造成蓄水池，为居民提供饮用水源。

（二）历史沿革与行政区划

新加坡由新加坡岛及附近 63 个小岛组成，国土面积 718 km²。其中新加坡岛东西约 50 km，南北约 26 km，占全国面积的 88.5%。新加坡周围的总海域面积约为 600 km²。截至 2011 年，Lai 等[4]估计新加坡总海岸线已增加到 505 km，其中 63.3% 由人造海堤组成。大约还有 9.5 km² 珊瑚礁、红树林和 5 km² 沙滩/泥滩。根据 2014 年市建局总体规划，新加坡未来 20～30 年可能会进一步发生沿海变化。

新加坡是一个城市国家，故无省市之分，而是以符合都市规划的方式将全国划分为五个社区（行政区，图 6.2）：中区社区、东北社区、西北社区、东南社区和西南社区，由相应的社区发展理事会（简称社理会）进行管理。

图 6.2 新加坡行政单

资料来源：https://gadm.org/download_country_v3.html.

根据新加坡 2020 年人口普查，2020 年新加坡常住人口 404.42 万人，65 岁以上人口占比 15.2%。新加坡公民主要以三大族群来区分：华人（汉族）占了 74.3%，还有马来族（13.5%）、印度裔（9.0%）以及其他族群。大多数新加坡华裔的祖先源自中国南方，尤其是福建、广东和海南，其中 40% 是闽南人，其次为潮汕人、广府人、莆仙人（莆田人）、海南人、福州人、客家人，还有峇峇、娘惹等。新加坡人口密度为 7810 人 $/km^2$。主要的宗教有佛教、基督教、伊斯兰、道教以及印度教，其中信仰佛教的人口最多，占 33.3%。

经济方面，2021 年，新加坡国内生产总值为 5333.52 亿新元，人均国内生产总值为 97798 美元，近 70% 的名义 GDP 附加值来自服务业，约 25% 来自商品生产业商品；贸易总额达 11600 亿新元，其中出口 6141 亿新元，进口 5459 亿新元。

在军事外交方面，作为全球重要的海上枢纽和金融中心，新加坡的存在和发展受国际环境影响极大，其面临的风险是全球性的，因而军事外交内容丰富。一是自 1970 年开始新加坡军队就积极参与海外维和行动和人道主义救援行动，如 2004 年派遣超过 1500 人为印度洋海啸灾区提供人道主义救援。二是通过军事演习和训练加强与各国的军事关系，如开展五国联防军演等国际性多边与双边联合军事演习以及在海外驻军和训练。三是构建军事交流平台，如 2002 年举办香格里拉对话会议，针对地区或国际热点安全问题进行国防部门高管会谈。四是强化与大国的军事关系。在 20 世纪 70 年代初，新加坡视美国为其外交中最重要的一环。随着国际形势的变化，新加坡调整其大国平衡战略，主张构建中美日三角关系。新加坡的军事外交行动使其保持了有效的军事防御和威慑，维持了实质性的双边和多边国防关系。[5]

（三）自然资源

1. 海洋生物资源

新加坡目前有 2.3 万~2.8 万种陆栖生物和 1.2 万~1.7 万种海洋生物，其生物多样性丰富程度堪比一个自然保护区。[6]在新加坡沿海水域总共记录了 3650 种浅海无脊椎动物、鱼类和植物[7]，包括近两个世纪前在这里描述的物种[8-9]。

有研究者对新加坡的关键海洋栖息地进行了综述。[10-12]广义而言，可以识别出新加坡的 9 个主要自然海洋生态系统——珊瑚礁、红树林、泥滩、海草、潮下底栖生态系统、沙质海岸、岩石海岸、河口珊瑚礁、水柱，以及另外 3 个人工生态系统——海堤、潮汐运河、人造潟湖（图 6.3）。新加坡的海洋环境由许多不同类型的栖息地组成，包括主要分布在南部新加坡海峡岛屿的珊瑚礁，广泛分布在沙滩上的海草草地，以及主要沿北部海岸分布、在南部岛屿上有较小斑块的红树林（图 6.3）。[13]在红树林的前滨，泥滩相当常见，而且它们在柔佛海峡的分布比新加坡的其他地方更广泛。潮下底栖生态系统面积最大，但被淹没在水中。东柔佛海峡和新加坡海峡的一些岛屿上存在着短段的天然河口沙质海岸。天然岩石海岸的数量很少，主要出现在南部岛屿，它们在结构和组成上与柔佛海峡（如乌彬岛）的剩余部分有所不同。水柱是主要的生态系统，在所有其他海洋系统的动态和补充中起着至关重要的作用。

虽然自然生态系统的规模和多样性都在减少，但人工生态系统的数量在增加，在新加坡周围变得越来越重要。这些生态系统包括广泛的海堤、混凝土衬砌的潮汐运河、人造游泳潟湖以及海里的其他人工建筑。本章主要针对图 6.3 中展示的珊瑚礁、红树林、泥滩进行海洋生物资源的梳理。

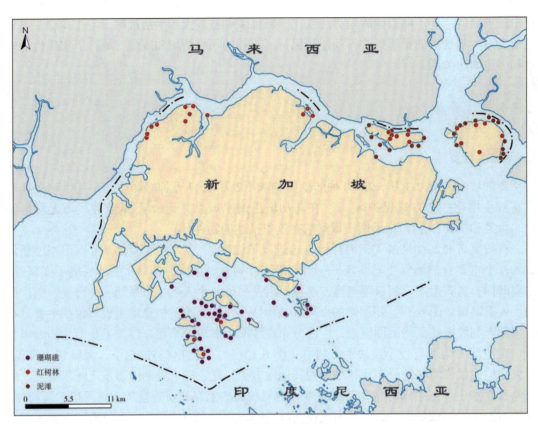

图6.3 新加坡海洋生物资源分布

资料来源：参考文献[4]。

（1）珊瑚礁。新加坡海峡许多岛屿的海岸上拥有丰富的珊瑚礁资源。新加坡的珊瑚礁通常可以分为两种类型：边缘礁和斑块礁。[14-15]新加坡岛南部近海岛屿的边缘礁通常很窄[16]，在空间上可以分为两个主要区域：礁滩和礁坡。礁滩的活珊瑚覆盖率（低于3%）远低于礁坡（高达75%）[17]。20世纪80年代，萨鲁岛的平均活珊瑚覆盖率约为10%。[18]在礁滩上的优势属包括巨大的、抗脱脂的滨珊瑚、菊花珊瑚和角蜂巢珊瑚；在礁坡上，标准厚丝珊瑚是具有板状生长形式的优势物种。在礁石边缘，华贵合叶珊瑚和同双星珊瑚在萨鲁岛很常见[18]，许多斑块礁已被填海。

新加坡记录了大约250种硬珊瑚，其中约160种是本地现存的。[19]在新加坡，常见的珊瑚包括有时在潮间带或潮下带的浅水水域常见鹿角珊瑚。许多鹿角珊瑚生长迅速，形成层压层或分支。在新加坡记录了45种鹿角珊瑚[19-20]；即使在一个小区域，它们的多样性也可能非常高，如萨鲁岛上就记录了42种[18]。

蜂巢珊瑚科在新加坡也非常多样化，记录了大约60种。蜂巢珊瑚属、角蜂巢珊瑚属和菊花珊瑚属珊瑚在新加坡很常见。它们通常存在于浅潮下，有些物种甚至可以在春季低潮期间承受短时间的暴露。梳状珊瑚通常生活在潮下更深处。

（2）红树林。如图6.4，19世纪初，红树林约占新加坡岛总土地面积的13%（约75 km²）[21]；到1978年，红树林面积减少到24 km²[22]；如今，原始红树林遗迹仅剩下不到

1.5 km^2[23-25],红树林总面积现在估计约为 6 km^2[4]。红树林中蕴藏着丰富的生物资源,包括各种微生物和动植物,共有 2000 余种(表 6.1)。对木柴、虾和鱼类海水养殖的需求[26]以及土地开垦、填海造陆推动了对红树林的开采。最近的运河化和潮汐河口转变为淡水水库也是新加坡红树林减少的重要原因。新加坡有两个海洋自然保护区,其中双溪毛糯湿地保护区就是针对红树林的,其面积为 87 hm^2,这也是西柔佛海峡候鸟的重要避难所。[27-28]

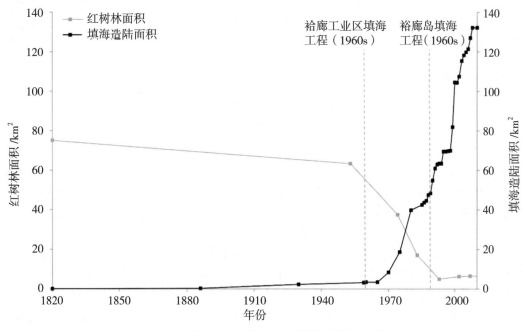

图 6.4 新加坡红树林面积与填海造陆面积变化

资料来源:参考文献[13]。

表 6.1 新加坡红树林生物资源

生物类别	小类	数量
底栖硅藻	舟形藻属,双壁藻属和菱形藻属	72 个类群
红树林树和海草		35 种
较小型底栖生物	线虫、桡足类、寡毛目和近肢类	
海洋真菌	子囊菌、蛀木生物(船虫和等足类)	
软体动物	荔枝螺、蜓螺、汇螺、跳尾虫	
节肢动物	短尾蟹、马蹄蟹、泥龙虾、海蛄虾	
鱼类	双边鱼科、鲾科、鳀科、鲥科、海鲶科、石首鱼科	约 130 种
鸟类		100 余种

资料来源:参考文献[13]。

（3）泥滩。新加坡的潮间带泥滩通常位于红树林的向海边缘附近，在柔佛海峡的避风水域中发育得最好。其生物群落与红树林底部具有相似之处，但在组成上有所不同。在退潮期间，泥滩表面可能经常看起来没有生物，但由于表面积大，初级生产力非常高。底栖硅藻在泥滩分布广泛。[29]底栖硅藻为许多动物提供了食物，包括多毛目动物（如各种沙蚕）和腹足类软体动物，如各种螺类，以及以水下沉积物为食的双壳类动物（如紫云蛤科和樱蛤科）和海参。腕足类动物舌形贝在柔佛海峡很常见[30-31]，但近年来数量骤减。大型、穴居的海葵也很常见。泥滩和沙洲在有机碳储存中的作用等于或超过海草草甸的作用[32]，这些栖息地对新加坡的居民和候鸟仍然很重要。

2. 海洋空间资源

新加坡处于马来西亚半岛的东南端，东临南中国海，西经马来西亚通往印度洋，北与马来西亚隔柔佛海峡为邻，南隔新加坡海峡与印度尼西亚相望，是太平洋与印度洋之间的航道——"马六甲海峡"的出海口，为远东地区各近洋航线必经之处。由于这种得天独厚的地理位置，及宽敞的水域等优越的自然条件，新加坡港自13世纪开始便是国际贸易港口，从19世纪以来便成为亚太地区重要的海运中心，目前已发展成为亚太地区最大的转口港、世界最大的集装箱港口之一。2020年，新加坡港吞吐量达到3687万TEU，成为世界第二繁忙的港口，仅次于中国的上海港。

新加坡港首个泊位于1972年投入运营，通过逐步改建和新建集装箱专用码头，配合积极的集装箱中转政策，并与政府当局和相关行业紧密协作，新加坡港迅速发展，转变成为地处东南亚的集装箱国际中转中心。新加坡港与世界上123个国家和地区的600多个港口建立了业务联系，每周有430艘班轮发往世界各地。新加坡港的大部分集装箱在港堆存时间为3~5天，其中20%的堆存时间仅为1天。新加坡作为国际集装箱中转中心，极大地提高了全球集装箱运输系统的整体效能，成为国际航运网络中不可或缺的重要一环，是新加坡国际航运中心的最大特色。

除了海运，新加坡还在空运、炼油、船舶修造等方面具备产业优势，同时又是重要的国际金融和贸易中心。利用这些优势条件，围绕集装箱国际中转，衍生出了诸如国际集装箱管理和租赁、空港联运等许多附加功能和业务，丰富和增强了新加坡作为现代意义上国际航运中心的综合服务功能。

二、港口发展与海洋经济区布局

（一）城市空间结构与港口发展情况

在本书前文中，我们已经将全球海洋中心城市与港口城市进行了一定的区别，以求更为全面地考察相应城市对海洋资源的开发利用能力和本身海洋经济体系的构建与发展能力。但毫无疑问，作为全球海洋运输网络节点和城市内外经济流通重要载体的港口，正是全球海洋中心城市相应能力的集中体现，也是了解分析全球海洋中心城市的关键切入点。港口的选址、规模、发展等都会受到城市基础条件和空间结构的限制，相应的限制甚至会综合影响港口以及港口经济本身作为区域重要一极作用于城市经济体系与空间格局的方式与结果。因此,不应当对港口孤立地进行分析,而需要将港口置于区域背景之中,结合城市整体的空间结构,探究港口与城市的双向互动关系。

从土地利用类型情况(图6.5)来看,新加坡绝大部分面积的陆地由城市用地和林地占据,同时,行政范围内存在大片与海洋直接联通的水体。新加坡高比重的城市用地既是国家自独立后抓住契机实现迅猛发展的结果,也是"人多地少"这一关键矛盾的必然要求。由于新加坡客观存在国土面积狭小与居民人数持续增长的冲突,政府采取了多样化的手段规划引导城市建设,尽可能地提高土地利用效率。具体政策与举措如环状发展方案、"新城模式"、高层租屋、"白地"等都在对应的发展阶段起到了较好的效用[33-35],其体现在土地利用类型上则对应于高密度与集约化的城市用地。新加坡政府的强力介入不仅引导着城市用地的适度扩张,也在推进城市绿地系统的构建与完善,持续提高新加坡的绿化覆盖率,使绿地、水体与城市密切联系,以保证城市生态功能和缓解过分节约用地易带来的"城市病"。[36]林地与水体主要以自然保护区或者公园的形式存在,协同发挥生态涵养作用,与城市用地相交错,提升人居环境,同时为居民提供多样化的产品与服务。除开生态功能和产品服务以外,水体与周边林地、草地、湿地等多种类型绿地相组合形成的滨水绿地开放空间,也是新加坡城市发展宣传自身旅游行业的核心特色。得益于此,新加坡打响了"花园城市"的招牌。整体而言,新加坡政府对于城市土地利用类型起到了关键的主导作用,较好地平衡了经济发展、生态涵养、居民需求三个方面。但是,新加坡土地利用类型的比例和布局仍然存在一定的局限性,这一点在耕地上体现最为明显。可以直观看出,新加坡仅存在零星的耕地,相应的粮食、蔬菜等农产品产量远不足以供应居民需求,因此需要依赖外贸获得粮食等商品,加大了内外贸易中农产品货物的比重。事实上,为了解决粮食安全得不到保障和土地利用稀缺的双重困境,新加坡正在尝试通过集约化高科技、农业食品创新园区样板以及促进工商业用地向包括城市农场在内的城市农业土地转变等方式支持城市食品生产。[37]但在这一问题得到妥善解决前的很长一段时间内,港口相关货物运输量依然会受到城市耕地面积不足的影响。

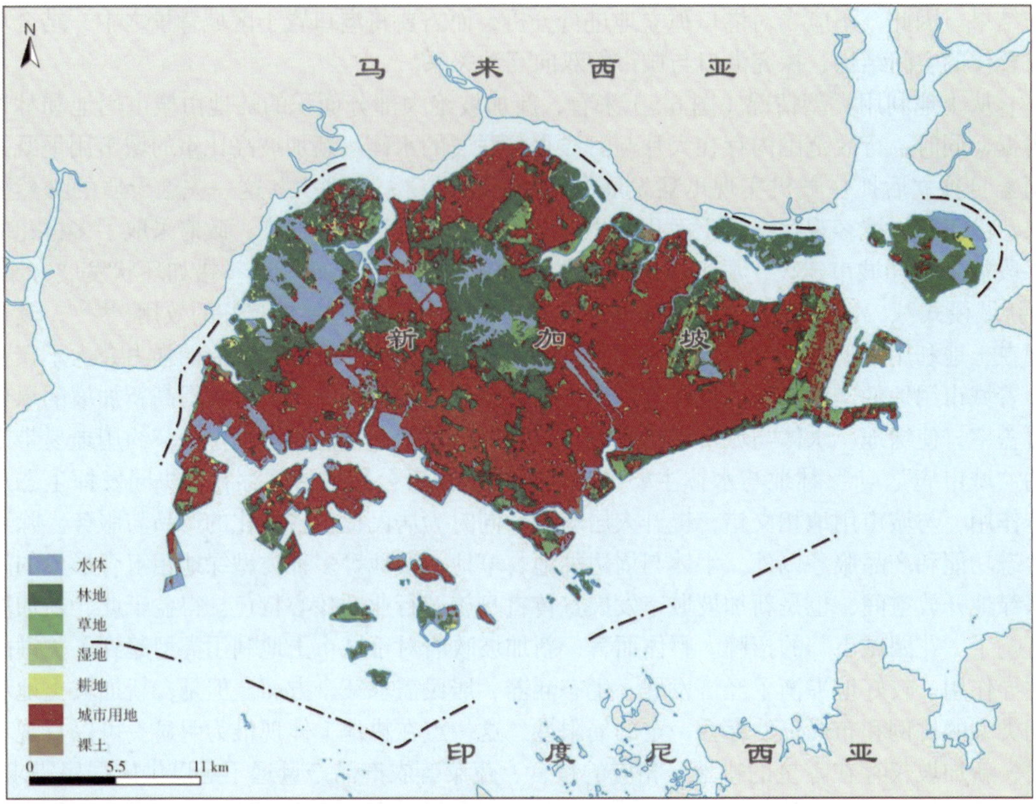

图 6.5　新加坡土地利用类型

资料来源：Dynamic World 新加坡片区数据。

　　土地利用类型图主要反映城市各类用地的大致比例与区位，可以帮助读者直观体会城市功能区的分布，城市及其周边的交通路网则能够体现城市功能区之间、城市与城市之间的连通程度，这也是城市空间结构的重要侧面。为与港口的货运功能相贴合，本章选择高速公路、主干道、铁路作为具体的路网形式进行考察。从新加坡城市及其周边交通路网的分布情况（图 6.6）来看，新加坡的路网主要为城市主干道和高速公路，分布范围大体与新加坡城市用地相符。铁路在新加坡范围内仅有马来西亚接入新加坡北的一小段。新加坡与周边区域的联通主要借助西偏北方向的高速公路，以及北向的高速公路—铁路换乘。新加坡主要口岸中，吉宝港（亦译作克佩尔港）所处位置与路网联系最为便捷，可以实现海陆快速转运。

图 6.6 新加坡路网及港口分布情况

资料来源：Open street map 新加坡片区数据。

与陆地城市边界相对恒定的情况不同，海洋城市陆地与周边水域分隔的界限长期受到流水冲刷的自然影响，同时易因填海造陆、港口建设、海上中转设施等项目的落实发生较为频繁、明显的进退。因此，相较陆地城市，海洋城市的空间结构需要额外结合海岸线进退因素认知。本书主要借鉴 Arjen Luijendijk 等[38]和 Gennadii Donchyts 等[39]的方法，结合相关数据与理论成果，对各典型海洋中心城市岸线历年位置以及变化情况进行研究。具体到新加坡而言，城市主体沿岸相当大一部分区域以超过 3 m/a 的速度发生扩张，余下区域大体维持原位。海岸线后退的情况通常只发生在小型岛屿或者港口码头旁，并且往往伴随着向其他方向的扩张。整体而言，新加坡在过去的时期内持续进行城市扩张，尽可能多地增加了国家陆地面积，这与新加坡填海造陆国策的实际背景相符合。

新加坡内共有六处相对离散的港口，即实龙岗港、吉宝港、裕廊港、布康岛港、塞古邦港、森巴旺港（图 6.7）。其中，实龙岗港规模极小，主要承接游客游览需求，基本不参与货物运输。布康岛港和塞古邦港虽然规模较实龙岗港大，但本身泊位和转运能力有限，并不足以支撑其成为国际重要港口，仍处于附属地位。吉宝港和裕廊港建设程度已经相当高，泊位数量和转运承载能力都能较好地实现国际货物流通，是新加坡海事运输功能的主要承担板块，常被视为分别的独立港口。不过从新加坡整体的建设过程来看，吉宝港和裕廊港都是新加坡港在不同时期为适应城市发展需求而开发的口岸，本质上都属于新加坡港的下属港区。[40] 换而言之，吉宝港、裕廊港以及两者连线周边其他未一一注明的港区共同构成新加坡港的主干部分，布康岛港与塞古邦港也位于这一覆盖范围内。森巴旺港区位于新加坡最北端，与新加坡港的主干部分距离较远，不过仍然具备相当程度的货运能力。另外，新加坡的港口事务目前主要由两家公司负责，分别为新加坡国际港务集团与裕廊港私人有限公司。新加坡国际港务集团前身为新加坡港务局，目前负责新加坡内除裕廊港以外的其他港口，裕廊港的相应事务则由后者处理。根据相应集团公布的数据进行验核，这两家公司年度报表同一指标的加和，恰好与新加坡海事及港务局和新加坡统计局的数据相吻合。综合历史沿革、现实情况、从属关系、统计口径考虑，本章将吉宝港等港口视作新加坡港的"码头"，以新加坡海事及港务局提供的信息为依据，整体探究新加坡港近年的发展情况。

图6.7 新加坡各港区位置与实体地域示意

资料来源：基于谷歌地球卫星云图和新加坡城市规划自绘。

由表6.2可以看出，新加坡港的体量与货物处理能力长期维持着一个极高的水平，在全世界名列前茅，无愧于其国际重要转运枢纽的地位。虽然在部分年份发生了波折，但2012—2021年，新加坡港货物运输总量以及集装箱吞吐量都发生了可观的增长，标志着其海洋交通运输能力的稳步提升。另外，对比2019—2021年的数据，虽然登记船只数量出现了连续的下滑，但其他指标均在2021年出现明显回升，疫情的冲击并未对新加坡的航运功能造成过多影响。可以预见，新加坡港的货物运输总量在未来仍呈增长形势。

表 6.2　新加坡港口整体情况

单位：kt、kTEU

年份	总货物	集装箱吞吐量	年份	总货物	集装箱吞吐量
2021	599642.7	37467.6	2016	593296.7	30903.6
2020	590738.3	36870.9	2015	575845.8	30922.3
2019	626521.2	37195.6	2014	581268	33869.3
2018	630125.3	36599.3	2013	560887.7	32578.7
2017	627688.1	33666.6	2012	538012.1	31649.4

资料来源：新加坡海事及港务局官网。

新加坡的石化油气业相当发达，新加坡海事及港务局专门整理了关于燃油销售的专题表格（表6.3）。从总量来看，新加坡的燃油销售在2012—2021年同样稳步增长。从类别来看，新加坡销售的燃油主要为船用燃油（MFO）和低硫船用燃油（LSFO）。值得关注的是，随着年份渐近，低硫船用燃油的销售量出现迅猛增长，并且大体占据了本该由船用燃油占据的份额。这一定程度上反映了市场近年对低硫燃油的需求。新加坡的石化油气业需要因此做出生产加工调整，这也考验着相关行业的技术水平与灵活协调能力。

表 6.3　新加坡燃油销售情况

单位：kt

年份	Total	MGO	MDO	MFO 180 cst	MFO 380 cst	MFO 500 cst
2012	42685.4	1454.2	2.2	1247.0	33685.5	6225.4
2013	42682.2	1182.9	2.0	950.2	32070.2	7661.5
2014	42416.8	1022.3	1.9	747.3	31821.1	8097.3
2015	45155.5	936.2	1.5	673.4	34106.8	8599.7
2016	48614.5	853.4	0.5	562.3	36107.9	9801.1
2017	50636.4	736.1	0.1	291.0	37814.1	10053.2
2018	49798.8	746.8	0.0	329.8	35722.8	10619.2
2019	47463.5	792.0	0.8	266.8	29942.3	7127.1
2020	49833.0	632.9	0.2	0.7	9650.6	942.6
2021	49988.8	360.3	0.0	40.3	12162.0	684.5

续表 6.3

年份	LSMGO	LSFO 100 cst	LSFO 180 cst	LSFO 380 cst	LSFO 500 cst	ULSFO	Others
2012	0.0	0.0	0.0	0.0	0.0	0.0	71.1
2013	190.9	0.0	1.8	541.1	15.0	0.0	66.5
2014	287.9	0.0	2.0	412.3	4.9	0.0	19.7
2015	784.6	0.0	0.5	23.7	0.0	0.0	29.2
2016	1136.7	0.0	0.7	126.9	0.0	0.0	24.9
2017	1285.1	0.0	40.1	103.4	2.2	0.0	311.2
2018	1539.0	0.0	256.6	51.9	23.5	0.0	509.1
2019	3089.9	0.0	1216.2	4262.7	0.3	0.0	765.6
2020	4062.2	7641.8	1132.1	25309.7	0.0	400.8	59.3
2021	3722.0	6023.3	1992.8	24855.5	0.0	0.0	148.2

说明：MGO—船用瓦斯油；MDO—船用柴油；MFO—船用燃油；LSMGO—低硫船用瓦斯油；LSFO—低硫船用燃油；ULSFO—超低硫船用燃油；100sct、180sct 等为石油分类型号。

资料来源：新加坡海事及港务局官网。

新加坡历年调用的 75 总吨以上船只中，除开不明用途的其他船只外，货运船只与燃油船只占据大头（表 6.4、表 6.5），它们分别对应上文的海洋交通运输行业和石化油气业。次之的则是供应船只，其一般用于向船舶和海上设施运送供应物资，辅助维持船舶和港口正常功能运行和海上工程建设。在新加坡将海事产业与建设作为发展重心，持续推进项目建设的背景下，供应船只维持着相对稳定的数量。维修船只最少，并且出现了较为持续的数量削减。这一情况是两方面综合作用的结果。首先，船舶维修与制造产业作为新加坡的重要产业之一，在全球范围内存在相当剧烈的竞争。为长久保持自己的优势地位，新加坡持续对船舶维修设备与技术进行投资和更新，同时将主要服务对象放眼在重型船只上，提高了每艘船只的维修能力与工作效率。其次，新加坡登记船只总重量在 2017 年后便出现了较为持续的下降，需要服务的对象体量缩小，维修船只的数量自然进一步缩减。

表 6.4　75 总吨以上船只调用情况

单位：只

年份	货运船只	维修船只	燃油船只	供应船只	其他
2012	50562	6657	38082	24166	69885
2013	50288	6881	38614	26334	78904
2014	49890	6335	38299	27340	77457

续表 6.4

年份	货运船只	维修船只	燃油船只	供应船只	其他
2015	48842	4141	40763	29756	77696
2016	49830	3762	42380	31265	81821
2017	54120	3507	40736	30946	85016
2018	49779	2784	39471	28819	88072
2019	45223	2652	40909	28916	89787
2020	41374	2002	40585	30018	35611
2021	41907	1944	39447	27232	26163

资料来源：新加坡海事及港务局官网。

表 6.5　新加坡境内登记船只情况

单位：只、kt

年份	新加坡境内登记船只数量	新加坡境内登记船只重量
2012	4090	92336
2013	4275	94998
2014	4437	97320
2015	4456	90944
2016	4578	88808
2017	4717	88023
2018	4739	86300
2019	4595	82249
2020	4380	73615
2021	4232	65018

资料来源：新加坡统计局、新加坡海事及港务局官网，经整理。

（二）海洋经济区

对海洋资源进行利用的方式与行业多种多样，海洋经济区因而呈现出较为多变的面貌，其外延概念随之模糊。但海洋经济区的内核相当明确，即立足于特定区位条件与经济状况，在合理配置相应海洋资源的基础上，以实现海洋经济体系构建与完善为发展核心的区域。港口在实现国际贸易流通和资源高效利用上优势突出，对于拥有港口的全球海洋中心城市而言，其海洋经济区分布和发展往往与主要港区存在高度的耦合关系。这并不能说明海洋经济区一定是在港区的基础上形成的；但毫无疑问，海洋经济区的规划方针制定和实际建设过程必然极大程度上受到港口的直接或间接影响。港城关系的双向互动在海洋经济区得到了集中体现。因此，在本章后续板块从经济部门构成和产业角度出发，详尽介绍新加坡（城市）全域范围内海洋经济相关产业分布与发展现状。本小节重点从空间格局和港城关系的视角出发，介绍新加坡主要海洋经济区情况。

1. 港口用地变化特征

虽然不能将海洋经济区与港区进行简单的等同或重叠，但以港口重要港区增减与迁移的用地变化历程为主线，能够更清晰地把握城市海洋经济在不同时期的发展重心调整，同时有助于理解相应发展决策的现实基础和时代背景，辅助探究"为什么"和"怎么样"发展到当前阶段的问题。

早在新加坡实现自治之前，吉宝港区及与其相邻的，同样位于新加坡东南入海口的丹戎巴葛港区、布拉尼港区即已在英国殖民者的大力开发下发展到了相当高的程度，作为当时的新加坡港实体（也是现在的东新加坡港），切实奠定了新加坡国际转运枢纽和马六甲海峡交通咽喉的地位。吉宝港区、丹戎巴葛港区、布拉尼港区开发时间相近，基本都在1800年前后始建。其中，吉宝港区因为在泊位、岸长、港口水深等硬性条件上具备一定优势，发展相对较快，但三者基本处于同一阶梯，未出现明显差距。需要指出的是，由于新加坡仅是英国下属的殖民地，英国在新加坡建立的经济结构是单一畸形的转口贸易经济结构，包括新加坡港开发在内的一切经济活动只是为了满足宗主国进行转口贸易的需要，实现殖民地向宗主国的利益输送。[41]因此，上述港区在这一时期经济结构脆弱而相似，基本只存在单纯的码头口岸等海洋运输业用地，仅以转口贸易作为区域功能，处于利用海洋经济的初级阶段，也未能借助港口区位条件辅助城市海洋经济体系的构建。

所以，在20世纪60年代前后，国家刚刚独立时，新加坡与新加坡港的关系较为特殊。一方面，失去英国的支撑（虽然这是根植于剥削的支撑），新加坡本身作为弹丸小国，人口稀少、领土面积小、自然资源缺乏等劣势暴露无遗。要想在错综复杂的国际局势中实现安稳与发展，必须尽可能维持和利用一切有利条件，港口已经占据的优越区位和国际贸易渠道不容有失。另一方面，虽然新加坡港发展历史悠久，但其工业基本只有服务于转口贸易的加工、装配等简单工业，附加值低，很难为新加坡经济带来较大贡献，也较难让新加坡港在与邻近地区如马来西亚的其他港口竞争中取得独特优势，长期占据主导地位。基于这样的现实背景，新加坡采取了双管齐下的方针。一方面，维持新加坡自由港的基本定位，仍然以现有港区作为区域增长极进行集中建设，采用现代化器械装置和技术强化港区的服务能力，并初步尝试船舶维修、制造等与海洋运输联系密切的业务扩展。另一方面，通过填海造陆依次新建了裕廊工业港和裕廊工业片区，相应区域建设的核心目的即实现新加坡高精尖工业的发展，以长久保持国家竞争力。在工业具体行业的选取上，结合船舶停靠对燃油需求量极高的特点，裕廊工业片区设置初期以石化工业为主，为后来新加坡石化油气业全球领先的地位奠定了基础。值得一提的是，新加坡在这一时期对北方20世纪30年代始建的森巴旺港进行了重新开发，同样将其功能向工业（主要是船舶工业）靠拢。因此，在新加坡1958年总体规划中未被单独分割出来的北部片区，在1980年总体规划图中进行了相当细致的分区（图6.8、图6.9），以与森巴旺港对应时期建设促进该地区城市化的背景相适应。

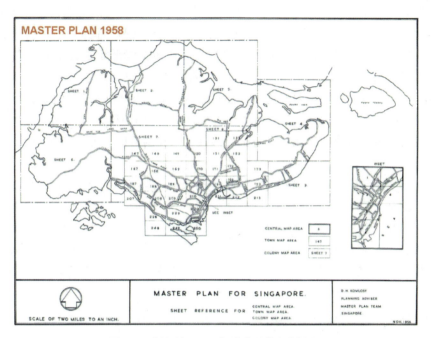

图6.8　新加坡1958年城市总体规划总图

资料来源：新加坡城市重建局官网。

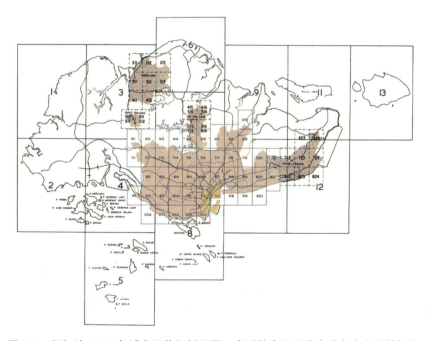

图6.9　新加坡1980年城市总体规划总图，当时的森巴旺港大致在左上阴影部分

资料来源：新加坡城市重建局官网。

1960—1980年的港口新增与建设使得新加坡逐渐建立了一套较为完整的工业体系，单纯的海洋运输业逐渐让位于船舶维修、造船业等与船舶联系密切、产业附加值显著升高的临港产业，以裕廊港周边区域为代表的石化工业也作为支柱行业助推新加坡的经济发展。20世纪80年代石油危机冲击与劳动力成本上升的挑战，促使新加坡加快劳动密集型工业以及部分资本密集型工业向技术密集型工业和知识型服务业的转型。[42]在对原有港口的技术与规模进行必要升级的同时，相应港区开始发展以海事法律、海洋保险为代表的海事服务业。因为相应时期的重心放在对已有行业的技术水平提升和结构调整上，港区数量与规模相对稳定。除开改建工程，主要的用地变化只有巴西班让港区的增设。其功能既包括传统的集装箱处理功能，也包括与时代背景相适应的、处于探索阶段的海事服务功能。[43]

21世纪以来，新加坡港的规模与产业片区布局大体稳定，与目前的格局基本一致（新加坡港区未来建设趋向如图6.10所示）。港口主要向信息化、技术化转变，发展重心依然放在提高产品附加值与业态升级上，根本目的为维持和增强行业核心竞争力。近年来，新加坡决定在城市西南侧增设大士港，也是其为在与以上海港为代表的其他亚洲港口竞争中取得更多优势的举措。大士港到底能起到什么样的效用，有待进一步的观察。

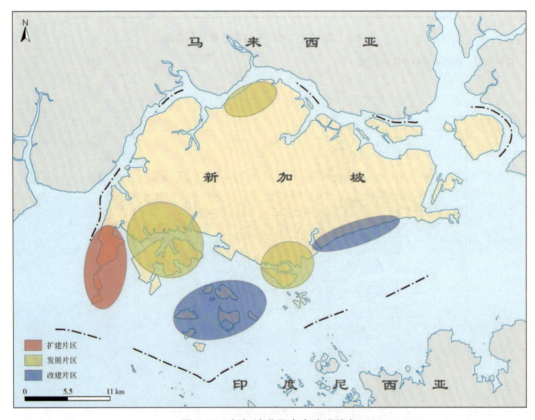

图6.10 新加坡港区未来建设趋向

资料来源：基于新加坡城市发展局官网公布的新加坡2019年总体规划及长期规划自绘。

2. 港城间的物流联系

在本节前文介绍城市空间结构时,我们简单展示了新加坡城市的主要路网以及各港口大致点位。但就现代货物运输而言,交通基础设施配备固然是保障物流功能运转不可或缺的前置条件,国际贸易物流公司入驻情况、运输仓储配送产业链条完善程度、物流集散仓储中心的分布格局等同样是决定其效率和具体实现路径的关键因素。对于新加坡这样的全球海洋中心城市,其货物运输呈现出国际化、批量化、复杂化、需求多样化的特征,相应地需要专业化、规模化、集成化、服务综合化的企业与园区承担物流功能。

目前,新加坡已有多家物流企业,其中不乏在全球开展业务的跨国公司的总部或区域性总部。具体如希杰物流亚洲有限公司、瀚洋集团有限公司、讯通配运有限公司、吉宝物流私人有限公司等,均是在行业内具有相当知名度和竞争力的顶尖企业。由于数量众多,此处不再一一罗列各企业具体情况。整体来说,物流企业为新加坡工商业企业普遍提供专业化的第三方物流服务,包括运输、仓储、存货管理、订单管理、咨询整合等,以及必要的物流组织管理技术支持。[44]这些公司通常设有专门的物流配送咨询机构,不仅执行客户的指令,也主动根据客户需求设计可行方案,进一步提高整个系统内的人员物流协调效率。顺应信息化与电子化的时代背景,相关企业推广了电子物流的经营模式,整合了一套独具特色的网络供应链管理系统,构建亚太地区的外包供应网,进一步提升了新加坡物流业的知名度与影响范围。其典型案例即新加坡 TradeNet 网站的应用与普及。TradeNet 作为新加坡国家贸易申报单一窗口,统一处理进口、出口和转运的文件程序,简化了相关贸易手续,提高了货物的清关效率与降低成本;同时为物流上下游企业提供公共电子信息平台,允许所有相关的公共及私营部门通过电子形式交换贸易信息,使整个产业链得以实现信息化与透明化,降低信息不对称造成的额外负担。[45]

目前,新加坡的重要物流园区包括位于港区范围内的吉宝物流园、巴西班让物流园、丹戎巴葛物流园等,以及位于港城之间的亚历山大物流园等。新加坡设在港区内的物流集散中心共三处,分别为森巴旺码头、巴西班让港区和吉宝物流园。其中,森巴旺码头为散货分拨中心;巴西班让港区为专门的汽车转运中心;吉宝物流园则处理集装箱配运,提供拼拆箱、运输及货物测量、贴牌、包装等综合服务,发展程度最高,规模也最大。[46-47]

另外,新加坡政府在推进物流业发展、促进港城物流联系中发挥了重要的积极作用。除开前文提到的 TradeNet 网络建设以外,新加坡政府还专门出台了各种优惠政策,减免货物中转过程中产生的仓储费、装卸搬运费和货物管理费等;对物流行业本身,政府提供了税收优惠和研究经费资助,并且注重高素质港口物流人才的培养、引进与运用。这些都为城市与港口的物流综合服务功能持续提升做出了关键贡献。[48]

3. 海洋经济区布局与情况

目前,新加坡的海洋经济区可以划分为四片区域:吉宝综合功能片区,裕廊工业片区,巴西班让物流片区,森巴旺物流与船舶工业片区(图 6.11)。图中的自由贸易园区与自由贸易港口根据新加坡《自由贸易区法》第 114 章,第 3(2)条——自贸区(指定自贸区管理机关)通知认定。[49]具体包括:吉宝片区内的丹戎巴葛码头、吉宝码头、布拉尼码头三处自由贸易港口,吉宝物流园、吉宝物流园连廊两处自由贸易园区;裕廊片区内的裕廊港和大士港；巴西班让片区内的巴西班让码头；森巴旺片区内的森巴旺码头。

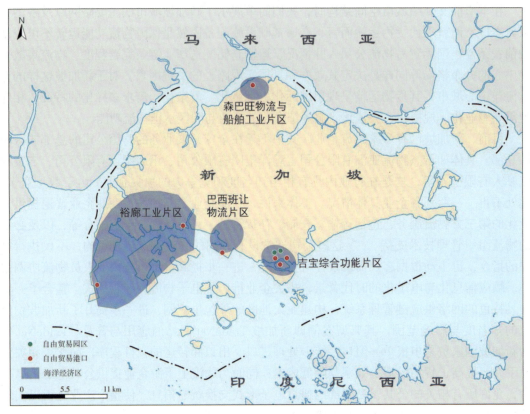

图 6.11　新加坡海洋经济区

资料来源：自绘。

（1）吉宝综合功能片区。吉宝综合功能片区位于新加坡东入海口。特殊的门户位置、区域本身悠久的建设历史以及与新加坡中心城区邻近的优势共同作用，造就了吉宝片区集贸易中心、金融中心、海事中心于一体的特殊定位。吉宝片区发展程度极高，行业类型丰富，能够提供多样化的产品与服务，发挥综合功能。吉宝片区内，海洋交通运输业、国际转口贸易和船舶工业均为重要产业，为城市海洋经济贡献相当高的比重，这一点与新加坡其他重要港区相似。与其他海洋经济片区差别相对较大的，以法律、金融、保险为代表的海洋海事服务业在吉宝片区内的业态尤其完善。得益于发达的海洋法律行业，新加坡成为国际承认的海事仲裁地，主持处理贸易争端，为海事公司提供航运相关事宜的法律咨询和代理支持[50]；新加坡内部发达的金融行业为海事公司提供金融和保险服务，帮助海事公司为相关业务筹集资金，进一步促成海洋经济体系的整体稳固与要素流通。正因为在经济、技术、发展阶段等多方面较为领先，同时面对着更为多样化和高端化的需求，吉宝片区是促进海运业产业升级转型最为积极的海洋经济区，其具体方针包括与互补集群建立联系、提高生产力和创新推动、利用数字技术实现智能化等。可以说，吉宝综合功能片区是新加坡最能全面体现其海洋经济构建发展成果与经验的区域。

（2）裕廊工业片区。裕廊工业片区自 20 世纪 60 年代建立开始，便由裕廊镇公司，亦即今天的新加坡裕廊集团专门负责，因而在一定程度上具备自主处理事务和进行战略规划的权利。目前，裕廊工业片区内的主导行业仍然是石油和化工行业，其燃油产品作为新加坡的特色贸易品对外销售，是新加坡的重要经济来源之一。相应地，裕廊港的主要输入品也是作为加工提炼初始材料的原油及其他化工原料。石化工业主要安置在独立、封闭以确保安全的裕廊岛上，沿海西南部主要为港口和重工业区。除石化工业以外，区域产业还包括船舶工业、钢铁水泥、汽车配件等工业。自 21 世纪以来，裕廊集团不断尝试开拓新技术与新产业。新兴产业的加入使得裕廊工业片区内的工业体系日趋完善，同时也为片区的发展建设提供了新的动力。无论是 21 世纪初在生物、医学方面的科学研究，在信息通信技术和媒体方面进行的新型投资，还是近几年以来数字化趋势、工业 4.0 模式的采用以及可持续发展理念的普及所催生出的先进制造技术、农业食品生产技术、生态创新等，都使得裕廊片区从更成熟、更现代化的方面贡献于新加坡的工业与经济。

（3）巴西班让物流片区。巴西班让港区主要负责专门的汽车转运，也承担少量的杂货运输。在本小节的划分中，特别将巴西班让港区背后，靠近新加坡中心城区的科技园区也纳入片区范围之中。该区域的科技园区最早在 20 世纪 80 年代响应新加坡产业转型号召而建立，与巴西班让码头的建设大致为同一时期。在 40 年间的更新与发展中，新加坡科技园区研发的自动化设备、微晶电子和信息技术等成果直接应用于港口建设，提升港口服务和配置能力，使新加坡港成为全球集装箱枢纽和跨国供应链管理中心。出于这一考虑，本书认为其同样是海洋经济区的组成部分。

（4）森巴旺物流与船舶工业片区。虽然规模相对较小，但森巴旺港区内仍然存在多功能港口作业区域，森巴旺码头也属于官方通过法律条文认定的自由贸易区，因此仍然承担着货物转运和基本的转口贸易功能。除此之外，森巴旺内还有小片工业区，主导产业为船舶维修与制造。

三、海洋经济概况与海洋经济部门构成

（一）海洋经济概况

新加坡作为一个海岛型国家，经济发展与海洋有着密切联系。新加坡位于马来半岛南端、马六甲海峡出入口，北隔柔佛海峡与马来西亚相邻，南隔新加坡海峡与印度尼西亚相望。全国由新加坡岛、裕廊岛、德光岛、圣约翰岛等 60 多个岛屿组成（其中新加坡岛占全国总面积的 88.5%），海岸线全长 378 km，是世界著名的港口航运中心、世界三大炼油中心、国际贸易中心。新加坡的港口运输发达，与 130 多个国家的 600 多个港口有紧密联系，拥有 5000 多个海事机构与海事企业，是全球的枢纽港口。新加坡拥有货物吞吐量位居全球第二的集装箱港口，2020 年港口集装箱吞吐量达到 3687 万 TEU，占全球份额的 4.62%。港口贸易的繁荣，带来了巨大的船舶停靠量，相应的海空运输的燃料油需求大，这使得新加坡成为国际上主要的燃料油消费市场。目前，在裕廊岛上集聚了全球前 20 位的石油化工企业，裕廊岛每日炼油能力为 150 万桶，兼具炼油、烯烃产品和化学品制造的能力，超过 100 家全球化学公司在当地设立核心业务，能源与化工产业占制造业增加值约 1/3。新加坡的能源与化工产业在全球排名前十，是世界第八大化学品出口国。[51]

新加坡利用优越的港口条件，临港工业尤其是船舶建造和维修业发展迅速。近年来各大船厂在浮式储油卸油装置、半潜式平台、自升式钻井平台的建造方面居于世界领先地位。[52] 新加坡作为国际海事中心，为海运的发展提供稳定的物流与支持服务（货运代理）、技术服务（船级社）、海洋测量服务；作为国际三大海事仲裁中心之一，为海事公司提供航运、航运融资和其他航运相关事宜的法律咨询和代理支持；繁荣发展的金融行业为海事公司提供金融和保险服务，帮助海事公司为船队扩张、船队更新、再融资、船舶维修和升级等筹集资金。这些都为新加坡海事行业的繁荣发展提供了良好的环境。在此基础上，新加坡旅游业同样发展迅速，2020年新加坡游客人数达470万人次。

在"全球领先的海事之都"排名中，新加坡连续5次名列榜首。"全球领先的海事之都"根据航运、海事金融与法律、海事科技、港口与物流、吸引力与竞争力五大领域的29项指标，评价全球50个海事城市。在2012年、2015年、2017年、2019年和2022年，新加坡均名列第一。2022年，新加坡在海事科技、吸引力与竞争力两个领域得分最高。

根据新加坡海洋行业协会统计，近10年来，新加坡海事经济总量波动式增长，总体上保持上升趋势。2008—2009年，新加坡海洋经济总产值较高，为168亿美元；受金融危机影响，在2009年之后，海洋经济产值减少至134.7亿美元；2010—2014年海洋经济产值稳步提升，在2014年达到一个高峰期（172.3亿美元）；此后虽有下降，但2017—2019年均保持上升趋势。由图6.12可以看出，海洋经济总量占比趋势与海洋经济总量保持一致。（由于统计口径原因，海洋经济总量主要包括海洋船舶维修业、海洋船舶建造业、海外加工出口工业，未将滨海旅游业和海洋交通运输业列入统计范畴，所以占比较低。）

图6.12 新加坡海洋经济产值与占比

新加坡海洋经济主要由海洋船舶维修业、海洋船舶制造业以及海外加工出口工业组成（表6.6）。其中海洋船舶维修业与海外加工出口工业为海洋经济支柱性产业。新加坡海洋船舶制造业比重呈现逐年下降的趋势，从2008年到2017年的占比从9.94%下降至3.27%；海外加工出口工业占比大部分年份均超过50%，保持较高水平。

表 6.6 新加坡海洋经济产业构成

单位：%

年份	海洋船舶维修业	海洋船舶建造业	海外加工出口工业
2008	42.02	9.94	47.98
2009	39.99	4.99	55.02
2010	36.01	4.01	59.99
2011	39.04	5.03	56.01
2012	31.98	7.53	60.49
2013	30.98	5.49	63.53
2014	31.98	3.02	65.00
2015	32.99	1.97	64.97
2016	34.99	1.53	63.48
2017	56.63	3.27	40.10

资料来源：新加坡海洋行业协会。

2019 年，新加坡在海洋经济行业的总就业人数为 6.79 万人；与 2018 年的 6.56 万人相比，增加了 2300 人，增长了 3.5%（表 6.7）。就业人数增加的部分原因是新加坡的订单数量、下水船舶和需要维修的大型船舶数量增加。这一小幅增长的另一个原因是，该行业通过增加新的订单项目，特别是在新的增长领域有逐渐复苏的初步迹象，该行业正在为更多的就业机会做准备。

表 6.7 新加坡海洋经济行业就业人数

年份	就业人数	年份	就业人数
2010	97400	2015	90500
2011	102800	2016	81300
2012	101500	2017	67800
2013	104500	2018	65600
2014	101200	2019	67900

资料来源：新加坡海洋行业协会。

（二）主要海洋产业

1. 海洋渔业

新加坡国土面积狭小，渔业资源发展优势并不明显，且新加坡的经济发达，发展普通渔业不具优势。但新加坡气候条件优越，渔业养殖风险低，在苗种繁殖和水产养殖上具有优势。同时，新加坡借助发达的物流运输条件，成为东南亚渔业转口贸易商。新加坡凭借这两个有利条件，成为世界上最大的观赏鱼出口国和东南亚渔业转运中心。

新加坡渔业总产量整体上出现波动式收缩趋势。近海捕捞业在 2012—2019 年间呈现缓慢下降的趋势；在 2019 年之后，受 COVID-19 影响，出海的渔船急剧减少，导致捕捞业产量急剧下降。海产品进口量在 2017 年间出现 11.63 万 t 的低值，随后几年间，海产品进口量不断增加，在 2020 年出现 12.85 万 t 的高峰值，总体来看海产品进口量较为平稳。海产品出口量从 2012 年的 2.88 万 t 减少到 2021 年的 1.86 万 t，海产品出口量正在逐年收缩。新加坡的海产品进出口量 10 年间有升有降，总体发展平稳，进口量远大于出口量。在新加坡渔港出售的海产品，其销量也在逐年下降（表 6.8）。

表 6.8　新加坡渔业生产情况

单位：t

年份	渔业总产量	捕捞业产量	海产品进口量	海产品出口量	海产品销售量
2012	3578	1970	123982	28830	61405
2013	5132	1644	122814	25364	59094
2014	4945	1434	119858	16593	54000
2015	6432	1268	121577	22827	49436
2016	5597	1235	116863	19458	47092
2017	5390	1108	116351	17544	45412
2018	5192	1310	121206	18321	41356
2019	5335	1418	125403	17160	40910
2020	4567	356	128508	17556	43053
2021	4936	310	123799	18634	38903

说明：渔业总产量包括沿海和陆上渔业生产，捕捞业仅海上捕捞，海产品进出口不包括干的、盐渍的和盐水中的鱼，海产品销售量指在新加坡渔港出售的海产品，包括本地捕捞的海产品和进口的海产品。

资料来源：新加坡统计局。

新加坡养殖渔业以热带观赏鱼的繁殖培育为主，其观赏鱼养殖场大多数分布在高科技农业区内，约有半数以上的渔场面积超过 2 hm^2。观赏鱼是目前新加坡最受重视的农产品。新加坡发达的物流运输，为渔业产品的加工与流通发展提供了有利条件。裕廊港是新加坡主要的生鲜水产品进口港，经该港进口的生鲜水产品约占新加坡全国生鲜消费的 80%。同时，该港口是远洋渔船的转运中心，将西太平洋捕捞的鱼类加工转运至东南亚各国。观赏鱼业的发展进一步壮大了新加坡渔业的加工与流通，目前新加坡观赏鱼业已形成从鱼苗培育到水族品制造出口的完整产业链，其观赏鱼的生产经营辐射到马来西亚、泰国、中国等周边国家。新加坡已成为世界观赏鱼产业的领导者。

2. 海洋石化油气业

新加坡的原油和天然气资源匮乏，其石化产业基本依赖进口原油。由于《区域全面经济伙伴关系协定》（RCEP）的签署，东盟国家获得了前所未有的重视。其次，由于本土市场"小而美"的特点，新加坡推行"小国大石化"的战略，成为东南亚地区石化产业的重要力量。

新加坡位于马六甲海峡的出入口，有天然的海上航运优势，2021年被评选为"全球最佳港口"。并且，新加坡临近印度尼西亚和马来西亚等盛产油气的东盟国家，使得原油进口及石化产品出口变得更加便利，促进了新加坡石油化工产业基地的建设。凭借着地理位置的优势和国家政策，新加坡油气工业发展迅猛，已成为世界三大炼油中心之一。由于新加坡拥有庞大的炼油产能和油库，新加坡已经发展成为亚洲重要的石油交易中心和定价中心，每天有50多家大型石油公司、几百家中小企业在此交易。油气石化产业是新加坡制造业支柱产业之一，主要板块包括能源和石油化工（包括专用和精细化学品等）、液体仓储、油气装备等。

新加坡是天然气的净进口国，不生产或出口天然气，在裕廊岛拥有对液化天然气终端的投资开发，使得新加坡作为天然气交易中心的竞争力有所提高。新加坡的天然气行业由两个独立的天然气网络组成——天然气网络和城市燃气网络。天然气主要用于发电和工业原料，天然气销往国内的数量逐渐与销往国外的数量持平（图6.13、图6.14）。2021年，天然气占总发电量的95%左右。城镇燃气网络为新加坡约62%的家庭提供服务，主要用于烹饪和热水。2021年城镇燃气销售总量16.67亿kW·h，其中52%为国内消费，48%为非国内消费。新加坡大约有87.5万个城市燃气账户，其中1.74%是商业和工业客户。

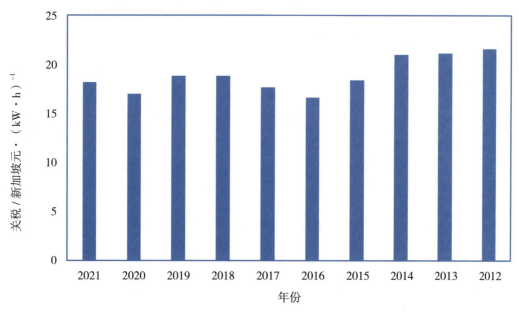

图6.13 管道天然气关税

资料来源：singstat.gov.sg。

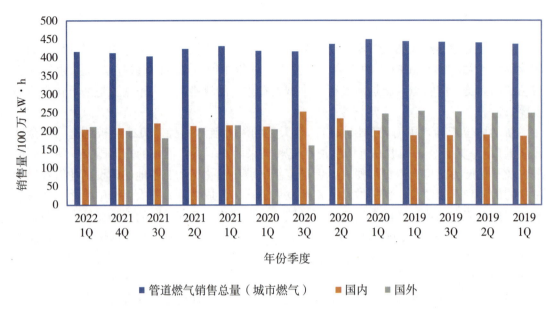

图 6.14 管道天然气销售情况

资料来源：singstat.gov.sg.

在产业集群方面，新加坡不断打造全产业链石化产品供应基地，上下游产品链接，产出许多衍生产品，形成一个庞大且全面的石化产品供应基地。随着炼油产能的持续扩大，新加坡推动石化产品向乙烯、丙烯等下游产业延伸，并逐步打造产业集群。

其中，裕廊岛的建成标志着新加坡石化产业朝着高度集群方向发展，集群效益明显。裕廊岛是炼油、石化中心，用户和供应商紧密联系，实现了企业间的物料互供。其中，新加坡的乙烯装置全部由美国和日本控制，其余石化企业及下游加工企业也主要由欧洲、美国、日本的大公司所经营。裕廊岛现已成为新能源与油气石化产业的重要基地与核心枢纽，新加坡也是世界三大炼油中心和石油贸易枢纽之一。

在产品推广和出口方面，新加坡石化产业是典型的出口导向型，国内几乎没有需求，大部分销往中国等周边国家。同时，新加坡主张多层次贸易战略，已经与石油、石化产品主要出口目的地如日本、美国、澳大利亚、东南亚各国及中国等国家签署了自由贸易协定。许多国家石化产业的发展对新加坡石化工业形成了较强的竞争态势。因此，新加坡石化产业及时调整发展战略，向高利润、高附加值的技术密集型产品转型，产品逐步向高端化发展。

由新加坡海事及港务局给出的数据，可以看出，从重量的统计方式来看，新加坡油轮到港在近 10 年内都呈现出一个上升的态势（图 6.15）。联合国贸易和发展会议的统计数据库 UNCTADSTAT 的数据显示，在港口停靠、在港口停留时间、船龄和规模的统计里，液化石油气运输船和液化天然气运输船的在港中时间是最长的，船舶平均尺寸较大，其中液化天然气运输船的平均载货量最大。

图 6.15　不同类型船舶总吨数

资料来源：新加坡海事及港务局。

新加坡是世界领先的化工中心之一，全球 100 多家化工公司的主要业务均设在新加坡，大多数位于裕廊岛，岛上的综合生态系统创造了适当的协同效应。2015 年，该行业（包括石油和石化）贡献了新加坡近 3% 的 GDP。如今，新加坡是世界第五大炼油出口中心，并跻身全球前 10 名按化学品出口量（图 6.16）。作为海洋可持续发展努力的一部分，新加坡正在资助大数据研究工作以及绿色技术和液化天然气等替代燃料的开发，这些努力旨在使他们的船舶和港口更环保，并减少他们对化石燃料价格波动的脆弱性。

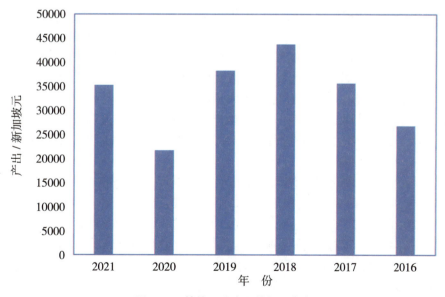

图 6.16　精炼石油产品的行业产出

资料来源：singstat.gov.sg。

2009—2018 年，新加坡原油进口量和石油制品产量均在 50000 kt 标准油左右，2018 年炼油年终端能源消费 3000 kt 标准油。随着全球碳中和进程的不断推进，预测至 2050 年，全球石油消费将减少 75%。新加坡作为石油炼化中心，预测炼油业规模将下降 80%，新加坡制造业终端能源消费将大幅下降。预测至 2050 年，新加坡工业部门终端能源消费将下降至 7600 kt 标准油。纵观新加坡几十年的能源发展历程，不论是制定外向型能源战略、打造能源化工产业集群，还是推动天然气供给多元化、加快能效变革和绿色发展，新加坡都是在用能源驱动经济社会发展。新加坡证券交易所的研究报告强调，虽然海事和离岸服务行业在短期内继续受到原油价格走势的影响，但新加坡一直在转向清洁和可再生能源相关业务，作为其长期业务的一部分策略。

由于新冠疫情的影响，受打击最严重的是油轮运输，对集装箱贸易、天然气运输和干散货商品的影响较小，这压缩了对燃料的需求。石油和煤炭等传统能源是有限的，但对燃料的需求将继续增长。新加坡正在寻找新的可持续燃料来源，如液化天然气和海上可再生能源的多样化，为新加坡能源发展带来了机遇。

3. 海洋船舶工业

新加坡是全球近海和海运中心，为全球船舶修理、造船、钻井平台建造和海洋工程、油田设备制造以及海上供应船的建造和租赁提供服务，已经成为世界级船舶修造中心。

Fior Markets 公司的一份预测报告显示，全球船舶修理和维护服务市场规模将从 2018 年的 188.9 亿美元增长到 2026 年的 399.3 亿美元，预测新加坡有望掌控全球船舶修理和维护服务市场。得益于得天独厚的地理位置、多年来对船舶修造设备的持续投入以及船舶大型化发展带来的航行路线改变，新加坡在全球修船市场的受重视程度越来越高。

新加坡修船业的发展可以追溯到 1859 年新加坡建造第一个干船坞的时候。新加坡在 20 世纪 70 年代开始确立其国际船舶修理中心的地位，特别是在大型船舶修理方面。2015 年，新加坡年修船产量占世界修船总产值的 9.48%，其中海上浮式生产、储存和转运装置改装产值占世界总产值的 2/3，海上平台修理/改装产值占世界总产值的 60%。面对不断加剧的国际市场竞争，新加坡修船厂积极调整发展策略，从一般的船舶修理转移到高附加值的业务，并开始向国外扩展。除油船、散货船、邮轮和液化天然气船等各类船舶的维修、升级和翻新项目外，新加坡还完成了大量的压载水管理系统和洗涤器安装项目。例如，2018 年，新加坡开展了 7 个海上浮式生产、储存和转运装置和海上浮式储存和转运装置项目；截至 2018 年，新加坡胜科海事共对 41 艘液化天然气船进行了维修和升级，还先后完成了 10 个邮轮维修项目。

新加坡海事及港务局的港口统计数据显示，2017 年共有 3507 艘船舶停靠新加坡进行修船工作，与 2016 年的 3762 艘相比，减少了 255 艘，减少 6.8%。然而，需要维修的船舶总吨位从 2016 年的 3033.2 万总吨增加到 2017 年的 3371.4 万总吨，增加了 11.15%。这表明新加坡正在将重点转向修理更高吨位的船舶，以应对来自低成本国家的竞争。

2017 年，新加坡造船业的营业额为 3.23 亿新元，比 2016 年（2 亿新元）增长了 61.5%；造船业营业额占海洋船舶工业总营业额的 3.3%，高于 2016 年的 1.5%。

新加坡造船业的业务也包括海上工程、钻井平台建造和支持服务。新加坡于 1969 年提供了第一台自升式钻井平台，仅用了 5 年时间就成为世界上最大的自升式钻井平台制造国。新加坡造船业在各个领域都依靠创新、公平定价和优质工艺而蓬勃发展。新加坡造船业每年维修超过6000艘船舶，直接雇用了超过10万名工人。与许多海洋相关行业一样，法规和最佳实践（最佳实践指的是行业内在安全、效率和环保方面所遵循的高标准工作流程）的变化也带来了挑战。然而，该行业已经能够保持其整体的全球地位。

2016年，新加坡航运登记处共登记了4717艘船舶，总吨位达到8802.3万t。这是注册总数首次出现下降，尽管总吨位仍增加了超过200万t。与前一年相比，2016年抵达新加坡港口的船舶总数增加了6000多艘。2016年，抵达新加坡的油轮数量创下历史新高，首次记录超过23500艘。2015—2016年，新加坡船舶注册数达到近10年的巅峰（图6.17），总吨数也创下了超过7.8亿t的记录。2015年，新加坡的造船厂获得了49亿新加坡元的新订单，比前一年下降了49%。其中大部分新订单都是针对非钻井解决方案的。新加坡造船业越来越多地转向资本密集型和知识型工作领域。它是新加坡经济的主要贡献者，也是工程领域技术人才和管理人才发展的温床。

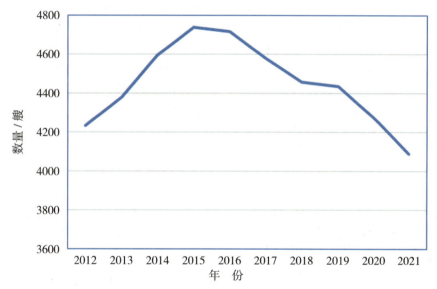

图6.17　新加坡注册船舶数量

数据来源：新加坡海事及港务局。

新加坡继续将自身定位为全球船舶维修、船舶改装、海上建造和专业造船中心，并进一步巩固其作为全球领导者的地位。

4. 海洋交通运输业

新加坡港是世界上最繁忙的港口，是亚洲主要转口枢纽之一。新加坡港已开通200多条航线，连接123个国家和地区的600多个港口，拥有5个集装箱码头，集装箱船泊位54个。新加坡政府在航运领域上采用了积极引导干预的手段，在经济、税收政策方面通过改变地区产业发展方向，利用十分高的海运连通性优势，引导航运产业不断进步，同时还十分注重海事培训机构的建立和人才的培养。《新华—波罗的海国际航运中心发展指数报告（2022）》显示，新加坡凭借成熟的专业的全球海事服务生态系统、良好的治理、便利的商业环境以及具有战略地位的大型港口,已连续第九年保持其世界第一大航运中心的地位。

海洋交通运输业是新加坡海事产业集群的核心,与海事技术、船舶融资、海事法和仲裁等领域有着广泛的相互联系,同时也是新加坡制造业、批发贸易和物流等行业和经济活动的重要推动力。新加坡本地的海运企业主要有海皇集团、万邦航运、太平船务等。从全球经济方面来看,海洋交通运输业是许多国家的贸易的支柱,承担着将全球80%以上货物的运输和中转。

尽管受到新冠疫情和其他方面的干扰,新加坡的海洋交通运输业仍具韧性。2021年,新加坡国际海事中心吸引了23家企业在新加坡扩展或开设业务,新加坡的集装箱吞吐量达到3750万TEU,超过了2020年(3690万TEU)。

超高的连通性是新加坡港口的标志。在全球船舶连通性的排行榜中,新加坡凭借着优良的地理位置和良好的港口管理运作,在2018—2020年三年中连续排名世界第二(图6.18)。全球连通性是新加坡成功成为世界领先的集装箱转运枢纽的关键。新加坡经常在"亚洲货运、物流及供应链大奖"评选中被评为"亚洲最佳海港"。在2024年联合国贸发会议发布的班轮运输连通性指数排行榜中,新加坡位居第三(前两位是中国和韩国)。

从新加坡海事及港务局给出的2012—2021新加坡各类船舶到港的数据(图6.19)来看,船只到港的总吨数从2012年的22.5亿GT增长到2021年的28.1亿GT,集装箱吞吐量由2012年的3160万TEU增长到2021年的3750万TEU。这表明新加坡海洋交通运输业不断发展,进而不断促进新加坡经济的发展。

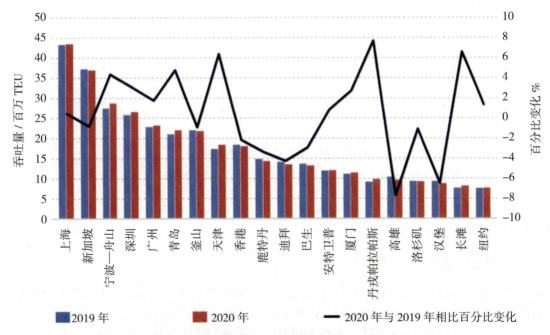

图6.18 世界top20集装箱港口标准集装箱吞吐量年度百分比变化

资料来源:UNCTAD based on data published on Hamburg Port Authority website (www.hafen-hamburg.de/en/statistics/top-20-container-ports), accessed July 2021.

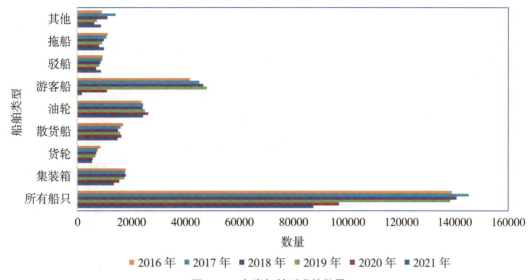

图 6.19 各类船舶到港的数量

资料来源：新加坡海事及港务局。

根据新加坡海事及港务管理局公布的信息，2019 年新加坡港的集装箱吞吐量同比增长 1.6% 至 3720 万标准箱，全球排名第二。新加坡港与世界 123 个国家和地区的 600 多个港口建立了业务联系，有 200 多个航线通往世界各地，其高密度和全方位的航线保证了新加坡作为国际中转枢纽港的地位。

5. 海洋海事服务业

根据挪威船级社 DNV 和 Menon Economics 发布的"全球海洋中心城市"报告，城市的海事法律专家的数量，提供融资（债务、股权）的金融机构的数量，公司所发放的委托贷款额（主要用于船舶买卖），海运上市公司与交易债券的数量，以及每个城市的法律和金融专业相关活动的情况都能作为衡量城市海事服务业的指标。

在海事法律业方面，2011 年 1 月，新加坡海事基金会正式推出《新加坡船舶买卖合同》；2012 年底，全球最大的航运组织波罗的海和国际海运理事会会议通过《新加坡仲裁条款》，将新加坡作为其继纽约和伦敦之后第三个国际海事仲裁地。这表明新加坡的重要性日益增加。作为一个领先的国际海事法律中心，新加坡的优势在于靠近商业运行通道，能够较为容易地获得关键交易信息。

海上保险是最早发展成熟的一种保险。为了评价海上保险服务的地位，用涵盖货物、船体和机械（H&M）的商业保险作为评价指标，近些年来，新加坡在这一领域取得了显著改善，现已排名第三，这与新加坡航运协会的支持密不可分。

此外，为了促进海运业的产业转型，在新加坡海事及港务局发展新加坡下一代港口和加强国际海事中心的长期战略计划的基础上，2018 年 1 月 12 日，新加坡发布了《海洋运输业转型发展规划》，旨在保障新加坡未来全球航运枢纽地位。该计划主要从三个方面着手：与其他互补集群建立联系，加强海运部门与商品贸易等相邻部门之间的联系；通过提高生产力和创新推动投资港口能力，利用数字技术来提高运营效率，并为客户提供更大的价值；培养面向未来的海事劳动力，提升员工在专业技术领域的技能与沟通、领导力等软技能。

尽管传统航运业出现了"新常态"的经济状况，离岸服务市场依然疲软，但由于新加坡在大部分核心领域的优势，它仍然能够保持其世界领先的海运中心地位。在航运中心、港口和物流、吸引力和竞争力等支柱领域，新加坡的表现仍然优于其他城市。表6.9所示是新加坡国际运输服务贸易15年的变化。

表6.9 新加坡国际运输服务贸易

按主要类别划分的服务出口（占总服务的百分比）/%	年 份			
	2005	2010	2015	202.
运输	42.7	38.4	30.4	28.3
旅行	13.6	14.1	10.8	2.3
其他服务	36.9	40.9	54.1	66

运输服务贸易总额/百万美元	年份			
	2005	2010	2015	2020
运输服务出口	19488	38582	46622	53122
运输服务进口	20206	29558	47724	52610
运输服务贸易平衡	−718	9023	−1102	512

资料来源：https://unctadstat.unctad.org/CountryProfile/MaritimeProfile/en-GB/702/index.html.

6. 滨海旅游业

与其他生态旅游目的地相比，新加坡在土地面积和自然风景方面没有竞争力。作为城市国家，新加坡旅游资源相对匮乏。由于政府多年的努力，充分利用自身独特的地理位置和发达的海空运输特点，新加坡将本国定位为东南亚地区的旅游中转站。2010年来新加坡的旅游业收入呈稳步上升状态，在2019年达到了约277亿美元（表6.10）。

表6.10 新加坡旅游业收入（2010—2020年）

单位：百万美元

项目	年 份										
	2020	2019	2018	2017	2016	2015	2014	2013	2012	2011	2010
旅游收入	4829	27689	26942	26808	25748	21777	23560	23468	23081	22277	18341
住宿	1023	5529	5666	6017	5916	4680	5309	5332	5037	4390	3623
食品	454	2496	2593	2650	2787	2319	2263	2294	2245	2240	1904

续表 6.10

项目	年份										
	2020	2019	2018	2017	2016	2015	2014	2013	2012	2011	2010
购物	703	5640	5384	6173	5958	3912	4116	4553	4587	4489	3971
观光、娱乐	951	5998	5858	5619	5348	5093	5822	5471	5241	5390	3422
其他	1701	8027	7440	6352	5740	5772	6050	5818	5970	5768	5421

资料来源：新加坡统计局。

表 6.11 是近 10 年部分国家到新加坡海上入境旅游人数统计，可以看出，东南亚地区由于交通便利，通过海上通道入境的游客占大部分，特别是在新冠疫情影响时，来自印度尼西亚的游客总量几乎占据了东南亚游客总量的全部。另外，较大的市场包括中国、马来西亚和印度，其他主要市场包括日本、菲律宾、韩国、泰国和美国等。根据表 6.12，邮轮游客人数也呈逐年上升的趋势。

表 6.11 部分国家（地区）海上入新加坡旅游的国际游客

国家（地区）	年份										
	2020	2019	2018	2017	2016	2015	2014	2013	2012	2011	2010
总数	390862	2211666	2057093	1760893	1676354	1602483	1543325	1517561	1463902	1328063	1266257
东南亚	192468	1187490	1155271	1031635	1045605	1001009	1009001	988874	953655	864490	814414
印度尼西亚	171083	1017985	968736	887186	915801	882667	890019	855550	825871	745274	696479
马来西亚	10341	93910	103929	70813	63126	58783	63554	78782	76257	67948	71747
缅甸	1077	7900	6182	6029	4503	3973	4827	4019	4274	2515	2134
菲律宾	5930	39508	36468	35468	35762	31810	30961	33346	33466	33957	28466
泰国	1658	12066	14087	10670	10627	9843	9312	10219	8498	9234	10301
越南	1886	12944	23259	19279	13569	12330	8878	5604	3848	4563	4116
中国	36150	330890	257779	152483	96294	107452	112410	101605	90406	83190	61243
北亚	12220	102994	103205	104454	95093	111593	108536	112740	113246	109280	102457
日本	4487	33368	32362	29868	27376	32883	31487	38375	38904	37493	35333

续表 6.10

国家(地区)	年份										
	2020	2019	2018	2017	2016	2015	2014	2013	2012	2011	2010
韩国	7732	69613	70829	74569	67694	78631	76964	74286	74045	71643	67080
南亚	24104	207215	210417	172476	138740	107125	92408	96171	90219	79823	77580
印度	21772	191365	197170	161176	130472	103751	89200	92172	86473	75850	73518
巴基斯坦	147	721	727	845	509	427	377	824	682	690	766
西亚	805	3383	2737	2763	2641	2434	2888	2648	2622	3365	3526
以色列	296	633	389	379	506	317	353	154	173	140	250
美洲	20971	81386	73215	60733	57345	57849	47911	48741	43679	34762	37375
加拿大	4016	16039	14889	11411	11724	12329	9299	8988	8316	6964	7486
美国	14096	57847	51685	40505	40374	39682	34093	35360	31564	25070	27210
欧洲	80632	216600	170580	151537	159783	131719	107030	108195	113357	95476	106362
丹麦	703	2253	1652	1968	1777	1371	1359	1288	1287	1054	1325
芬兰	662	1839	1560	1518	1494	1467	1269	1448	1608	1054	722
法国	4641	13896	12767	7869	8432	6538	6502	7360	9557	7694	7551
德国	24754	63185	46634	54506	62350	41598	27349	27050	29957	25174	26089
意大利	6086	13912	10986	4432	5358	4166	3905	5411	5400	4382	5145
大洋洲	22263	76793	78578	80125	76907	79248	59914	55110	51013	53628	59863
澳大利亚	20463	69396	71501	71140	70676	73523	55520	50735	46349	49353	55336
新西兰	1709	7068	6728	8525	5845	5368	4102	3987	4337	3944	4218
非洲	1249	4914	5303	4680	3835	4043	3211	3344	3427	3933	3423
南非	723	2855	3122	2718	2517	2799	1893	2049	1999	2197	1717

表 6.12　新加坡邮轮和游客吞吐量（按年份）

单位：艘、人次

年份	2021	2020	2019	2018	2017	2016	2015	2014	2013	2012	2011	2010
邮轮数	257	143	414	401	421	411	385	372	391	334	394	640
游客数量	723799	409564	1818351	1865621	1380486	1184594	1017048	889994	1030212	912720	942055	1014052

资料来源：新加坡旅游局。

新加坡作为城市国家，素有花园城市的美誉，能充分利用世界著名航运中心的有利地理条件，通过人工建造大量的景观如植物园、博物馆、水族馆、游览岛屿和大小园林，吸引来自世界各地的游客。近年来，政府为促进本地的旅游业发展，主要从三方面进行改善：促进城市基础设施建设；兴建现代化的会议和会展设施，提高承办大型活动的能力；以更高质量的服务和富有特色的民俗风情吸引各国游客。[52]此外，随着生活水平的提高，大众旅游的需求发生了变化，开始持续关注环境问题，寻找更环保的旅行方式，这为可持续旅游带来了增长机会。新加坡政府将为旅游发展基金投入 6850 万新元（折合 5106 万美元），为开拓可持续发展等新领域的企业提供支持。新加坡企业发展局、圣淘沙开发公司和新加坡旅游局在 2020 年联合宣布推出"重新探索新加坡"（Singapo Rediscovers）计划，旨在支持本地化生活方式和当地旅游业，鼓励新加坡居民探索新加坡的不同方面。

7. 海洋工程建造业

近年来，新加坡企业已经成功由造船转型到海洋工程建造商，70% 以上的船厂业务集中在海洋工程建设方面，在自升式和半潜式海上钻井平台的设计、建造方面处于世界领先地位。自 2018 年以来，新加坡造船厂承担了约 400 个船用洗涤器安装和压载水管理系统项目，其中近一半即 176 个项目是在 2019 年进行的。2019 年获得 95 个液化天然气项目并实施，其中包括交付浮式储存及再气化装置转换项目，与 2018 年（71 个）相比，增加了 33.8%。这证明了新加坡作为全球液化天然气维修、维护和其他相关工程解决中心的作用。

在过去 10 年中，专门停靠新加坡进行维修的船舶数量稳步下降。2019 年，新加坡海事及港务局共记录 2652 艘船舶需要修理，比 2018 年（2784 艘）减少 5.0%；需要修理的船舶总吨位为 3325.5 万 t，比 2018 年（2982.9 万 t）增加 11.5%。尽管船舶维修行业能够看到逐渐复苏的迹象，但鉴于竞争激烈以及油价和全球经济走向的不确定性，对前景持谨慎态度。截至 2019 年底，新加坡的造船厂共获得约 44.9 亿新加坡元的新订单，略高于前一年（39 亿新加坡元）；造船和修船行业的总订单约为 78.4 亿新加坡元，也略高于前一年（75 亿新元）。

2016 年，新加坡的制造业和海事相关行业普遍低迷。为应对困难时期，新加坡政府推出国际化融资计划和过渡性贷款计划。其中，过渡性贷款主要协助本地公司应付银根紧缩的局面，国际化融资计划主要协助业者获得资金来收购资产或项目。本地造船厂、工程承包商、岸外服务供应商、勘探和生产公司、石油和天然气设备与服务公司及其供应商都可申请。此外，新加坡政府投入1.07亿新元，设立"新加坡海事与岸外工程科技中心（TCOMS）"。该中心设于新加坡国立大学，由新加坡国立大学与新加坡科技研究局联合建设，具备各类先进的海事研发设备，有助于提升新加坡在海洋装备领域的研发能力。

参考文献

[1] MSS. Climatology of Singapore [EB/OL].（2014-06-10）[2024-07-02]. http://www.nea.gov.sg/weather-climate/climate-information/local-climatology.

[2] Sumatra Squall brings rain and gusty winds to Singapore [EB/OL].（2014-6-12）[2024-07-02]. http://www.todayonline.com/singapore/sumatra-squall-brings-rain-and-gusty-winds-across-singapore.

[3] 杜翠薇，王胜荣，刘智勇，等. Q235钢与X70钢在新加坡土壤环境中1年腐蚀行为研究 [J]. 腐蚀科学与防护技术，2015，27（3）：231-236.

[4] LAI S, LOKE L H L, HILTON M J, et al. The effects of urbanisation on coastal habitats and the potential for ecological engineering: a Singapore case study [J]. Ocean coast, 2015, 103: 78-85.

[5] 吴赛，马勇. 新加坡的军事外交及启示 [J]. 东南亚纵横，2014（7）：69-74.

[6] 高晓奇，肖能文. 新加坡城市生物多样性保护 [J]. 世界环境，2016（S1）：41-45.

[7] WELLS F E, TAN K S, TODD P A, et al. A low number of introduced marine species in the tropics: a case study from Singapore [J]. Management of biological invasions, 2019, 10: 23-45.

[8] Dana J D. United States exploring expedition during the years 1838-1842: Atlas Zoophytes [M]. Lea and Blanchard, 1846.

[9] MILNE-EDWARDS H, HAIME J. Recherches sur les polypiers. Quatrième mémoire. Monographie des Astréides（Ⅰ）. Tribu Ⅱ. Astréens（Astreinae）[J]. Annales des sciences naturelles, Série 3, Zoologie, 1849, 11: 233-312.

[10] MILNE-EDWARDS H, HAIME J. Recherches sur les polypiers. Sixième mémoire. Monographie des Fongides [J]. Annales des sciences naturelles, Série 3, Zoologie, 1851, 15: 73-144.

[11] Chou L M. Marine habitats in one of the world's busiest harbours [M] //Wolanski E. The environment in Asia Pacific harbours, Springer, Dordrecht, The Netherlands, 2006: 377-391.

[12] TAN H T W, CHOU L M, YEO D C J, et al. The natural heritage of Singapore [M]. Pearson Education South Asia, Prentice Hall, 2010: 323.

[13] TAN K S, ACERBI E, LAURO F M. Marine habitats and biodiversity of Singapore's coastal waters: a review [J]. Regional studies in marine science, 2016, 8: 340-352.

[14] CHOU L M. A guide to the coral reef life of Singapore [M]. Singapore: Singapore Science Centre, 1988: 128.

[15] WONG J, SIN T M. Coral reefs of Singapore [M]. Tropical Marine Science Institute, National University of Singapore, 2013: 63.

[16] CHUANG S H. Ecology of Singapore and Malayan coral reefs — preliminary classification [C]. Proceedings of the Third International Coral Reef Symposium, Rosenstiel School of Marine and Atmospheric Science, University of Miami, 1977: 55-61.

[17] CHOU L M. Community structure of sediment stressed reefs in Singapore [J]. Galaxea, 1988, 7: 101-

111.

[18] CHOU L M, TEO Y H. An ecological study of the scleractinian corals of Pulau Salu reef, Singapore [J]. Asian marine biology, 1985, 2: 11-20.

[19] HUANG D, TUN K P P, CHOU L M, et al. An inventory of zooxanthellate scleractinian corals in Singapore, including 33 new records [J]. Raffles bulletin of zoology, 2009, 22: 69-80.

[20] CHUANG S H. Life of the seashore [M]. Animal Life and Nature in Singapore. University of Singapore Press, 1973: 150-174.

[21] CORLETT R T. Vegetation [M]//CHIA L S, RAHMAN A, TAY D B H. The biophysical environment of Singapore. Singapore University Press and Geography Teachers' Association of Singapore: 1991, 134-154.

[22] KHOO H W. Extent and location of mangrove in the country [M]//The present state of mangrove ecosystems in Southeast Asia and the impact of pollution. Singapore (L M Chou, SH Ho, HW Khoo, TJ Lam, DH Murphy and WH Tan, contrib.), 1980, 2-11. FAO and UNDP (SCS/80/WP/94d), South China Sea Fisheries Development and Coordinating Programme, Manila, Philippines.

[23] TURNER I M, YONG J W H. The coastal vegetation of Singapore [M]//BRIFFET C, HO H C. State of the natural environment in Singapore. Singapore: Nature Society, 1999: 5-23.

[24] LIOW L H. Mangrove conservation in Singapore: a physical or psychological impossibility? [J]. Biodiversity and conservation, 2000, 9: 309-332.

[25] YANG S, LIM R L F, SHEUE C-R, et al. Current status of mangrove forests in Singapore [M]//LEONG T M, HO H C. Proceedings of nature society, Singapore's Conference on Nature Conservation for a sustainable Singapore. Singapore, Nature Society, 2013: 99-120.

[26] THAM A K. Fish and prawn ponds [M]//CHUANG S H. Animal life and nature in Singapore. Singapore: Singapore University Press, 1973: 260-268.

[27] MURPHY D H, SIGURDSSON J B. Birds, mangroves, and man: prospects and promise of the new Sungei Buloh Bird Reserve [M]//CHOU L M, NG P K L. Essays in zoology. Papers Commemorating the 40th Anniversary of the Department of Zoology, National University of Singapore, 1990: 233-243.

[28] BIRD M, CHUA S, FIFIELD L K, et al. Evolution of the Sungei Buloh-Kranji mangrove coast [J]. Singapore applied geography, 2004, 24: 181-198.

[29] NAYAR S, GOH B P L, CHOU L M. Settlement of marine periphytic algae in a tropical estuary [J]. Estuarine, coastal and shelf science, 2005, 64: 241-248.

[30] CHUANG S H. The structure and function of the alimentary canal in Lingula unguis (L.) (Brachiopoda) [J]. Proceedings of the zoological society of London, 1959, 132: 283-311.

[31] CHUANG S H. The breeding season of the brachiopod, Lingula unguis (L.) [J]. Biology bulletin, 1959, 117: 202-207.

[32] PHANG V X H, CHOU L M, FRIESS D A. Ecosystem carbon stocks across a tropical intertidal habitat mosaic of mangrove forest, seagrass meadow, mudflat and sandbar [J]. Earth surface process and landforms, 2015, 40: 1387-1400.

[33] 高国力. 新加坡土地管理的特点及借鉴 [J]. 宏观经济管理, 2015 (6): 86-88.

[34] 周静, 朱天明. 新加坡城市土地资源高效利用的经验借鉴 [J]. 国土与自然资源研究, 2012 (1): 39-42.

[35] 范华. 新加坡白地规划土地管理的经验借鉴与启发［J］. 上海国土资源，2015，36（3）：31-34.

[36] 袁琳. 城市史视野下新加坡"田园城市"的再认识及启示［J］. 风景园林，2010（6）：107-112.

[37] DIEHL J A, SWEENEY E, WONG B, et al. Feeding cities: Singapore's approach to land use planning for urban agriculture［J］. Global food security，2020，26：100377.

[38] LUIJENDIJK A, HAGENAARS G, RANASINGHE R, et al. The state of the world's beaches［J］. Scientific reports，2018，8（1）：6641.

[39] DONCHYTS G, BAART F, WINSEMIUS H, et al. Earth's surface water change over the past 30 years［J］. Nature climate change，2016，6（9）：810-813.

[40] 杨旸，洪再生，张丽梅. 港口空间与土地利用规划：新加坡港与天津港的比较研究［J］. 现代城市研究，2015（11）：63-68.

[41] 黄汉生. 新加坡自由港的演变及其建港经验［J］. 南洋问题，1985（4）：71-77.

[42] 刘冉，董玛力，宋涛. 新加坡"港—城"关系转型的经验借鉴［J］. 世界地理研究，2008，17（4）：71-78.

[43] 蒋吕一. 新加坡港港口发展及政策研究［D］. 上海：上海师范大学，2015.

[44] BATARLIENĖ N, JARAŠŪNIENĖ A. "3PL" service improvement opportunities in transport companies［J］. Procedia engineering，2017，187：67-76.

[45] 师城. 新加坡的港口物流［J］. 港口经济，2012（10）：28.

[46] 曾嘉，金桥，申金升. 国外港口物流发展对连云港港口物流发展的启示［J］. 北京交通大学学报（社会科学版），2007（4）：34-37.

[47] 徐荣华，童立杭. 国外港口物流发展模式及启示［J］. 国际商务财会，2018（5）：45-49.

[48] 孙建军，胡佳. 欧亚三大港口物流发展模式的比较及其启示：以鹿特丹港、新加坡港、香港港为例［J］. 华东交通大学学报，2014，31（3）：35-41.

[49] Singapore Statutes Online. Free Trade Zones（Appointment of Authorities to Administer Free Trade Zones）Notification［EB/OL］.［2024-06-24］. https://sso.agc.gov.sg//SL/114-N4?DocDate=20210812.

[50] 吴明华. 擦肩而过的亚洲海事仲裁地之痒［J］. 航海，2013（2）：12-14

[51] 王勤. 新加坡全球海洋中心城市构建及其启示［J］. 广西社会科学，2022（4）：42-51.

[52] 高田义，汪寿阳，乔晗，等. 国际标杆区域海洋经济发展比较研究［J］. 科技促进发展，2016，12（2）：185-195.

第七章　全球典型海洋中心城市——香港

一、海洋区位与海洋资源

（一）地理环境

香港（Hong Kong），全称中华人民共和国香港特别行政区。地理坐标为东经113°49′—114°31′，北纬22°08′—22°35′，位于中国南部、珠江口以东，西与澳门隔海相望，北与深圳相邻，南临珠海万山群岛，距广州市约200 km；地处西太平洋沿岸各国中心，又当太平洋和印度洋航运要冲。香港是粤港澳大湾区、亚太地区主要城市，也是全球城市之一。

香港为四季分明的海洋性亚热带季风气候，四季分明，拥有较好的光、热资源。年日照时间达1835.6小时。多年平均气温23.3 ℃，冬季温度可能跌至10 ℃以下，夏季则回升至31 ℃以上。年平均降雨量2398.5 mm（1981—2010年的标准气候平均值），雨量集中在5—9月，约占全年降雨量的80%。雨量的分布东南高，西北稍低，新界和大屿山上海拔较高的山区雨量也较高。平均相对湿度78%。平均海平面气压1012.9 hPa，盛行风向080°，平均风速23.3 km/h。此外，香港市区高楼集中而密布、人口稠密，所形成的微气候容易产生热岛效应，导致市区和郊区有明显的气温差别。

从地形上看，香港本是大陆山脉的延伸部分，后来由于地壳变迁才与大陆分离，成为今天的岛屿和半岛（图7.1）。境内山多地少，山地和丘陵占3/4。地势从岛中央向沿海降低，中央最高点为海拔958 m的大帽山。香港的平地较少，约有20%的土地属于低地，主要集中在新界北部，分别为元朗平原和粉岭低地，都是由河流自然形成的冲积平原；其次是位于九龙半岛及香港岛北部，是从原来狭窄的平地外扩张的填海土地。其最大的岛屿是大屿山。

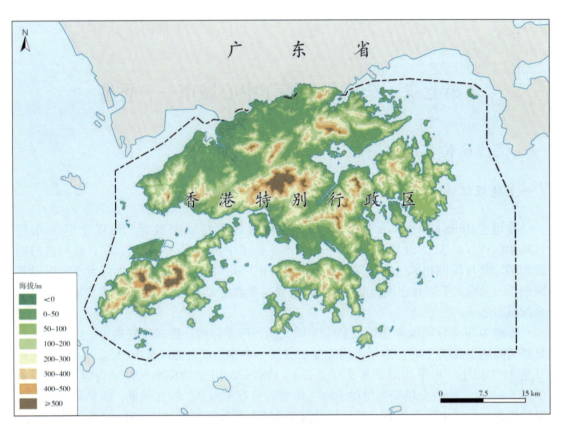

图 7.1 香港地形图

资料来源：美国宇航局喷气推进实验室（2020），30 m 分辨率的全球 DEM 数据。

香港的岩石主要有火成岩、沉积岩及变质岩。火成岩的出露面积最广泛，包括火山岩（50%）及侵入岩（35%），约占香港面积的 85%，其中花岗岩占香港总面积约 1/3，主要分布在香港岛、九龙半岛、青山和大屿山北部；沉积岩及变质岩分布有限，主要集中在新界北部地区及零星散布在赤门海峡两岸和大屿山岛的南端。香港的成土母质主要是花岗岩，也有一部分粉岩和其他火成岩类，沿海是一些沉积物。英国学者 Grant 运用美国 Marbut 的土壤分类法，将香港的土壤划分为六大类：灰化红黄壤，红壤，砖红性红壤，水稻土，盐土和粗骨土，并指出大多数红色土壤属于红壤和灰化红黄壤。[1]香港的土壤以富铁土为主，与深圳的赤红壤相连，土壤 pH 值为 5.0 左右，盐基饱和度 <50%，盐基含量低，交换性钾的含量很低，有效磷含量非常低。海岛上的富铁土由于受海风影响，盐基饱和度可能稍高。[2]

香港海岸线整体较为弯曲，形成大小海湾及海滩，只有西面以及通过填海得来的土地海岸线较为平直。香港地处珠江河口，属于咸淡水交界，使香港海域的西部有较多淤泥和沉积物，水质较为混浊。地处亚热带，香港径流丰富，地表水系发达；但相对于华南其他地区，香港境内河流规模较小，且河谷浅窄，反映丘陵受河水侵蚀时间有限。境内较大的河流有梧桐河、林村河、元朗河和锦田河等，绝大多数河流长度不超过 5 英里，流速及流量随季节性降雨量变化，极不稳定。旱季难以维持水流或断流，河床毕露或部分露出；湿季则极易达到满岸水位，泛滥成灾。另外，深圳河发源于梧桐山牛尾岭，自东北向西南流入深圳湾，出伶仃洋，其中下游是深圳与香港的界河。深圳河全长 37 km，流域面积 312.5 km²，其中深圳一侧为 187.5 km²，香港一侧为 125 km²。香港缺少大型湖泊，坚硬的花岗岩地质也使得难以钻取地下水。为解决淡水供应问题，一方面，香港政府早年兴建水塘供水，全港共 17 个供水水塘，总面积达 5.86 亿 m³；另一方面，香港政府从 20 世纪 60 年代开始与广东省签订协议，由广东省供应东江水到港。

（二）历史沿革与行政区划

香港自古以来即是中国领土。秦时，秦始皇在岭南设桂林、象、南海三郡，香港一带属南海郡番禺县管辖。由此开始，香港便置于中央政权的管辖之下，明确成为中原王朝领土。随着中原文明向南播迁，香港地区得以逐渐发展。

1840 年，英国发动第一次鸦片战争。1841 年，英国强占香港岛。1842 年 8 月，清政府与英国签订不平等的《南京条约》，割让香港岛给英国。1860 年 10 月，中英签订不平等的《北京条约》，割让九龙半岛界限街以南地区给英国。1898 年 6 月，英国强迫清政府签订《展拓香港界址专条》（俗称"新界租约"），强行租借九龙半岛界限街以北、深圳河以南的地区，以及附近 200 多个大小岛屿，租期 99 年（至 1997 年 6 月 30 日结束）。通过三个条约，英国共占有包括香港岛、九龙和新界总面积达 1066 km² 的中国领土，也就是现在的整个香港地区。

1941 年 12 月 25 日，第二次世界大战期间，日军进犯香港，驻港英军无力抵抗。香港被日本占领，开始了三年零八个月的"日据时期"。1945 年 9 月 16 日，日本战败后在香港签署投降书，撤出香港，香港被英国重新管治。

第二次世界大战以后，香港经济和社会迅速发展，成为继纽约、伦敦之后的世界第三大金融中心。不仅成为亚洲"四小龙"之一，也是亚洲金融、服务和航运中心。

1984 年 12 月 19 日，中英签订《中华人民共和国政府和大不列颠及北爱尔兰联合王国政府关于香港问题的联合声明》，决定 1997 年 7 月 1 日中华人民共和国对香港恢复行使主权。中方承诺在香港实行"一国两制"。1997 年 7 月 1 日，中国政府对香港恢复行使主权，香港特别行政区成立，《中华人民共和国香港特别行政区基本法》（以下简称《基本法》）开始实施。香港进入了"一国两制"、"港人治港"、高度自治的历史新纪元。

香港包括香港岛（81 km²）、九龙（47 km²）、新界（982 km²）和周围 262 个岛屿，陆地总面积 1110 km²，海域面积 1648.69 km²，海岸线约 800 km。其中，香港岛划分为中西区、湾仔区、东区和南区，九龙半岛划分为油尖旺区、深水埗区、九龙城区、黄大仙区和观塘区，新界划分为北区、大埔区、沙田区、西贡区、荃湾区、屯门区、元朗区、葵青区以及离岛区（图 7.2）。

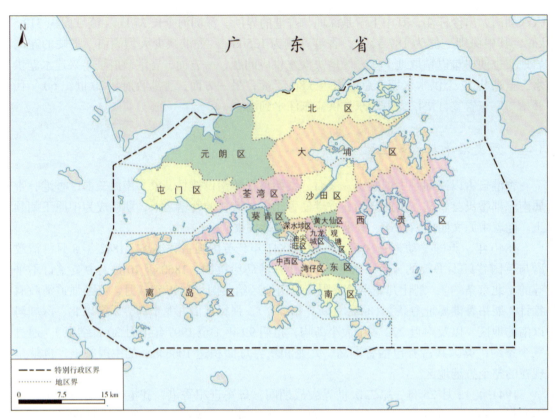

图 7.2　香港行政单元

资料来源：https://gadm.org/download_country_v3.html.

根据香港 2021 年人口普查，香港常住居民 733.47 万人，流动居民 7.84 万人，65 岁以上人口占比 19.6%，年龄中位数为 46.3。人口密度大，老龄化程度持续走高。香港居民的种族人口比例为：华人占总人口的 91.6%，菲律宾人和印尼人分别占 2.7% 和 1.9%，其余 3.8% 为其他种族人。

经济方面，根据香港特区政府统计处资料，2021 年香港本地生产总值为 28677.4 亿港元，人均本地生产总值为 386848 港元。外来直接投资总存量达到 168262 亿港元，较上年增长 5.9%，两大投资直接来源地为英属维尔京群岛及中国内地，接收方主要集中于投资及控股、地产、专业及商用服务的香港企业集团；向外直接投资总存量 171543 亿港元，较上年增长 4.5%，两大向外直接投资目的地为中国内地及英属维尔京群岛。直接投资总流入为 10662 亿港元，直接投资总流出为 7260 亿港元，均较上年有所增长。香港经济以服务业为主，服务业占本地生产总值的比重长期保持在 90% 以上。作为国际金融、航运和贸易中心，香港经济发达。2022 年发布的第 32 期全球金融中心指数（Global Financial Centre Index）中，香港位居第四名，仅次于纽约、伦敦和新加坡。截至 2021 年，香港连续 27 年获得菲沙研究所评级为全球最自由经济体，经济自由度指数排名第一。

在军事外交方面，根据《基本法》，香港一切外交事务均由中央人民政府负责。中央人民政府授权香港特别行政区自行处理有关的对外事务。香港可在经济、贸易、金融、航运、通讯、旅游、文化、体育等领域以"中国香港"（Hong Kong, China）的名义，单独地同世界各国、各地区及有关国际组织保持和发展关系，签订和履行有关协议。香港参与的国际组织包括世界贸易组织、亚洲太平洋经济合作组织、亚洲开发银行、亚洲基础设施投资银行、国际结算银行、国际奥林匹克委员会等。

（三）自然资源

1. 海洋生物资源

如表7.1，香港共记录了264种海藻，其中包括82种褐藻、141种红藻和41种绿藻。海藻于香港水域全年可见，但物种的丰度和组成在不同季节有显著的差异。不同物种均有独有的生长周期，有些可以全年持续生长，有些只可以在某个季节出现。一般而言，香港的海藻具有明显的季节性变化，春天为高峰季节，夏末和初秋则较为少见。

表7.1 香港海洋生物资源

种类		数量
海藻	褐藻	82种
	红藻	141种
	绿藻	41种
珊瑚	石珊瑚	30个属84种
	黑珊瑚	2个属6种
	软珊瑚	14个属29种
	柳珊瑚	19个属38种
鱼类		27目135科超过1000种，其中150种具有商业价值
海洋底栖物种		16个动物门：海绵动物、腔肠动物、扁形动物、纽形动物、线虫、环节动物（多毛和寡毛纲）、星虫、螠虫、软体动物（双壳、腹足和掘足纲）、节肢动物甲壳纲、苔藓虫、帚虫、棘皮动物、半索动物、头索动物和脊椎动物

资料来源：香港生物多样性资讯站（https://bih.gov.hk/sc/home/index.html）。

香港水域共记录到30个属84种造礁石珊瑚、2个属6种黑珊瑚、14个属29种软珊瑚以及19个属38种柳珊瑚。香港的珊瑚一般直接附生在岩石和石床上，沿岸会形成零散的珊瑚群落。因为冬天气温太低，故石珊瑚群落大多位于潮下带，很少会在潮间带生长。零散的珊瑚群落散布在香港及离岛的浅水岩石岸。在所有珊瑚群落中，以东平洲海岸公园的丰富度最高。其他珊瑚丰富度高的地点则主要位于东面及东北面水域，包括海下湾海岸公园、沙塘口山、桥咀洲和娥眉洲。无论是对于生物生态系统还是社会经济等方面而言，珊瑚都是香港重要的海洋资源。

香港面向南中国海，邻近大陆架，洋面广阔，岛屿众多，鱼类生存环境得天独厚。在过去175年的鱼类学研究中，香港共记录到约27目135科超过1000种海洋鱼类，这一数字在过去数十年仍在持续增长。香港水域的海洋鱼类主要来自两大分类群，分别是软骨鱼（软骨鱼纲）及硬骨鱼（硬骨鱼纲）。本港最常见的十科鱼类依次为鰕虎鱼科、隆头鱼科、鮨科、鲹科、笛鲷科、鮋科、雀鲷科、天竺鲷科、石首鱼科和蝴蝶鱼科。海洋鱼类与它们居住的生境有密不可分的关系，对维持海洋生态系统的平衡发挥重要作用。海洋鱼类透过与其他生物和环境的互相影响，塑造出不同的物种群落和各种栖息地。海洋鱼类多样性也促成了丰富的渔业资源的基础，香港水域多于150种鱼类具有商业价值，主要是红衫、九棍、大眼鱼、黄花鱼、黄肚和鱿鱼。丰富的渔业资源亦令渔民可以维持生计。

香港所记录的海洋底栖物种隶属于16个动物门，即海绵动物、腔肠动物、扁形动物、纽形动物、线虫、环节动物（多毛和寡毛纲）、星虫、螠虫、软体动物（双壳、腹足和掘足纲）、节肢动物甲壳纲、苔藓虫、帚虫、棘皮动物、半索动物、头索动物和脊椎动物。无脊椎动物是海洋底栖生物群落的主要组成部分，其中多毛纲、甲壳纲和双壳纲的种类最多，占总种类数目70%以上。香港海域的潮下带浅海生境，除东岸和南岸有岩石和珊瑚外，大多数海床是砂、泥沉积物组成的软相海底。软相沉积物的成分于不同地方会有不同变化，并决定了相应地区的底栖生物种类。一个生态健全及稳定的底栖生物群落对维持海洋生物多样性有着重大的意义。海洋底栖生物群落在养分循环中扮演着重要的角色。由于海洋底栖生物群落相对比较固定，底栖生物特别是固定底内/底栖生物群落的状态，可作为环境转变及受时间影响的生物指标。有些底栖物种比较独特，同时亦具很高的保育价值。其中，在香港沙底海床居住的白氏文昌鱼被认为是活化石，被视为无脊椎动物进化到脊椎动物的过渡物种。

2. 海水资源

香港缺乏天然湖泊、河流及充裕的地下水源，供水问题向来都不易解决。根据香港特区政府水务署数据，2021—2022年度，香港平均每日的食水用量达289万 m^3，而香港每年的平均雨量只有2431.2 mm，远不足以应付目前庞大的需求。除内地东江水源源不绝供港外，香港社会也一直在讨论开发其他水源的可能性。早在1973年，香港利用相关试点项目的经验，着手建造当时世界上最大的海水化淡厂，即位于屯门的乐安排海水化淡厂。在1977年大旱期间，该厂全面运作。但由于高昂的燃料成本并适逢全球石油危机，该厂在1982年选择关闭。经过多年筹划，特区政府决定在将军澳再次兴建海水化淡厂，拓展香港"水路"，以减轻供水系统压力。该项目一期工程于2023年完工。同时，香港自1950年开始广泛使用海水冲厕，以此每年可节省约3亿 m^3 的用水，约占全香港民生用水量的20%。如今，海水冲厕已形成一套完整的处理系统和管理体系，由特区政府水务署负责海水供应系统，该系统具有独立的配水干管、抽水站和配水库。在2021/2022年度，香港每日平均海水冲厕供水量约达87.6万 m^3。

3. 海洋能资源

香港平均潮汐能资源潜力为13.7 kJ/（m^2·天）或1.39 kW·h/（m^2·年）。相对其他可再生能源资源，这个数值相当小。香港各个测量站潮汐能最大理论值如表7.2所示。

表 7.2 香港各测量站潮汐能潜力

测量站	潮汐能最大理论值 /kJ·m^{-2}	
	年总数	日均
石壁	4782	13.10
尖鼻咀	8640	23.67
乐安排	5335	14.62
铜锣湾	4402	12.06
大埔滘	4859	13.31
大庙湾	3557	9.75
横澜岛	3397	9.31
平均	4996	13.7

资料来源：香港可再生能源网（https://re.emsd.gov.hk/）。

4. 海洋空间资源

香港地理位置独特，位于中国大陆南部，珠江口之东，香港北部的新界与广东省深圳特区接壤，东、西、南三面的海域更是在广东省邻海的环抱之中；又地处西太平洋沿岸各国中心，是太平洋和印度洋航运要冲，无论是由东向西或自北往南，它都是一个重要的中转站。目前，香港形成一个海上、陆上、空中、地下、水下等方面的立体化和多功能的现代化交通运输网络，交通运输基础设施达到世界先进水平。同时，香港的天然深水良港终年不淤不冻，与美国的旧金山和巴西的里约热内卢同称为世界三个最优良的天然港，港深水阔，将近 6000 hm^2 的水面足以容纳每天进出香港的数百艘大小船只。

香港是全球最繁忙和最高效率的国际货柜港之一。根据香港海运港口局数据，2022年，香港港口处理量为 1668.5 万 TEU。目前，香港港口每星期提供逾 240 班国际货柜班轮服务，连接香港港口至全球逾 460 个目的地。香港港口的主要设施包括货柜码头、内河货运码头、中流作业区及公众货物装卸区，支援设施包括船坞、避风塘等。在 2022 年，葵涌—青衣货柜码头的吞吐量约 1290 万 TEU，占港口货柜吞吐量约 77%；余下 23% 的货柜则在中流作业区、内河货运码头、公众货物装卸区、浮泡和碇及其他码头。

作为世界上人口密度最高的地区之一，香港不断进行填海造陆运动，不断对崎岖曲折、绵延 733 km 的海岸线进行塑造。自 1841 年英国强占香港以来，香港即开始了填海造陆运动。24 hm^2 的中环填海工程于 1900 年左右完成，这片全新的土地成为城中的黄金地段，香港赛马会、最高法院及皇后像广场均选址这片新土地之上。在接下来的一个世纪，启德机场和赤鱲角机场，乃至多个商业区、货柜码头、工厂区及住宅屋苑，均建于由填海而来的土地上。到了 20 世纪 90 年代，在九龙西岸进行的填海计划带来 340 hm^2 土地，用来兴建全新的路段和地下铁路线，以至后来的高铁及西九文化区等超级大型项目，成为香港都市发展的另一转折点。正当西九项目完成之际，香港已计划在中环至铜锣湾海滨一带填海，将九龙湾填平的构思亦已推出。

二、港口发展与海洋经济区布局

（一）城市空间结构与港口发展情况

从土地利用情况来看，与新加坡相类似，香港的主要用地类型为林地和城市用地，城市行政范围内也有与海洋相连的水体，在大屿山范围内有一片大面积裸土，其实际对应香港国际机场（图7.3）。与新加坡不同的是，香港的林地面积比重远远高于城市用地面积比重。从区位分布上来讲，香港的城市用地主要分布在岛屿沿海，作为边缘地带包围着大面积的林地主体。影响香港土地利用情况的因素主要有二。首先是自然条件因素，其同时也是决定性的因素。基于地理空间数据云平台的DEM数据加工，香港城市内的土地坡度情况如图7.4所示。比对土地利用类型和坡度情况容易发现，城市用地与坡度相对平缓的地带高度重合；坡度值过高，难于进行大尺度建设的陡峭区域则大致维持未开发或保护式开发状态，在利用类型上对应林地。香港作为山地城市，地形地势上的客观限制是导致香港城市土地利用类型和分布现状的根本因素。影响香港土地利用情况的另一个因素，可以概括为政府、私营集团、社会组织、民众的四方动态制衡。与新加坡政府能够有力掌控国界土地不同，香港特区政府虽然在名义上持有对所有土地的归属权与利用权，但其实际运行受到诸多限制。最强有力的抵抗来自私营集团，这是与香港的历史和特殊的土地制度分不开的。英国殖民时期，香港引入了逆权管有制度，以确定土地权益归属。经过本土化后，其形成了以租赁为核心的土地制度体系，该体系的集中体现即港英政府发布的"新界小型屋宇政策"，亦即现在广为人知的"丁屋政策"。[3]借助相应制度体系，以开发商为代表的私营集团大肆圈地，使得大面积的土地直接掌握在私人或私企手中。香港回归之后，虽然进行了一定的土地回收整合，但《基本法》大体认可了香港批租制的土地运转制度，未做出突破性改革，境内大片土地的使用权依然被出让给私营集团，并受到法律条文的保护。因此，香港特区政府要想进行建设或改造，通常需要先从开发商等私营集团那里收回土地使用权，并进行恰当的补偿。面临制度和经济上的双重限制，在与私营集团的博弈中，香港特区政府选择将重心放在城市用地集约化利用上，仅根据实际情况对城市空间结构进行适度引导，而非大刀阔斧地重塑城市土地利用格局。不过，近年来香港特区政府也在积极推行土地强制售卖等法令，积累城市更新经验，尝试在这样的局面中获得更多的主导权。[4]社会组织，特别是环保组织也对香港特区政府的各类建设计划落实形成了相当大的阻力。无论是林地、草地，还是近海平缓地带的郊野公园和水源保护区，都作为维持生态功能的重要板块，被环保组织纳入保护、分析及监测范围，以防区域受到破坏或恶化。对于相应区域的开发建设，环保组织也会提出不同程度的倡导与异议。特别地，自从2003年环保人士通过香港法院推翻湾仔填海计划后，并得到"有迫切及凌驾性的当前需要"才可填海的判决后，作为香港建设用地增加重要来源的填海造陆便大幅减少，而无法效仿新加坡继续获得新的土地供应。[5]最后，从民众的角度来说，其态度因具体群体阶层和情况不同而有较大的差异。一方面，香港城市高密度建设造成空气质量不良、道路堵塞、住房拥挤等问题，居民生活质量下降，居民希望得到改善；另一方面，对于已经持有房屋的户主而言，其并不希望城市出现大规模的新房供应，这会导致房价下跌，己身利益受损。民众对于城市开发建设的复杂态度，也是香港特区政府需要考虑的重要因素。

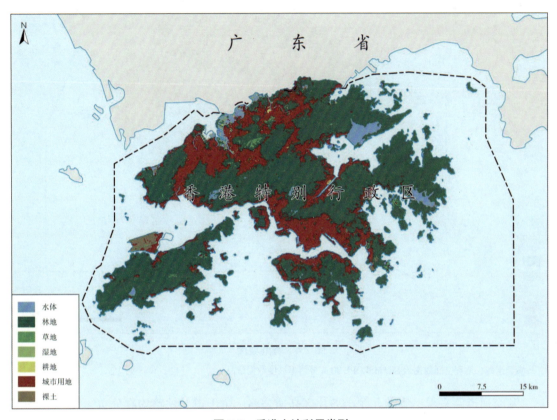

图 7.3　香港土地利用类型

资料来源：Dynamic World 香港片区数据。

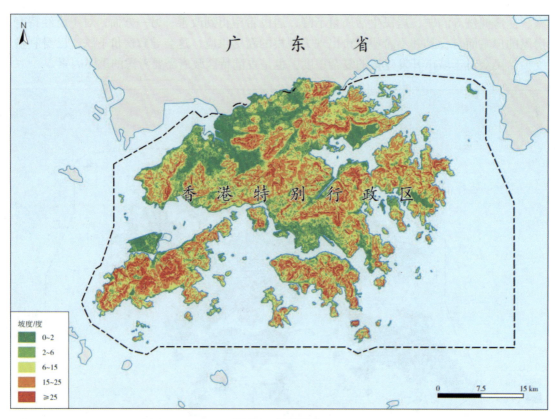

图 7.4 香港坡度

资料来源：地理空间数据云 SRTMSLOPE 90 m 分辨率坡度数据产品。

从交通道路来看，香港九龙半岛片区高速公路、主干道、铁路均有分布，它们相互衔接，构成通达性较好的路网，基本覆盖全域（图 7.5）。九龙半岛与大屿山的连通主要通过高速公路实现，与香港岛的连通则通过高速公路和主干道共同实现。因为大屿山和香港岛的开发程度有限，该片区的路网密度不高。对外而言，香港借助铁路和高速公路与深圳市相连通，并进一步实现和内陆的联系。香港港口周边道路较为密集，能够实现便捷的交通运输，这进一步提高了其可达性与区位优势。

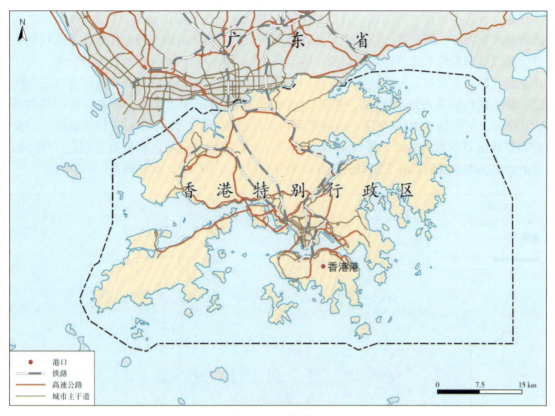

图 7.5 香港路网

资料来源：Open street map 香港片区数据。

从海岸线历年位置和变化情况来看，香港陆地的扩张主要发生在 20 世纪 90 年代，在地域上集中于九龙半岛西侧城市地域沿岸，以及大屿山东北侧高速公路沿线开发区域。21 世纪以来，特别是法庭对湾仔填海计划案件进行判决后，香港未再发生大规模的填海造陆，海岸线相对稳定。值得注意的是，20 世纪在九龙半岛与香港岛衔接地带，亦即香港港维多利亚港区所坐落的水道两侧，北侧九龙半岛岸线前移扩张的同时，南侧香港岛岸线随之出现了明显退缩。香港在维多利亚港区进行的填海造陆，导致港口陆域用地挤占水域，船舶活动密度增大、航行条件恶化；地质地理因素的改变，使得片区内海域深度变浅，波浪与流速增强，港口作业及小型船舶的安全受到威胁。这些因素，严重妨碍了维多利亚港区正常功能的行使。[6]

香港境内的重要码头、中流作业区、公众货物装卸区以及支援设施被统称为香港港，目前由香港海运港口局进行统一管理。香港港目前主要有三处码头片区，即葵涌—青衣港区的九个码头（合称为葵青货柜码头）、香港龙鼓水道的内河货运码头、维多利亚港区周边小型码头集中带（图 7.6）。其中，维多利亚港区各码头主要承担客运功能，在货物运输方面发挥的作用有限。中流作业区是由香港首创，最早在 20 世纪 70 年代随葵青货柜码头建设而出现，旨在解决当时货柜码头可供集装箱船只装载的泊位不敷使用的问题。海运公司为减低船只等候泊位所造成的损失，直接在货船上分派货柜，在海中系以浮筒或抛海，通过趸船来进行集装箱装卸，利用趸船将货柜运送到附近的码头起卸，相应作业形式称为中流作业。设置中流作业区的核心目的是辅助主要货运码头,提供趸船与货柜车/货车之间的货物起卸服务,因此在区位上也与葵青货柜码头、内河货运码头较为接近。公众货物装卸区是以短期租约形式与营运者达成一致,将小型码头停泊位和堤岸地方进行分配,用于从趸船起卸一般货物、散装货物和货柜。公众货物装卸区周边通常也有中流作业区进行辅助。葵青货柜码头占地279 hm^2,提供24个泊位共7694 m深水堤岸;中流作业区共占地约33 hm^2,提供约3310 m堤岸;内河货运码头占地65 hm^2,提供3000 m码头堤岸;公众货物装卸区目前共有6处,提供4828 m堤岸,由香港特别行政区海事处管理。[7] 浮坞、浮泡、避风塘、碇泊处等支援设施在香港港分布区域较为广泛,此处不再一一罗列。

图 7.6 香港码头主要组成部分位置及实体地域

资料来源:基于香港海运港口局官网港口片区图自绘。

从港口整体数据来看,2011—2021年,香港港处理的货物总量呈现下滑趋势,这一趋势自2017年后尤为明显(表7.3、表7.4)。从进出口情况来看,香港货物处理总量中入港货运量较离港货运量高,并基本维持在一定水平;离港货运量则出现了持续的下滑,使得两者差距逐渐增大。造成该现象的重要原因之一在于,虽然得益于和内地开展的全面合作,香港长期承接大量内地货物的输入,使得入港货运量相对稳定,但香港港在与国际其他港口的剧烈竞争中较难占据明显优势。随经济形势严峻和疫情短期冲击,这一问题直接体现为离港货运量的降低。

表7.3　香港港口进出口货运量

单位：kt、%

年份	入港		离港		总货运量
	货运量	同期变化	货运量	同期变化	
2011	157841	2.3	119603	5.3	277444
2012	154699	−2.0	114583	−4.2	269282
2013	162275	4.9	113780	−0.7	276055
2014	184185	13.5	113552	−0.2	297737
2015	152808	−17.0	103751	−8.6	256559
2016	150774	−1.3	105956	2.1	256730
2017	174578	15.8	106967	1.0	281545
2018	159509	−8.6	99032	−7.4	258541
2019	170933	7.2	92382	−6.7	263315
2020	169931	−0.6	79355	−14.1	249286
2021	134904	−20.6	78827	−0.7	213731

资料来源：香港海运港口局。

表7.4　按运输方式分类的香港港货柜进出口总吞吐量

单位：kTEU

年份	海运货柜量	河运货柜量	总货柜量
2011	17419	6965	24384
2012	16689	6428	23117
2013	16009	6344	22352
2014	15591	6635	22226
2015	13867	6205	20073
2016	13565	6248	19813
2017	14622	6149	20770
2018	13764	5833	19596
2019	12751	5552	18303
2020	12458	5511	17969
2021	13316	4482	17798

资料来源：香港海运港口局。

香港港进出口的集装箱主要在葵青货柜码头进行处理，中流作业区以及其他码头虽然数量众多，货柜处理量只占总数的小半。从海运和河运的分类情况来看，海运货物主要由葵青货柜码头处理，中流作业区及其他码头主要处理河运货物，且其海运货柜量近年减少幅度较大。与之相反，葵青货柜码头的海运货柜量出现了反常的增长（表7.5）。可以合理推测，香港特区政府正在采取措施，有意引导葵青货柜码头和中流作业区及其他码头进行专业化分工，由葵青货柜码头主要负责国际贸易处理，内河货物运输则借助其他片区实现，进一步提高香港港各码头的装卸、作业乃至于生产效率。

表7.5 按货柜处理地点分类的香港货柜总处理量

单位：kTEU

年份	葵青货柜码头			中流作业区及其他码头			总计
	海运	河运	小计	海运	河运	小计	
2011	15072	2344	17416	2347	4621	6968	24384
2012	15201	2274	17475	1487	4154	5642	23117
2013	14639	2479	17118	1370	3864	5234	22352
2014	14482	3105	17587	1109	3530	4639	22226
2015	12774	2798	15572	1093	3407	4500	20073
2016	12241	2962	15203	1324	3286	4609	19813
2017	13343	2893	16236	1279	3255	4534	20770
2018	12686	2787	15473	1078	3046	4123	19596
2019	11725	2495	14220	1026	3057	4083	18303
2020	11772	2684	14456	687	2827	3513	17969
2021	12616	1964	14580	701	2518	3219	17798

资料来源：香港海运港口局。

香港港对于水路运输进行了简单分类，分别为同时承担内地联络和国际贸易功能的海运，以及主要对应周边区域以及香港内部的河运。很显然，香港港处理的货柜大多来自海运，河运占比较少。即使货物处理总量有所下降，香港港仍然是中国与国际进行贸易来往的重要港口，外贸经济依然对其产生重要影响。

香港借助水路实现的对外贸易中，无论是进口还是出口，都由海运占据主导地位。香港通过海运进口货物的最大来源地为中国内地，日本、中国台湾、韩国、新加坡同样是香港进口货物的重要供应方（表7.6）。在2010—2020年10年间，海运进口货物整体呈下降趋势。香港通过海运出口货物的最大目的地为美国，其次是中国内地、越南、日本、中国台湾（表7.7）。值得关注的是，在该时期其他目的地商品贸易额普遍降低的同时，对越南贸易额出现了幅度较大的增长，在香港的对外商品出口中占据更为重要的地位，同时可能成为我国国际贸易新的发力点。除了以上在单一体量上名列前茅，作为香港重要贸易伙伴的国家或地区，更多未被罗列的国家或地区共同占据香港海运进出口贸易额的大头，是香港国际贸易的关键组成部分。香港借助河运实现的商品进出口主要发生在与中国内地和澳门之间。同样地，香港河运贸易额在10年间发生了较为明显的缩减。

表7.6 按运输方式和来源地分析香港外贸进口商品价值

单位：10亿港元

a. 海运

国家或地区	2010年	2015年	2020年
中国内地	132.4	128.7	81.2
日本	135.3	109.9	75.7
中国台湾	66.7	53.1	45.7
韩国	55.5	55.1	38.6
新加坡	69.8	48.4	33.4
其他国家或地区	281.3	294.2	232.2

b. 河运

国家或地区	2010年	2015年	2020年
中国内地	97.1	76.7	54.3
中国澳门	1.6	4.0	5.6
其他国家或地区	0#	0#	0#

说明：0#指低于5亿元。

资料来源：香港特区政府统计处：《香港对外商品贸易的运输方式分析》。

表7.7 按运输方式和目的地分析香港外贸出口商品价值

单位：10亿港元

a. 海运

国家或地区	2010年	2015年	2020年
美国	171.8	135.7	68.4
中国内地	94.7	76.8	65.8
越南	29.2	54.3	55.3
日本	67.7	56.9	45.5
中国台湾	23.8	20.1	22.1
其他国家或地区	358.5	321.6	251.1

b. 河运

国家或地区	2010 年	2015 年	2020 年
中国内地	120.9	93.9	48.4
中国澳门	15.7	35.4	34.1
其他国家或地区	0#	0#	0#

说明：0# 指低于 5 亿元。

资料来源：香港特区政府统计处：《香港对外商品贸易的运输方式分析》。

（二）海洋经济区

1. 港口用地变化特征

与新加坡相比，香港港港区的增减迁移过程要简明一些。

香港港中最早被利用于近现代化航运的片区为维多利亚港区。鸦片战争前，清政府仅承认广州作为外贸港口，并对西方人进行严格限制。在以广州作为交易目的地的同时，英商发现了香港在地利和港口水深等方面具备的优势，时常选择其作为下锚位置，进行停泊和装卸货物，再行转口。因此，在鸦片战争爆发前，外国商人便已开始在香港港口进行经营，他们选择的栖身之所恰是现在的维多利亚港。在通过两次鸦片战争先后夺取香港岛、九龙半岛之后，英国殖民者得以完全控制维多利亚港，并实行全面的改造与开发。由于香港山地较多，难以建设，港英政府多次主持进行填海工程，以扩大发展面积，当时发展最为繁荣、在转口贸易中功能最为重要的维多利亚港区同样得以迅速扩张。[8] 这一时期，香港港与新加坡港相类似，成为贸易转口港，香港的经济也以转口贸易为核心。[9]

20 世纪 70 年代，为适应现代化集装箱运输的新趋势，港英政府在维多利亚港西北部葵涌、青衣一带兴建葵青货柜码头，并以之为核心进行相应中流作业区、支援设施的配套建设。随着葵青货柜码头正式投入应用，香港进出口贸易的主要货物由货柜码头负责处理，加上维多利亚港周边出现上文提到过的因填海造陆导致的系列问题，原有独特优势不再，香港海运重心开始由维多利亚港向葵青货柜码头偏移。虽然同样是发展最为悠久的港区，维多利亚港区的主体地位被取代后，却未能像新加坡吉宝港区那样，发展成为集海事服务、海洋运输、船舶工业等多项功能于一体的综合片区。目前，维多利亚港区主要发挥客运功能，提供游轮码头，满足人员旅游和交通的需要。[10]

改革开放后，中国南方经济体量迅猛增长，来往于香港与中国内地的载货内河船显著增多。在香港内河货运码头落成前，主要从香港西侧进入的内河船需横跨港口，到当时主要位于香港中部及东部的公众货物装卸区或中流作业区装卸货物，这直接导致港口拥塞，影响效率与安全。为适应内地货运要求，港英政府于 1991 年计划兴建专门的内河货运码头，于 1999 年落成并投入使用。[11]

回归后，香港在交通方面的改造集中于机场和高速公路，港口主要港区未发生增减或迁移，只在原有基础上进行必要的设施更新与改造。[12] 目前，经过与腹地经济联系互动和与粤港澳大湾区其他港口竞争合作的长期过程，香港港确立了其国际集装箱中转枢纽的

地位，与深圳港共同作为核心，协助粤港澳大湾区参与全球航运网络。[13-14]

关于港区的未来规划，香港海事局与 BMT Asia Pacific 公司联合发布了《香港港口发展策略2030研究》。该报告在分析香港港目前竞争环境与发展前景，对香港港口吞吐量和处理能力进行预测之后，认为可采取容许香港内河码头处理远洋轮船、将葵青货柜码头无法用作远洋泊位的码头改为驳船泊位、善用码头周边土地等方式提升香港港口处理效率和竞争力。其建议主要集中于现有港区的内部调整和用途多样化，基本未涉及新的建设计划，甚至否定了葵青货柜码头修建10号码头的必要性。[15]在香港规划署发布的《香港2030+：跨越2030年的规划远景与策略》中，也未提出大规模的港区建设或改造方案。[16]前文介绍的各港区，在香港未来规划中主要承担的功能如图7.7所示，与现状差别不大。

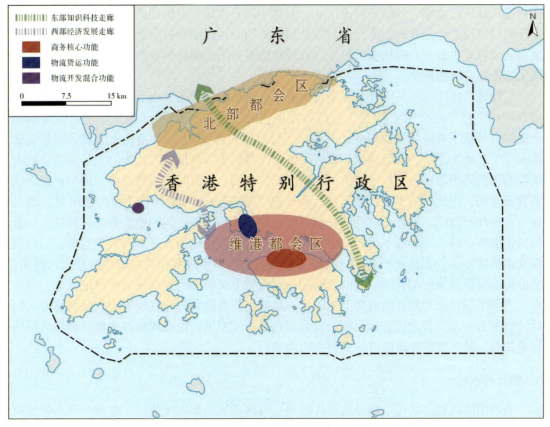

图 7.7 香港各片区在城市未来规划中预计承担的功能

资料来源：基于《香港2030＋：跨越2030年的规划远景与策略》自绘。

2. 港城间的物流联系

香港的四大支柱产业分别为金融服务业、旅游业、贸易及物流业、专业及工商业支援服务业。无论是从经济体量还是经济贡献率来算，贸易及物流业都长期居于香港四大经济支柱之首。

据香港特区政府统计处《就业及空缺按季统计报告（2020年第四季）》，香港提供海上货运代理服务的物流业单位数目高达2337家。[17]这些公司规模不一，所提供的服务和所面向的对象也有显著差异。较大型的海运代理商一般与企业对接，提供仓储、配送、综合物流和供应链管理解决方案等增值服务；小型货运代理商则提供较为基本、经济、相对个人化的服务，包括准备付货文件、清关及物流，货物规模也相对较小。部分货运代理商联合同盟组成协会，共同参与香港区域内的物流服务。以香港货运物流业协会为例，其著名成员包括敦豪国际速递、联合包裹、劲达物流、泛亚班拿、嘉里物流等。全球物流及供应链巨头中，利丰有限公司、嘉里物流将母公司总部设置在香港，敦豪国际速递、联邦快递将区域总部设置在香港。

令人惊诧的是，在航运方面，香港并无能与其国际集装箱中转枢纽地位相匹配的规模化、专业化、集约化的现代物流园区。虽然部分跨国物流公司有面积较大的企业园区，并在相应片区进行仓储、运输等物流作业，但其一般只供该企业单独使用，无法像物流园区那样同时协助多个企业的物流作业，能处理的货物同样限制在特定企业客户上，难以真正承担区域物流集散中心的功能。另外，处理物流事务的是单独企业而非合作式园区，也加剧了物流企业间的竞争。

除物流园区建设不足以外，香港物流业还存在更多的问题。由香港团结基金发布，并由新华社进行专题报道（《"棕"合持续发展"地"利现代物流》）的土地房屋政策研究全面综合分析了香港物流业现状，并提出了针对性的建议。[18]香港物流的具体问题包括且不限于：成本开支、土地供应、政府支援方面落后于以新加坡为代表的竞争对手；政府基础基建投资不足；码头片区物流用地未能充分利用；未及时提供贸易单一窗口；缺乏优质物流空间；土地供应不足，倒逼营运商开发"棕地"（被临时用作工业的原闲置农地），导致负面外部效应；缺乏针对性的长期可靠规划。概括而言，其问题重心落在两处：一是可供物流作业的土地供应不足，并因棕地可能被收回改作他用而逐渐有减少趋势；二是政府支持力度不足，无论是产业指导政策还是现代化技术引进和相关物流枢纽建设的落实，政府所能提供的帮助都有限。这两个问题一定程度上又落回到本章开节所讨论过的，政府与私营集团围绕土地展开的博弈上。因此，虽然目前香港物流业规模庞大、效益良好，但后续竞争力不足，若无法有效改革，较难实现可持续发展，这可能反过来威胁港城之间的物流联系，甚至削弱香港港口的货物中转功能。

3. 海洋经济区

香港的海洋经济区可以划分为三片区域：内河货运码头物流片区，葵涌—青衣物流及船舶工业片区，维多利亚海事服务及旅游片区（图7.8）。由于香港全域实行自由港政策，不对进出口征收任何关税，未再通过法律条文认定自由贸易区，此图不标注自由贸易园区和港口。

第七章　全球典型海洋中心城市——香港

图 7.8　香港海洋经济区

资料来源：基于香港海运港口局港口片区图及相关信息自绘。

本小节重点从港城视角探讨具有空间集中分布特征的经济区，而未涉及捕捞业等在香港全域内广泛分布的海洋经济利用等形式。

（1）内河货运码头物流片区。内河货运码头物流片区位于香港西部珠江口及屯门西交叉处，与珠江三角洲相邻，属于中国华南地区和香港的连接枢纽。内河货运码头是香港唯一专用处理内河货物的口岸，其主要功能是整合香港港口与珠江三角洲港口之间的集装箱、散杂物和散货，进行货流调度。从这一层面来讲，内河货运码头是香港实现与珠江三角洲密切联络，协同作为粤港澳大湾区重要两极贡献于中国经济的关键。目前，相应片区内的产业以物流行业为主，具体提供岸边集装箱处理、大型堆场储存、冷藏箱储存、集装箱维修及保养等服务。为了满足现代化物流和货运处理的需要，片区内还有小部分以海事设施制造业为代表的其他产业，但处于附属地位。

（2）葵涌—青衣物流及船舶工业片区。葵涌—青衣片区最主要的功能是处理国际贸易货物，尤其是现代化集装箱。葵青货柜码头中的九处口岸，以及其对应的现代货箱码头有限公司、香港国际货柜码头有限公司等五个运营商共同提供海运货物装卸和仓储、货物增值、商贸信息等服务。得益于葵青货柜码头每年超 2000 万 TEU 的物流处理能力，香港得以继续在全球海洋运输网络中扮演重要角色，维持着国际集装箱中转枢纽的地位。

在青衣岛区域内，还分布有多处船厂和相关工程有限公司，如香港友联船厂有限公司、香港船厂有限公司、香港联合钢筋工程有限公司等。由于香港在船舶制造方面已经失去竞争优势，相应船厂的业务主要集中在船舶的维修、改装、海损紧急处理，海洋石油钻井平台、码头设施的维修服务，以及海事、机械、电器、电子、冷气、船舶设计及船身上漆等辅助工程服务。

（3）维多利亚海事服务及旅游片区。虽然香港作为国际贸易中心和海事中心的地位正受到亚洲乃至全球范围内其他港口的冲击，香港在海事服务业上的竞争力也呈现出减弱趋势，但长年的发展使得香港还留存着一定数量的大型海事服务企业。根据香港海事处编制的香港航运名录，具体到本书重点关注的金融、法律、保险三个方面来讲，航运金融企业仅有欧力士亚洲有限公司，提供船舶融资；海事保险企业包括华润保险顾问有限公司、领航海上保险经纪公司、招商海运、纬度经纪有限公司等，为船舶、货物、海事责任等提供咨询和保险经纪服务；海事法律企业包括金士律师所、霍尔曼律师事务所、里德史密斯事务所、沃森法利和威廉姆斯律师事务所等，为船东、货运代理、保险公司等不同客户提供争议仲裁、贸易纠纷处理、船舶融资代理等法律建议与服务。以上公司中不乏在亚洲乃至全球领先的行业翘楚。它们集中分布在湾仔、中环、金钟等地，借助相应片区作为香港政治商业中心的便利，与国内外企业发生密切联系，持续提供海事服务。就历史区位来看，相应片区大致对应曾经的维多利亚城。

就维多利亚港区而言，由于自然条件恶化和货柜码头出现的综合影响，其已不承担货运功能，转而经营客运业务，以旅游业作为发展重点。以水道两岸别致美丽的海岸风光与港城夜景作为核心旅游特色，维多利亚港已经成为香港重要的旅游招牌，吸引着大量内地与国际游客，旅游业发展态势良好。

三、海洋经济概况与海洋经济部门构成

（一）海洋经济概况

渔村经济时期，香港海洋经济以渔业和航运业为主，这也是香港发展最为久远的两个行业。沿海许多船户人家在渔业旺季捕鱼，在淡季兼营航运。香港地区海岸线长，潮墩和草荡为发展制盐业提供了条件。小渔村时期的香港采珠业也盛行一时。19世纪上半叶，香港成为英国对华贸易的重要据点，开始发展转口贸易，海洋经济发展正式进入自由港时期。香港凭借自身的特殊地理位置和天然深水良港，以及英国带来的先进运输工具，率先发展航运业，航运业成为香港的支柱性产业之一。[1] 同时，一些私营公司纷纷投资建立造船厂、修船厂以及仓库和码头，香港的远洋航运业务也在这一时期逐渐开展。

20世纪50年代，受国际政策影响，香港的转口贸易走向衰落，香港被迫走上了工业化道路。在经贸关系上，香港大力开展与东南亚国家的经贸活动，产业结构也调整为由转口贸易为主体转向以出口导向为主体的经济。这一时期的航运业仍然是香港海洋经济最主要的产业，服务对象则明显地转向为本地进出口服务，转口运输降到次要地位。在香港工业化的推动下，港英政府于70年代初期建设葵涌集装箱码头并投入使用，标志着香港港口的发展进入新里程，为日后的集装箱大港建设打下坚实的基础。[2]

20世纪70年代中期，香港进入远东航运中心时期。此时香港经济已是典型的城市经

济，推行经济多元化方针，对外贸易活动日益活跃。其产业结构历经工业化时期之后，实现了经济的多元化。经济中心也逐步由服务业与制造业并重转变为以服务业为主。在这一时期，香港海洋经济仍然以港口经济为依托，转口贸易和本地进出口并驾齐驱，航运业进一步发展，滨海旅游业逐步兴起。[3] 从80年代末90年代初开始，香港港口就占据了全球第一大集装箱港口的位置，并逐渐成为国际航运中心。

在"全球领先的海事之都"排名中，香港的竞争力正在逐步减弱，失去航运和海事金融法律前五名的竞争力，综合排名从2019年的第四位降至2022年的第七位。2022年，香港在航运、海事金融和法律两个领域排名第七，在港口和物流服务领域排名第四，在吸引力和竞争力领域排名第十。

由于位于远东贸易航线要冲和正在迅速发展的亚太区中心，香港既是南亚太区的枢纽港，是中国内地的重要转口港，也是区内的转运枢纽。香港港口管理与设施服务为香港的航运发展提供了坚实的保障。港口拥有完备的修理、保养、干坞和船排设施，适用于所有类型船只。港口设施维护方面，香港现有3个检疫及入境船只锚地，专供来港船只办理关务手续；在香港水域维护超过570项现代化海上辅航设备，以辅助到港船只往来停泊位，并不断改进辅航设备的可靠性和效能，以提升航行安全；航道和船只航行覆盖的监察服务系统具有雷达监察和追踪功能，为救援船只提供救援协助，同时可以提高航行安全和操作效率；对修船、拆船、海事工程和船上货物装卸作业进行视察，以促进安全操作，提高海上作业安全。

随着中国内地港口基础设施发展的成熟，香港面临越来越激烈的竞争。根据《内地与香港关于建立更紧密经贸关系的安排》（CEPA），香港的服务供应商获准建立全资机构，经营港口货物装卸业务，并向其在内地拥有或管理的船只提供燃料和水以外的材料。

随着香港与粤港澳大湾区内其他城市的进一步整合，香港港口成为中国南方主要港口集群的一部分。《粤港澳大湾区发展规划纲要》提出要巩固和提升香港国际航运中心的地位，支持香港发展船舶管理及租赁、船舶融资、争议解决等高端海事服务；形成优势互补、互惠共赢的港口、航运、物流和配套服务体系，进一步加强大湾区港口集群的全球竞争力。香港特区政府于2019年5月向海事及航空培训基金注入2亿港元，以培养该行业的人才，并采取税务宽减措施，以促进船舶租赁及船舶保险业务的发展。

（二）主要海洋产业

1. 海洋渔业

香港地处亚热带，三面环海的地理环境，加之散布于近海的众多岛屿，地理条件决定了其渔业的产量和鱼类种类必以海洋鱼类占优势。香港渔业发展历史悠久，渔业主要分为捕捞渔业和养殖渔业，直到现在，渔业的主体仍然是传统捕捞业，大约占70%。2021年，香港捕捞渔业渔产量约为11.2万t，价值约为28亿港元，为本地市场提供稳定的海鱼供应。香港约有5170艘渔船，并估计约有10510名从事捕鱼作业的本地渔民（据香港渔农自然管理署）。大多数本地渔船由家庭成员操作，另雇用内地渔工协助捕鱼作业。此外，与捕捞渔业相关的附属行业，如鱼类批销及零售、燃料及渔具供应和制冰等，亦提供一定的就业机会。香港的水产养殖包括海鱼养殖、塘鱼养殖和蚝只养殖，2021年，水产养殖业产量达到 3381 t，价值约为 1.22 亿港元，占渔业总产量的 3%，生产总值的 4%。此外，加工渔业、海洋观光渔业以及海洋资源保护与管理等相关产业约占渔业总产量的 23%，形成了一个多元化、可持续发展的渔业生态系统。

香港海鱼养殖受《海鱼养殖条例》（第 353 章）所保护及监管。该条例规定所有海域养殖活动均须领有牌照，在指定的鱼类养殖区内经营。港英政府自 1987 年实施停止签发新海鱼养殖牌照的政策，以减低海鱼养殖对海洋环境可能造成的影响。根据香港渔农自然管理署资料显示，目前香港有 26 个养鱼区，占海域总面积共 209 hm^2，持牌经营者约有 920 名。香港鱼类养殖区集中在吐露港、盐田港和西贡附近，鱼塘养殖区与产蚝区位于香港与深圳交界的后海湾处及新界西北部（图 7.9）。大多数领有牌照的养鱼场面积细小，以家庭作业方式经营，养鱼场平均面积约为 304 m^2，2021 年这些鱼类养殖区总产量约 332 t，价值约 3400 万港元。塘鱼养殖分为淡水与半咸淡水养殖两种，2021 年香港内陆鱼塘所占面积约 1130 hm^2，生产约 2926 t 淡水鱼，价值约 7300 万港元。蚝的养殖自古以来一直集中在香港西北部的后海湾沿岸潮间带泥滩进行，2021 年产蚝业产量（净肉计）约 123 t，价值约 1500 万港元。

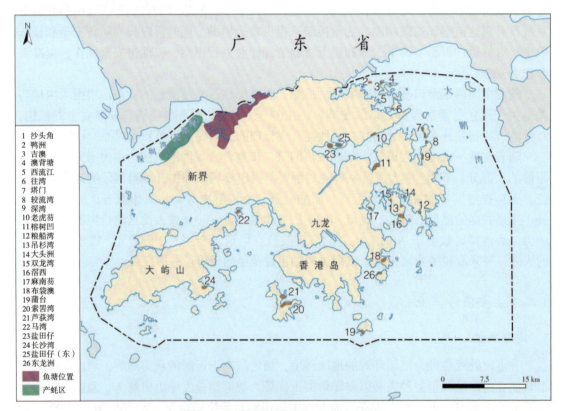

图 7.9　香港渔类养殖区、鱼塘及产蚝区

资料来源：香港渔农自然管理署，https://www.afcd.gov.hk/tc_chi/fisheries/fish_aqu/fish_aqu_mpo/fish_aqu_mpo.html。

特区主要的渔业基地有香港仔、屯门、元朗、西贡、沙头角、长洲岛、南丫岛、大澳等，其重要渔场处于中国南部沿海大陆架部分，即由浙江至海南岛之间的海域，有些有较先进装备的渔船也赴南海西沙、南沙等海域捕鱼。近年来，为适应形势的需要，香港不断更新渔船，并采用现代化设备，在发展近海渔业的同时，积极致力远洋渔业，并重视水产养殖，使其渔业总产量持续上升。

从2018年以来，受到海洋资源枯竭、气候变化和产业转型等因素的影响，捕捞业开始出现下滑趋势。2020年以来受疫情影响，捕捞业基本处于停产状态，养殖业也受到较大冲击。2022年，国家正式施行的《港澳流动渔船渔民管理规定》中，明确要求各级政府及有关部门应制定、完善便利港澳流动渔民在内地发展的政策措施，鼓励和支持港澳流动渔民产业转型升级，发展水产养殖和休闲渔业等。这对香港渔业发展有十分正面的促进作用。

2. 海洋油气业

香港平地稀少而人口众多，需要大量的能源来让基础设施运作。而香港本土并无能源资源，完全依赖进口燃料，直接从境外进口（如油产品和煤产品），或者是进口燃料后在香港进行加工（如电力和煤气）。除此之外，小部分的能源由可再生能源（如风能和太阳能）提供。

根据香港特区政府统计处资料数据显示，截至2019年之前，香港油产品的净进口量均为逐年增加；2020—2021年，油产品进口量出现明显下跌，下跌的主要为航空汽油与煤油、轻质柴油、重质柴油与石脑油。天然气进口量在2020年出现大幅度的增长，车用汽油、燃油、石油气进口量则较为稳定（表7.8）。香港油产品进口供应地主要来源于中国内地、新加坡、马来西亚、韩国、中国台湾，其中，从新加坡和马来西亚进口大量燃油，从中国内地进口石油气、天然气、航空汽油与煤油，从韩国进口轻质柴油、重质柴油与石脑油。

表7.8 香港油产品净进口货量

单位：kL

年份	航空汽油与煤油	无铅车用汽油	轻质柴油、重质柴油与石脑油	燃油	石油气/t	天然气/t
2011	6990394	535880	5357958	7715460	399725	2245129
2012	6674012	546563	4492756	7263198	390508	2067391
2013	7050700	546062	4286927	7492322	375612	1947708
2014	6959479	497730	4090929	6309426	398240	1872188
2015	7380462	684924	6045939	7644214	377958	2388734
2016	7878127	671717	6779194	7242194	361962	2452208
2017	7787355	625679	7269099	8075000	377769	2444030
2018	8262736	634495	7857171	7477189	373268	2366549
2019	8056042	594940	7866795	6802047	347076	2444048
2020	4072214	607810	5877116	6089536	302152	3877847
2021	3693780	629719	4302364	5899012	307695	3784682

资料来源：香港特区政府统计处，"Hong Kong Energy Statistics（2021 Annual Report）"。

根据香港海事处数据显示,2010—2020 年,香港油轮抵港船次基本为逐年下降(表7.9)。油轮到港以远洋轮船为主,从新加坡、马来西亚、韩国等国家进口油气资源。远洋轮船的船次自 2010 年起有所下降,但是油轮注册净吨位下降不明显,说明远洋轮船的吨位有所提升。内河油轮船只较少,且抵港船次和净吨位均出现下降趋势。

表 7.9 香港油轮远洋/内河抵港船次

单位:船次、kt

年份	远洋轮船		内河船只		总计	
	抵港船次	净吨位	抵港船次	净吨位	抵港船次	净吨位
2010	1170	14117	724	2446	1894	16563
2011	1077	14545	680	2792	1757	17337
2012	980	13401	555	1477	1535	14878
2013	818	12121	438	1048	1256	13169
2014	729	11616	541	1802	1270	13418
2015	748	12657	622	1985	1370	14642
2016	737	12046	584	1727	1321	13773
2017	820	14505	549	1759	1369	16264
2018	863	13698	433	1631	1296	15329
2019	930	15190	419	2388	1349	17578
2020	754	14674	322	1283	1076	15957

资料来源:香港海事处,https://www.mardep.gov.hk/sc/fact/portstat.html。

3. 海洋船舶工业

香港造船业历史悠久,20 世纪 60 年代造船业发展迅速,到 80 年代已有 350 多家船厂。最早出现的大型船坞公司是 1863 年创办的黄埔船坞。踏入 20 世纪初,太古集团鉴于船队日渐壮大,也于 1902 年在鱼涌兴建太古船坞,5 年后落成。太古船坞虽比黄埔船坞迟出现,但设备先进,除了维修集团的轮船外,也为驻港英军的船舰提供服务,还包揽内地特别是华南地区的造船工作,很快便与黄埔船坞共同垄断香港的船舶修造业。战后航空运输业发达,货轮亦逐渐被庞大的货柜船代替,加之香港人口激增,房屋需求急切,原有的船坞和船厂陆续关闭,占地较大的太古船坞和黄埔船坞亦在 70 年代拆卸,变成了住宅物业或作其他用途。该两船坞于 1972 年合组香港联合船坞,迁往青衣继续运作。与此同时,友聊及欧亚两间船厂于 80 年代初在青衣以西的海面建厂,主要为远洋船只提供维修服务。1997 年招商局集团把两厂收购,最终形成今日本港修造船业两强鼎立的局面。

其后,由于自然条件约束,尤其是用地有限,加上政府支持力度减弱、原料和人工成本提高等多重因素,香港造船业陷入低潮;东亚和东南亚各国造船业的大发展,又进一步削弱了香港造船业的竞争力。目前,香港船舶公司的修船业务发展相对较好,服务于进出港口的船只。位于青衣岛西岸的两间大船厂,设有两个干浮坞,大的一个的最大举力为4.6万t。香港还有一些规模较小的船厂,为船舶提供修理服务。相对其他产业而言,作为第二产业的造船业,并不是香港海洋经济发展的主流方向,但与船舶相关的服务业却异常发达。

4. 海洋交通运输业

香港是个优良的天然不冻港,而且地理位置适中,依托于发展港口经济,金融、贸易、制造、航运成为香港经济四大支撑产业,并且都具有国际性的影响。香港既是南亚太区的枢纽港,是中国内地的重要转口港,也是区内的转运枢纽。目前,转运货物约占香港整体货柜吞吐量的60%。2021年,抵港远洋船舶和内河船舶共达62477船次。根据香港特区政府统计处数据,2000—2020年,香港水上交通运输产值出现波动(图7.10)。在2010年出现峰值,达到33851百万港元。此后水上交通运输产值一直下降,2017—2020年又出现上升趋势,在2020年产值达到25340百万港元,占本地生产总值的1%。水上交通运输产值占比2004年最高,达到2.3%,其产值为29507百万港元。

图7.10 香港水上运输产值

资料来源:香港特区政府统计处,https://www.censtatd.gov.hk/sc/web_table.html?id=35#.

香港水上运输行业大致可分为跨境水上运输、港内水上运输和水上运输辅助服务活动。2016—2020年,三个行业组别从机构单位数目到盈余总额,发展趋势基本都为上升(表7.10)。跨境水上运输在机构单位数目、就业人数、营运开支、业务收入等方面都领先。跨境水上运输2020年行业增加值和盈余总额均提升十分明显,其中行业增加值从9557百万港元增加到16763百万港元,盈余总额从2768百万港元增至11752百万港元。港内水上运输在各方面均较低,发展较为平稳。水上运输辅助服务活动在其他各项机构单位就业人数均低于跨境水上运输的情况下其行业增加价值基本与跨境水上运输持平,说明其发展潜力优势较大。

表 7.10　香港水上运输行业主类机构单位的发展情况

单位：百万港元

水上运输行业	年份	机构单位数目/个	就业人数/人	雇员人数/人	雇员薪酬	营运开支	业务收益及其他收入	行业增加价值	盈余总额
跨境水上运输	2016	464	13047	13047	6424	82222	87873	7039	−774
	2017	487	12467	12467	6475	84647	88999	6480	−2123
	2018	492	12244	12244	6555	89650	98480	7534	2274
	2019	490	11844	11844	6136	100289	109194	9557	2768
	2020	499	11006	11006	6512	105459	123723	16763	11752
港内水上运输	2016	172	2076	1926	613	1053	1924	887	258
	2017	213	2331	2174	703	1108	2136	1048	324
	2018	227	2465	2327	805	1179	2307	1191	323
	2019	223	2502	2371	875	1136	2300	1177	290
	2020	217	2344	2233	848	958	2104	900	299
水上运输辅助服务活动	2016	310	7040	6931	2856	7289	14980	8139	4836
	2017	328	6856	6704	2888	7394	14553	7692	4271
	2018	297	6669	6563	2852	7071	14414	7719	4491
	2019	288	6556	6435	2682	6864	13984	7414	4439
	2020	295	6218	6158	2608	6620	13617	6751	4388

资料来源：香港特区政府统计处 https://www.censtatd.gov.hk/sc/web_table.html?id=92

香港特区政府统计处计算的行业集中度指数可显示行业的业务集中情况。参照以业务收益计算的行业集中率（CR）及赫芬达尔—赫希曼指数指数（HHI）统计数字，CR 与 HHI 数值越高，表示行业集中度越大。2014—2020 年，香港水上运输行业行业集中率上升较为平稳，HHI 在 2017 年与 2018 年提升明显（表 7.11）。根据美国经济学家贝恩和日本通产省对产业集中度的划分标准，将产业市场结构粗分为寡占型（$CR_8 \geq 40\%$）和竞争型（$CR_8 < 40\%$）两类。香港水上运输行业的 CR_{10} 指数基本高于 0.7，为明显的寡占型。行业内规模最大的 10 家企业机构集中度超过 70%，行业内规模最大的 50 家企业机构集中度为 90% 左右，行业集中度可细分为极高寡占型。

表 7.11　香港水上运输行业集中度

年份	机构单位数目	首 10 大 CR_{10}	首 20 大 CR_{20}	首 50 大 CR_{50}	HHI
2014	712	0.77	0.84	0.90	0.198
2015	654	0.78	0.84	0.90	0.194
2016	636	0.74	0.82	0.90	0.164

续表 7.11

年份	机构单位数目	首 10 大 CR_{10}	首 20 大 CR_{20}	首 50 大 CR_{50}	HHI
2017	700	0.76	0.83	0.90	0.205
2018	720	0.75	0.82	0.89	0.201
2019	713	0.74	0.82	0.90	—
2020	716	0.78	0.86	0.92	—

说明：CR_n 是指 n 间机构单位在该行业的总业务收益中所占的比率。CR_n 的数值介乎 0~1 之间。就一个特定的 n 数值而言，CR_n 的数值越高表示行业集中度越大。

资料来源：香港特区政府统计处，https://www.censtatd.gov.hk/sc/scode340.html。

香港港是全球最繁忙和最高效率的国际货柜港之一，2021 年集装箱处理量近 1800 万 TEU。目前，香港港每星期提供约 270 班国际货柜班轮服务，连接全球近 600 个目的地。港口主要设施包括货柜码头、内河货运码头、中流作业区及公众货物装卸区，支援设施包括船坞、避风塘等（图 7.11）。

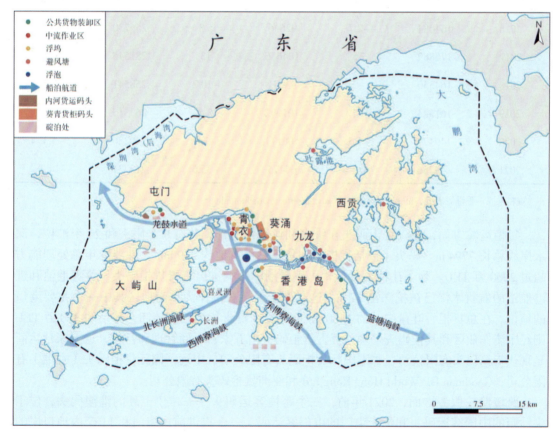

图 7.11　香港港口码头航道

资料来源：香港海运港口局，https://www.hkmpb.gov.hk/tc/port.html。

香港海事处统计数据将港口货物吞吐量分为海运与河运，其中海运货物吞吐量远大于河运货物吞吐量（表7.12）。

表 7.12　按海运/河运分析港口货物吞吐量

单位：kt、%

年份	海运货物		河运货物		港口货物合计	
	吞吐量	增长率	吞吐量	增长率	吞吐量	增长率
2010	182004	12.6	85811	5.5	267815	10.2
2011	194926	7.1	82518	−3.8	277444	3.6
2012	188860	−3.1	80423	−2.5	269282	−2.9
2013	184238	−2.4	91817	14.2	276055	2.5
2014	197321	7.1	100416	9.4	297737	7.9
2015	168586	−14.6	87973	−12.4	256559	−13.8
2016	164084	−2.7	92646	5.3	256730	0.1
2017	176889	7.8	104656	13	281545	9.7
2018	164550	−7	93991	−10.2	258541	−8.2
2019	161324	−2	101992	8.5	263315	1.8
2020	149174	−7.5	100111	−1.8	249286	−5.3
2021	149256	0.1	64475	−35.6	213731	−14.3

资料来源：香港海事处，https://www.mardep.gov.hk/sc/fact/portstat.html。

货柜运输方面，葵青货柜码头在维多利亚港西北部，共有 9 个码头和 24 个泊位，深水岸线总长 7794 m。码头（包括货柜场和货运站）占地约 279 hm^2。香港港年总处理能力超过 2000 万 TEU。为了让特大货柜轮可不受潮汐影响进出葵青货柜码头，葵青港池和进港航道的航行水深已被挖深至 17 m。这有助于保持香港作为华南地区其中一个主要港口的地位。在总货柜吞吐量中，约 1460 万 TEU 是在葵青货柜码头装卸，其余约 320 万 TEU 则经中流作业区和其他码头处理。葵青货柜码头由五家营运商管理和营运，这五家营运商是现代货箱码头有限公司、香港国际货柜码头有限公司、中远—国际货柜码头（香港）有限公司、Goodman DP World Hong Kong Ltd 和亚洲货柜码头有限公司。

跨境渡轮服务方面，2021 年前，三个跨境客运码头——位于上环的港澳码头，位于尖沙咀的中国客运码头和位于屯门的屯门客运码头——提供前往澳门和 11 个内地口岸的渡轮服务。在这三个客运码头营运的渡轮约有 80 艘，多数为喷射船、双体船等高速客船。由于码头营办商终止与政府间的租赁协议，屯门客运码头已于 2021 年 6 月停止提供跨境渡轮服务。

香港的港口仍然是世界上最繁忙的集装箱港口之一，但随着过去10年中国内地港口和物流基础设施的成熟，香港面临着激烈的竞争。珠江三角洲制造业格局的变化，从劳动密集型制造业转型到高科技产业，以及全球制造商将供应链从中国转移到其他国家的趋势，也对香港的港口及其海运业构成了进一步的挑战。

5. 海洋海事服务业

香港是2019年全球第八大贸易经济体，也是国际海运中心。多年来，香港的海事服务集群不断扩大，提供从船舶融资、保险和经纪到船舶管理和海事法等全面和专业的服务。香港海运港口局网站列出由海事相关公司提供的资料，以推广香港的海事服务及方便公众取览本地海事业群的资讯，包括10项海事服务业务，即船级社、海事保险、海事顾问、海事法律及仲裁、船舶经纪、船舶出租、船务融资、船舶管理、船东/船公司、船舶注册。

香港船舶注册系统（HKSR）是一种独立于中国内地的船舶注册系统。截至2021年12月，其注册船舶超过2500艘，总吨位达1.3亿t（表7.13、表7.14）。截至2019年底，香港是世界第四大船舶注册国，仅次于巴拿马、利比里亚和马绍尔群岛。在香港注册的船舶国际贸易所得的收入，免征利润税。此外，香港还与美国、英国、荷兰、丹麦、挪威和德国等许多地方签订了双重税收协议，其中涵盖了航运收入。由于低税收制度、优良的制度环境和强大的海事服务集群，香港船旗被视为外国船主的首选。

表7.13 注册香港船旗船队的所有权与登记情况（2021年）

国家或地区（按注册吨位排名）	载重吨位/kt
中国内地	81330
中国香港	72367
挪威	8742
百慕大	8169
新加坡	7248
日本	3143
法国	2700
德国	1296
希腊	1262
韩国	1089
世界	205011

资料来源：联合国贸易和发展会议：《1000 gt及以上的商船》，https://hbs.unctad.org/merchant-fleet/。

表 7.14　香港注册船舶的船舶数目和总吨位

单位：艘、kt

年份	船舶数目	净吨位	总吨位
2010	1735	31481	56510
2011	1952	38193	68333
2012	2193	44319	78855
2013	2327	48683	86435
2014	2373	52193	92782
2015	2477	56965	102293
2016	2513	59569	107574
2017	2545	62276	113841
2018	2622	67608	125223
2019	2596	68536	127448
2020	2603	69677	129723
2021	2527	70586	131147

资料来源：香港海事处，https://www.mardep.gov.hk/sc/fact/portstat。

香港船东协会成立于1957年，其目的是为香港的船东创造一个交换平台。香港船东协会是亚洲船东协会、国际航运协会和国际独立船东协会的成员，它代表着其成员在国际航运委员会中的利益。经过65年的发展，HKSOA成员拥有、管理和运营了一支总承载能力超过2.44亿t的船队。截至2021年12月1日，由会员拥有、管理和经营的船舶总数达到2920艘，载重吨位达2.448亿t，总吨位达1.558亿t（表7.15）。其中散货船、货柜船、油轮三种船型的船舶数量最多，载重吨也名列前茅。根据船舶注册地划分的船舶吨位，前四名注册地分别为香港（1265艘）、马绍尔群岛（514艘）、巴拿马（345艘）、新加坡（249艘）。

表 7.15　香港船东协会船队统计

单位：艘、t

船型	船舶艘数	载重吨	总吨
散货船	1385	130887939	70830213
载车船	13	207902	614179
水泥船	1	27238	16833

续表 7.15

船型	船舶艘数	载重吨	总吨
货柜船	534	36642901	35982941
浮坞	5	514396	469036
液化天然气船	70	4128550	3857161
液化气船	25	1109592	898354
干货船	36	768262	579520
重吊	20	787910	660350
牲口运输船	2	9702	23344
离岸支援船、拖轮	35	131736	139621
客轮、邮轮	3	65	135
载车船	85	960767	4144562
冷藏船	5	68232	64947
油轮	385	51421331	27627610
化学品油轮	255	9808554	5951038
原油油轮	42	7258681	3844185
木屑运输船	2	101604	84905
其他	17	3758	1154
总数	2920	244839120	155790088

资料来源：香港船东协会，http://www.hksoa.org/fleet_statistics/。

在香港的船舶经纪公司提供船舶租赁及交易服务。一方面，租船经纪人会为船舶寻找工作，并为其客户协商有利的运费和航线。另一方面，船舶经纪人也帮助货主找到最好的航行船舶，并完成租船。除了谈判外，船舶经纪人还负责监督航行指示的执行情况、付款、合同和相关文件的编制情况。许多世界领先的船舶经纪商都在香港设立了办事处，如Clarksons 和 Simpson Spence & Young。凭借对亚洲市场的深入了解，香港本地和外国船舶经纪专家提供咨询服务和航运业最新的市场情报。英国特许船舶经纪协会（ICS）总部位于伦敦，拥有包括香港在内的 26 个分支机构，是代表船舶经纪人、船舶经理和代理人专业网络的国际组织。ICS 为行业新进入者和经验丰富的专业人士提供教育和培训。大多数 ICS 成员通过 ICS 的专业资格考试获得会员资格。截至 2019 年底，香港共有 54 家船舶经纪公司。

香港船舶管理公司拥有众多成熟的专业船舶管理服务提供商。许多船东将常规操作职能外包给专业的第三方船舶管理人员，以更好地控制成本。船舶管理职能包括组织船员和物资、干船坞维护和遵守规定。船舶管理公司通常有专注于特定职能的专门部门。在船员服务方面，船舶管理人员参与员工招聘、保险、签证和工作许可以及培训。此外，一些船舶管理公司还提供船舶工程、建筑和船厂选择等方面的咨询服务。香港的船舶管理公司主要包括 Abacus、Chellaram、中国船管、Eight、Fleet、OSM、Oak Maritime 等。

香港是亚洲最重要的国际船舶融资中心之一。香港是主要的国际金融中心，也是全球最自由的经济体，拥有一流的金融基础设施、有效的财务规例和众多的金融专才，令企业易于筹集资金，以满足其融资需要。香港蓬勃的海运业为船舶融资和船舶租赁业务提供了大量的就业机会，使其能在香港可持续发展。为推动船舶租赁业的进一步发展，香港特区政府已实行税务宽减措施，以吸引船舶租赁业务落户于香港，为香港海运业发展提供新动力。截至2021年12月，香港海运业的贷款及垫款合计约155亿美元；全球十大船船务融资银行贷款的簿记行中，有8家在香港设立办事处。

香港拥有众多的国际海上保险服务提供商，并提供广泛的海上保险产品。截至2020年底，香港共有87家授权船舶保险公司，其中33家为外国保险公司。船舶保险一般分为船体、机械保险和货物保险两种类型，分别承保船体和机械的损失或损坏，以及船上的货物。此外，香港是保护和赔偿（P&I）保险的中心，保赔险是一种保险形式，涉及因船舶所有权或经营所产生的第三方责任和费用。具体而言，合作保险协会的成员，包括船东、船舶经营者和承租人，就碰撞、货损和拖航等风险或费用的责任相互投保。目前，国际保赔协会集团旗下有13个主要会员协会，为全球约90%的远洋吨位提供保赔责任险。其中有12个在香港设立了办事处。2016年10月，代表全球海上保险业的重要专业组织——国际航运保险联盟在香港成立亚洲中心。2021年其海事保险的毛保费总额约达3.87亿美元。香港特区政府自2021年3月起为合资格的保险业务（包括海事保险）提供利得税半税优惠，以促进海事保险及承保专项保险业务在香港的发展。

香港是备受推崇的海事及商业合约订立及争议调解中心。在香港所做的仲裁裁决，可根据《承认及执行外国仲裁裁决公约》（《纽约公约》）在近170个缔约国执行，以及根据《最高人民法院关于内地与香港特别行政区相互执行仲裁裁决的安排》在中国内地执行。2020年，波罗的海国际航运工会正式把香港列为四个指定仲裁地点之一（另外三地为伦敦、纽约、新加坡），进一步推动全球使用香港海事仲裁服务。2020年，香港国际仲裁中心处理了483起新案件，其中18.6%涉及海事纠纷。

6. 滨海旅游业

旅游业是香港的重要产业之一，为香港带来了大量的外汇收入。据香港旅游发展局数据，2018年香港旅游业产值占本地生产总值4.5%，与入境旅游相关的总消费达2600亿港元，免签证来港游客来自全球170多个国家和地区。旅游业也为香港居民提供了可观的就业机会。2018年，全港旅游业就业人数达到25.69万人，占全港总就业人数6.6%。2019年，受本地社会事件影响，香港访港旅客为5591万人次，较2018年下跌14.2%。进入2020年，受疫情影响，旅游业受到严重打击，2020年访港旅客人次只有356万，2021年更降至9万人次。

访港旅客中，大多数来自中国内地。2018年访港旅客中，来自中国内地的占比达到78%；来自北亚、南亚及东南亚的次之，占比10%左右；来自美洲、欧洲—非洲—中东、中国台湾—澳门三个区域的相差不大；来自澳大利亚—新西兰—南太平洋地区的最少（表7.16）。

表 7.16　按居住国家／地区划分的访港旅客

单位：人次

年份	美洲	欧洲、非洲及中东	澳大利亚、新西兰及南太平洋	北亚、南亚及东南亚	中国内地	中国台湾、澳门	未能辨别	总计
2011	1821096	2194319	757871	6055832	28100129	2992063	—	41921310
2012	1777842	2227994	740795	5984863	34911395	2971687	537	48615113
2013	1665562	2253681	717419	5858552	40745277	3057964	349	54298804
2014	1679083	2218382	715479	5944602	47247675	3033385	230	60838836
2015	1728094	2167119	681162	5851623	45842360	3037080	158	59307596
2016	1773338	2226455	684046	6186492	42778145	3006250	177	56654903
2017	1781819	2202302	687127	6343838	44445259	3011722	90	58472157
2018	1872540	2231983	703789	6280855	51038230	3020019	139	65147555
2019	1600755	1985304	612276	5161894	43774685	2777624	71	55912609
2020	123025	178297	57541	280772	2706398	222836	6	3568875
2021	2570	7332	810	10496	65721	4469	0	91398

资料来源：香港特区政府统计处，https://www.censtatd.gov.hk/sc/scode130.html。

由香港入境过夜旅客与不过夜旅客境内消费开支表（表7.17、表7.18）可知，过夜旅客的消费开支是不过夜旅客的2倍以上。2014年入境旅客消费开支最高，合计共达到3008亿港元。2019年访港旅客人次减少，香港入境过夜旅客消费开支明显降低，达到近10年的最低值13.8亿港元；入境不过夜旅客消费开支同样减少，但减弱幅度不明显。中国内地访港旅客人次最高，其相应消费开支占比也最高，过夜旅客消费开支占比70%以上，而不过夜旅客消费支出占比90%以上。在过夜旅客消费开支中，占比最低的是美洲，仅2%左右。虽然来自澳大利亚、新西兰、南太平洋地区的旅客人次占比仅为1%，但消费开支占比达到9%左右。

表 7.17　香港入境过夜旅客境内消费开支

单位：百万港元

年份	美洲	欧洲、非洲及中东	澳大利亚、新西兰及南太平洋	北亚、南亚及东南亚	中国内地	中国台湾、澳门	总计
2011	4565	7454	17084	24538	111788	5792	166694

续表 7.17

年份	美洲	欧洲、非洲及中东	澳大利亚、新西兰及南太平洋	北亚、南亚及东南亚	中国内地	中国台湾、澳门	总计
2012	4558	7852	17626	25478	129416	5596	185841
2013	4395	6524	18757	25281	152730	5711	208448
2014	4120	6893	18417	25310	166027	5792	221048
2015	3350	6511	16899	23410	142614	5718	193041
2016	3385	6774	16259	23033	126321	5287	175226
2017	3334	7853	16281	24134	129866	5398	179666
2018	3530	8571	17104	25675	139900	5581	193551
2019	2735	6157	13234	19391	97203	4100	138195

资料来源：香港特区政府统计处，https://www.censtatd.gov.hk/sc/scode130.html。

表 7.18　香港入境不过夜旅客境内消费开支

单位：百万港元

年份	美洲	欧洲、非洲及中东	澳大利亚、新西兰及南太平洋	北亚、南亚及东南亚	中国内地	中国台湾、澳门	总计
2011	245	377	119	1114	35360	2144	39358
2012	233	261	98	985	49278	1751	52606
2013	188	301	85	1020	64356	2083	68034
2014	225	279	77	974	76076	2113	79744
2015	233	319	78	858	75058	1935	78482
2016	210	325	86	864	60278	1890	63653
2017	194	323	78	839	59489	1845	62768
2018	221	369	72	825	74917	2357	78761
2019	222	338	69	870	60404	2312	64215

资料来源：香港特区政府统计处，https://www.censtatd.gov.hk/sc/scode130.html。

分析香港跨境客运码头抵港及离港数据，发现 2010—2018 年香港跨境客运发展稳定，抵港与离港航次基本稳定在 9 万航次左右；净吨位在 2010—2011 年间有明显的提升（表 7.19）。2020 年以来，跨境客运码头抵港/离港航次大幅减少，净吨位随之降低。2021 年跨境客运码头离港航次只有 40 航次，净吨位 5 GT。

表 7.19 香港跨境客运码头抵港及离港数据

单位：航次、kt

年份	抵港		离港	
	航次	净吨位	航次	净吨位
2010	28319	4405	29059	4541
2011	96249	18177	97488	18384
2012	90089	16388	91875	16726
2013	87695	15696	88968	15928
2014	86640	15928	87945	16183
2015	91206	15079	92126	15261
2016	89907	14885	91042	15114
2017	88024	14201	89867	14567
2018	87695	14231	88900	14447
2019	75933	12231	76031	12242
2020	7191	1135	6591	1052
2021	1163	158	40	5

资料来源：香港海事处，https://www.mardep.gov.hk/sc/fact/portstat.html#3。

根据全球最大的旅游网站 Tripadvisor 调查显示，中国标志性旅游景点中香港天坛大佛、香港志莲净苑入选；中国公园 Top10 中，香港南莲园池、香港公园、香港九龙山公园均入选；中国最受好评的博物馆 Top10 中，香港历史博物馆、香港科学博物馆入选；香港公园海洋、香港迪士尼乐园分别入选中国游乐园及水上公园 Top10。丰富的资源，加上先进的服务意识和管理理念，是香港旅游业长久兴盛不衰的关键要素。

7. 海事工程建造业

根据香港土木工程拓展署资料显示，香港港口及海事工程服务主要包括海事建设工程、咨询服务、维修海事设施、维护性质的疏浚工程。海事建设工程主要指公共码头、海滨长廊和改善码头计划下的项目，同时也为一些公共码头（如塔门码头和桥咀码头）及登岸设施进行改善工程。目前已完成兴建或重建的码头主要有新天星码头、中环 9 号及 10 号公共码头、赤柱新卜公码头、三星湾公共码头、西贡公共码头；近年完成的其他工程项目包括大澳—涌河堤建造工程、马鞍山海滨长廊海堤提升工程及梅窝银矿湾海滩东湾头路扩阔工程。在海事设施维修方面，共维修110个航标、超过1300 km的海堤和防波堤、超过320个码头和登岸设施（包括公共码头、专利和持牌渡轮码头）等，对海事设施进行常规检查工作，确保公众使用时的安全。除此之外，进行维护性质的疏浚，定期在船只水道、停泊区、避风塘和主要河流出口进行疏浚工作，以确保航道安全。近年曾在南航道、半山石停泊处、西危险品停泊处、油麻地避风塘、城门河和屯门河进行大型维护性疏浚工程。每年在维修海事设施和疏浚工程方面的开支大约为8000万港元。

为应对持续的挑战并提高效率，香港国际货柜码头有限公司、现代货箱码头有限公司、中远—国际货柜码头（香港）有限公司和亚洲货柜码头有限公司于2019年4月成立海港联盟。同时，在技术层面，香港推出首家遥控橡胶轮胎龙门起重机和自动集装箱堆放系统，葵青港的29台起重机均安装监控摄像头及传感器，以确保精度，从而提高效率及操作安全性。

截至2022年7月28日，香港海事处统计共有71项正在进行的海事工程清单（表7.20）。其中，海事建造工程最多，主要是海底管道建设、路桥隧道建设、码头建造等；海事维修工程以码头维修、码头重建、防波堤维修为主；设施维护主要指海岸线设施、登陆设施、浮标设施、海底排水口设施检查维护；填海造陆以建立人工岛礁渔礁为主；海洋调查勘测包括珊瑚调查、沉积采样工作、生态调查设置检测器等；疏浚工程主要是在葵青货柜码头进行定期疏浚作业。

表7.20 香港进行中的海事工程清单

类型	数目	主要地点
海事建造工程	34	将军澳、鲤鱼门、南丫岛、铜锣湾避风塘、东涌马湾涌、贝澳湾、沙田城门河、椋鸟湾、大屿山北旺等
海事维修工程	12	观塘避风塘、南丫岛、东龙洲、荔枝庄码头、西贡滘西村码头、横澜岛码头等
设施维护	8	铜锣湾避风塘、大树湾、大澳滘、香港仔西避风塘、石鼓洲东南等
填海造陆	2	大小磨刀海岸公园、石鼓洲西南
海洋调查勘测	12	石鼓洲和索罟群岛、布拉夫岛、东涌、离港岛、大树湾和深水湾、大屿山小蚝湾、青龙头等
疏浚工程	3	葵青货柜码头1、2、5、6、8号等

资料来源：香港海事处，https://www.mardep.gov.hk/en/pub_services/worklist.html。

参考文献

[1] GRANT C J. The soils and agriculture of Hong Kong [M]. Hong Kong：Government Printer，1963.
[2] 龚子同. 香港土壤和土壤科学特点 [J]. 土壤，1998（3）：121-124.
[3] 陆远. 英国逆权管有制度在香港的本土化研究 [D]. 厦门：厦门大学，2019.
[4] 杨潮华. 香港土地重新发展强制售卖制度研究 [D]. 深圳：深圳大学，2022.

[5] 马杰，于儒海．土地供应视角下的香港住房问题探析［J］．中华建设，2020（1）：57-59．
[6] 刘育，龚凤梅，夏北成．关注填海造陆的生态危害［J］．环境科学动态，2003（4）：25-27．
[7] 香港海运港口局．港口［EB/OL］．［2024-06-24］．https://www.hkmpb.gov.hk/sc/port.html．
[8] 温广平，温长恩．香港的城市空间开拓与扩展［J］．港澳经济，1997（Z1）：52-56．
[9] 谭显宗．论香港的近代转型［D］．北京：北京大学，2013．
[10] 文涵，田良．香港游艇码头发展的调查与分析［J］．中国水运（下半月），2013，13（2）：35-37．
[11] 刘智鹏．港口发展［EB/OL］．［2024-06-24］．https://www.mardep.gov.hk/theme/port_hk/sc/p1ch8_1.html#ref-1．
[12] 姚展鹏．香港回归前后重大项目规划政策比较［D］．北京：清华大学，2012．
[13] 李君．粤港澳大湾区主要港口间的竞合演化研究［D］．广州：华南理工大学，2018．
[14] 王琪，陈炜，韦春竹．粤港澳大湾区港口群参与全球航运网络特征［J］．热带地理，2022，42（2）：236-246．
[15] PACIFIC B A. Study on the strategic development plan for Hong Kong port 2030［EB/OL］．［2024-06-24］．https://www.hkmpb.gov.hk/document/ES_Eng.pdf．
[16] 香港规划署．香港2030+：最终建议［EB/OL］．［2024-06-24］．https://www.pland.gov.hk/pland_en/p_study/comp_s/hk2030plus/TC/strategy_a.htm．
[17] 香港特区政府统计处．就业及空缺按季统计报告（2020年第四季）［EB/OL］．［2024-06-24］．https://www.censtatd.gov.hk/en/data/stat_report/product/B1050003/att/B10500032020QQ04B0100.pdf．
[18] 新华社．研究报告称香港物流业发展亟待支援［EB/OL］．［2024-06-24］．https://baijiahao.baidu.com/s?id=1673452848010667347&wfr=spider&for=pc．
[19] 于璐．香港海洋经济演化及其渔业经济［J］．现代商业，2010a（7）：75-76．
[20] 许志桦，潘裕娟，曹小曙．香港港口与城市发展［J］．城市观察，2012（1）：59-67．
[21] 于璐．香港海洋经济演化及其海洋交通运输业［J］．中国水运（下半月），2010b，10（3）：51-53．

第八章 全球典型海洋中心城市——伦敦

一、海洋区位与海洋资源

(一)地理环境

伦敦是大不列颠及北爱尔兰联合王国(以下简称英国)的首都,也是英国政治、经济、文化、金融中心,亦是世界金融中心,占全球外汇交易额的比重超过40%,与纽约和香港并称为"纽伦港"。[1-2]

伦敦城市中心坐标为北纬51°30′,东经0°5′,位于英国东南部的平原上,泰晤士河贯穿其中。伦敦属于温带海洋性气候,夏季凉爽,冬季温暖。白天平均气温11℃,冬季最低温度约为5℃,夏季最高温度约为24℃;历史最高温度为2022年7月19日的40.2℃,最低气温为1962年1月1日的3℃。年平均降雨量585 mm,全年降水分布均匀;年平均降雪16天,但降雪量不高。年总日照时间约为1500小时,其中伦敦西部地区的日照时间较长,希思罗和克佑区的年平均日照时间超过1600小时,诺斯伍德和汉普斯特得的年平均日照时间为1500~1600小时,偏于东部的格林尼治则低于1500小时。

从伦敦地形图(图8.1)看,区域内的平坦地区沿着泰晤士河向两侧分散开,北部和南部为低矮的丘陵低山。伦敦的地质情况非常复杂,地表可见许多不同类型的岩石,其中一些岩石的历史可追溯到1.45亿年前。地表由始新世的沙子和砾石经由风成作用、流水侵蚀作用和冰川活动所形成的非冰川沉积物组成,主要土壤类型为碱性白垩和伦敦黏土。伦敦地区是一个楔形斜坡(向斜),由6500万年前白垩纪温暖海床上堆积的白垩形成的,从北向南延伸,南边以北丘陵的白垩土为界,北边以奇尔特恩山脉的白垩露头为界。白垩区域内有丰富类型的岩石,目前主要发现在西北部的奇尔特恩山脉和南部地区的北唐斯。

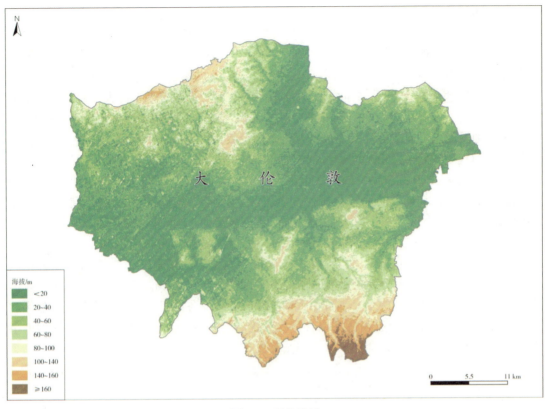

图 8.1 伦敦地形

资料来源：https://www.gscloud.cn/.

伦敦黏土是一种海底沉积物，位于白垩顶部，有些地方厚达 150 m，形成于 5600 万—3400 万年前的始新世。与其他黏土一样，它很"重"，天生不利于农业发展；但其容易破碎，可用于制作优良的砖块，对于城市建设发展有重要帮助。伦敦地铁系统的大部分线路都穿过在伦敦黏土中挖掘的隧道，这很好地解释了为什么泰晤士河以南区域的地铁线路较少——南部地区的黏土要少得多。经典的黄色手工砖就是采用这种黏土制成的，在伦敦各地的房屋建筑物中都可以看到其身影的出现。

泰晤士河是伦敦重要的一条河流，发源于英格兰南部科茨沃尔德丘陵，全长约 346 km。河流自西向东流，途径牛津、雷丁、温莎和伦敦，最后注入北海。泰晤士河水网较复杂，支流众多，供应了整个伦敦 2/3 的饮用水。[3]

（二）历史沿革与行政区划

根据研究人员在泰晤士河附近发现青铜时代桥梁和铁器时代堡垒的证据，伦敦地区最初是公元前 6000 年左右早期狩猎采集者定居的地方；公元 1 世纪，古罗马人在此建筑定居，取名为"伦底纽姆"。后历经荣辱兴衰、收复争夺，伦敦归撒克逊人统治，步入"中古时代"，王权逐步巩固，教会权力扩大。与此同时，伦敦也发展演变为二合一的伦敦城模式：东部地区是在古罗马人建立的古伦敦城的基础上所建立起来的伦敦，后发展为伦金融城；西部地区为威斯敏斯特市，随后发展成为王室和政府的所在地。

14世纪，由于纺织业的快速发展，伦敦港口成为欧洲货物配送中心；16世纪到17世纪中叶，伦敦的快速发展得益于都铎王朝发展并由斯图亚特王朝延续的中央集权政治和海上贸易扩张，但同时也遭受了黑死病瘟疫侵袭，导致人口骤减，据估计，当时只有2/3的人口存活。17世纪下半叶到19世纪，大英帝国的发展为英国带来了庞大的商机，为了方便产品的输出，以及所需的原料和外来产品的入口，伦敦东部陆续修建多个大型的船坞，航运业蓬勃发展。工业革命吸引了数百万人来到伦敦，扩大了城市规模；然而，城市内部过度拥挤的现象导致了严重的问题，如1832年的霍乱爆发、1858年泰晤士河的大恶臭和1952年的大雾霾。20世纪爆发的两次世界大战给伦敦造成了严重的破坏，其间受到的破坏仍然有部分可以在如今的伦敦看到。20世纪50年代起，移居伦敦的移民兴起，使其成为欧洲最多元化的城市之一。如今的伦敦是一座充满活力、国际化的现代化大都市。

大伦敦（Greater London）面积1580 km²，包括伦敦城（the city of London）和32个伦敦市区（London boroughs），其中12个市区成为内伦敦，其他20个市区被称为外伦敦（图8.2）。大伦敦市又可分为伦敦城、西伦敦、东伦敦、南区和港口。伦敦城是金融资本和贸易中心，西伦敦是英国王宫、首相官邸、议会和政府各部所在地，东伦敦是工业区和工人住宅区，南区是工商业和住宅混合区。大伦敦管理局负责整个地区的战略性地方事务，常规地方事务则由区议会和伦敦金融城负责。[4]

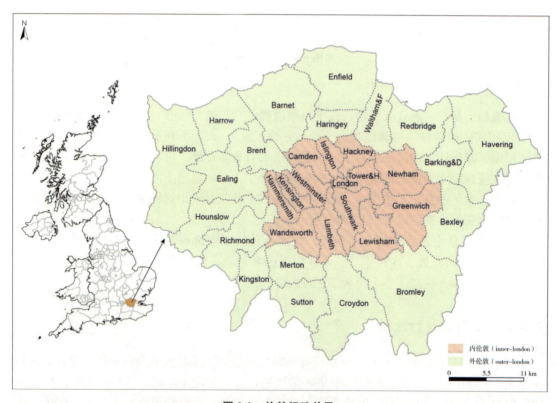

图8.2 伦敦行政单元

资料来源：https://gadm.org/download_country_v3.html。

（三）自然资源

1. 海洋渔业资源

英国四面环海，海岸线长，其渔业资源主要来源于世界著名的渔场——北海渔场，北大西洋暖流与东格陵兰寒流在此交汇，鱼产丰富，种类繁多，主要品种有鳕鱼、黑线鳕、牙鳕、鲭鱼、鲱鱼、鲽鱼、鳎鱼、蟹类、龙虾、贝类，分布于北海、苏格兰西部海域、爱尔兰海、凯尔特海。[5]英国是欧盟中最大的渔业国之一，其主要品种捕捞量占欧盟的1/4。大不列颠群岛周围的海洋都是水深不到200 m的大陆架，不仅适于鱼类繁衍生长，而且便于捕捞。

2. 海洋油气资源

英国的海上石油资源非常丰富，英国现有255个海上油气田，拥有50亿桶已探明原油储量，约26.7 TCF天然气储量。[7]目前，所探明原油储量大部分位于北海油气盆地，少部分位于北大西洋，陆上油气田有维奇法姆油气田；所探明天然气储量主要位于北海英国大陆架的伴生天然气田、临近北海荷兰边界南部油气盆地的天然气田和爱尔兰海的天然气田，陆上仅有少量天然气产区。

根据英国石油和天然气管理局在2018年11月发布的最新报告，英国油气资源储量仍保持在较高水平。截至2017年末，英国大陆架已探明油气达到54亿桶，足以支撑未来20年以上的开采；潜在储量达到75亿桶，其中21亿桶将进入开发阶段，21亿桶为新增油气田，33亿桶有待进一步勘探。随着英国地质勘探局工作的持续推进，新油气资源有望进一步被发现。尽管英国整体油气资源丰富，但伦敦地区只有少许的陆上油气资源（图8.3）。

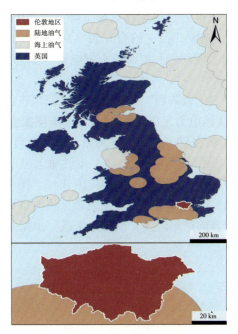

图8.3 伦敦油气分布

资料来源：https://gadm.org/download_country_v3.html；Päivi Lujala, JanKetil Rod, Nadja Thieme, "Fighting over Oil: Introducing a New Dataset," *Conflict Management and Peace Science*, 2007, vol. 24, no. 3, pp.239-256.

3. 海洋可再生能源

海洋可再生能源包括海上风能、潮汐能、波浪能、海流能、海水温差能、海水盐差能等。英国海岸线总长 11450 km，具有开发海上风能、波浪能、潮汐能的得天独厚的地理条件。[8-10]其中，北海地区风能、波浪能和潮汐能潜力丰富，可提供的能源是当前英国能源消耗的 6 倍；苏格兰地区波浪能和潮汐能的蕴藏量分别达到 14000 MW 和 7500 MW，占欧盟地区总蕴藏量的 10% 和 25%；据英国风能协会的估计，英国海上蕴藏的风能相当于目前全国每年用电需求量的 6 倍。

基于丰富的海洋能资源和政府的大力支持，英国在海洋能的科研、开发和利用上走在全世界的最前沿。全球商业化运营的波浪能电站（2000 年）和潮汐能电站（2008 年）都是首先在英国建成。2018 年，英国波浪能和潮汐能的装机容量已达到 20.40 MW，实现发电量 8.32 GW·h；海上风能总装机容量达到 8183 MW，占全球的 34.41%、欧洲的 44.23%，发电量已达到 2.67 万 GW，占英国全部发电量的 8%。

（1）海上风能。英国第一个海上风电项目布莱斯港海上风电场筹建于 2000 年 12 月，政府先后实行可再生能源义务、差价合约政策，并在产业规划、科研、金融、海域使用等方面大力扶持，由此推动了海上风电产业的迅速发展。[11]2009 年以来，其总装机容量一直居于世界第一。2018 年新增装机容量为 1312 MW，总装机容量达到 8183 MW。目前，英国有在建项目 7 个，总装机容量为 5762 MW。

根据 2019 年 3 月公布的英国海上风电产业规划表明，到 2030 年将新增 400 亿英镑投资，实现装机总量达到 30 GW，并提供 2.7 万个高级就业岗位。这将奠定英国在全球产业链中的领先地位。2023 年 4 月发布的《能源安全战略》中进一步提高为实现装机总量达到 50 GW。与此同时，海上风电的价格也在迅速下降。在 2017 年第二轮差价合约中，最低中标价格为 57.50 英镑/（MW·h）[约合 0.52 元/（kW·h）]，已低于核电的价格，也远低于我国海上风电价格[潮间带和近海的上网电价分别为 0.75 元/（kW·h）和 0.85 元/（kW·h）]。

伦敦海上风力发电站点"伦敦阵列"位于外泰晤士河口肯特郡北部海岸 20 km 处，装机容量为 630 GW，产生的清洁电力足以为约 58.4 万个英国家庭供电，同时每年排放约 90 万 t CO_2。175 台风力涡轮机每台转子直径为 120 m，每台容量为 3.6 GW。截至 2018 年 9 月，"伦敦阵列"仍是世界上最大的海上风电场。伦敦海上风电技术可发展潜力高，漂浮式和固定式海上风电技术潜力几乎覆盖全国岸线（图 8.4）。图中风力平均功率密度是衡量风能资源的指标，密度越大，风能资源越多。伦敦地区风能资源对比全国资源分布并不突出，同时海上风电技术潜力目前结果较差，期待未来进一步探索结果。

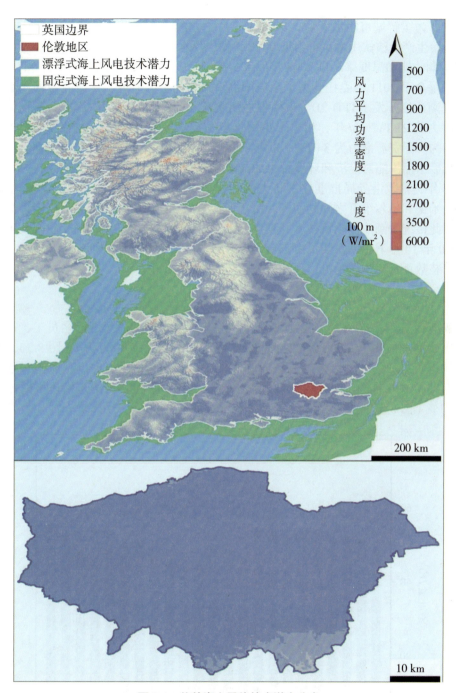

图 8.4 伦敦海上风能技术潜力分布

资料来源：https://globalwindatlas.info/zh/，https://energydata.info/dataset/offshore-wind-technical-potential，https://gadm.org/download_country_v3.html.

（2）海水资源淡化。伦敦是一座缺水的城市，其淡水供应约 80% 来自泰晤士河和李河，储存在伦敦西南部和李谷的水库，其余的 20% 来自地下水。但泰晤士河是潮汐河，其河水是淡水和咸水的混合物，不适于直接饮用。同时，伦敦可用降雨量中有 55% 用于公共消费。为缓解城市用水矛盾，2008年6月伦敦泰晤士海水淡化厂开始建设，于2010年3月开始生产清洁饮用水，可为近90万人提供用水。

（3）潮汐能和温度差。自2008年以来，英国已安装了18 MW的潮汐流发电机组。英国碳信托基金于2011年委托开展了全英国潮汐流实用资源研究。该研究使用浅水二维水动力模型潮汐流开发（TFD-2D）来模拟通用水流、共振盆地和潮汐流场。初步估计的实际资源潜力为21 TW·h/年，相当于英国年电力需求的6.5%，年平均发电量为2.4 GW；重新估计的实际资源潜力为34 TW·h/年，相当于英国年电力需求的11%。两次估计结果的不同凸显了潮汐能对经济和环境约束的高度敏感性。[12]

2006年，伦敦港务局批准在泰晤士河进行潮汐能技术试验，试验地点位于伦敦东南部泰晤士米德和伍尔维奇之间的河段。由于商业货船、游轮和休闲河流使用者都会经过该河段，因此传统的潮汐涡轮机技术开发空间缩小，需探索符合需求的微型发电技术。该项目在2020年10月下旬，安装了由三台涡轮机组成的新潮汐发电阵列，试验成功后将计划在河中安装数百台潮汐涡轮机，预计可为3.5万户家庭供电。

4. 海洋空间资源

伦敦港目前拥有70多个独立码头和港口设施，直接雇用超过3万名员工，每年约有1.25万班次商业航班。2000—2022年，货物吞吐量年均超过4000万t（图8.5），处理英国商业航运贸易的约10%，为英国经济贡献85亿英镑。[13] 2022年，伦敦港口吞吐量占英国所有吨位吞吐量的12%，位居英国所有港口之首；紧随其后的是格里姆斯比和伊明翰，占11%（图8.6）。

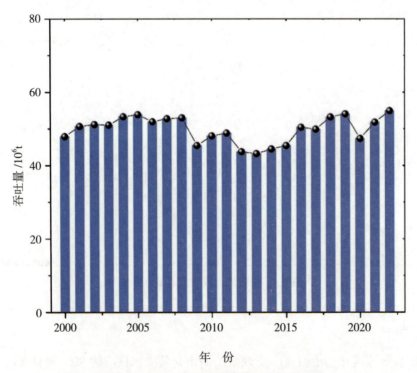

图8.5　2000—2022年伦敦港口货物吞吐量

资料来源：https://www.gov.uk/government/statistical-data-sets.

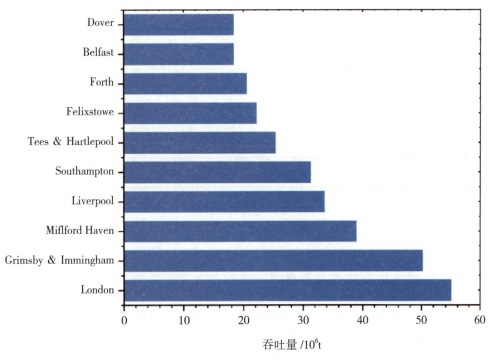

图 8.6　2022 年英国 10 大港口货运吞吐量

资料来源：https://www.gov.uk/government/statistical-data-sets.

伦敦沿码头发展了许多港口工业，其中一些（特别是糖精炼、食用油加工、车辆制造和铅冶炼）至今仍然兴盛。其他工业还包括冶炼、造船、木材、粮食、水泥和造纸、军火制造等。值得一提的是，伦敦几十年来在格林威治、银城、北伍尔威奇、伍尔威奇和埃里斯等地的工厂主导了世界海底通信电缆行业。港口曾经建有英国主要的原油炼油厂，如今仅进口成品油；肯特炼油厂和壳牌港口炼油厂分别于 1982 年和 1999 年关闭，科里顿炼油厂于 2012 年关闭。

目前，21% 的国际海事保险费是在伦敦签单的，大约 40% 的全球租船市场位于伦敦；伦敦拥有全球唯一的自主规范的船舶经纪交易市场；伦敦也是在英国唯一的联合国机构——国际海事组织的总部所在地，该组织业务涉及海事仲裁、航运保险和保赔、中介服务、船舶经济、航运金融及衍生产品、航海心理学等多个领域。2010 年，英国海运服务业创造了 17.9 万个岗位（表 8.1）、3.8 亿镑 GDP 收入及 1.4 亿镑财政税收；英国出口海运相关保险服务是德国的 5 倍，荷兰的 24 倍，挪威和丹麦的 30 倍，这正是英国海事产业的核心竞争力所在。[14-15]

表 8.1　2010—2015 年海事部门雇佣就业人数

单位：人

分区	2010 年	2011 年	2012 年	2013 年	2014 年	2015 年
英国总计	178751	179572	175457	176922	185408	185694

续表 8.1

分区	2010 年	2011 年	2012 年	2013 年	2014 年	2015 年
英格兰	133451	133617	129808	130474	133892	137367
苏格兰	36525	35622	37793	37858	43539	39336
威尔士	5977	6966	4809	5477	4924	5962
北爱尔兰	2798	3366	3048	3114	3054	3028

资料来源：The economic contribution of the UK Maritime sector.

二、港口发展与海洋经济区布局

（一）城市空间结构与港口发展情况

作为全球层面的贸易中心、金融中心、商务中心，以及资本主义城市建设的典型标杆，伦敦不仅成为政治界、学术界的研究核心，同时也在社会范围内为人们所津津乐道。从某种意义上而言，伦敦成为一种象征性的符号，其实体地域反而有所模糊，特别是同样以伦敦命名的伦敦市、伦敦金融城、伦敦都市圈等概念常有混用。因此，要分析实际与相应港口发生双向互动的城市情况，有必要先对相关地域概念进行简单说明。中心伦敦（Central Acitivity Zone）范围较小，但扮演多功能融合的城市公众区域，最早在 2004 年大伦敦空间战略规划中提出。中心伦敦向外延伸一定尺度的区域，土地利用集约度仍然相当高，主要用作商贸、金融功能，又称伦敦金融城，或者内伦敦（Inner London）。通常意义上的伦敦市其范围较内伦敦显著增大，并由多种用地混合构成，又称大伦敦（Greater London）。由于决定伦敦港口功能与区位的泰晤士河不局限于内伦敦，而是涉及大伦敦的大片区域，本节探讨的伦敦，如无特别说明，也是大伦敦片区。

从土地利用情况来看，伦敦市的土地利用类型主要有城市用地、林地、草地、耕地四种类型（图 8.7）。伦敦境内的水体除作为核心航道的泰晤士河外，主要是小片分布，未出现如新加坡等岛屿城市中的大片集水区。伦敦不同类型的土地的分布呈现出较为明显的规律性，其具体表现为：城市用地占据伦敦城市主体，被称为内伦敦的中心城区内基本无其他类型用地；林地、草地、耕地混合而成的非建设用地围绕着城市用地，大致将伦敦市主体与外界隔开。这种特别的圈层结构的形成，与作为英国规划重要方针甚至是基本国策的绿带政策的实施有密切关系。

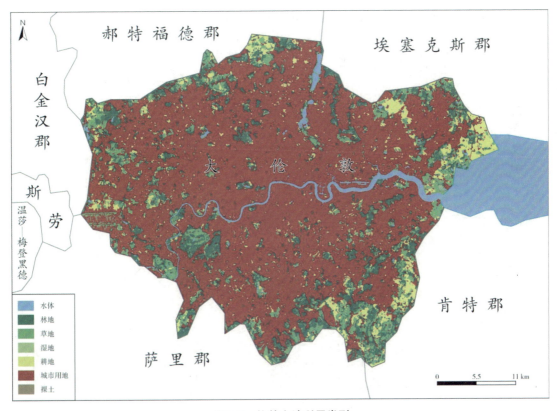

图 8.7 伦敦土地利用类型

资料来源：Dynamic World 伦敦片区数据。

英国城乡规划体系中，绿带是一个针对大城市增长而提出的概念，其基本想法是：设定一个郊区环带（通常由林地、草地、耕地等植被覆盖地面构成），对环带区域内的开发行为进行限制或禁止，进而阻止城市蔓延。绿带政策则是针对绿带颁布的政策及规划的总称。[16] 英国绿带政策直接受到了城乡边缘带、霍华德田园城市等理念的影响，最开始在19世纪30年代提出。当时重点针对大伦敦这一片区进行设计，并在19世纪50年代推广至英国各类开发区，逐渐成为英国城乡规划法的重要特色。[17] 因此，伦敦周边的绿带已经经过相当长历史时期的演变与调整，呈现出极为完善的形态。就伦敦周边而言，绿带不仅是用于分隔伦敦主体与其他城市的工具，本身也保障着生态、农业、游憩甚至居住等多功能的综合行使，促进了区域城乡融合。由于本身作为政策的时效性与针对性，伦敦绿带也面临着一些现实问题和考验，如民众可用土地不足、土地景观混乱和利用低效、土地侵占形式多样等。[18] 不过，在可以预见的未来，伦敦乃至英国范围内的绿带仍将保留甚至扩张，并明显影响区域内的土地利用形态。

从大伦敦内部及其周边交通路网的分布情况来看，大伦敦内主要的交通线路为城市主干道和铁路（图8.8）。城市主干道与铁路在大伦敦内密度极高，形成了大致以内伦敦为中心、蛛网状向四周散布的通达网络，只在大伦敦周边绿带相应范围分布较为稀疏。从城市与外界的联系来看，伦敦综合借助城市主干道、铁路、高速公路实现与周边区域的连通，其路网的交通接驳、空间形态、骨架结构、线网密度等方面都达到了高度完善的水平，贡献于伦敦城市的功能行使以及伦敦港和城市各功能区的联系。[19]

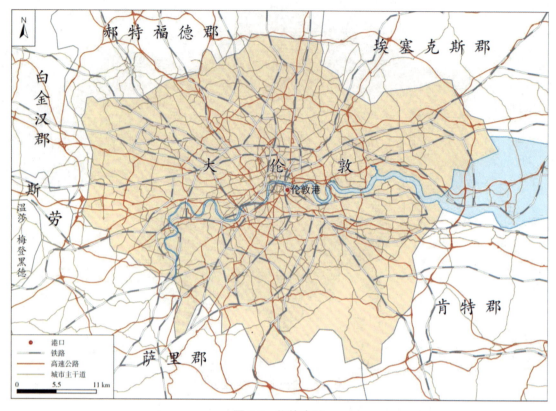

图 8.8　伦敦路网

资料来源：Open street map 伦敦片区数据、Open railway map 伦敦片区数据、GLOBIO 机构全球道路清单项目（GRIP）数据集，经整理。

泰晤士河与东部入海口直接相连，其航运功能也重度依赖于相应的海路。因此，需要将泰晤士河的河岸与伦敦市范围以外的东部入海口海岸一并考察。泰晤士河两岸，水流侵蚀作用和人为开发影响相对较小，河岸位置整体未发生明显的进退。东部入海口，在基本维持原位的整体局面之中，北岸一块码头用地（区位上大致对应伦敦门户港）因建设出现了海岸线的前推；南岸部分区域则出现了海岸线后退，从变化速率来看，其更大可能是由自然侵蚀导致的。整体来讲，伦敦周边海岸线的进退幅度较小，建设与改造重心维持在既有陆地之上，除了近年作为应对之举的伦敦门户港增设以外，未出现大规模的开发和填海造陆。

由于泰晤士河本身作为"狭窄"（相较海运航道而言）水路的特殊性，以及伦敦港长久的发展历史，伦敦港的码头和作业区在空间上沿岸铺设，绵延极长，呈带状分布，而非像新加坡或香港那样集中在相对分散的几处区域。从伦敦市港务局提供的货物装卸寄存接口分布情况来看，这些实际承担货运功能的码头或者作业区主要分布在以伦敦市中心城区为基准，向东延伸 30~40 km 距离以外的泰晤士河下游两岸，在伦敦市中心及西侧分布较少。[20] 目前，综合各码头空间密集程度与功能重要程度，大致可以将伦敦港划分为五个主要片区：伦敦门户港片区，泰晤士油运片区，蒂尔伯里港池群片区，瑟罗克片区，福特工业片区（片区内工业以福特汽车为代表，并非指所有企业完全由福特控股）（图 8.9）。五个片区中，蒂尔伯里港池群片区在码头数量及规模、港口设施与技术现代化程度、运输货物类型丰富程度、集装箱处理能力等方面都居于领先地位，是伦敦市目前国际贸易与货物运输的主要承担者。伦敦门户港虽然投入使用的时间较短，尚未完全建设好，而且只有一处码头，但已经呈现出了良好的货运能力。同时，其本身是伦敦为应对新加坡等国际港口的竞争，进一步保障和提升货运功能而增设的项目，具备重要的战略意义，得到了英国政府的政策支持与资源倾斜，以国际物流中心、贸易中心为发展目标。[21]总而言之，蒂尔伯里港池群片区与伦敦门户港片区是伦敦港国际货物运输与商品贸易的关键板块，并且将在未来发挥越来越重要的作用。

图 8.9　伦敦港区位置及实际地域

说明：伦敦门户港和泰晤士油运片区实际上是紧邻的，这里为了区分，有意留出了空隙。

资料来源：基于伦敦市港务局码头地图自绘。

伦敦目前的核心优势在于航运金融、保险、法律等高端综合服务，这也是其作为国际航运中心、国际贸易中心、国际海事中心的核心竞争力所在，而货运功能相对较弱。[22]与之相对应，伦敦港在货物吞吐量和集装箱吞吐量等硬性指标上的国际排行明显靠后。不过，货运功能较弱只是相较其极为发达的贸易功能和海事服务功能而言，用于横向比对的港口也是全球范围内的重要国际港口。若将尺度缩小到英国，从货运量来讲，伦敦港仍然是与格里姆斯比—伊明赫姆港口角逐第一港口的最有力竞争者。特别地，自伦敦门户港第三个泊位开放的 2016 年后，伦敦港货运量便迅速逼近格里姆斯比—伊明赫姆港口，并在 2020 年、2021 两年实现反超，这一定程度上可以作为伦敦门户港片区在货运方面重要贡献的实证。[23]

综合港口货运量的历年变化情况来看，伦敦港处理的货物长期以进口为主，出口货物总量相对较少。2000—2021 年间，伦敦港的货物进出口量有过一定幅度的起伏，但整体较为稳定，没有出现持续的上升或降低趋势（表 8.2）。与前文新加坡港和香港港的相应数据对照，伦敦港处理的货物总重在量级上有十分明显的差距。虽然进出口货物总量未发生明显增长，但在 2000—2021 年，伦敦港的集装箱处理量出现了大幅提升。伦敦港集装箱处理量的提升主要发生在出口方向，主要自 2013 年后维持稳步增长的趋势，这一时间节点与伦敦门户港初步建成并投入使用的年份相符。

表 8.2 伦敦港进出口货物重量与集装箱量统计

单位：kt、kTEU

年份	进口货物重量	进口集装箱量	出口货物重量	出口集装箱量	处理货物总量	处理集装箱总量
2000	38041.85	293.62	9850.12	274.51	47891.97	568.12
2005	44977.37	364.62	8865.17	370.55	53842.55	735.17
2010	39797.30	362.78	8265.15	369.93	48062.45	732.71
2015	38314.63	603.41	7115.79	581.19	45430.42	1184.59
2020	38392.80	826.84	8964.99	920.29	47357.79	1747.13
2021	43039.75	872.32	8733.03	984.80	51772.78	1857.12

资料来源：英国政府：《港口和国内水运统计数据表》。

就货物种类而言，剔除掉统计数据中主要货物、其他干散货、40 货运单位等主要用于辅助统计、难以确定实际货物类型的分类后，依据年进出口合计重量排序，2000—2010 年伦敦港前五位的货物为成品油、原油、煤矿、林产品、农产品，其中成品油和原油稳居第一和第二位，后三者的次序轮换较为频繁。之后，原油和煤矿的进出口量急剧缩减，但成品油、林产品、农产品依然占据着伦敦进出口货物量的前三位置，并与其他类型货物拉开了量级化的差距。在其他类型货物中，矿石、铁制品及钢铁产品、汽车同样是伦敦港进出口的重要货物。由于货物种类过多，这里只摘出成品油、原油、煤矿、林产品、农产品的历年数据来进行说明。

如表 8.3 所示，2000—2012 年，伦敦港在对成品油以进口为主的同时，也进行少量的成品油输出。2012—2013 年，成品油进口量大致稳定在原来的较高水平，但出口量发生了显著的跌落。同期，伦敦港的原油货运量由原本的兆吨级骤降到近似为零，基本标志着相应货物在伦敦港进口单向运输的结束。该变化的实际背景为当时伦敦港内最后一处炼油厂科里顿的关闭，伦敦港不再进口处理原油，并为伦敦乃至东部其他片区供应燃油。这也是伦敦港成品油出口量随之下降的主要原因。虽然后来英国领先燃油供应商 Greenergy 入驻伦敦港，收购相应企业片区，并在科里顿厂址基础上改造建设形成了现在的泰晤士油港、泰晤士企业园区，自 2016 年后正式进行石油贸易和油运业务，但用于交易的货物为成品油，伦敦港不再进行原油进口与处理。同样，只进行进口单向运输的煤矿于 2010 年结束在伦敦港的货物运输，直接原因也是相关港口和处理工厂的关闭停工。

表 8.3　成品油、原油、煤矿历年进出口货运量

单位：kt

年份	成品油进口量	成品油出口量	原油进口量	原油出口量	煤矿进口量	煤矿出口量
2000	7327.43	2683.20	7354.08	0.00	1357.758	0.00
2005	10163.97	2214.10	6601.50	0.00	2517.891	0.00
2010	9603.66	2068.61	6046.06	0.00	739.963	0.00
2015	10730.11	72.91	0.00	0.00	0.00	0.00
2020	8650.72	159.98	0.00	0.00	0.00	0.00

说明：0.00 指相应货运量极小，在统计上可忽略，而非严格精准为 0。

资料来源：英国政府港口和国内水运统计数据表。

成品油、原油、煤矿等燃料货物会因相应码头和专业工厂的关闭等原因出现较大的变动，甚至完全终止货运。相比而言，伦敦片区对林产品、农产品的需求和处理能力较为持续稳定（表 8.4）。因此，林产品和农产品的货运量在波动的同时保持在一定的标准上，以保障伦敦片区的基本需求。从进出口货运量来看，整体而言，林产品和农产品都是以进口为主（农产品在 2000 年出现了一次例外），伦敦在相应的第一产业产品上具有一定的外贸依赖性。

表 8.4　林产品、农产品历年进出口货运量

单位：kt

年份	林产品进口量	林产品出口量	农产品进口量	农产品出口量
2000	2241.14	21.66	894.345	1018.478
2005	1966.03	34.02	1914.238	621.47
2010	1227.95	26.60	1505.989	596.073
2015	1033.31	21.82	1069.651	650.197
2020	694.56	0.00	1066.074	500.359
2021	912.37	0.00	1390.791	301.495

说明：0.00 指相应货运量极小，在统计上可忽略，而非严格精准为 0。

资料来源：英国政府：《港口和国内水运统计数据表》。

就货物的实际流向而言，伦敦港运输的各类货物主要供应来源或输出地分为三类：欧盟、英国国内、除欧盟外的其他国家。凭借国家数量上压倒性的优势，除欧盟外的其他国家占据进出口的大头。对于许多类型的货物，英国国内与伦敦港发生的货运量远远超过欧盟与伦敦港同时期发生的货运量。在某些特殊货物（突出例证如天然气、原油等），英国国内与伦敦港发生的货运量甚至逼近欧盟、除欧盟外的其他国家与伦敦港同时期发生的货运量加和。由于篇幅所限，此处不再整理表格，读者可根据相关网址①进行更详细的了解。

（二）海洋经济区

1. 港口用地变化特征

伦敦港沿河岸分布的空间特征，以及其繁荣长达近6个世纪的时间跨度，决定了其历史上的港区，特别是目前早已彻底结束经营、难以精确寻找到原址的港区数量极多。如果效仿前文新加坡和香港的分析方法，对曾经存在的每一处港区都进行介绍，存在不小的难度，并且繁复琐屑，不利于读者直观把握。反之，如果不纠结于每一处具体的港区，以泰晤士河作为主线脉络，从伦敦港整体变化着眼，相应的港区用地变化特征十分清晰简明：港区早期在泰晤士河全域广泛分布，且在伦敦中心城区分布相当密集；20世纪40年代左右，伦敦因用地类型竞争、货运功能要求等多方面因素实行港城分离方针，将临近市区的港区关闭，相关设施硬件迁移至泰晤士河中游下游，当前港区分布的空间格局基本形成；目前，以伦敦门户港为标志，伦敦港区还在一定程度上体现出向泰晤士河入海口靠近的趋势。[24]

伦敦港的昌盛应当追溯到16世纪。在16世纪初，欧洲的城市发达地区是意大利、法国、南德意志等，英国城市化水平和城市经济体系依然处于中世纪水平，城市间孤立胜过联系，没有全国性的城市网络，城市主要供应有限腹地内的农村区域以及自身需求。相应地，伦敦还远没有取得国际贸易中心或政治中心的地位，还只是欧洲的二流城市。不过，作为英国的首都，伦敦在国内城市体系中的地位不可动摇，其作为港口在对外联系上的优势也十分明显。16世纪，凭借着王室授予的特权，地方港口的贸易渠道几乎完全被伦敦港褫夺。一个典型的案例是：作为当时贸易主要流通物的呢绒，其16世纪40年代在伦敦港的出口量将近10万匹，而地方港口总出口量不足1.5万匹。[25] 虽然17世纪一些其他港口也开始发展，伦敦港的垄断地位有所削弱，但其依然在英国进出口贸易中占据主要份额。伦敦与伦敦港共同作用，将英国国内经济整合进国际市场体系内，并推动英国以伦敦为核心的城市体系的形成，进一步构成英国经济体系的骨架。可以说，16—17世纪英国经济体系就是伦敦经济体系。伦敦港随之迅速发展，成为国际重要港口和贸易中心。当时尚未开始工业革命，运输成本在决策中权重较高；同时，城市各类型用地间的竞争尚不剧烈，给了码头商人相对自由的选择空间。出于利益获取的原则，通达性更高和商业活动更为频繁的伦敦中心市区成为港口商人钟爱的地带，港区在泰晤士河上游沿岸、伦敦市区边缘分布相当集中。

---

① https://www.gov.uk/government/statistical-data-sets/port-and-domestic-waterborne-freight-statistics-port#port-level-statistics.

18 世纪，伦敦港依然以良好的态势持续发展，后半叶自英国起源的工业革命为港口发展提供了新动力，直接表现为货运机器的配备与码头工业的发展，此时航运服务业也有所萌芽。伦敦港本身在港口运输方面的领先竞争力与英国为其保障的庞大货物吞吐量共同作用，强化了伦敦港世界航运中心的地位。到 19 世纪，伦敦港正式成为世界第一大港，与当时英国世界第一强国的地位相匹配。18—19 世纪，工业革命推动了广泛范围和深层意义上的城市化，使得土地利用模式由前现代的城市生态转化为现代城市化利用模式，以经济效益作为决策核心，城市土地空间结构因市场竞争发生变化，导致中心地带主要用作经济效益极高的商务活动场所，兼以部分娱乐活动，对其他类型用地有一定的挤兑性。[26] 不过，这一时期的挤兑性主要是针对市民居住用地，码头和仓储用地因为在当时的土地利用类型中依然有较好的经济效益，得以保留在城区范围内。伦敦中心城区向商业用地变化对港区用地的影响，要到 20 世纪才明显起来。19 世纪伦敦港更为令人瞩目的变化实际上是封闭式港池的修建。泰晤士河水道狭窄，来往船只数量极多，泊位供不应求，并且缺少相关的规定和监管，时常出现船舶延期等候的情况，这一问题在其成为世界第一港口后尤为突出。另外，海上抢劫同样是港口商人需要警惕的威胁。为了解决港口堵塞和犯罪的问题，保证船舶和货物的安全，提升伦敦港的货运能力，伦敦港内广泛修建了封闭式港池，其成为伦敦港的重要特色。蒂尔伯里港池群，以及目前已未继续进行货运、改建作港口纪念博物馆的金丝雀码头，都是该时期修建的。

不过，即使在 19 世纪后期港池建设基本结束时，泰晤士河上的混乱与拥堵仍然未能得到根治。码头和装卸公司为了尽可能吸引业务，爆发出自杀式压价为代表的恶性竞争，导致资源的低效配置以及公司破产、人员失业、社会动荡。为了维护伦敦港的秩序，针对性的《伦敦港法案》由劳合·乔治提出、丘吉尔倡议，并于 1908 年正式获得皇家批准。1909 年，伦敦港务局正式成立，具体业务包括引航、巡逻、河床疏浚等，并参与对码头投资和现代化建设的监督，居于统筹地位，以确保泰晤士河的环境安全与贸易运转。在伦敦港务局的引导下，伦敦港再次呈现出积极的发展态势。

两次世界大战中，伦敦封闭式港池群，特别是上游与市区邻近的港池群遭到了集中攻击。战后，在进行相应的重建工作的同时，英国还开始执行港城分离方针，将港口硬件设施迁移至市区近 40 km 以外的水域，而在原址大力发展航运融资、海事保险、海事仲裁等航运服务业。上游码头被破坏、难以继续承担货运功能的客观契机，以及前文提到的中心商务用地对其他用地的挤兑，都是促使港城分离方针顺利推进的重要因素。

虽然伦敦市上游的码头在重建后复现了往日的繁荣，但其时期极其短暂。由于货物装卸技术的变化，特别是上游封闭式港区难以处理的集装箱运输的普及，以及船舶尺寸的增加，上游圣凯瑟琳斯到皇家码头等片区无法适应现代化港口的需求，在 20 世纪 60—80 年代逐渐关闭。相关业务顺流而下，集中在泰晤士河中下游，特别是河口区域。

1994 年，伦敦港沿线的各码头均进行重新开发，向住宅和商贸活动用途调整，以至于威胁到港口本身的货运功能。最后是由伦敦港务局积极采取各种措施，终止了相应的重新开发进程，在用地空间有限的前提下保障甚至增强了伦敦港的货运功能，也基本稳固了伦敦港与目前空间格局相类似的港区分布结构。[27]

伦敦门户港是伦敦港内最近增设的港区，为提升其在货运方面的竞争力做出了重要贡献。伦敦门户港的规划为 6 个深水泊位，目前只完成了 3 个，其建设尚未结束。在最新的

《伦敦规划白皮书》中，与现存蒂尔伯里港池群相邻近，蒂尔伯里二号码头的扩建已提上日程；伦敦门户港片区，以及作为专项列入机遇开发区名单的科里顿地区，是伦敦港未来主要改造建设的片区，只是扩张相对迟缓（图8.10）。[28]

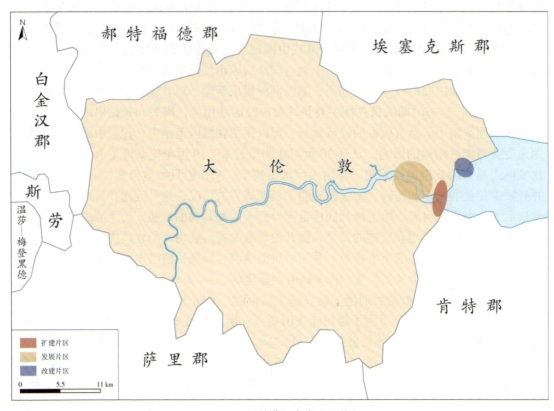

图8.10　伦敦港区未来建设趋向

资料来源：基于《伦敦规划白皮书》自绘。

2. 港城间的物流联系

　　工业革命后积累的物质技术条件，资产阶级革命后针对经济立法的政策条令，长期发展的市场经济提供的制度保障，使得英国近代物流业得以在完整的物质、技术、制度基础上建立起来并迅速繁荣，其起源大致可以追溯到19世纪20年代。英国可以说是全球最早实现物流业近代化的一批国家。作为英国首都的伦敦，其内部同样具备高度成熟的物流体系网络，为港城间的货物运输以及其他需求提供服务。

　　伦敦城内顶尖物流企业数量众多，具体如CDL物流、循环物流、安斯沃斯、前沿货运有限公司等。而联邦快递、敦豪快递等广为人知的跨国物流公司也在伦敦设立了联邦快递英国有限公司这样的地区分部和DHL贸易网络这样的专业分部，它们共同作为中心伦敦货运质量合作伙伴的核心成员，提高货运部门效率和降低货运对伦敦的环境与社会的影响。除了运输、仓储、存货管理、订单管理、清关服务等常规物流环节，伦敦物流企业还特别重视供应链管理的相关服务，采取集成化的思维与方法，对供应链中的物流、信息流、资金流、增值流、业务流乃至贸易伙伴关系进行计划、协调、控制。因此，在伦敦顶尖物流企业，物流与供应链咨询、商业咨询、合同拟定、电子商务外包、物联网开发等高端增值服务是其业务重点，甚至占据绝对主导地位。

一定程度上，由于用地难以扩张和其他类型用地竞争剧烈的原因，伦敦早期建设的多数物流园区规模较小。[29] 随着近年伦敦将货运功能的提升再次纳入发展计划，大型的物流园区被兴建起来，伦敦门户港片区内的伦敦门户物流园便是其中的典范。伦敦门户物流园现有仓储空间占地面积高达 86 hm^2，是英国甚至欧洲同类型现代化仓储空间中最大的一处。伦敦门户物流园内目前还有 6 处闲置活动地块，面积从 2000 m^2 到 3.6 万 m^2 不等，可以随租户需求进行专业化的定制。目前已经入驻伦敦门户物流园的企业包括敦豪快递、国际海运领导企业塞瓦物流、英国知名税务仓储公司伦敦城市债券等。得益于迪拜环球港务集团的支持，伦敦门户物流园能够及时掌握并应用最新技术，这些技术从高度自动化横跨至创新机器人，综合保障客户的营运效率和可持续性。无论是从规模、区位条件，还是从现代化程度来讲，伦敦门户物流园都是英国首屈一指的物流园区。

企业和园区直接参与货运环节的同时，伦敦政府、社会也在为伦敦物流提供保障与辅助。以伦敦交通为代表的政府部门与货运行业的运营商、当地政府和贸易伙伴等合作，进行全面的现场评价和业务统筹，促进物流系统的整体效率提升和结构优化。例如，伦敦交通特色的重定时交付业务，将货运站点交付时间合理调配，避开高峰时期，不仅为其客户降低了时间与费用成本，也一定程度上为伦敦城市缓解了无序货运易造成的拥堵问题。此外，英国物流与供应链管理专业的教育与研究水平在全球都名列前茅，作为英国首都和贸易中心的伦敦，自然是相关人才的理想就业地，这为伦敦物流行业提供了额外的长远竞争力。[30]

3. 海洋经济区布局与情况

伦敦境内主要的海洋经济区可以划分为 6 片区域，包括伦敦中心综合服务片区、伦敦门户港物流片区、蒂尔伯里物流片区、瑟罗克物流片区、福特工业片区、泰晤士工业片区（图 8.11）。英国推行的是有限自由贸易区制度，对片区内税收给予不同程度的优惠。政府认定的 8 处自由港中，泰晤士自由港位于伦敦境内，其实际推行优惠政策的税务场所共有 3 块区域，分别为与福特工业片区、伦敦门户港片区大致重合的两处税务场所，以及与蒂尔伯里港池群相邻的一处税务场所。由于它们共同作为泰晤士自由港的构成部分，在货物运输和贸易上联系更为密切。[31]

图 8.11 伦敦海洋经济区

资料来源：基于伦敦港务局码头地图自绘。

（1）伦敦中心综合服务片区。伦敦中心综合服务片区大概对应于伦敦中心城区的泰晤士河两岸，其海洋经济利用形式主要为航运金融、海事保险、海事仲裁、船舶经纪等高端航运服务业，基本不参与实际的货物运输。就各具体行业而言，航运金融主要为海事公司提供商务咨询，帮助船舶融资和资金筹集；海事保险为船体、机械、货物、经营权和所有权等提供多样化的、针对性的保险产品；海事仲裁处理贸易争端，提供海洋法律咨询与服务；船舶经纪代理进行船只买卖与租赁，掌握航运市场信息。从功能性质上讲，伦敦的海事集群与新加坡、香港的海事集群大同小异，主要在业态形式、环节响应速度、权威保障上有所区分。值得指出的是，伦敦航运服务业相关的部分组织与机构不仅实力与规模足以成为行业翘楚，还能参与到行业标准的认定与颁布之中，一定程度上制定"游戏规则"。例如，广泛与全球政府与外交代表密切联系，受联合国组织尤其是国际海事组织认可，制定行业原则与条款，并颁布了伦敦、香港、纽约、新加坡这一被国际广泛认可的四大海事仲裁地点名单的组织——波罗的海国际航运工会，便在伦敦设立了区域办事处。又如伦敦的劳氏船级社，为船舶、船用设备、起重设备等提供分类和法定认证等服务，还从事有关船舶标准的制定与出版，同样受到国际社会认可。由于这些组织与机构的存在，伦敦不仅是为船舶提供必要支持和服务的辅助角色，本身也在国际航运体系中掌握着主导话语权。可以说，伦敦中心综合服务片区是伦敦得以在全球剧烈竞争中长久保持国际航运中心的根本所在。

（2）伦敦门户港物流片区。伦敦门户港位于泰晤士河入海口，在港口水深和泊位尺寸上具备内河所没有的独特优势。就货物类型而言，伦敦门户港主要处理集装箱。目前，伦敦门户港作为泰晤士河乃至全英国最为先进、区位条件最为优越的深海港口，在处理大型船舶和提供深水泊位上具备伦敦其他码头所不具备的独特优势。同时，与周边铁路和高速公路等道路网络的高效通达、物流园区和设备的全面配备、全球最大码头运营商之一迪拜环球港务集团提供的支持等，都有力地提升了伦敦门户港的货运效率和贸易功能。作为伦敦港未来的建设重心，伦敦门户港片区必将扮演越来越重要的角色。

（3）蒂尔伯里物流片区。蒂尔伯里物流片区位于泰晤士河北岸，片区内港口密集，以包括货物运输、仓储、集散、调度等在内的物流功能为主。蒂尔伯里物流片区是伦敦港目前货运功能最主要的承担者，内有 56 个运营泊位，长达 10.2 km 的停靠码头，货物年吞吐量约 1600 万 t，价值估计为 87 亿英镑。从货物类型来看，蒂尔伯里物流片区处理的货物多种多样，包括谷物、冷冻产品、干散货、林产品、汽车等。蒂尔伯里港池群内有三处铁路站点，与伦敦乃至英国其他城市联系便利，完善了港口的配送网络。蒂尔伯里物流片区内同样有大型物流园区，如占地约 24 hm² 的伦敦配送园。

（4）瑟罗克物流片区。瑟罗克物流片区位于泰晤士北岸的达特福德河口，与跨河大桥女王伊丽莎白桥相邻。除了主要分布在北岸的码头以外，南北两岸均分布有多处大型仓库，其中甚至有归属于亚马逊公司的英国办事处与货运仓库。从处理的货物类型来讲，由于较为接近内伦敦区域，瑟罗克物流片区运输处理的货物以干散货为主，存在一定的局限性。

（5）福特工业片区。福特汽车工业既是该片区的得名缘由，也是该片区规模最大、价值最高的高精尖工业，相应片区甚至被完整划定为泰晤士自由港税务场所，以适应国际贸易需求。除汽车制造以外，工业片区内还有炼油厂等其他工业企业，以及代表着未来开发方向的伦敦可持续发展工业园、清洁能源开发商等。在泰晤士自由港的发展方针中，特别有一项"将福特世界级的达格纳姆发动机工厂与伦敦门户和蒂尔伯里的全球港口连接起来"[32]。因此，虽然福特工业片区内同样有数处港口，但不将物流作为其主要功能，其主要负责以福特汽车组件为代表的工业产品制造，其运输与出口则主要借助伦敦门户港和蒂尔伯里港池群。

（6）泰晤士工业片区。泰晤士片区与伦敦门户港相邻，以油、糖相关工业作为核心。与新加坡石油化工业主要以原油作为基础材料，加工制造燃油的思路区别较大，泰晤士片区基本不处理原油，而是以成品油的再处理作为核心，产品也以食用油和植物油为主。以泰晤士炼油厂为例，其片区内的三处锚地中，一处生糖码头，专门进口糖业原材料；一处精制码头，专门出口糖业产品；只有一处岸边泊位处理散装货物。从港口水深来讲，生糖码头水深 17.03 m，精制码头水深 8.73 m，岸边泊位水深仅 3.03 m，由此可以直观看出糖业在片区内的重要地位。

三、海洋经济概况与海洋经济部门构成

（一）海洋经济概况

英国作为四面环海的岛国和曾经的海上霸主，在发展海洋经济方面既有先天的优势，

也有悠久的历史传统以及雄厚的产业和技术基础。英国属于温带海洋性气候，全年气候温和湿润，海洋暖流的作用使得内河航运发展优势显著。英国拥有曲折绵长的海岸线，为英国在海洋渔业、海洋可再生资源等方面的发展提供了支持。英国近岸也蕴藏着丰富的海洋资源，如石油资源、天然气资源等，尤其是北海海底的石油资源十分丰富，这给英国的海洋经济发展带来了巨大的贡献。此外，伦敦金融城是全球海事专业服务的重要城市。英国学者 Kate Johnson 等认为蓝色经济（即海洋经济）是将海上传统产业和新兴产业涵盖在一起的一个概念，它可以分为两大类，共9大产业，即成熟产业（包括渔业、海上油气业、船舶及造船业、海洋旅游及娱乐业）和新兴产业（包括水产养殖业、蓝色生物技术产业、海底矿业、波浪能和潮汐能、海上风电）。[33]

伦敦是英国的首都，也是巨大的海港和重要的工业城市，拥有悠久的历史、多元的政治经济文化，是世界金融中心之一。在海洋经济方面，伦敦是全球主要的船舶管理中心，全球大约1/5的国际海事保险费在伦敦签单，40%左右的全球租船市场坐落于伦敦。此外，伦敦拥有自主规范的船舶经纪交易市场，也是在英国唯一的联合国机构——国际海事组织（IMO）总部的所在地。从19世纪开始，伦敦就成为欧洲重要的枢纽港，承载着各种港口活动和航运活动，在国际航运网络中拥有重要的中心地位。此外，伦敦的海事服务产业十分完备，被认为是最有直接增值价值的海事集群，是英国海事产业的核心竞争力，主要包括海事仲裁、航运保险、中介服务、船舶经济、船运金融等领域。

英国海事部门拥有十分显著的优势。由于国际竞争日益激烈，英国制定了"海洋2050：驾驭未来"计划，阐明了英国海事部门如何利用英国的优势和技术专长，在数字化、自主化和绿色海洋发展等领域扩大市场份额，加强在海事服务业和海洋休闲业的贡献，并结合已有的在海洋法律和保险方面的实力，巩固和加强英国的地位。

（二）主要海洋产业

1. 海洋渔业

英国的渔业资源丰富，主要来自世界著名的四大渔场之一北海渔场，主要品种有鳕鱼、黑线鳕、牙鳕、鲭鱼、鲱鱼、鲽鱼、鳎鱼、蟹类、龙虾、贝类等。根据联合国粮农组织的资料，20世纪50年代英国渔业资源处于高度开发状态，1952年捕捞量达到顶峰124万t，60—70年代年捕捞量基本稳定在100万~120万t之间，但随着人类在沿海和开放水域活动的频率增加，海洋生物面临着对其生存日益增长的威胁，水污染限制了海洋生物的生存和渔业的发展，此后捕捞量总体呈现下降趋势，渔业资源面临衰退的境况。随着1982年《联合国海洋法公约》的生效以及1990年欧盟"共同渔业政策"的实施和具体措施的不断强化，英国渔业资源有所恢复。根据最新的评价，英国海域中45种被评价鱼类中已有31种可以满足最大可持续捕捞量的要求，北海的鳕鱼资源已恢复到安全水平。英国自然资本委员会（NCC）于2019年提出《海洋及其25年环境计划》，助力于改善海洋自然环境，增加经济和社会效益。

根据英国海洋渔业统计，2021年，英国渔船队总计捕获41.4万t鱼类和贝类，总价值为7.13亿英镑，相较于2020年数量减少1%，价值却增长9%。按重量计算，2021年，英国渔船队捕获最多的鱼种是鲭鱼（9.4万t）、鲱鱼（4.1万t）、蓝鳕鱼（7.4万t）、挪威龙虾（3.2万t）和扇贝（2.9万t）；按价值计算，捕获的主要物种是鲭鱼（1.06亿英镑）、挪威龙虾（9100万英镑）、螃蟹（5900万英镑）、扇贝（5500万英镑）和龙虾（5200万英镑）。

近10年来，英国渔船队和渔民的数量都呈下降趋势，尤其是最近几年来下降明显。来自苏格兰渔船的渔获量占全部渔获量的64%，英格兰占28%。水产品养殖业主要集中在苏格兰地区，就业人口约3000人，年销售收入约10亿欧元，增加值约2.45亿英镑，其中三文鱼占全部养殖业产量的84%、增加值的91%。2008—2016年，英国水产品养殖业的就业人数基本稳定，产量也基本稳定在20万t左右，但销售收入在2009—2014年间经历了一个比较快速增长的阶段。伦敦在渔业经济产出方面的贡献并不占主导地位。

2. 海洋油气业

20世纪60年代，英国北海海域大量油气资源被勘探，此后英国迅速成为欧洲油气生产大国。探明的原油储量约占北海盆地油气含量的51%，海洋油气资源占英国油气业总产量的98%以上。

英国1981年日产油184万桶，成为石油净出口国；1986年日产量达267万桶，年出口原油5000万t，成为西方世界第四大石油生产国、第五大出口国。1999年英国实现年产量1.37亿t，达到了最高峰。此后油气产量逐渐减少，2006年英国又变成石油的净进口国。虽然北海油气储量和年产量呈逐步减少的趋势，但其对英国经济增长仍具有重要意义。

据统计，英国仍是欧洲第二大石油生产国、第三大天然气生产国。海上油气生产满足了本国2/3的油气需求、46%的能源需求，提供了28万个就业岗位，缴纳各种税收约35亿英镑，还通过货物和服务的出口创造约123亿英镑的收入。英国石油公司、英国油气工业协会的数据表明，英国的油气业总体呈现下滑趋势，2009年的油气总产量为1.21亿吨，2018年下降到8567万t；所提供的直接岗位数和全部岗位数则由2014年的4.13万个和46.39万个分别下降到2018年的3.68万个和28.27万个。英国原油日益减产的原因包括：①英国的油田整体趋于老化；②新的原油抽出技术的应用导致油田加速老化；③由于生产转向更为遥远和更加荒凉地区导致成本增加。英国希望通过加大油气资源的勘探力度、提升现有油气资源的开采技术、延长油气产业链等手段，进行结构调整和技术升级，以期带来更高的开采和开发效率，继续保持海上油气业的产量、就业岗位数及其对英国经济的贡献度。据估算，到2035年，海上油气产业将为英国经济累计创造9200亿英镑的收入。

3. 海洋船舶工业

以造船业为代表的海洋船舶工业是英国经济的重要组成部分，其中造船业和维修业占了近7.5%的海事相关产业贡献，直接雇员达9万人。英国是欧洲造船业的大国，世界上最早的铁质船和钢制船分别于1821年和1973年在英国建造。英国造船业在20世纪初达到顶峰，占全球市场份额高达八成。"二战"后，随着日本造船业的兴起，英国造船业开始逐渐走上下坡路。目前，英国是欧洲造船业第四大国。

自21世纪以来，造船业的就业增长与整个制造业的增长大致相当。2015年，英国造船业的产量为16亿英镑，比1997年高出20%。造船业在英国由北向南逐渐密集，全产业环节及相关支撑产业为英国各地提供了高薪的职业体系。造船业集群主要分布在英国西南部、北爱尔兰以及苏格兰的克莱德和罗西斯，一些造船厂位于经济相对欠发达的地区。英国的造船厂在全球范围内被公认为是能够提供最全面、最尖端服务的造船厂之一。其完善的维修和服务设施，适用于几乎所有类型的航海船舶和离岸装置。此外，英国公司还擅长提供对世界各国维修问题的超快速响应的解决方案。例如，A&P集团是英国最主要的海事和工程服务提供商，也是欧洲最大的船厂之一，拥有世界一流的船舶维修技术和加工服务。它的客户包括石油及天然气公司、可再生能源企业、商业运输和国防部门等。此外，最具优势的一环则是船舶退役和回收方面，英国目前仍处于世界领先地位，英国的造船厂最多可以回收98%的退役船舶。

英国船舶工业的科研多集中在专门的船舶研究机构，如英国海事技术公司和格拉斯哥大学、纽卡斯尔大学、伦敦大学学院、南安普顿大学、森德兰工业大学等高等院校的造船系，英国造船厂自身进行的研发很少。尽管研发支出在不断增长，但从2005—2014年登记的专利情况来看，英国造船专利比重较小，似乎已经远离造船技术前沿。韩国、中国和日本等拥有强大商业造船业的国家的专利数量占比较逐渐变大。相较于硬核造船技术，英国造船业的优势不在硬技术，而是软技能。船舶控制系统设计、船舶复杂性及风险管理等使英国造船业在全球市场中拥有相对领先的竞争力。其在海运设备设计、制造、工程和海军建筑方面的专业知识在全世界范围内都得到了认可。

作为传统造船大国，近几十年来，英国造船业不断萎缩。英国政府先后出台一系列政策，试图重整本土造船业。2021年9月，伦敦在国际航运周上启动了绿色全球造船计划，将重点关注总吨位5000 t以下和长度150 m以下的专业系列领域的高价值和复杂船舶的改装和维修工作。2022年3月，英国政府发布新版《国家造船战略》，将在未来30年内，向英国造船业投入40亿英镑，以保障造船业的未来发展。伦敦港务局正与开发商、土地所有者以及皇家码头进行协商，规划在阿尔伯特岛建造伦敦一个多世纪以来的第一座造船厂，以振兴泰晤士河的造船业。这也是皇家码头重建计划的一部分。

4. 海洋交通运输业

航运业是英国经济发展的关键因素，大约95%的货物进出口都是通过海上运输。英国航运业技术水平较高，与之配套的港口业、船舶装备制造业处于世界领先水平。此外，英国航运业也面临诸多挑战。2020年，英国管理的100 t及以上的船舶共993艘，总计4190.00万t，数量与规模与十年前相比均出现大幅下滑，但仍是全球重要的船舶管理中心。

从19世纪开始，伦敦港已是欧洲重要的枢纽港，港口和航运活动的聚集造就了伦敦成为国际航运中心。伦敦港进行着英国工业革命期间的大量原材料运入和工业品输出，伦敦拥有诸多航运服务公司，如1691年创建的劳氏船级社、1744年成立的波罗的海航运交易所、1823年成立的波罗的海俱乐部等，这些注册在伦敦的国际航运服务巨头，使得伦敦快速成长为国际贸易与商业中心，货运吞吐量长期稳居全球第一。现在的伦敦依然是世界航运中心之一，伦敦港拥有79个独立码头的港口设施，主要集中在珀弗利特、瑟罗克、蒂尔伯里、科里顿和埃克塞斯的肯维岛、达特福德和肯特的诺恩福利特、格林威治、银镇、巴金、戴根纳姆和大伦敦的艾利斯，直接雇用员工超过3万人。

伦敦作为一座国际都市，其时区、语言、文化和可靠性等优势，使其成为世界航运之都的首选城市。但19世纪末至20世纪，英国航运业经历了很长一段时间的衰落时期，主要表现在英国公司拥有的运输吨位显著且持续减少，和海员人数不断减少。英国海洋交通运输业直接提供了约1.75万个就业岗位，2015年到达峰值39.61亿欧元。现在的英国已经形成以伦敦国际航运中心为核心，集中了大量专业从事航运的公司和组织的海事产业集群。

5. 海洋海事服务业

英国是各种海事服务业的发源地，数百年来为全球海事行业提供在航运仲裁、租船、保险、法律、金融服务、咨询河船舶经纪等方面的服务，拥有世界第一梯度的国际地位。伦敦则发展成为全球的海事服务中心城市，占据全球海上交通运输价值链的高端环节。

伦敦构建引领世界航运规则的海洋法律体系。在海事仲裁方面，伦敦在国际市场上占据主导地位，伦敦拿下了全球海事仲裁市场80%以上的案件。2019年，伦敦处理了1737起海事仲裁案件，较上年增长14%，约占当年国际海事仲裁案件总数的83%。在海事产业的发展过程中，伦敦成立了海事仲裁协会，专门负责解决全球各类海事纠纷。伦敦海事仲裁协会制定了非常完善的条款，采取了相对便利的手续，可以将管理成本降至最低。因此，伦敦海事仲裁协会仲裁员的仲裁价格相对便宜。

伦敦打造服务全球海事融资服务的国际海事金融中心。作为全球领先的金融城市，伦敦有利于航运公司就近使用世界一流金融业者所提供的专业服务。伦敦的金融业者与航运业者的合作十分密切，从船舶按揭贷款的安排到复杂金融交易的整合。作为全球国际金融中心，伦敦聚集并配置大量资金，金融服务已形成产业集聚。这里金融服务的可得性和完备性高，具有非常强的国际竞争力。

此外，伦敦政府与海洋经济金融领域的从业者保持着动态、有效的沟通合作机制。伦敦市政府具有非常开放和全球化的视野，认为伦敦的海洋金融不仅是英国的海洋金融，更是全球的海洋金融，积极引导和支持伦敦金融业的海外发展。政府还积极发挥配套的专业工商服务、法律服务以及生活设施。较低的税率水平，对于金融机构有很大的吸引力。此外，伦敦拥有一个强有力的海洋经济行业协会——伦敦海事促进署。该机构拥有120多家机构会员，基本囊括了伦敦从事海洋经济和海洋金融的主要机构。伦敦还有许多会计师事务所专门从事航运相关业务，世界领先的海事专业会计师事务所的总部也设在伦敦。

6. 滨海旅游业

英国是世界上旅游业最发达的国家之一，海岸线长达18000 km，岛屿众多（各种岛屿超过1000个，其中苏格兰有790个），且具有特殊的地质地貌。英国拥有的滨海度假地达到数百个，可供游览的海滩数百处，海边小镇、渔村、港口也是星罗棋布于沿海地区。在英国滨海休闲旅游海洋产业中，乘船和水上运动是最受欢迎的项目。2019年，旅客平均每天在水上娱乐花费金额超过47英镑。

伦敦成为2022年谷歌航班搜索量最多的城市，英国则被Travel+Leisure评选为2023年的年度旅游目的地。世界旅游城市联合会（WTCF）发布了《世界旅游城市发展报告（2018）》研究成果，公布了2018世界旅游城市发展排行榜和6个单项排行前20名城市。

其中，伦敦位于世界旅游城市综合实力排行第一名。2021年，伦敦市总计有780万旅客。

在疫情前，英格兰的滨海旅游业每年创造137亿英镑的旅游消费，在国内过夜类型的旅客2100万人次，日间类型的旅客1.69亿人次，并为21万人口提供旅游相关的工作。据英国国家滨海旅游研究局统计，所有抵达英国的国际旅客中，有10%的旅客去往英国各地的海岸旅游。此外，英国的海岸旅游具有很强的季节性。东南部和西南部的海岸线是国际旅客最常访问的地区，其中选择前往海岸的游客中，有相当一部分（约16%）会留在伦敦。这为伦敦的滨海旅游业提供了重要的发展机遇。

7. 海洋工程建造业

英国的海洋工程建造业包含海洋可再生能源、海洋石油和天然气的开采技术活动，以及海上风电业等，其就业岗位数量占海洋产业总岗位的比重逐年上升。

在海上风电业方面，英国已成为全球海上风力发电的领导者，创建了大量海上风电建设和运营公司，在海上风电组的制造、运输、安装、运维以及基础设施建设等领域积累了丰富的经验。根据2017年的评价数据，到2030年英国海上风能的总资源量超过19 TW（离岸5海里至专属经济区界线），可利用资源量超过5 TW。根据全球风能协会的数据，2016—2020年，英国海上风电累计装机量呈现逐年上升趋势，从2016年的5156 MW上升至2020年的10206 MW。截至2020年底，英国拥有全球最大的海上风电装机规模，为10.8 GW。根据英国政府制定的气候目标，到2030年英国需要完成至少40 GW海上风电装机量，将提供全英国1/3的电量；到2050年则需完成"净零排放"的目标。"伦敦阵列"海上风电场是世界上最大的海上风电场之一，位于泰晤士河汇入北海的泰晤士河口不远处，覆盖了肯特海岸100 km² 的区域。"伦敦阵列"海上风电场使用175台涡轮风电机，将产生630万kW清洁能源，可为肯特郡约2/3的家庭供电。

在海洋能方面，根据英国政府公布的资料，英国潮汐能和波浪能资源分别占全欧洲的50%和35%；可以利用的潮汐能和波浪能（含潮流）资源分别在25~30 GW和30~50 GW之间，全部开发可以满足英国20%的电力需求。英国的海洋能资源主要分布在英格兰的西南部（康沃尔、索伦特以及怀特岛）、威尔士以及苏格兰的高地和海岛地区。2023年4月，英国将大规模应用潮汐能和波浪能提上日程，计划在默西河启动一个大型潮汐能项目。默西河流拥有英国第二高的潮差，设计发电能力至少1000 MW，投产后可以为英国100多万户家庭提供电力，并创造数千个就业机会，预计10年内建成并投入运营。

参考文献

[1] 冯矛, 张涛. 构筑城乡"全域统筹—功能复合"绿色空间体系：英国伦敦绿网战略规划案例研究 [C] // 面向高质量发展的空间治理：2020中国城市规划年会论文集（12风景环境规划）. 中国城市规划学会, 成都市人民政府, 2021: 497-505.

[2] 韩朋序, 戴金. 国际化先进城市最新发展规划研究及城市发展指标体系构建：以纽约、伦敦、新加坡、香港、上海为例 [C] // 共享与品质：2018中国城市规划年会论文集（14规划实施与管理）. 中国城市规划学会, 杭州市人民政府, 2018: 858-871.

[3] Thames Water Utilities. Water resources management plan 2024— Thames water [R]. Thames Water Utilities, 2022.

[4] Greater London Authority. The London Plan 2021 [R]. Greater London Authority, 2021.

[5] KÜPPER F C, KAMENOS N A. Future of the sea: marine biodiversity [R]. Government Office for Science, 2017.

[6] 环球印象投资分析英国事业部. 2021年英国矿产资源概况、资源分布特点以及资源储量分析 [EB/OL]. (2021-12-06) [2023-12-02]. http://www.zcqtz.com/news/266758.html.

[7] 张俊勇, 张玉梅. 英国石油天然气行业发展现状 [J]. 中国石油和化工经济分析, 2016 (12): 34-37.

[8] 李忠东. 伦敦金融城10月起全部电力需求来自可再生能源 [J]. 海节能, 2018 (8): 640.

[9] 林香红, 高健, 何广顺, 等. 英国海洋经济与海洋政策研究 [J]. 海洋开发与管理, 2014, 31 (11): 110-114.

[10] 韦有周, 杜晓凤, 邹青萍. 英国海洋经济及相关产业最新发展状况研究 [J]. 海洋经济, 2020, 10 (2): 52-63.

[11] GOV UK Department for Business, Energy & Industrial Strategy and the Rt Hon Claire Perry. Offshore wind energy revolution to provide a third of all UK electricity by 2030 [EB/OL]. (2019-04-07) [2023-12-02]. https://www.gov.uk/government/news/offshore-wind-energy-revolution-to-provide-a-third-of-all-uk-electricity-by-2030.

[12] COLES D, ANGELOUDIS A, GREAVES D, et al. A review of the UK and British Channel Islands practical tidal stream energy resource [C]. Proceedings of the Royal Society A: Mathematical, Physical and Engineering Sciences, 2021.

[13] Cber. The economic contribution of the UK ports industry [R]. Centre for Economics and Business Research, 2022.

[14] Cber. The economic contribution of the UK maritime sector [R]. Centre for Economics and Business Research, 2017.

[15] Cber. The economic contribution of the UK maritime business services industry [R]. Centre for Economics and Business Research, 2022.

[16] 杨小鹏. 英国的绿带政策及对我国城市绿带建设的启示 [J]. 国际城市规划, 2010, 25 (1): 100-106.

[17] 贾俊, 高晶. 英国绿带政策的起源、发展和挑战 [J]. 中国园林, 2005 (3): 73-76.

[18] GANT R L, ROBINSON G M, FAZAL S. Land-use change in the "edgelands": policies and pressures in London's rural-urban fringe [J]. Land Use Policy, 2011, 28 (1): 266-279.

[19] 于长明, 吴唯佳, 于涛方. 特大城市地区土地利用形态: 伦敦、巴黎、纽约、东京与北京比较 [J]. 北京规划建设, 2012 (5): 8-12.

[20] Port of London Authority. Berths & terminals [EB/OL]. [2024-06-24]. https://pla.co.uk/berths-terminals#terminal-location-map.

[21] 柴晔. 解密伦敦自由港 [J]. 国际市场, 2013 (6): 33-35.

[22] 张诗荟. 自由贸易区航运服务贸易功能研究 [D]. 杭州: 浙江大学, 2015.

[23] GOV. UK. Port and domestic waterborne freight statistics: data tables (PORT) [EB/OL]. https://www.gov.uk/government/statistical-data-sets/port-and-domestic-waterborne-freight-statistics-port, 2024-06-24.

[24] 刘小辰. 伦敦港航运服务中心发展经验对天津港的启示 [J]. 城市住宅, 2020, 27 (1): 185-

186.

［25］刘景华，范英军. 工业化早期英国西部毛纺业的兴衰［J］. 世界历史，2011（6）：4-15.

［26］欧阳萍. 论土地利用模式对城市郊区化的影响：以18、19世纪的伦敦为例［J］. 湘潭大学学报（哲学社会科学版），2011，35（5）：95-99.

［27］PELLEGRAM A. Strategic land use planning for freight：the experience of the Port of London Authority，1994-1999［J］. Transport policy，2001，8（1）：11-18.

［28］London City Hail. The London Plan 2021［EB/OL］.［2024-06-24］. https://www.london.gov.uk/programmes-strategies/planning/london-plan/new-london-plan/london-plan-2021.

［29］牛慧恩，陈璟. 国外物流中心建设的一些经验和做法［J］. 城市规划汇刊，2000（2）：65-67.

［30］刘明伟. 英国高校物流管理人才培养模式分析［J］. 市场周刊（理论研究），2015（4）：105-107.

［31］GOV UK. Maps of UK freeports［EB/OL］.［2024-06-24］. https://www.gov.uk/government/publications/maps-of-uk-freeports.

［32］Thames Freeport. About Thames Freeport［EB/OL］.［2024-06-24］. https://thamesfreeport.com/about-thames-freeport/.

［33］JOHNSON K，DALTON G，MASTERS I. Building industries at sea："blue growth" and the new maritime economy［M］. Delft（Netherlands）：River Publishers，2018.

第九章　全球典型海洋中心城市——东京

一、海洋区位与海洋资源

（一）地理环境

东京都位于日本列岛中央，位于关西地区南部，东边与千叶县以江户川为界，西边与山梨县以山地为界，南边与神奈川县以多摩川为界，北边则与埼玉县相界。总面积为 2194 km²，海拔 0~1989 m，整体地形走势为东西狭长，地形绵延起伏（图 9.1）。东京都主体部分位于关东平原，面向东京湾；多摩地区以多摩川沿岸的低地为中心，北边是武藏野高原，南边是多摩丘陵，多摩西部有关东山脉等山脉，其西北端靠近富士山。岛屿部分包括伊豆诸岛和小笠原诸岛，两者皆是火山活动而形成的火山岛，目前仍有许多活火山，如三宅岛上的雄山、伊豆大岛的三原山、小笠原群岛的西之岛。由于小笠原群岛得天独厚的生态系统，珍稀动植物资源丰富，被称为"东方的加拉帕戈斯群岛"，属于世界自然遗产。

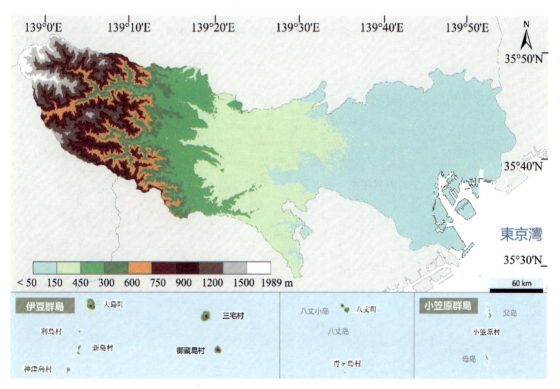

图 9.1　东京都地形

资料来源：https://www.gscloud.cn/.

(二)历史沿革与行政区划

《日本书纪》记载,东京地区的历史可以追溯到6世纪武藏国;15世纪太田道官建造了江户城;1590年,丰臣政府统治下的德川家康建立江户幕府,开启江户时代,到18世纪初江户已发展成为世界上最大的城市之一,人口超过100万;19世纪末,江户县更名为东京都;1871年废藩置县,东京都废除土司制度,行政区划几度变更扩张;直至1943年正式废除东京市和东京都,设立现在的东京都政府。周边岛屿如伊豆群岛和小笠原群岛分别在1878年和1880年并入东京都。

广义上的东京指东京23区加上多摩地方、伊豆群岛、小笠原群岛等组成的"东京都"(Tokyo Metropolis),包括23个特别区、27个市、5个町、8个村(图9.2);狭义上的东京指"东京都区部",亦称东京23区、东京特别区或东京都内,是最广泛代指的"东京"城市范畴,位于关东平原,面向东京湾,是日本中央政府所在地,与历史上东京市(1889—1943年)辖下35区的范围相同。23区中,千代田区、中央区、港区、新宿区、文京区、涩谷区并称为"都心六区"。其中,前三个核心区域又称作"都心三区":千田代区为日本天皇住所和日本国会、最高法院等的所在地,是东京乃至整个日本的核心地区;中央区、港区集中了日本大多数顶尖企业总部,是东京最繁华、经济最发达的地方。东京都市圈也称东京圈,是日本三大都市圈之一,由东京都、埼玉县、千叶县、神奈川县共一都三县组成,为以东京都心向外半径70 km的圆形范围,总面积13514 km^2,占全国面积的3.5%;人口超过3700万,约占全国人口的30%;GDP则占到全国的一半。

图9.2　东京行政单元

资料来源:https://www.esrij.com/products/japan-shp/.

（三）自然资源

1. 海洋渔业资源

东京都渔业资源不仅为东京居民提供美味佳肴，而且作为该地区的核心产业发挥着重要作用。其海产区域包括以东京湾为主要渔场的内湾渔业和伊豆诸岛、小笠原群岛周边海域的岛屿渔业；内陆渔业主要是以多摩川、江户川水系为主要渔场的内水渔业，其产量远小于内湾和岛屿渔业。东京2017—2021年渔业年产量如图9.3所示。从整体变化分析，渔业产量在2018后年保持平稳下降趋势。从不同水产区域分析，岛屿渔业占主体，其次是内湾海区，内陆渔业产量占比最小；岛屿渔业中以伊豆群岛中的大岛海区和八丈海区为主。

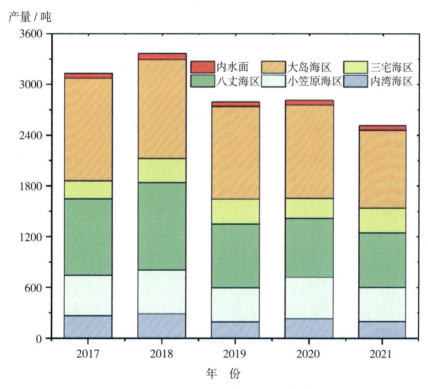

图 9.3　2017—2021 年东京渔业年产量

资料来源：东京都水产厅。

东京岛屿周边海域受到复杂的海底地形和黑潮的影响，是日本屈指可数的好渔场，如伊豆小笠原群岛将渔业作为地区的主干产业进行发展。但是，近年来由于资源减少导致捕鱼量低迷，加上气候变化引起的海水温度上升、世界形势导致的燃油价格高涨等，渔业整体形势严峻。表9.1所示为2017—2021年内海湾地区和岛屿地区不同渔业资源的生产量和生产额变化情况。其中，内海湾地区主要生产鱼类和贝类，年生产量在200～300 t，单位生产额却呈现下降趋势；岛屿渔业除去鱼类和贝类外，其他水产动物和藻类年生产量合计在300 t以上，单位生产额变化幅度较小。

表9.1 2017—2021年东京内海湾和岛屿地区渔业生产量和生产额变化

单位：t、百万日元

地区	种类		2017年	2018年	2019年	2020年	2021年
内海湾生产量和生产额	鱼类	生产量	204	227	136	170	146
		生产额	253	276	166	200	134
	其他水产动物	生产量	1	1	1	1	1
		生产额	1	1	1	1	1
	贝类	生产量	60	60	55	59	51
		生产额	23	26	24	19	35
	合计	生产量	265	288	192	230	198
		生产额	277	303	191	220	170
岛屿生产量和生产额	鱼类	生产量	2496	2663	2272	2204	2029
		生产额	2999	3069	2762	2510	2467
	其他水产动物	生产量	96	174	121	142	140
		生产额	406	493	383	249	273
	贝类	生产量	42	24	14	7	9
		生产额	57	35	23	14	15
	藻类	生产量	171	143	140	172	83
		生产额	131	106	106	97	56
	合计	生产量	2805	3004	2547	2525	2261
		生产额	3593	3703	3274	2870	2811

资料来源：东京都水产厅。

2. 海洋矿产资源

日本是拥有锰结核与富钴结壳海底矿产资源勘探合同区的国家，同时，其专属经济区内赋存储量可观的多金属硫化物矿床和稀土资源，多年耕耘使得日本在海洋矿产资源领域取得了一系列成果。其主要矿产资源包括锰结核、富钴结壳、海底热液硫化物和稀土泥（表9.2）。[1-6]

表 9.2 日本海底矿产资源特征和赋存海域

项目	海底热液矿床	富钴结壳	锰结核	稀土泥
赋存海域	冲绳、伊豆、小笠原（EEZ）	南鸟礁（EEZ和公海）	太平洋（公海）	南鸟礁（EEZ）
含有金属	铜、铅、锌等（含金和银）	钴、镍、铜、白金和锰等	铜、镍、钴和锰	稀土（含重稀土）
开发对象水深/m	700～2000	800～2400	4000～6000	5000～6000
特征	由从海底喷出的热液中含有的金属成分沉淀形成	分布于海山斜坡或山顶的基岩或岩屑表面，呈皮壳状，厚度为10 cm的铁氧化物或氢氧化物	直径为2～15 cm的椭圆状的铁/锰氧化物，分布于海底	广泛分布于海底的黏土状的沉积物

资料来源：中国地质调查局，https://www.cgs.gov.cn/gzdt/zsdw/202009/t20200917_655076.html。

锰结核是一种沉淀在大洋底的矿石，表面呈黑色或棕褐色，形状如球状或块状，内含30多种金属元素，其中较有商业开发价值的是锰、铜、钴、镍等。1997年，日本在北太平洋进行了2200 m锰结核采矿系统海试，采集矿石7.3 t，集矿效率为87%。2001年，日本与国际海底管理局签订了多金属结核勘探合同，目前该勘探合同延至2026年。

富钴结壳分布于海山基岩或岩屑表面，是厚度为10 cm的铁氧化物或氢氧化物，含有作为电池材料不可缺少的钴、镍等金属。2020年7月，日本国家石油天然气和金属国家公司在南鸟礁南部的日本专属经济区内，成功进行富钴结壳的试采实验。其调查结果显示，在试验海域中具有相当可观的资源潜力。按照目前日本钴和镍金属的年消费量，预计拓洋第五海山中存在的钴和镍可以分别满足日本88年、12年的需求量。

海底块状硫化物主要形成于海洋中脊中正在张开的裂谷处，富含铜、铅、锌、金和银。日本从2008年开始，对海底块状硫化物资源进行调查。2016年5月，日本推算出冲绳海域的Hakurei区域的总资源量为740万t。

稀土泥是海底沉积物，分布在水深5000～6000 m的海域。该方面项目成果主要由日本海洋科学技术中心主导。2013年，日本东京大学和海洋研究开发机构发现小笠原诸岛、南鸟岛周边的专属经济区海域海底中蕴藏着大量高浓度稀土泥，且储量巨大。同年，日本再次宣布在印度洋东部的海底发现了含有高浓度稀土的海底层。

3. 海洋油气资源

世界上大约25%的石油产自海底，目前国际对海上油田的依赖有增强的趋势。截至2022年底，日本共有58个石油和天然气矿井，大部分油田位于秋田县、新潟县、北海道以及日本海沿岸，天然气产地主要位于新潟县、千叶县、北海道县、秋田县和宫崎县。日本原油年产量约为47万kL，天然气年产约23亿 m^3；但国内原油产量仅占国内供应量的

0.3%，国内天然气产量仅相当于国内供应量的 2.2%。[7-9]

液化石油气是由炼厂气体或天然气（包括油田伴生气）加压、降温、液化得到的一种无色、挥发性气体；液化天然气是一种低温液态燃料，可常压存储运输，目前主流认为液化天然气从清洁性、安全性和经济上都好于液化石油气。图 9.4 为 2011—2021 年日本液化天然气和液化石油气产量趋势，其中液化天然气产量远高于液化石油气。

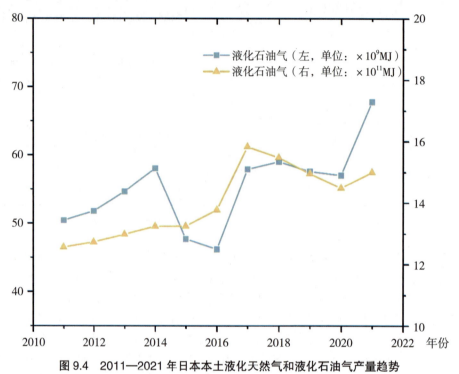

图 9.4　2011—2021 年日本本土液化天然气和液化石油气产量趋势

资料来源：JOGMEC, https://oilgas-info.jogmec.go.jp/nglng/datahub/dh2024/1009966.html.

天然气水合物又名可燃冰，是天然气与水在高压低温条件下形成的类冰状结晶物质，主要成分为是甲烷，分布于深海或陆域永久冻土中。[10-11]日本近海的可燃冰资源主要有两大类：一类是深埋于海底地层的砂层型可燃冰，存在海底下几百 m 的砂层中，甲烷气充填在砂粒隙缝间，主要分布在太平洋海域；另一类是位于海底表层附近的表层型可燃冰，是地下的甲烷气体喷出到海底表面后形成的结晶，主要分布在日本海海域。日本在南部海槽细长海沟中的调查结果表明，该海域有 16 个富集区块，储量为 1.1415 万亿 m³，可供日本使用 10 年左右。

4. 海洋可再生能源

日本政府正在积极推动海洋中利用波浪发电、利用潮涨潮落来推动涡轮机等的潮汐发电、利用海面附近和海中的水温差来产生蒸汽的海洋温差发电、利用海流来推动涡轮机的海流发电等的研发工作。根据日本新能源产业技术综合开发机构（The New Energy and Industrial Technology Development Organization，NEDO）公开的数据，上述 4 种方式合计起来，每年具有 820 亿 kW·h 的潜在发电能力，相当于日本国内年发电量（约 9400 亿

kW·h)的 8.7%。表 9.3 为 2010 年 NEDO 所估算的离岸距离 30 km、水深 100 m 以内的海洋能源潜力发电量。潮流和海流的发电量相当于 3 座核电机组；波浪能发电方面，从现在的技术水平来看，可实现 3 座核电机组的发电量，如果将来技术发展，可实现与 14 座核电机组相当的发电量；海洋温度差发电方面，利用现有技术可实现 8 座核电机组的发电量，随着技术的发展，可实现 25 座核电机组的发电量。[12-13]

表 9.3 离岸距离 30 km、水深 100 m 以内的海洋能源潜力（按种类）

单位：TW·h/年、座

海洋能源	现有技术		将来技术	
	发电量	核电换算	发电量	核电换算
海上风力	524	85	723	118
波浪能	19	3	87	14
温度差	47	8	156	25
洋流	10	1.6	10	1.6
潮流	6	1	6	1
潮汐	0.38	0	0.38	0
合计	606	100	982	160

说明：以每座核电机组发电量 100 万 kW、设备利用率 70% 为前提进行换算。

资料来源：NEDO：《可再生能源技术白皮书，2010 年》。

表 9.4 将上文所述的 NEDO 估算数值按各个电力公司的辖区进行了分配。拥有辽阔海域的东京、九州、东北地区及冲绳潜力较大，海流方面，北海道、北陆及中部地区潜力较大；潮流受场所限制，从北往南，津轻、伊豆、纪伊、室户、足摺、吐噶喇、奄美及冲绳有较大潜力。

表 9.4 最大限度利用海洋能源的发电量（按地区）

电力管区	最大可利用发电量/亿 kW·h·年$^{-1}$				
	波浪能（现状）	波浪能（未来）	温差（现状）	温差（未来）	海流
北海道	0	72	0	2	12
东北	0	156	0	133	0
东京	107	259	193	536	88
北陆	0	67	0	50	15

续表 9.4

电力管区	最大可利用发电量/亿 kW·h·年$^{-1}$				
	波浪能（现状）	波浪能（未来）	温差（现状）	温差（未来）	海流
中部	0	0	0	52	12
关西	0	19	7	39	0
中国	0	1	0	44	0
四国	0	0	5	47	0
九州	0	93	44	295	0
冲绳	81	202	221	356	0
合计	188	872	469	1558	101
核电换算	3.6 台机组	17 台机组	8.9 台机组	30 台机组	20 台机组

说明：以每座核电机组发电量 100 万 kW、设备利用率 70% 为前提进行换算。

资料来源：同表 9.3。

（1）海上风能。日本海岸线绵长且多为深水海域，设备安装条件友好；同时，海上风电发电稳定，不易受台风、地震、海啸等自然灾害或极端情况所影响；发电能力强劲，首台投入使用的漂浮式海上风力涡轮机的发电量就足够供应 1800～2000 户家庭使用；批量投产后，预估成本将大幅缩减。对比陆上风力发电时长更久，对比火力发电更加划算和环保，因此，海上风电是日本可再生能源的重要选择。根据《全球海上风电报告》，截至 2022 年，全球共安装了 187.8 MW 的净漂浮风电机组，其中英国 78 MW，挪威 66.1 MW，葡萄牙 25 MW，中国 11.7 MW，日本 5 MW，法国 2 MW。

2020 年末，日本政府批准了《海上风电产业愿景》，计划在 2030 年实现 10 GW 海上风电装机量，在 2040 年达到 30～45 GW。2022 年首个商业化海上风电项目 Akita Noshiro（秋田能代）海上风电场能代港场址已投产发电，项目总装机容量为 140 MW，计划安装 33 台维斯塔斯 V117-4.2MW 机组，分布于秋田县秋田港和能代港附近的两处海域，其中，能代港场址 20 台、秋田港场址 13 台。

日本海岸线长度为全球第七，海上风电技术可发展潜力高，漂浮式和固定式海上风电技术潜力几乎覆盖全国岸线（图 9.5），图中风力平均功率密度是衡量风能资源的指标，平均风能密度越高，风能资源越多。东京都海上风电技术潜力以东京湾的固定式为主，陆域部分风电潜力以东部多摩川地区为主。[14-16]

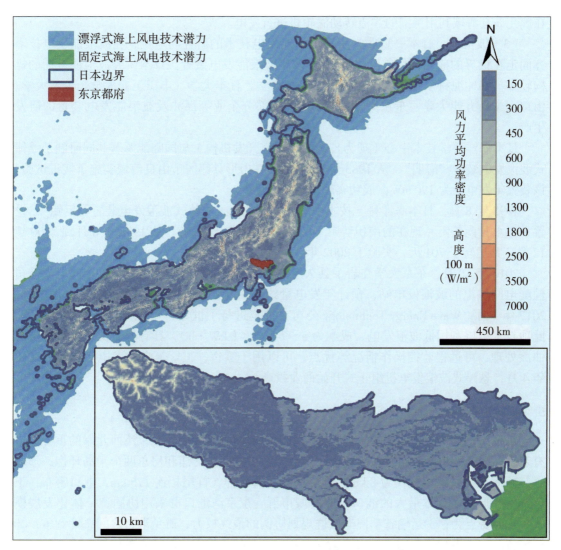

图 9.5　东京海上风能技术潜力分布图（不包含岛屿部分）

资料来源：https://globalwindatlas.info/zh/，https://energydata.info/dataset/offshore-wind-technical-potential.

（2）潮汐能和温度差。在潮汐发电领域，日本九州电力系统的九电未来能源公司（福冈市）从 2022 年开始在长崎县五岛市进行输出功率为 1000 kW 级的试验。通过潮水涨落时的潮水流动来带动螺旋桨转动发电。该公司在 2019—2021 年度实施了 500 kW 规模的验证试验。由于潮水涨落容易预测，试验与计划相比，发电量误差小。控制发电成本低于在离岛进行的柴油发电成本［30～50 日元/（kW·h）］。为了利用潮汐能，日本石川岛—哈里岛重工业公司建造了一座重达 330 t 的潮汐能发电装置"海竜"，这是目前世界上最大的洋流涡轮机。预估未来可以利用日本各地的潮汐每天产生约 205 GW 的电力。

在利用海面附近和海里的水温差进行发电方面，商船三井株式会社制定了 2025 年前后在冲绳县建设 1000 kW 规模发电设备的目标，预计将发电成本控制在 20 日元/（kW·h）左右。在利用洋流发电方面，NEDO 项目以石川岛—哈里岛重工业公司为主体，在鹿儿岛县海域利用黑潮的洋流转动涡轮机进行发电。

（3）波浪能。日本一直非常重视波浪能发电技术的研究与应用，在波浪能发电技术方面走在世界的前列，目前已建造1500多座波浪能发电装置。日本研究波浪能方面的机构较多，如冲绳科学技术大学院大学、广岛大学、日本大学、丰田工业大学、佐贺大学、山口大学、九州大学、东京大学、NEDO甚至部分企业等都涉及波浪能发电装置的研发生产。

日本海洋科学技术中心（现为日本海洋研究开发机构）与国际能源署共同研制了浮体式波浪发电装置"海明"，从1983年到1987年在山形县鹤冈市由良海域实施了实证试验。该装置年发电量为190 mW，成功实现了为陆地供电。

1998年8月，日本海洋科学技术中心开始研究海上浮体式波浪发电装置"巨鲸"，设置在三重县南势町（现在的南伊势町）的五所湾海域。"巨鲸"从1998年8月到2000年12月，共运转了701天，实验于2002年3月结束。[13]

2016年10月，东京大学在岩手县久慈港安装了波浪发电所，是日本首个向电力公司输配电网供电的波浪发电站，预计年发电量约为9万kW·h，可满足25户家庭用电量。2017年5月，Wave Energy Technology公司在神户进行了世界首个悬浮式波浪发电试验。此项技术可以利用低波浪发电，成本为5~7日元/（kW·h），具有寿命长、不需要防污油漆处理、可远程监控操作情况等优点，可以用于零售、工厂等自主发电等场景。2018年4月，悬浮式波浪发电机组正式开始商业投产。

5. 海洋空间资源

东京湾是日本关东地区的海湾，因与东京接壤而得名。沿着东京湾西北岸的重要城市有东京、横滨、川崎，西有横须贺市，东有千叶市，南由三浦和房总两个半岛环抱，形成了袋状海湾。袋状口宽仅为8 km，沿东京湾两翼延伸，首尾相连175 km，港口密布，工厂林立，形成了日本最大的港口工业区城市群。东京湾港口群采用协同型一体化发展模式，主要特点为：①运输省掌握港口群规划协调的最终权力，避免港口之间恶性竞争；②运输省统一入港费等费用，对内控制无序竞争，对外整体宣传以提高整体知名度，化对内竞争转向对外竞争；③以法律形式明确港口发展定位，形成分工明确、优势互补的港口体系。[17-19]例如，东京港拥有世界先进的外贸集装箱码头，主要负担东京产业活动和居民生活必需的物资流通，包括小麦、水产品、蔬菜、纸类等与城市生活密切相关的必需品；横滨港和川崎港主要进口原油、铁矿石等工业原料和粮食，出口工业制成品；千叶港则以进口石油和天然气为主，铁矿石、煤炭和木材为辅，出口货物以汽车为主，其次为钢铁和船舶等。

根据东京都港湾局所公布的数据（图9.6），1989—2022年东京港港口货物吞吐量呈现波动趋势。其中，对外贸易吞吐量逐年稳定上涨；对内贸易则历经两次大幅度下降后，表现为小幅度起伏态势。

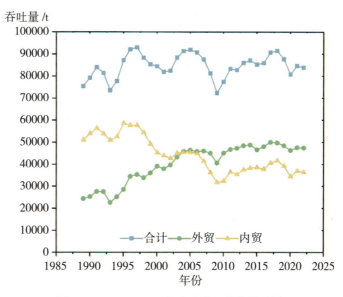

图 9.6　1989—2022 年东京港口货物吞吐量

资料来源：东京都港湾局，https://www.kouwan.metro.tokyo.lg.jp。

自 20 世纪 90 年代开始，随着中国上海港、韩国釜山港等亚洲港口的迅速崛起，日本港口的国际地位与竞争力开始下降（表 9.5、表 9.6），日本主要集装箱港口东京港、横滨港的集装箱吞吐量全球排名从 1995 年顶峰的第 12 位、第 8 位开始逐步下降。根据联合国贸发会议的班轮航运连通性指数（LSCI）显示，2006 年日本有横滨、神户、名古屋和东京四个港口位列前 20；但至 2022 年一季度，排名最高的横滨港也仅排名第 29 位，其余港口均排名在 45 位以后。[20-21]

表 9.5　2021 年日本货物吞吐量排名前 10 港口及近 10 年增幅

排名	港口	货物吞吐量 / 万 t		10 年增幅 /%
		2021 年	2011 年	
1	名古屋	17762	18603	−4.5
2	千叶	13455	14966	−10.1
3	苫小牧	10477	9646	8.6
4	横滨	10479	121133	−13.6
5	北九州	9641	10004	−3.6
6	大阪	8465	8760	−3.4
7	神户	9027	8702	3.7
8	东京	8472	8321	1.8
9	川崎	7188	8668	−17.1
10	水岛	7267	8926	−18.6

资料来源：上海国际航运研究中心港口发展研究所。

表 9.6 2021 年日本集装箱吞吐量排名前 10 港口及近 10 年增幅

排名	港口	集装箱吞吐量 /kTEU		10 年增幅 /%
		2021 年	2011 年	
1	东京	486	464	4.8
2	横滨	286	308	−7.3
3	神户	282	263	7.5
4	名古屋	273	262	3.9
5	大阪	243	245	−0.9
6	博多	96	91	5.6
7	那霸	59	21	177.2
8	清水	56	50	12.4
9	北九州	50	51	−2.5
10	苫小牧	32	33	−3.3

资料来源：上海国际航运研究中心港口发展研究所。

二、港口发展与海洋经济区布局

（一）城市空间结构与港口发展情况

东京是日本的首都，也是国际重要的政治、经济、文化中心。东京都市圈或东京圈在东京都的基础上，还包括神奈川县、千叶县、埼玉县、群马县；更进一步地，以上行政区划单元和栃木县、茨城县、山梨县共"一都七县"一并作为日本政府立法定义的首都圈，由国土交通省进行专门的首都圈发展规划，并每年提供《首都圈发展报告》(《首都圈白皮书》)，向国会反映规划制定和实施情况。由于《首都圈整备法》的统筹引导，以及社会、经济等方面长期形成的既有渠道，东京都与首都圈内，尤其是东京圈内的其他县级行政区划单元联系密切，形成了高度耦合一体化的区域体系。

从土地利用类型上来看，东京都的空间结构十分明了：城市整体呈东南—西北走向，中部与东南主要为城市用地，西北主要为林地，并夹杂多处水域（图 9.7）。水域总面积相对不大，但分布广泛，其与林地等作为生态用地共同维持东京都的城市环境质量，起到了相当积极的净化作用。[22] 按照日本的土地用途分类方法，东京都内面积最大的是宅地，包含公共、商业、住宅、工业和农业用地（具备现代化城市特征的农林渔设施用地，以与农用地进行区分）。[23] 在宅地乃至城市用地中，住宅用地比重常年占据绝对主导地位，这是由东京都极高密度人口客观存在的居住需求决定的。从历史时期来看，东京都的城市用地扩张主要发生在 20 世纪 50—80 年代，以与当时东京的迅猛发展、建设用地激增相适应。东京都最先发展起来的东京区位于东南，直接与海洋相邻，这一自然条件决定了城市在陆地上的主要延申方向必然指向西部和北部。由于该时期东京都乃至东京圈内铁路、有轨电车、地铁等轨道交通已经基本完善，并较早地应用了公共交通导向模式进行规划建设，有力地促进了城市人口向轨道交通沿线集聚，城市基础设施和公共服务设施随之兴建或改造，为城市空间扩张提供了辅助。[24-25] 由于以轨道交通为主导实现沿线建设的策略的实施，区域内城市用地扩张在空间上呈现一定程度的带状伸展特点，使得东京都在80年代表现为以住宅走廊为"触须"的"章鱼形状的大都市"。[26] 即使是现在，也可以从图9.7中东京都城市用地与林地交界处看出住宅走廊的痕迹。目前，东京城市扩张空间已经极其有限，土地利用结构趋于稳定。为适应东京城市化进程的建设需求与解决城市空间有限而经济体量和人口规模持续增长之间的矛盾，东京都采取了多方面的措施以实现高密度集约化发展。具体措施包括且不局限于：提升土地开发强度，并随土地开发强度升高而提高建筑密度和容积率；压缩食品、烟草、纺织等传统工业企业，腾出用地用于发展高附加值都市工业和知识密集型产业，提升单位面积土地产值；综合应用精明增长和城市更新等理念，对城市核心区等重要区域开展存量再开发，提升以东京为首的大都市圈的资源集聚度。特别地，东京都内农地面积占比极小，但并没有面临新加坡那样的严峻的粮食安全问题。这是由两个主要因素共同保障的。首先，与新加坡做法相类似，东京都同样在通过规模经营农地和引进人才技术、提高农业机械化率等方法提升农业生产率和经济功能，其典型代表即六次产业化；其次，虽然东京都内农地面积较小，但千叶县、埼玉县内农地面积较大，借助同属于东京圈的密切联系与来往便利，其农产品能够较好供应东京都的需求，这也体现了东京圈作为高度完善的区域体系的统筹协作与专业分工。[27]

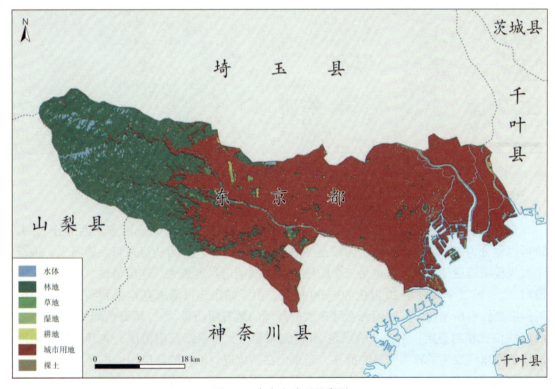

图9.7 东京土地利用类型

资料来源：Dynamic World 东京片区数据。

就东京都及其周边的交通路网分布情况而言，城市主干道、高速公路、铁路在东京都内均有极为广泛的分布，并且形成了相当完善的骨架结构（图9.8）。从密度上来说，位于东南角，与东京湾和东京港相近的部分是三种交通设施分布最为集中的区域，这为港口物流及人员来往提供了陆海接驳便利；东京都西北角与山地对应的部分路网相对稀疏。就东京都与其他县级行政区划单元的连通情况来看，城市主干道、铁路、高速公路都承担了较为重要的功能。根据路网密度和延伸情况评价，东京都与埼玉县、千叶县、神奈川县的联系尤为密切，各类交通设施共同保障了东京圈内各县与东京都的沟通往来。

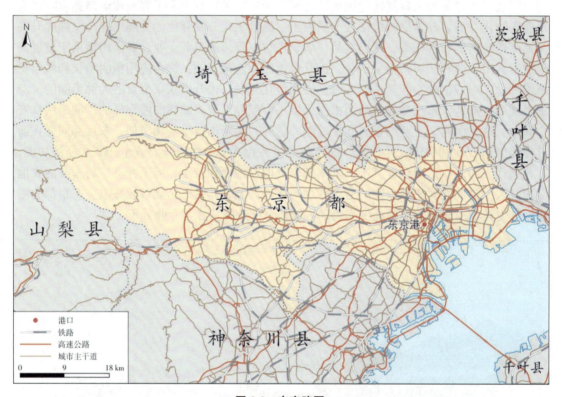

图9.8 东京路网

资料来源：Open street map 东京片区数据、GLOBIO 机构全球道路清单项目（GRIP）数据集，经整理。

东京都的海岸线进退主要发生在东南角与东京湾相接的部分（亦即东京港部分），大致可以划分为三个阶段：第一个阶段是20世纪50—70年代，为适应东京发展需求，进行了大规模填海造陆工程，这也是三个阶段中海岸线前进尺度最大、速度最快、规模最广的阶段[28]；第二个阶段是20世纪80—90年代，由于城市建设需求基本得到满足，用地扩展的必要性有所削弱，同时填海造陆造成的环境问题有所凸显[29]，填海造陆暂且被搁置，海岸线位置相对稳定；第三个阶段是20世纪末至今，东京都东南沿岸，尤其是港口用地沿岸的海岸线发生了较为明显的前移，东京仍在持续进行港口的建设用地扩展。

东京港的建设过程，特别是在空间上发生进退的过程，可以视为东京都向东京湾方向借助填海造陆等措施实现的用地延伸。由于工程技术要求、自然条件限制、社会历史因袭等多方面的综合作用，东京港的扩张体现出向东南层层推进的特点。这使得东京港码头分布集中、紧密衔接，形成一片巨型港区，而非多处离散的港区，这是东京港与新加坡、香港、伦敦 3 个城市相应港口的主要不同。目前，东京港的总面积约 5166 hm² （含水域），码头数量多达 20 余处，其中在对外贸易中较为重要的码头包括品川码头、大井码头（亦称 Oi 码头）、13 号码头等，芝浦码头、竹芝码头、辰已码头等则主要参与内贸。东京港内有 3 条重要对外航道，负责处理国际贸易与进出口货物。航道和码头的位置大致如图 9.9 所示。

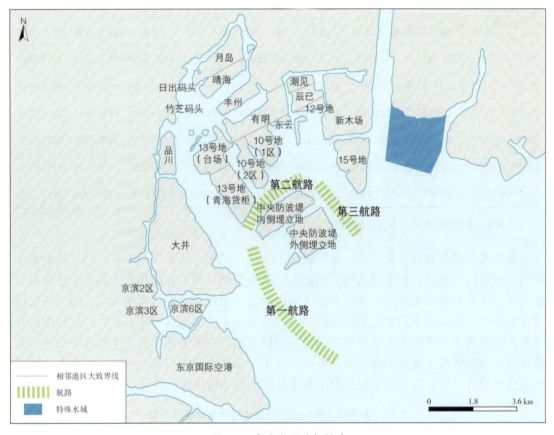

图 9.9　东京港码头与航路

资料来源：基于东京都港湾局《东京港港势·总说》[30]、日本海上保安厅《港则法》[31]自绘。

从货物运输总量的历年变化情况（表 9.7）来看，自进入 21 世纪以来，东京港的货物处理量级与基本组成结构相当稳定，其中输入方向的货物比重较大，相应货物综合满足东京都民众、企业、社会等各方面的需求。值得注意的，东京港处理的货物量中，内贸货物比重长期近半，早期几年甚至超过外贸。内贸货运在东京港的功能中一直占据重要地位，根本上是由东京都与东京都市圈产业活动和居民生活等方面庞大的物资流通需求所决定的。首都圈"一都七县"间的密切联系，既保障着内贸的既有渠道，也要求着内贸的持续运转。从横向对比上来看，东京港的货物处理量远远落后于新加坡港和香港港，与伦敦港处于同一量级而略高。东京港货运功能的弱势，特别是在与亚洲上海港、新加坡港等其他港口竞争中所处的不利地位，引起了日本政府的关注。以国土交通省为代表的机构采取措施积极参与到东京港项目落实与长远规划中,提出国际集装箱战略港口、国际大宗战略港口等建设目标,并取得了一定的成果。这也是东京港能在日趋剧烈的国际竞争中取得外贸货物量增长的重要原因。

表 9.7 东京港历年货物运输总量

单位:t

年次	合计			外贸			内贸		
	总计	输出货物	输入货物	总计	输出货物	输入货物	总计	输出货物	输入货物
2000	84559363	31034313	53525050	39283394	15512031	23771363	45275969	15522282	29753687
2005	92032259	34952568	57079691	46509208	18717399	27791809	45523051	16235169	29287882
2010	77515271	25008352	52506919	45149688	13574996	31574692	32365583	11433356	20932227
2015	85332872	26838023	58494849	46699117	12933120	33765997	38633755	13904903	24728852
2020	80867214	26221855	54645359	46370084	11883226	34486858	34497130	14338629	20158501
2021	847253988	28051019	56674379	47643293	12481116	35162177	37082105	15569903	21512202

资料来源:东京都港湾局:《东京港港湾统计》。

东京港处理的货物总量当中,金属机械工业品、化学工业品、杂工业品和以动植物饲肥料为代表的特殊品占据了绝大部分的比重,其中金属机械工业品和特殊品是东京港最主要的对外输出货物(表9.8)。相比其他工业品而言,以汽车与电气机械为代表的金属机械工业品存在一定的技术门槛,附加值较高,同时基本不会出现化学工业品生产过程中的环境负担甚至污染,不会与东京都需要满足的居民生活和商务贸易功能产生剧烈冲突。以高附加值的金属机械工业品为输出货物重心,与东京都作为日本首都和经济、文化中心的战略定位相符合,这一定程度上也折射了东京都的产业结构重点与行业生产能力。

表 9.8 按具体类型划分的东京港历年货物处理总量

单位:t

品类	2021年			2020年			2019年		
	合计	输出货物	输入货物	合计	输出货物	输入货物	合计	输出货物	输入货物
合计	84725398	28051019	56674379	80867214	26221855	54645359	87806264	27788922	60017342
农水产品	4966871	451392	4515479	5268177	454541	4813636	5635093	465032	5170061
林产品	1071722	99945	971777	1059493	84025	975468	1148024	96629	1051395
矿产品	4672049	143081	4528968	4472689	119401	4353288	5471720	123373	5348347
金属机械工业品	29250315	13016052	16234263	26918077	12010198	14907879	29400657	13553802	15846855

续表 9.8

品类	2021 年			2020 年			2019 年		
	合计	输出货物	输入货物	合计	输出货物	输入货物	合计	输出货物	输入货物
化学工业品	12253341	3164071	9089270	11693640	2796446	8897194	13790683	2871897	10918786
轻工业品	7380176	1449489	5930687	7156944	1293465	5863479	7866870	1406020	6460850
杂工业品	12182289	1506464	10675825	11866535	1483786	10382749	12128276	1603953	10524323
特殊品	12948635	8220525	4728110	12431659	7979993	4451666	12364941	7668216	4696725

品类	2018 年			2017 年			2016 年		
	合计	输出货物	输入货物	合计	输出货物	输入货物	合计	输出货物	输入货物
合计	91543456	29040080	62503376	90780146	29300368	61479778	85954195	27664131	58290064
农水产品	5899529	537162	5362367	5740705	536772	5203933	5358297	473855	4884442
林产品	1260547	112618	1147929	1293280	75937	1217343	1247031	86444	1160587
矿产品	6383573	90178	6293395	6066046	76718	5989328	5507608	114570	5393038
金属机械工业品	30156781	14030298	16126483	28685478	13640218	15045260	26889948	12581168	14308780
化学工业品	14318293	2935628	11382665	13656567	2818378	10838189	12783675	2694205	10089470
轻工业品	8281656	1494774	6786882	8710342	1587422	7122920	8386067	1473016	6913051
杂工业品	12074588	1533408	10541180	11944548	1512269	10432279	11373126	1436905	9936221
特殊品	13168489	8306014	4862475	14683180	9052654	5630526	14408443	8803968	5604475

说明：农水产品主要包括麦、米、野菜、果物等；林产品主要包括制材、树脂类加工品等；矿产品主要包括石炭、石材、非金属矿物等；金属机械工艺品主要包括钢材、金属制品、自动车成品及零部件、电器机械等；化学工艺品主要包括陶瓷器、石油制品、水泥等；轻工业品主要包括纸张、制造食品等；杂工业品主要包括衣服、家具、木制品等；特殊品主要包括再利用资材和动植物饲肥料等。更为详尽的数据与分类可查询 https://www.kouwan.metro.tokyo.lg.jp/yakuwari/toukei/（东京港港势 4 海上出入货物等条目），各分类具体含义可参见国土交通省发布的《品种分类表（81 分类表）》（http://www.pa.kkr.mlit.go.jp/general/toukei/pdf/attention_classification.pdf）。后同。

资料来源：同表 9.7。

更进一步地，将东京港货物划分为外贸与内贸，相应数据如表 9.9、表 9.10。通过综合比对可以初步得出以下结论：农水产品、林产品在东京港以输入为核心流通方向，并且主要依赖于外贸进口；石炭、石材等矿产品主要依赖内贸进行输入，东京都市圈乃至更广泛的地域在为东京提供着支持；金属机械工业品在内贸外贸方面总量没有明显的差距，其原料及产品的进出口整体均衡，服务于国内外市场；化学工业品主要由内贸进行输入，这与日本东京湾周边重工业发达的现实情况相吻合[32];轻工业品和杂工业品以外贸输入为主,也在进行一定的内贸输出,以满足其他地区的特定需求。整体而言,东京港符合东京都港湾局"支持东京都地区产业和生活的国际物流基地"的定位。

表9.9 按具体类型划分的东京港历年外贸货物量

单位:t

品类	2021年			2020年			2019年		
	合计	输出货物	输入货物	合计	输出货物	输入货物	合计	输出货物	输入货物
合计	47643293	12481116	35162177	46370084	11883226	34486858	48494019	12734557	35759462
农水产品	4623965	311142	4312823	4921569	292006	4629563	5211492	258729	4952763
林产品	976069	24675	951394	976031	19208	956823	1038201	18960	1019241
矿产品	425358	30801	394557	446473	31859	414614	507252	23718	483534
金属机械工业品	13804916	5104938	8699978	12532052	4448455	8083597	13715155	5271497	8443658
化学工业品	6123631	2636895	3486736	5670716	2352338	3318378	5876910	2381459	3495451
轻工业品	5402744	850234	4552510	5277745	670703	4607042	5392100	624288	4767812
杂工业品	11687072	1132632	10554440	11387520	1107653	10279867	11654539	1229819	10424720
特殊品	4599538	2389799	2209739	5157978	2961004	2196974	5098370	2926087	2172283
品类	2018年			2017年			2016年		
	合计	输出货物	输入货物	合计	输出货物	输入货物	合计	输出货物	输入货物
合计	49825795	13288658	36537137	50116156	13508587	36607569	48102417	13368468	34733949
农水产品	5495119	317534	5177585	5394370	371104	5023266	5054762	329664	4725098
林产品	1142773	24010	1118763	1214787	26154	1188633	1172672	39947	1132725
矿产品	466767	18548	448219	474518	18168	456350	439215	13761	425454
金属机械工业品	14077695	5514161	8563534	13231584	5226860	8004724	12637454	4933502	7703952
化学工业品	6084718	2414432	3670286	5866225	2377349	3488876	5470335	2274041	3196294
轻工业品	5474818	646465	4828353	5776494	694963	5081531	5471015	645826	4825189
杂工业品	11630964	1174803	10456161	11530615	1188632	10341983	11028268	1197136	9831132
特殊品	5452941	3178705	2274236	6627563	3605357	3022206	6828696	3934591	2894105

资料来源:同表9.7。

表 9.10 按具体类型划分的东京港历年内贸货物量

单位：t

品类	2021 年			2020 年			2019 年		
	合计	输出货物	输入货物	合计	输出货物	输入货物	合计	输出货物	输入货物
合计	37082105	15569903	21512202	34497130	14338629	20158501	39312245	15054365	24257880
农水产品	342906	140250	202656	346608	162535	184073	423601	206303	217298
林产品	95653	75270	20383	83462	64817	18645	109823	77669	32154
矿产品	4246691	112280	4134411	4026216	87542	3938674	4964468	99655	4864813
金属机械工业品	15445399	7911114	7534285	14386025	7561743	6824282	15685502	8282305	7403197
化学工业品	6129710	527176	5602534	6022924	444108	5578816	7913773	490438	7423335
轻工业品	1977432	599255	1378177	1879199	622762	1256437	2474770	781732	1693038
杂工业品	495217	373832	121385	479015	376133	102882	473737	374134	99603
特殊品	8349097	5830726	2518371	7273681	5018989	2254692	7266571	4742129	2524442
品类	2018 年			2017 年			2016 年		
	合计	输出货物	输入货物	合计	输出货物	输入货物	合计	输出货物	输入货物
合计	41717661	15751422	25966239	40663990	15791781	24872209	37851778	14295663	23556115
农水产品	404410	219628	184782	346335	165668	180667	303535	144191	159344
林产品	117774	88608	29166	78493	49783	28710	74359	46497	27862
矿产品	5916806	71630	5845176	5591528	58550	5532978	5068393	100809	4967584
金属机械工业品	16079086	8516137	7562949	15453894	8413358	7040536	14252494	7647666	6604828
化学工业品	8233575	521196	7712379	7790342	441029	7349313	7313340	420164	6893176
轻工业品	2806838	848309	1958529	2933848	892459	2041389	2915052	827190	2087862
杂工业品	443624	358605	85019	413933	323637	90296	344858	239769	105089
特殊品	7715548	5127309	2588239	8055617	5447297	2608320	7579747	4869377	2710370

资料来源：同表 9.7。

就经东京港处理的货物流向而言，亚洲是其外贸最为核心的产品供应地与出口市场。其中，中国大陆向东京港提供的货物以及接收的货物总量均常年排在首位，以上海港、宁波—舟山港、青岛港为代表的港口与东京港发生着频繁的贸易往来。越南、中国台湾通常分居亚洲片区贸易量排行的第二、第三位。亚洲以外，各国与东京港发生的贸易量级较中国、越南等有较为明显的缩减，其中印度、英国、美国等国家仍然是东京港的重要贸易合作伙伴。对内贸易中，北海道、东北、冲绳、九州地带是东京港内贸的主要流通区域，其中，东京港向冲绳地区输出的货物量要远高于从冲绳地区获得的货物量，在统计类型上以特殊品为主，具体主要为搬运行李、邮件、包裹等包装货物，这也符合冲绳地区作为岛屿的独特性，冲绳地区是东京港相应货物最主要的输出地。以上情况基于东京都港湾局发布的历年数据（https://www.kouwan.metro.tokyo.lg.jp/yakuwari/toukei/）综合概括。

（二）海洋经济区

1. 港口用地变化特征

在19世纪幕府时代终结，日本推行明治维新改革之前，东京都仍被称为江户城，相应时期的江户港也就是东京港的前身。幕府时代，江户城是幕府统治的重要据点，具备政治中心的特殊功能，政治对其他方面的影响也进一步刺激了江户城的发展，使其在经济建设和人员集聚方面持续取得长足进步。[33]这一时期，江户港主要作为江户百姓所需消费品的集散地，在国内贸易中扮演着重要角色。但由于日本当时尚未发展为世界一流强国，加上日本开放的对外通商口岸主要为横滨港而非江户港，江户港并未在全球航运体系和国际贸易网络中取得战略地位。

明治时期（1868—1912），日本积极吸收欧美资本主义国家社会建设的经验，推行"富国强兵、殖产兴业、文明开化"的国策，从科技、文化、教育等方面全面推行近代化、西方化。大正时期（1912—1926），在明治维新改革提供的经济、技术、思想基础上，日本进一步实现了大规模、深层次的工业化与城市化。可以说，正是大正时期，日本的国策真正实现了以农业为立国之本向以工业化和城市化为工作重心的转变。[34]尤其是自1923年关东大地震后，由于陆域交通网络的崩溃，日本政府与群众在重建和调整产业空间的同时意识到了东京港的重要性，并积极采取措施对港口进行建设与开发。这一时期可以视为东京港现代化的首次尝试。然而，由于第二次世界大战爆发对日本的影响，东京港现代化进程被迫停滞甚至完全中断，虽然在该时期完成了日出、芝浦、竹芝码头的建设，但其实际投入使用的时间和程度有限，并未能将东京港打造为国际航运中心和贸易中心。

"二战"结束之后，在20世纪50年代，依托美国的支持与国际和平的契机，日本进入了持续稳定的高速发展时期，人口与经济体量大规模增长，这使得人多地（特别是当时可利用的城市用地）少的矛盾愈发严峻。一方面，日本需要尽快实现产业结构调整与升级，以获得长久的国际竞争力和良好的发展前景；另一方面，国内民众的居住、食物需求需要基本的保障，以尽快在战后恢复民生与国家实力，因此，虽然住宅和耕地在经济贡献率上相对低效，却不能贸然改变用途。为了实现经济复兴，日本政府实施了产业合理化政策，以集中生产方式取代美军占领时推行的倾斜生产方式（仅以煤铁生产为核心），对钢铁、电力、造船等重点工业提供原料与资金的重点支持。[35]日本著名的京滨、京叶两大工业地带也在这一时期初具雏形。在国际贸易和资源运输中的显著优势,明治大正时期遗留的工业基础,以及陆域用地冲突限制的宏观背景,促使日本政府将东京港以及川崎、横滨等重要港口区域作为建设重心,并制定了针对性的沿海工业区制度,将采矿业、重工业、化学工业和能源工业高度结合,开发海上和陆上交通运输,并通过填海造陆以满足用地需求。[36]因此,在东京港开始现代化建设的初期,其与工业联系极为密切,而非单纯依靠航运业发展起来。之后,日本政府先后推行了产业振兴政策、以《国民收入倍增计划》为代表的产业结构政策与产业组织政策,其着重点仍然为发展钢铁、石油化工、机械工业等重化工业。不过,由于东京都本身作为政治、经济、社会中心的特殊性,污染严重的重化工业与其定位不相匹配。自20世纪60年代起,东京实行工业分散战略,将重工业向东京圈其他城市以及京滨、京叶工业带迁移,东京则主要发展高附加值的精密机械制造、出版印刷和服务业,强化金融中心和物流中心职能,东京港原有的工业职能随之改由横滨、千叶、川崎等港承担。这一时期,随着填海造陆的大力进行,东京港地域大致由有明码头区域向东南延伸至13号地码头、15号地码头等区域,品川码头、大井码头等都是该时期建设的重要码头。

自1973年石油危机之后,日本的迅猛发展势头大幅削减,产业政策主题也由原来的促进发展变成了应对挑战,解决社会经济层面出现的各类问题,尤以泡沫经济为甚。在社会与自然多重压力下,填海造陆不再被视为万应灵药,东京港的用地扩展与50—60年代相比较为有限,建设重点在已有码头的技术水平提升和泊位运营上。不过,因为东京港垃圾填埋场开发方针的提出,东京港内还是有几处填海造陆而得的新增用地,如中央防波堤内、外侧埋立地,以及东京国际空港的临海延伸部分。

目前,东京港内的主要运营组织有二:以东京都港湾局为代表的政府机构和作为私营集团的东京港码头株式会社。后者在名义上由东京都港湾局管理,不过在实际运营和货物处理过程中保有相当的自主权,并有单独的统计条目。目前,青海货柜码头、台场码头、大井码头,中央防波堤外侧埋立地码头直接从属于东京港码头株式会社,品川集装箱码头自2009年后由株式会社代东京都港湾局执行相应的管理。从统计数据来看,东京港码头株式会社负责的码头以外贸业务为主,政府负责的公共码头中,除了青海货柜码头(公众)、品川码头少数几个码头有较多的外贸业务外,大多数码头以内贸业务为主,这也反映了东京港内一定的职能分工。目前,相对靠近都市区的晴海、丰州等码头主要处理内贸和客运,为旅客和来往人员提供观光和商业服务;大井、品川、13号地等码头持续履行物流职能,尤其是在国际贸易中发挥重要作用;中央防波堤片区虽然目前处理货运量相对较少,但东京都港湾局对其较为重视,加上其在处理大型船舶方面的优势,可以预见其未来必将成为东京港货运的重要板块。表9.11是东京都港湾局整理的重要时间年表。

表9.11 东京港历史事件年表

年份	历史事件
1392	中世纪的品川港蓬勃发展,大量船只进出港口以及东丸(批发商)
1457	江户前岛的平川口建造了江户城并打开了江户港

续表 9.11

年份	历史事件
1612	德川幕府着手重建江户港,并建造了大型码头
1853	佩里到达浦贺(6月),品川台场开工(8月)(1854年7月竣工)
1858	缔结日美友好通商条约,决定开放神奈川等5个港口,开放江户、大阪等
1880	东京都知事松田首次提出建设东京港的理论
1906	一期隅田川口改善工程开工(500吨级船舶航线及锚地疏浚)
1923	关东大地震。由于陆路交通网络的崩溃,人们认识到东京港的重要性
1925	完成日出码头。1923年3月作为第一个现代化码头开始服务
1932	芝浦码头竣工
1934	竹芝码头竣工
1941	开港(5月20日)
1945	战争结束。大部分海港区域被盟军征用
1950	丰洲煤炭码头部分竣工并开始运营。颁布港湾法
1951	指定为特别重要港口。根据港湾法,东京都政府成为东京港的管理者
1955	泊位开通
1967	品川重吊码头竣工,首艘满载集装箱船 Hawaiian Planter 入港,开通北美西海岸定期集装箱航线
1971	开通欧洲定期集装箱航线(Oi Wharf)
1974	13号外贸班轮码头竣工,轮渡码头3个泊位竣工,全面渡轮运输启动
1975	大井货柜码头8个泊位竣工
1977	东京港垃圾填埋场开发方针实施
1985	青海货柜码头一号泊位启用
1991	东京晴海港客运码头开港50周年纪念仪式及活动
1993	彩虹桥开通,青海集装箱码头2号泊位开通
1994	青海货柜码头3号泊位启用
1995	东京临海新交通临海线"百合海鸥号"开通,竹芝客轮码头全区竣工
1996	青海集装箱码头4号泊位投入运营,东京临海高速铁路临海副都心线投入运营

续表 9.11

年份	历 史 事 件
1998	大井货柜码头新 7 号泊位启用
1999	大井货柜码头新 3 号泊位启用
2000	大井货柜码头新 6 号泊位共享启航
2000	连续 3 年外贸集装箱吞吐量排名第一
2001	"东京港 60 周年"纪念标志设立,纪念活动及纪念项目开发
2002	东京港临海路一期工程段(临海隧道)开通
2003	大井货柜码头新 5 号泊位启用
2004	大井货柜码头新 1 号泊位启用
2006	"百合海鸥"延伸至丰洲站
2008	东京都、川崎市、横滨市就加强广域合作达成基本协议
2010	京滨港(东京港、川崎港、横滨港)被选为"国际集装箱战略港口"
2011	"东京港开港 70 周年"业务发展完成,连续 13 年日本集装箱吞吐量第一,引入新型疏浚船"Kairyu"
2012	东京港临海路二期工程段(东京门大桥)开通
2013	2020 年奥运会和残奥会主办城市确定
2017	中央防波堤外集装箱码头 Y1 泊位开通
2020	中央防波堤外集装箱码头 Y2 泊位开通,临港路南北线及连接道路(东京港海森隧道、海森大桥)开通,东京国际邮轮码头开通
2021	东京港开港 80 周年

资料来源:东京都港湾局:《东京港的历史》。

关于东京港未来的规划,根据东京都港湾局颁布的《东京港第八次改订港湾计划》,除计划在 15 号地码头延长口岸外,并不准备进行大规模的用地增减,未来的开发重心放在既有码头的机能强化建设和改造上。[37] 针对现有设施难以满足首都圈旺盛消费货物集中的需求、航路船舶大型化、设施老朽化、码头利用效率不足、地震威胁等问题,东京都港湾局针对性提出了以高附加值制品为货物重点、改造现有设施以处理量级更大的对象船舶、强化物流机能、消解交通混杂、进行抗灾针对性设计等措施,并将东京港明确为由国际贸易港、国际观光港、世界环境先进港、世界安全港多方面定位综合而成的世界都市型综合港湾。在《东京港第八次改订港湾计划》中，东京港被划分为三类空间，分别承担都市、物流、生态机能（图9.10），由此可以看出东京港各片区未来的功能调整方向。

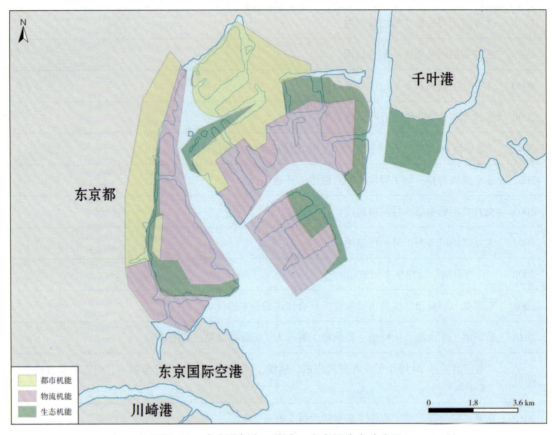

图 9.10　东京港都市、物流、生态机能大致分区

资料来源：东京都港湾局：《东京港第八次改建港湾计划》。

2. 港城间的物流联系

作为国际最早提出和实施物流园区（日语直译为"流通业务团地"）这一运转模式的国家，日本在物流的专业化、现代化、组织化上可谓先驱，作为日本首都和贸易中心的东京更是其中的佼佼者，内部物流高度发达。[38]

东京都内不乏顶尖物流企业，代表性的如顺丰国际物流公司（日本分部）、德铁信可（别称全球国际货运，是德国铁路公司的全资子公司）、近铁运通、日本诚运物流株式会社、日新株式会社、日立物流等。从具体提供的服务来讲，顶尖物流企业普遍采取第三方物流运营模式，全面外包从采购、生产到销售、配送、售后服务的供应链各环节物流作业，以提升物流效率。在现代化技术方面，IT可视化和门户网站得到了广泛应用，部分企业针对性地设计和构建了本公司使用的配送中心管理系统或其他智能系统，以实现业务统筹和资源的最佳配置。值得指出的是，日本政府十分注意鼓励和扶持本土物流企业在海外的分部建设与业务拓展。日本国土交通省专门成立了海外港口物流项目委员会，通过公私合作伙伴关系,积极推动海外扩张计划,以与外资企业竞争全球市场和应对海外港口物流项目需求作为核心。因此,东京的许多物流企业不仅在国内提供服务,也将业务开展到全球其他地区。东京作为相应企业的总部所在,在借助这些企业建立起来的全球贸易网络中占据独特而重要的地位。

日本目前共有20余处国际级的物流园区,其中分布在东京境内的共有四处,分别为板桥、足立、葛西、平和岛,它们也是日本最早建立的一批园区,已形成较为完善的内部体系和较强的物流承运能力。以上四个园区中,板桥与足立园区距东京港较远,负责东京都内部、东京都与周边其他城市的物流来往,配备有专门的集装箱堆场;葛西园区与东京港较近,处于东京、千叶两港交界处,并处理部分青海码头业务;平和岛园区坐落于东京港区内,与大井码头和羽田空港相近。整体而言,平和岛园区在实现港城物流联系中最为重要,其发展程度和设施配备完善度也最高。平和岛园区内配备有大面积的卸货区、普通仓库,以及为处理国际贸易货物而针对性设计的规模化冷藏仓库,综合实现陆海空物流。[39]

即使是基本不参与具体事务的现今,东京都政府依然在促进物流行业发展、居中统筹协调中持续做出重要贡献。其具体措施包括且不限于牵头成立专业物流协会、颁布物流行业政策、制定物流功能强化规划,与东京港相关的政策文件如《东京港强化物流功能(铁路运输)补贴实施指南》《物流(外贸集装箱)协调方向(草案)》《2022年东京港物流效率项目补助金概要》等,都体现了政府的有意引导。

另外,首都圈内其他城市的物流设施和企业往往也会参与到东京港相应的货物运输过程中,这使得港城间的物流联系不仅局限于东京都这一具体城市,而是延伸向更广的区域。

3. 海洋经济区

综合各区域的主要功能,并尽量保留板块的地域连通性,可将东京内的海洋经济区划分为以下四个片区:日出商务与内贸片区,临海副都心综合片区,大井—青海外贸物流片区,辰巳内贸及生态片区(图9.11)。在关于自由贸易港和自由贸易区的认定上,东京港的情况较为特殊。为促进对外自由贸易,日本采取的主要形式为自由贸易协定和经济伙伴关系协定,针对协定对象降低日方关税壁垒和提供政策优惠,并积极促成境外自由贸易区的设置。但相反地,日本在本土建设自由贸易区力度有限,这是部分学者早期将其批判为"单边贸易自由化"(要求他国而不是本国实行贸易自由化)的重要原因。[40]虽然在融入国际贸易秩序和实现国策调整的过程中,日本有了冲绳自由贸易区、那霸自由贸易区、新潟自由港这三处本土国际自由贸易区,但具体到东京港而言,其只针对协定伙伴进行有限的税收优惠,而没有作为实际地域的自由贸易区,故在图中不进行标注。

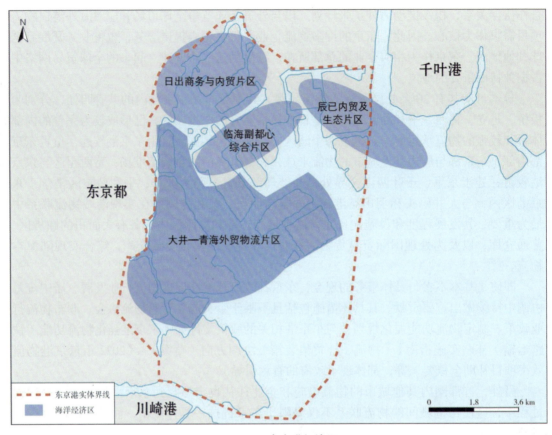

图 9.11　东京港经济区

（1）日出商务与内贸片区。日出商务与内贸片区包括日出码头、月岛码头、晴海码头、丰州码头、芝浦码头、竹芝码头，与东京都银座中心商务区邻近，无论是人员还是货物都可以通过公共交通实现便捷抵达。得益于东京都以银座为代表的商务中心在本国乃至全球金融体系中占据的地位，该片区主要为相应重要人员来往提供便利，以这种形式为日本与国际商务合作的高效推进做出贡献。其中，晴海—丰州区域更是被日本政府视为"东京入海的玄关"，意图进一步开发其国际交流机能，制定了多方面的措施来鼓励区域内的客运行业发展和都市景观形成。金融业和商务服务业的发达，叠加东京都政府的有意引导，相应片区针对东京港来往船只的航运金融、海事保险、海事咨询等海事服务业经久不衰。同时，虽然客运相对更为重要，该片区内的货运功能并未完全丧失，只不过根据统计数据来看，相应码头基本只进行内贸业务，在东京港处理总量中所占比重也较为有限。

（2）临海副都心综合片区。临海副都心综合片区包括台场地区、有明码头、青海码头（北部），位于东京港滨水区的中心，其同时也是东京都政府有意划定的地域概念，旨在建设"一个可以应对不同人生阶段的城市"[41]。得到扩建，已经成为主干道的百合海鸥线和临海线贯穿了临海副都心，并进一步提高了东京都市中心与其的可达性，这使得临海副都心的商业得以迅速发展起来，为相应片区实现都市目标提供了可靠的保障和助力。在《东京港第八次改订港湾计划》中，临海副都心被视为将东京港建设为国际观光港湾的重要板块。因此，临海副都心特别注意将滨水绿地与都市结合，营造出特色化的滨水城市景观，这是临海副都心区别于其他片区的最重要的特色。因此，除了片区内以东京国际邮轮码头为代表的客流、物流码头所体现的航运功能，以及为正常航运所配备的基本海事服务功能，临海副都心还体现了现代化都市与海洋生态景观相结合的新可能，属于海洋经济的综合利用形式。其中，台场片区为滨海商贸综合区、以滨水景观为特色的住宅区，青海码头（北部）为以通信基础设施为核心的新型国际都市工业区、新型住宅区，有明北区为都市住宅区，有明南区为会展区和防灾基地。值得一提的是，作为日本船舶海事最高盛会，业界交流和展览规模最大、最具影响力的日本国际海事展览会2022届和2024届的场地都选择在了东京有明国际会展中心。

（3）大井—青海外贸物流片区。大井—青海外贸物流片区包含品川码头、大井码头、青海货柜码头、中央防波堤外侧埋立地码头，它们在东京港的外贸业务中起着重要作用。整体而言，这一片区主要负责国际贸易货物，特别是进行对外出口，为相应货物提供装卸、仓储、信息等基础服务。东京港作为国际大港必不可少的货运能力，主要是由这一片区提供。

（4）辰已内贸及生态片区。辰已内贸及生态片区包括东京港剔除以上片区后的剩余部分，包含辰已码头、潮见码头、12号地码头、15号地码头等，相应码头在货物内贸上的处理份额要高于日出片区。同时，这一片区内生态用地占地比重较高，也集中体现了东京港建设和规划过程中为实现环境先进港湾目标所做的努力。

三、海洋经济概况与海洋经济部门构成

（一）海洋经济概况

日本是一个四周环海的岛国，国土面积狭小，虽然陆上资源匮乏，但领海广阔，有着巨大的海洋开发潜力，其发展与经济活动也通常是以沿海区为基础展开，具有深厚的历史基础。进入21世纪以来，日本海洋产业产值增长迅速，分类更加细致，涉及的领域也更加广泛，形成了向社会各领域全方位发展的新型产业体系，海洋经济区域发展多层次化。[42]传统海洋产业方面，海洋水产业、运输业、船舶工业等传统产业所占的比重较大，发展也较为成熟。近年来，受全球经济危机、国际竞争加剧、自然灾害等影响，传统海洋产业面临困境，相关企业也正在寻找防止业绩下滑的方法。新兴海洋产业方面，日本加大了培育和扶植力度，重点发展海洋资源能源开发产业、海洋观光产业等，能够更好地应对国际产业转移和分工的变化。

首都东京作为亚洲第一大城市，也是日本的交通、金融、消费、贸易等领域的中心。东京湾地区的京滨、京叶两大工业地带，港口群分工合作明确，所在都市圈协同发展，打造了以钢铁、有色冶金、石油化工、电子机械、装备制造、现代物流等高度密集的临港产业，工业的发展带动了港口周边城市的发展，成为全球最大的工业产业基地。虽然与欧美海洋城市相比起步较晚，但随着高新技术产业的发展，东京海洋产业发展逐渐位于世界前列。根据2022年在东亚海洋合作平台发布的《现代海洋城市研究报告（2021）》，东京位列全球现代海洋城市综合榜单第一梯队，海洋经济基础雄厚。海事服务作为衡量海洋城市竞争力水平的重要要素，也是衡量全球资源配置能力的主要要素。该报告通过全球海事金融服务银行（总

部/分支机构）、具有海事业务的律所数量、涉海保险公司数量、港务公司数量、具有涉海咨询业务的咨询公司数量、海事集聚程度6个维度对海事服务进行综合评价，东京属于第二梯队。第一梯队的伦敦、新加坡、上海等城市拥有全球领先的海事服务，主要为具有一定影响力的航运中心城市，拥有一批为航运业服务的金融、海事等高端服务机构。

根据东京统计局的统计数据，近5年来，东京海上对外贸易进口总量波动式增长。2015年，东京海上对外贸易额较高，为62456亿日元，此后虽有下降，但整体保持上升趋势；海上出口额较为稳定，在110000亿日元左右（表9.15）。

表9.15 东京海上对外贸易额

单位：百万日元

年份	出口额	进口额	年份	出口额	进口额
2015	6245640	11366245	2018	6039750	11656455
2016	5820405	10587324	2019	5823726	11491331
2017	5862127	11701087	2020	5823725	11491332

说明：海上对外贸易额是指通过东京港、东京海关的进出口货物价值。
资料来源：东京统计局。

东京港东边临近太平洋，西边隔着东海、黄海、朝鲜海峡、日本海，与中、朝、韩等国家相望，已建成的码头泊位有上百个，有包括13个集装箱泊位在内的深水泊位40多个。根据按类型划分的2021年东京港进出境货物贸易额（表9.16、表9.17），进口总金额是出口的近2倍，可以看出东京港以进口为主。无论是出口货物还是进口货物，其中机械和运输设备占比都是最大的，分别达到57.3%、36.5%，远远高于其他商品。其主要出口货物为钢铁化工产品、船舶、车辆、机械设备、罐头、食品及纺织品等，主要进口货物有原油、煤、纤维制品、矿石、食品及机械等。

表9.16 按类型划分的出口（东京港）

单位：百万日元，%

商品名	价值	前年比	组成比例	增减贡献度	商品名	价值	前年比	组成比例	增减贡献度
总金额	6493780	124.1	100.0	24.1	化学产品	889927	122.4	13.7	3.1
食品	188299	135.5	2.9	0.9	机械和运输设备	3720840	123.9	57.3	13.7
原材料	127230	151.0	2.0	0.8	办公设备	377721	107.7	5.8	0.5
金属矿石和废品	54306	198.8	0.8	0.5	计算机设备（包括外围设备）	77541	103.9	1.2	0.1

续表 9.16

商品名	价值	前年比	组成比例	增减贡献度	商品名	价值	前年比	组成比例	增减贡献度
半导体和其他制造设备	493601	182.9	7.6	4.3	飞机	17414	64.1	0.3	−0.2
通信设备	17996	93.3	0.3	−0.0	再出口的货物	563443	131.1	8.7	2.6
汽车和其他电气设备	44024	113.7	0.7	0.1					

表 9.17 按类型划分的进口（东京港）

单位：百万日元，%

商品名	价值	前年比	组成比例	增减贡献度	商品名	价值	前年比	组成比例	增减贡献度
总金额	12226018	111.2	100.0	11.2	药品	166042	99.8	1.4	−0.0
食品	2013561	107.7	16.5	1.3	化妆品	207982	108.3	1.7	0.1
肉类和相关产品	529195	108.1	4.3	0.4	塑料制品	262490	122.1	2.1	0.4
海鲜及相关产品	489736	110.5	4.0	0.4	非金属矿物制品	107759	120.2	0.9	0.2
水果	164493	102.1	1.3	0.0	金属制品	290084	118.4	2.4	0.4
蔬菜	124785	108.4	1.0	0.1	办公设备	827777	96.4	6.8	−0.3
酒精饮料	111597	105.2	0.9	0.1	计算机设备（包括外围设备）	645230	94.8	5.3	−0.3
烟草	298398	104.3	2.4	0.1	半导体和其他制造设备	28250	122.7	0.2	0.0
原材料	378184	119.7	3.1	0.6	通信设备	229954	84.8	1.9	−0.4
木头	85536	158.7	0.7	0.3	汽车部件	134433	120.3	1.1	0.2
矿物燃料	10964	107.1	0.1	0.0	再进口的货物	97519	110.3	0.8	0.1
化学产品	1104324	113.6	9.0	1.2					

资料来源：东京海关。

（二）主要海洋产业

1. 海洋渔业

日本地处西北太平洋海域，具有发展海洋渔业优越的自然条件。其海洋渔业分为远洋渔业和近海渔业两种，集养殖、物流、销售等相关产业于一体，已形成配套完善的产业链。总体上看，近年来日本的海洋渔业产量呈现下降之势。远洋渔业方面，随着世界范围内各经济体的渔业资源保护意识增强，根据1982年联合国第三次海洋法会议通过的《联合国海洋法公约》，各国设定200海里专属经济区，迫使日本远洋渔船收缩作业区域，日本远洋渔业深受打击；近海渔业方面，日本把本国的沿岸和外海水域合称为近海，约386万 km²，由于暖流、寒流在此交汇，近海渔业资源极为丰富。北海道渔场是世界第一大渔场。20世纪70年代后期，日本近海渔业产量占比为60%，成为日本海洋渔业重心。日本近海大量捕捞的鱼类有鲐鱼、沙丁鱼、竹荚鱼和秋刀鱼，虽呈现多样化趋势，但近海渔业总产量却呈下降趋势。2015年产量为210万 t，还未恢复到1958年240万 t 的水准[43]；2017年近海天然鱼产量为25221吨，同比下滑9.7%。

东京近海渔获量递减趋势在日本中城市中最快。根据东京产业劳动局的资料，东京的渔业作业区域为从多摩河和荒川河系到冲之鸟岛的广大水域，不仅在为东京人民提供食物方面发挥着重要作用，而且也是该地区的一个重要产业。东京内湾曾经有超过5000名渔民，但1962年取消渔业权后，由于湾内填海造地和渔场环境恶化等原因，许多渔民不得不转业。东京渔业从业者和渔业管理单位从2008—2018年有明显下降（表9.18、表9.19），与近海渔业产量下降趋势一致。

表9.18　东京渔业从业人员数（2008—2018年）

年份	总数	男性						女性
		总数	15～24岁	25～39岁	40～59岁	60～64岁	65岁及以上	
2008	1243	1161	21	148	543	158	291	82
2013	972	938	24	145	355	131	283	34
2018	896	871	47	144	304	127	249	25

资料来源：东京统计局（基于所述年份11月1日的渔业普查）。

表9.19　东京渔业管理单位数量（2008—2018年）

年份	总数	个体管理	公司	渔业合作社	其他
2008	669	654	6	6	3
2013	604	591	6	4	3
2018	512	503	4	3	2

资料来源：东京统计局（基于所述年份11月1日的渔业普查）。

面对产量下降之势，日本海洋渔业界积极探索业务领域新转变。例如，东京Maruha Nichiro株式会社的业务主要集中于渔业、养殖、加工、销售和水产品进出口领域，年销售额达到8097亿日元，利润达到119亿日元。此外，日本政府通过加强对污染的控制，减少填海造地等措施，湾内的水质逐渐得到了改善，因此，以鲈鱼和鲽鱼为对象的刺网渔业、蛤仔采贝渔业和鳗栓渔业（使用笼子和筒的渔业）等自由渔业又有逐渐复苏的趋势。

2. 海洋石化油气业

日本国土面积仅有 37 万 km^2，居世界第 61 位，是一个缺乏自然资源的国家。虽然日本领海加专属经济区的海洋面积在世界名列前茅，但一直严重依赖于进口能源。与其他国家对比，美国、中国的能源需求 70% 由本国生产满足，相比之下，日本必须进口 80% 的能源来满足需求。1973 年，石油输出国发动了石油禁运，造成燃料价格大幅上涨，从而揭示了日本对外能源的过度依赖。和同样依赖于外国能源的欧洲发达国家不同，日本是一个孤立的岛国，地理位置特点使日本必须选择在其他能源方面投入巨资。

具体来看，传统的石化产业主要分布在东京、名古屋、大阪至北九州地区，东京湾地区是日本全国最大的重工业和化学工业基地，东侧的京叶工业带建有 2 座大型炼油厂、4 座石油化工厂等。[44]福岛事件后，日本的整体的能源格局都已发生剧变，更多地采用天然气发电。根据东京海关统计，东京港原油加工的数量呈现稳步下降趋势，从 2017 年的 1867.8 亿 L 下降到 2021 年的 1446.4 亿 L；原油加工入库的数量变化趋势与加工量一致（表 9.20）。数量的下降主要体现在对外进口部分；国内产品运输部分每年有高低波动且占比较小，对总量变化的影响较弱。

表 9.20 原油加工与原油入库东京港进口量

单位：kL

年份	原油加工			原油加工入库		
	总量	进口	国内产品	总量	进口	国内产品
2017	186785831	186237686	548145	13662704	13554898	107806
2018	177770647	177250238	520409	12659407	12587807	71600
2019	177048024	176540466	507558	11745857	11672724	73133
2020	145229769	144787326	442443	10603153	10481207	121946
2021	144648208	144149620	498588	9623233	9556452	66781
2021	144648208	144149620	391489	30712288	30446921	265367

资料来源：东京海关。

此外，由于东京能源整体逐渐向天然气倾斜，为了提高管道输气能力，增加天然气进口的容量，未来 10 年里，预计东京燃气的供应能力将增长 50%，供气量将从 150 亿 m^3 增加到 220 亿 m^3。2013 年 3 月，日本经济产业省宣布，成功从近海地层蕴藏的可燃冰中分离出甲烷气体。作为一种重要的潜在未来能源，可燃冰在自然界广泛存在。据估算，日本周边海域可燃冰的天然气潜在蕴藏量相当于日本 100 年的天然气消费量。

3. 海洋船舶工业

为了与全球化的发展模式相适应，日本着力优先发展修造船业和以远洋运输为主的海运物流业。但伴随国际贸易增长速度放缓和国际航运市场运力过剩，日本船舶工业近年产量急剧下跌。和三菱重工的长崎造船厂香烧工厂、日立造船（现日本海事联合公司，JMU）的有明事业所并称为日本三大造船厂的爱知工厂（东京日本重工企业 IHI 属下）最后一次造船是在 2011 年，之后一直生产隧道挖掘机和液化天然气储罐。2018 年底，爱知造船厂宣布倒闭，开创了日本大型重工业集团彻底关闭大型造船厂的先例。

尽管形势较为严峻，但海洋船舶工业依旧是日本海洋经济发展的中流砥柱。英国 Clarkson Research Studies 统计数据显示，2023 年全球新船成交订单 2052 艘（4284.76 万 CGT），其中日本船企承接订单 234 艘（455.32 万 CGT）。在国际船舶市场新增需求疲软的背景下，造船企业追求核心技术和技术储备，进入高端船型建造领域，力图弥补市场空白，而非在数量上追求第一，以期全球每艘船舶均使用日本的核心技术，并成为全球行业标准的制定者。造船业属于重工业和劳动密集型产业，能耗高、污染高，因此，日本政府主张依靠核心技术实现船舶产业健康持续发展。[43]

在造船厂建造的船舶的市场价值，东京总价值为 10 亿~20 亿美元。位于东京的航运总部数量不多，但这些公司大部分是大公司，拥有多样化的船舶组合，如包括散装船、集装箱船、滚筒船和燃气船等。其大部分年度收入来自将自己的船舶租给世界各地的船舶管理公司。2020 年 4 月，日本启动零排放战略，提出到 2028 年实现船舶零排放，以及到 2050 年将温室气体排放减少 50% 的目标，可使用替代燃料的船队规模逐渐增加。一些船东已经开始在他们的新项目中安装能够使用替代燃料（如液化天然气、液化石油气或甲醇）的发动机。

4. 海洋交通运输业

几十年来，东京一直是全球领先的航运中心，2021 年在航运业总排名中名列第三。越来越多的以东京为基地的船东已经在许多关键的航运领域中占据了较大的份额，如拥有全球顶级的液化天然气船。他们通过与成熟的船舶管理公司或制造业和能源业的大型企业签订长期合同，为日本和全球贸易提供便利，确保其收入来源稳定。尽管如此，业内专家认为有一些因素如高额的办公室运营成本降低了东京作为船舶管理基地的吸引力。东京作为著名的国际航运中心，与伦敦、新加坡和纽约一样，都有自己的航运交易所，可延伸至大宗商品交易、船舶交易市场。东京湾日均进出船舶数约 500 艘。该数值是马六甲—新加坡海峡的 1.5 倍，是巴拿马运河的 10 倍以上。

5. 海洋海事服务业

东京在海事金融和法律领域在世界领先的海洋城市中排名前列。作为日本航运界的重心，拥有多家在船舶金融方面表现突出的银行。其中，出口信贷机构的保险公司（包括货物保险、船壳与机械保险、保赔保险）在海洋领域产生了最高的保险费。日本航运交易所统计的日本海事律师事务所数量，在东京地区有 14 所，是关西地区的 2 倍。其主要的实践领域包括但不限于：与海运、海陆联运和多式联运有关的合同和争议，其他海运合同

（如租船方、代理协议、船舶销售合同和造船合同）；海上伤亡，如碰撞、火灾、打捞和污染；海上保险、诉讼程序，如船舶扣押、放行和限制程序，海事相关公司的破产；海事和物流事项，包括海上事故、租船、提单、货物索赔、造船、诉讼和仲裁、危机管理、破产程序、债务催收；商业交易、公司事务和劳工事务、知识产权法；等等。其客户群体不仅包括日本的航运公司和在东京证券交易所上市的其他公司、日本船东协会和其他非营利性组织，与国际间的合作也较多，特别是和英美的律师事务所联系更为紧密。

在信息传播方面，由于国际分工变化和国际产业转移日益加速，传统的海洋产业正遭受着较大压力。为了谋求转型升级，日本政府开始大力发展以海洋调查产业为核心的海洋信息开发关联产业，能为其他海洋产业的发展提供基础性信息服务，还能带动其他相关产业的技术研发、设备进步与产业升级。

在海洋环境保护方面，10年来，日本游船的使用人数增长了70%（表9.21），而废弃船只是阻碍船只航行和景观恶化的重要原因。自1996年以来，国土交通部和渔业局合作，在港口、河流和渔港三个水域进行定期的全国性调查，努力减少废弃船只的数量。为了加大打击废弃船只行为的力度，国土交通省和渔业厅制定了《妥善管理游船和改善使用环境的综合措施促进计划》，目的是改善水域的使用环境和促进区域发展。

表 9.21 世界游船人口

单位：千人

主要国家	2007	2008	2009	2010	2011	2012	2013	2014	2015	2016	2017
美国	11350	13500	13500	13500	13500	13500	13500	13500	13500	13500	11942
英国	1337	1477	1550	1600	1780	1780	1790	1640	1650	1780	1915
其他欧洲国家	2622	3175	3175	4175	4150	4230	4000	6400	6570	4620	5026
日本	184	190	167	188	187	217	238	231	221	248	315
其他地区	1193	1430	1700	1700	2500	2926	3272	2229	3194	4852	6602
全球范围合计	16686	19772	20092	21163	22117	22653	22800	24000	25135	25000	25800

资料来源：截至2016年的数据来自 Douglas Ward's Berlitz Cruising & Cruise Ships，2017年数据来自国际邮轮协会的调查，日本的数字来自日本海事局。

6. 滨海旅游业

作为一个岛国，日本旅游业与海洋有着千丝万缕的联系。换言之，日本旅游业在一定层面上亦可称为滨海旅游。海洋旅游部门在促进日本整体旅游业发展方面具有巨大的潜力。

对于四面环海的日本来说，客船作为当地居民和日常商品的运输工具，是不可缺少的交通基础设施。此外，渡轮也对区域振兴、吸引外国旅客到日本旅游做出了重大贡献。然而，受疫情的影响，加上近期燃油价格波动等原因，国内客船业务近年来仍然保持长期下降的趋势，2019年客运量大幅下降至8020万人次（比上年下降8.5%），客船运营的商业环境变得更加困难。因此，国土交通省和旅游部正在努力推动国内客运航线在旅游方面的使用，维护和保障偏远岛屿的航线，改善环境，以实现航运模式的转变。

为了提高海洋休闲活动的吸引力，日本海事局正在推动建立海洋站，作为任何人都可以随意和安全地使用的设施。截至2021年5月底，已有175个站点注册。除了作为陆地和海洋之间的联系点外，海洋站还拥有体验海洋休闲活动所需的信息、设施和设备，是海洋休闲推广的核心。目前正在推广各种充分利用当地特色的举措，如利用出租船只进行巡航、销售海洋产品和钓鱼体验等。

根据2021年东京产业劳动局数据，2020年到访东京的旅客人数约为3.37亿日本旅客（同比下降37.9%）和约252万外国旅客（同比下降83.4%）（表9.22），两者都是自2010年以来的最低年度数据。2020年旅游消费额为日本旅客27168亿日元（同比下降43.1%），外国旅客2068亿日元（同比下降83.6%），与旅客数一样，也是自2010年以来最低的一年。

表9.22 访日/访都外国旅客人数及访都国内旅客人数

单位：千人，%

年份	访都外国旅客人数		访都国内旅客人数		访日外国旅客人数	
	旅客数	比上年增长	旅客数	比上年增长	旅客数	比上年增长
2004	4180	—	365978	—	6138	—
2005	4489	7.4	409326	11.8	6728	9.6
2006	4808	7.1	424468	3.7	7334	9.0
2007	5330	10.9	436127	2.7	8347	13.8
2008	5336	0.1	425200	−2.5	8351	0.0
2009	4760	−10.8	415881	−2.2	6790	−18.7
2010	5942	24.8	457173	9.9	8611	26.8
2011	4098	−31.0	420100	−8.1	6219	−27.8
2012	5562	35.7	469258	11.7	8358	34.4
2013	6812	22.5	505827	7.8	10364	24.0
2014	8874	30.3	506248	0.1	13413	29.4
2015	11894	34.0	516695	2.1	19737	47.1
2016	13102	10.2	514300	−0.5	24040	21.8

续表 9.22

年份	访都外国旅客人数		访都国内旅客人数		访日外国旅客人数	
	旅客数	比上年增长	旅客数	比上年增长	旅客数	比上年增长
2017	13774	5.1	523311	1.8	28691	19.3
2018	14243	3.4	536496	2.5	31192	8.7
2019	15176	6.6	543164	1.2	31882	2.2
2020	2523	−83.4	337054	−37.9	4116	−87.1

说明：①由于受新型冠状病毒感染的影响，2020 年取消了 4—6 月间的调查，因此使用参考值估算；②由于 7—9 月和 10—12 月的外国居民样本数量较少，部分系数使用参考值估算。

资料来源：东京产业劳动局。

7. 海洋工程建造业

日本四面是海，拥有相当于国土面积 10 倍以上的管辖海域。日本海洋工程建造业主要涉及海上工程与能源开采设施。据日本有关机构预测，除可燃冰外，日本近海的海上风电潜在能量达 16 亿 kW。因此，日本对海上风电的发展抱有很高的期待，但由于开发成本较高，日本海上风电市场一直处在待开发状态。2019 年日本颁布《海上风能促进法》。2020 年，日本风能协会提出日本海上风电的远期目标：海上风电装机容量 2030 年达到 10 GW，2040 年达到 30～45 GW。

据《日本经济新闻》报道，截至 2020 年，日本的发电成本为约 30 日元 /kWh，是世界标准的近 3 倍。日本政府提出到 2035 年将发电成本降到 8～9 日元 /kWh 的目标。拥有 3 万多 km 海岸线的日本将可能把海上风电作为重要电力来源。此外，波浪能发电可望与海上风电结合，两者可共用海底缆线及相关设备；海水温差发电可望与深层海水产业结合，在发电的同时可用于制药、饮用水生产等。丸红株式会社是日本具有代表性的大型综合商社之一，业务范围包括开发石油、煤炭、电力等各类能源，参与了国际市场的多个项目，牵头投资了日本首批商业化海上风电场，并参与两个浮式风电示范项目。该企业将在海上风电以及其他清洁能源（如氢能）方面开展一系列的合作，并在东京建立海上风电研发中心。

海洋技术方面，日本第一个海洋研究所于 1962 年在东京大学成立。作为一个联合研究中心，其设施也被其他日本大学和机构使用。

参考文献

［1］于莹，刘大海．日本深海稀土研究开发最新动态及启示［J］．中国国土资源经济，2019，32（9）：46-51．

［2］张晓磊．日本《第三期海洋基本计划》评析［J］．日本问题研究，2018，32（6）：1-10．

［3］方晶，王淑玲，张炜，等．日本海底矿产资源开发现状［C］//中国矿物岩石地球化学学会．中国矿物岩石地球化学学会第九次全国会员代表大会暨第 16 届学术年会文集．2017：2．

［4］李满红，程阳锐，李小艳，等．日本深海采矿发展现状分析及启示［J］．矿冶工程，2023，43

（4）：16-20，25.

［5］林振宏，王德文. 日本海底矿产资源开发的现状［J］. 海洋湖沼通报，1980（3）：73-75.

［6］袁晓茂. 日本海洋地质调查与研究概况［J］. 海洋地质动态，1987（6）：5-7.

［7］International Energy Agency. Renewables 2022 Analysis and forecast to 2027［R］. IEA，2023.

［8］INPEX. 国内のガス田［EB/OL］.［2024-01-02］. https://www.inpex.co.jp/business/japan/gaspr-oject.html#anc-naruto.

［9］EGUCHI. 日本でも原油は採掘できる？日本にもある「油田」の数々！［EB/OL］.［2023-12-31］. https://eguchi-hd.co.jp/enelabo-japan-oil-field.

［10］日本在全球首次利用海底甲烷水合物产出天然气［EB/OL］.（2013-03-20）［2024-01-02］. http://finance.people.com.cn/n/2013/0320/c348883-20848867.html.

［11］日本可燃冰商业开发前景几何［EB/OL］.（2018-10-16）［2023-12-18］. http://energy.people.com.cn/n1/2018/1130/c71661-30433147.html.

［12］木下健. 海洋能源的前景.［EB/OL］.（2012-11-26）［2024.12-31］. https://www.nippon.com/cn/in-depth/a01203/.

［13］日本海洋能源开发："海明"和"巨鲸"引领全球技术开发［EB/OL］.（2013-03-25）［2024-01-02］. http://finance.people.com.cn/n/2013/0325/c348883-20905660.html.

［14］Japan：Outline of the fourth master plan on ocean policy（Anderson Mori & Tomotsune，2023）［EB/OL］.（2023-07-19）［2024-01-02］. https://www.mondaq.com/marine-shipping/1344148/outline-of-the-fourth-master-plan-on-ocean-policy.

［15］Floating Offshore Wind-A Global Opportunity（GWEC，2022）

［16］経済産業省資源エネルギー庁. 洋上風力発電の低コスト化プロジェクト［EB/OL］.（2022-09-30）［2024-01-02］. https://www.meti.go.jp/shingikai/enecho/denryoku_gas/saisei_kano/yojo_furyoku/pdf/015_s01_00.pdf.

［17］上海国际航运研究中心. 国外港口群先进经验值得借鉴［EB/OL］.（2016-06-02）［2024-01-02］. http://www.sisi-smu.org/2016/0602/c8824a92726/page.htm.

［18］苏前新，李志强. 东京湾海岸线类型及其时空变化（1980-2020）［J/DB/OL］. 全球变化数据存储库数字期刊，2021. https://doi.org/10.3974/geodb.2021.04.08.V1.

［19］卢文彬. 湾区经济：探索与实践［M］. 北京：社会科学文献出版社，2018.

［20］赵楠. 全球港口发展报告 2021［R］. 上海：上海国际航运研究中心，2022.

［21］United Nations Conference on Trade and Development. Review of maritime transport 2023［R］. UNCTAD，2023.

［22］HIRABAYASHI S. Technical specifications of urban forests for air purification：a case study in Tokyo，Japan［J］. Trees，forests and people，2021，4：100078.

［23］龚汗青，段建南，徐洁. 日本土地利用分类研究及启示［J］. 山东农业科学，2014，46（5）：153-156.

［24］李燕，王芳. 北京的人口、交通和土地利用发展战略：基于东京都市圈的比较分析［J］. 经济地理，2017，37（4）：5-14.

［25］ABE R，KATO H. What led to the establishment of a rail-oriented city? Determinants of urban rail supply in Tokyo，Japan，1950-2010［J］. Transport policy，2017，58：72-79.

［26］LIU Y，NATH N，MURAYAMA A，et al. Transit-oriented development with urban sprawl? Four phases of urban growth and policy intervention in Tokyo［J］. Land use policy，2022，112：105854.

［27］王一飞，赵之枫．空间规划视角下东京农地演变及对北京的借鉴［C］．2020/2021中国城市规划年会暨2021中国城市规划学术季，成都：2021：9．

［28］徐皎．日本人造陆地利用方向的演化［J］．世界地理研究，2000（3）：43-46．

［29］KIMURA F，TAKAHASHI S. Climatic effects of land reclamation in Tokyo bay — numerical experiment［J］．Energy and buildings，1990，15（1）：147-156．

［30］东京都港湾局．东京港港口统计［EB/OL］．［2024-06-24］．https://www.kouwan.metro.tokyo.lg.jp/yakuwari/toukei/index.html．

［31］日本海上保安厅．所管法令｜海上保安厅［EB/OL］．［2024-06-24］．https://www.kaiho.mlit.go.jp/seisaku/shokan.html．

［32］陈飞，陆伟，蔡军．集约视角下的东京湾临海工业建设［J］．建筑与文化，2014（2）：78-79．

［33］MITCHELL A M，YIN W. Political centralization，career incentives，and local economic growth in Edo Japan［J］．Explorations in economic history，2022，85：101446．

［34］曹康，陶娅．东京近代城市规划：从明治维新到大正民主［J］．国际城市规划，2008（2）：10-18．

［35］陈韶华．战后日本产业政策研究［D］．武汉：武汉大学，2012．

［36］SUZUKI T. Economic and geographic backgrounds of land reclamation in Japanese ports［J］．Marine pollution bulletin，2003，47（1）：226-229．

［37］东京都港湾局．东京港第八次改订港湾计划［EB/OL］．［2024-06-25］．https://www.kouwan.metro.tokyo.lg.jp/jigyo/plan/8/index.html．

［38］赵莉．东京都市圈物流设施规划历程及分级体系［J］．城市交通，2020，18（4）：87-92．

［39］沈艳丽．日本物流园区规划建设三启示［J］．运输经理世界，2010（Z1）：73．

［40］李俊久，丁一兵．以自由贸易的名义：从东盟—日本CEP看日本对外贸易政策的变化［J］．国际经济评论，2003（6）：59-64．

［41］东京都港湾局．临海副都心介绍［EB/OL］．［2024-06-25］．https://www.kouwan.metro.tokyo.lg.jp/rinkai/syokai/index.html．

［42］张浩川，麻瑞．日本海洋产业发展经验探析［J］．现代日本经济，2015（2）：63-71．

［43］吴崇伯，姚云贵．日本海洋经济发展以及与中国的竞争合作［J］．现代日本经济，2018，37（6）：59-68．

［44］王建红．日本东京湾港口群的主要港口职能分工及启示［J］．中国港湾建设，2008（1）：63-66，70．

第十章　全球海洋中心城市可持续发展的对策建议

一、全球海洋可持续发展 SDG 目标

2015 年联合国可持续发展峰会上通过的《2030 年可持续发展议程》确立了 17 项可持续发展目标（SDGs），为各国解决可持续发展进程中的社会、经济和环境三大领域问题提供了综合性的目标框架和行动指南。

海洋可持续发展目标（SDG 14）旨在"保护和可持续利用海洋和海洋资源，促进可持续发展"，其作为联合国 2030 年可持续发展目标体系（SDGs）的重要组成部分，为各国解决共同关注的海洋环境和社会经济发展领域相关问题提供了综合性的目标框架。以下是 SDG 14 下的 10 项具体目标：

14.1　到 2025 年，预防和大幅减少各类海洋污染，特别是陆上活动造成的污染，包括海洋废弃物污染和营养盐污染。

14.2　到 2020 年，通过加强抵御灾害能力等方式，可持续管理和保护海洋和沿海生态系统，以免产生重大负面影响，并采取行动帮助它们恢复原状，使海洋保持健康，物产丰富。

14.3　通过在各层级加强科学合作等方式，减少和应对海洋酸化的影响。

14.4　到 2020 年，有效规范捕捞活动，终止过度捕捞、非法、未报告和无管制的捕捞活动以及破坏性捕捞做法，执行科学的管理计划，以便在尽可能短的时间内使鱼群量至少恢复到其生态特征允许的能产生最高可持续产量的水平。

14.5　到 2020 年，根据国内和国际法，并基于现有的最佳科学资料，保护至少 10% 的沿海和海洋区域。

14.6　到 2020 年，禁止某些助长过剩产能和过度捕捞的渔业补贴，取消助长非法、未报告和无管制捕捞活动的补贴，避免出台新的这类补贴，同时承认给予发展中国家和最不发达国家合理、有效的特殊和差别待遇应是世界贸易组织渔业补贴谈判的一个不可或缺的组成部分。

14.7　到 2030 年，增加小岛屿发展中国家和最不发达国家通过可持续利用海洋资源获得的经济收益，包括可持续地管理渔业、水产养殖业和旅游业。

14.a　根据政府间海洋学委员会《海洋技术转让标准和准则》，增加科学知识，培养研究能力和转让海洋技术，以便改善海洋的健康，增加海洋生物多样性对发展中国家，特别是小岛屿发展中国家和最不发达国家发展的贡献。

14.b　向小规模个体渔民提供获取海洋资源和市场准入机会。

14.c　按照《我们希望的未来》第 158 段所述，根据《联合国海洋法公约》所规定的保护和可持续利用海洋及其资源的国际法律框架，加强海洋和海洋资源的保护和可持续利用。

可见，以上 10 个具体目标中均与全球海洋中心城市可持续发展息息相关，可总结简化如表 10.1。

表 10.3　联合国 2030 年可持续发展议程海洋目标 SDG 14 具体目标（简化）

目标序号	目标（简化）
14.1	减少海洋污染
14.2	恢复海洋生态系统
14.3	减少海洋酸化
14.4	促进可持续渔业
14.5	保护海洋区域
14.6	终止有害渔业补贴
14.7	增加小岛屿发展中国家和最不发达国家的经济利益
14.a	增加科学知识，培养研究能力和转让海洋技术
14.b	向小规模个体与民提供获取海洋资源和市场准入机会
14.c	根据国际法律框架，加强海洋和海洋资源的保护和可持续利用

资料来源：https://china.un.org/zh/sdgs/14.

二、"海洋十年"挑战

目前，海洋科学提供解决方案对可持续发展形成直接推动的能力尚有待大力提升。当今世界需要掀起一场大规模且资源配备充足的变革性海洋科学运动，为不同学科、地域、世代和性别的利益攸关方增强权能，并促进其广泛参与。

2016 年，联合国教科文组织政府间海洋学委员会举行的会议上提出了初步概念。2017 年 12 月，联合国大会第七十二届会议宣布 2021—2030 年为"联合国海洋科学促进可持续发展十年"（简称"海洋十年"）。基于"构建我们所需要的科学，打造我们所希望的海洋"的愿景，该行动旨在"推动形成变革性的海洋科学解决方案，促进可持续发展，将人类和海洋联结起来"。

（一）"海洋十年"与相关政策框架的互动

"海洋十年"期间并不会制定海洋政策，但会开展科学能力建设并生成知识，由此将直接推动实现《2030 年可持续发展议程》和其他相关全球法律和政策框架的目标（图 10.1）。"海洋十年"还将为实现可持续发展目标 17（促进目标实现的伙伴关系）提供支持，该目标旨在加强全球合作伙伴关系，以实现《2030 年可持续发展议程》中确立的各项宏伟的具体目标。

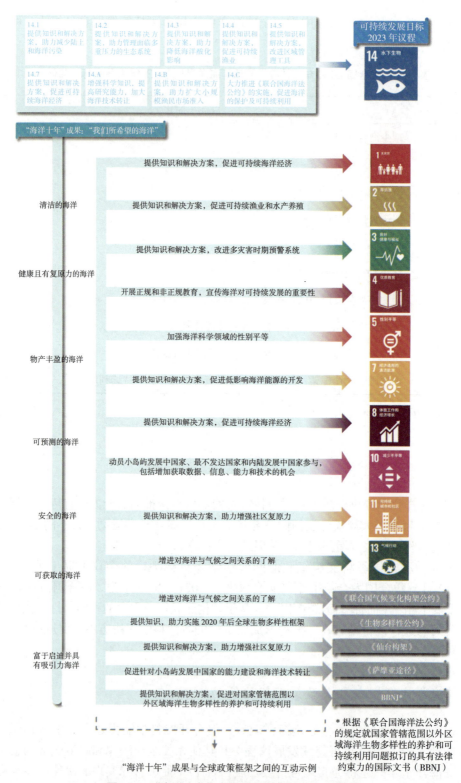

图 10.1 "海洋十年"与相关政策框架之间的互动

资料来源：根据《"海洋十年"实施计划摘要》绘制。

(二)"海洋十年"行动框架

"海洋十年"期间开展各项举措的设计和实施,将以"海洋十年"行动框架(图10.2)为指导。在该框架中,"海洋十年"挑战居于最高层级,是"海洋十年"最直接和最紧迫的优先事项。这些挑战旨在团结"海洋十年"合作伙伴,在全球、地区、国家和地方各级采取集体行动,并将推动实现"海洋十年"各项成果,因此,直接关乎"海洋十年"对《2030年可持续发展议程》和其他政策框架的总体贡献。在"海洋十年"期间,这些挑战可能会发生调整变动,以应对新出现的问题。

"海洋十年"目标构成行动框架的第二个层级,并将引导推进实施多步骤的迭代循环进程,以完成"海洋十年"挑战,从而从"我们所拥有的海洋"转向"我们所希望的海洋"。这一进程包括三个非线性的、相互交叠的步骤:①确定实现可持续发展所需的海洋知识;②生成数据、信息和知识,以全面了解海洋、海洋各组成部分及其互动关系;③利用所生成的海洋知识和对海洋的了解,制定和部署可持续发展解决方案。要推进落实这一进程,就必须大幅提高海洋科学能力,将其贯彻到每一个步骤之中。这些目标关涉每一项"海洋十年"挑战,且将被用于组织和追踪"海洋十年"行动并核查尚需做出额外努力之处。

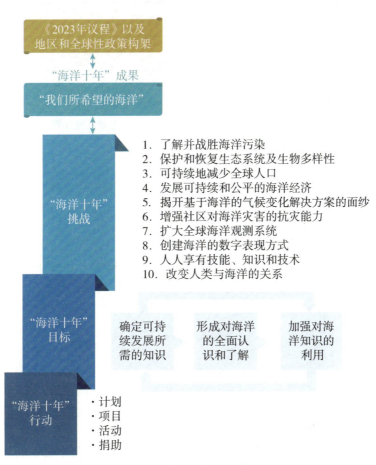

图10.2 "海洋十年"行动框架

资料来源:根据《"海洋十年"实施计划摘要》绘制。

三、海岸带可持续发展现状与面临的挑战

(一) 海岸带的内涵

海岸带是指海洋和陆地相互交接、相互作用的地带。它包括紧邻海岸线一定宽度的陆域和海域。不同学科由于研究目标的不同,造成了对海岸带边界划定的差异。

根据国际地圈—生物圈计划(IGBP,1995)的定义,海岸带区域包括向陆侧到200 m等高线,向海侧达大陆架的边坡,趋于与200 m等深线保持一致。[1]国际上,不同规划和政策对海岸带地理范围的划定也有所不同(表10.2)。我国学者陈述彭认为:"从人文上讲,海岸带是一个辐射的概念,以海岸为基线向两侧扩散且辐射。"[2]广义的海岸带一般是指管理意义上的海岸带,它向海扩大到沿海国家海上管辖权的外界,即200海里(1海里=1852 m)专属经济区的外界,向陆离海岸线已超过10 km,甚至可以扩展到沿海县、市和省的行政地理单元管辖范围。

表10.2 不同规划/政策的海岸带地理范围界定

规划/政策名称	地理范围			
	近陆	海岸	近海	海上
伯利兹综合海岸带管理计划(2016年)	3km内陆至高潮位	高潮位至12海里	低水位;边缘礁;三个确定的环礁,直径12海里或3海里	—
特立尼达和多巴哥海岸带综合管理政策框架草案(2020年)	90 m等高线至5 m等高线	5 m等高线至低潮位	低潮位至12海里	12~200海里(或国际边界)
比利时海域2020—2026年MSP(2019年)	—	—	低潮位至12海里	距离国际边境12海里
爱尔兰国家海洋规划框架(2021年)	—	高潮位至基线	基线至12海里	12~200海里(或国际边界)

(二) 海岸带可持续发展的现状与挑战

在新一轮国土空间规划的背景下,海岸带成为统筹海陆和提升城市品质的重要空间载体。当下,我国海岸带可持续发展存在海陆空间边界不明晰、海陆经济系统不协调、海陆资源开发与生态保护不统一以及海陆空间规划体系不兼容的问题。[3]

1. 海陆空间边界不明晰

作为陆海域的过渡地带，海岸带空间资源的竞争和开发是海陆统筹发展战略推进的关键问题之一。如前文所述，海岸带边界的划定尚未有统一定论，导致海岸带地理边界、调查边界和管理边界常常"纠缠不清"。[4-6]常用的海陆管理分界线有行政边界、自然属性边界和海岸线向两侧延伸范围等，但分别存在割裂海岸带自然地貌单元、难以协调不同行政单位、使海域使用权与土地使用权发生重叠等问题。因而，需要综合考虑界线明确性、环境生态相关性和管理便利性，采取统一的海岸带范围划分方法，以解决海陆统筹问题。

2. 海陆经济系统不协调

海陆产业在分类和空间布局上的差异性，以及资本、人才、技术等生产要素流动在地域和产业间的差异性[7]，会导致生产要素的空间错配和产业的结构性扭曲，从而影响沿海地区的生产效率。其原因在于：一是资源要素的承载空间相异，导致海洋经济活动投入成本更高，风险系数也更大；二是海陆产业的结构和演变规律有所不同，陆海域经济发展存在较大差距；三是海陆布局欠缺差异性，部分海岸带开发区采取飞地式的发展，无法得到城市的有效支撑，难以与陆域产业结构实现衔接。正是陆海域经济的差异，阻碍了陆海产业的互动和互补，影响到陆海经济的联动发展。

3. 海陆资源开发与生态保护不统一

在城市化进程的推动下，陆地空间和资源日趋紧张，海域尤其是海岸带成为沿海城市空间发展的重要载体。然而，由于缺乏对陆海系统进行全局性统筹的开发保护观念，海洋资源环境的保护力度难以与开发力度相匹配。如近年大规模的填海造陆、围海造田、港口码头和临港工业园区重复建设、沿海旅游开发、海产养殖等类活动对海岸线自然原生性景观造成破坏，近海海域污染严重，削弱了海洋的生态服务功能。这种以海洋环境破坏为代价的经济发展模式显然不利于海岸带的可持续发展。[8]

4. 海陆空间规划体系不兼容

由于海洋和陆地之间存在两个规划管理界线、两套国土空间分类标准和两种开发保护战略，两者交叠的海岸带地区可能同时存在两种空间规划安排。[9]在自然资源部成立并进行空间规划改革前，海岸带的规划管理并未形成统一的管理部门，同一区域存在多种专项规划，相关法规条款匮乏、缺少协调而内容又存在交叉、重复。同时，由于陆域和海域空间规划独立存在，规划边界不明晰、规划范围重叠的现象尤为突出[10]，引发相关管理部门在执法过程中的矛盾冲突，如海岸带同一区域土地规划的空间功能定位矛盾带来的项目难以落地、发展迟滞等问题严峻。[8]在进行国土空间规划的背景下，解决海陆空间规划体系兼容的问题仍然任重而道远。

四、全球海洋城市高质量发展的现状与问题

根据 Reimer 等人的研究，基于区域的海洋管理工具 Area-Based Management Tools

（ABMT），如完全保护区、部分保护区、地方管理海域、渔具限制区、禁渔区、领土使用权渔业和特别敏感海域等，可以有效服务于生物多样性保护、可持续资源利用等目标。[11] 其中，"领土使用权渔业"是一种赋予特定社区或团体对某一水域专属捕捞权的管理方式，类似于土地使用权。通过明确区域划分和专属使用权，这种模式不仅能够促进渔业资源的可持续利用，还能有效保障依赖渔业生存群体的权益。

研究表明，基于区域的海洋管理手段的生态效益的专家承认度比经济社会效益更显著。基于区域的海洋管理手段可能有助于实现以上可持续发展目标中的14.2、14.4、14.5、14.6和14.7，且不同手段对于促进社会和经济目标的方面潜力不同（图10.3）。

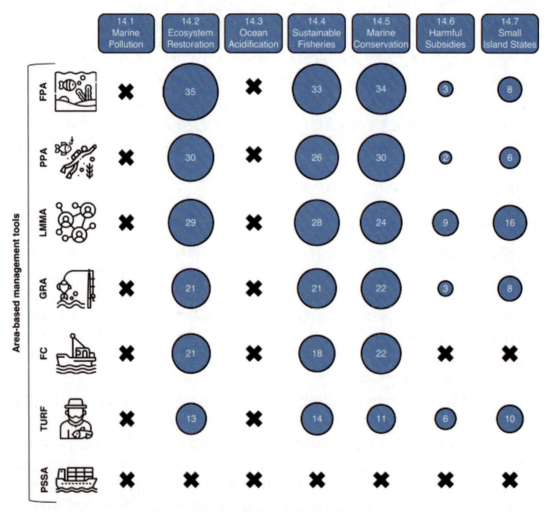

图10.5　ABMT对SDG 14具体目标的潜在贡献

资料来源：参考文献［11］。

在不同的海洋管理手段下，可以从资源开发、环境保护、经济发展和民计民生四个方面来探讨全球海洋中心城市的现状和问题。

（一）资源开发

在资源开发方面，完全保护区、部分保护区、地方管理海洋区域、渔具限制区、渔业禁渔区、领土使用权渔业对维持生物规模、生物丰度和减少对物种的威胁产生了积极影响，且呈现高置信度。

目前，全球海洋中心城市在资源开发方面的问题主要可以总结为以下两点：①部分城市存在资源短缺问题。这部分城市一般面积较小，而占据天然的地理位置优势或者具有利好的政策环境，资源禀赋并非其发展壮大的主要因素，甚至于成为制约发展因素之一。典型城市如新加坡、香港，这两个城市土地面积狭小，资源短缺，石油、煤矿、天然气等矿产资源贫乏。②部分城市存在资源开发过度问题。由于法规和环保意识薄弱、管理职能缺失等问题，部分城市存在盲目过度开发和利用海洋资源等情况，对海洋生态系统造成了不可逆的影响，其中较为常见的有过度捕捞和资源开发带来的海洋污染问题。

（二）环境保护

环境保护与资源开发问题、人类福祉息息相关。受海洋资源过度开发利用、生产生活废弃物排放等影响，海洋生态环境持续遭到破坏。

在 Reimer 等的研究中，完全保护区、部分保护区和地方管理海洋区域对栖息地、生态系统功能和复原力产生了积极影响，置信度很高；大多数单一部门 ABMT，包括渔具限制区、渔业禁渔区和领土使用权渔业则只对生态系统功能有较高的积极影响和置信度，对环境保护贡献的较弱。同时，7 种 ABMT 并未对减少海洋酸化等环境污染情况产生效应。

海洋城市的环境保护问题包括部分典型海洋生态系统和生物多样性退化、海洋生态灾害频发、公众临海亲海质量低等。

2021 年发布的联合国第二次全球海洋综合评价报告指出，过去 50 年间，全球低氧海域的面积增加了 2 倍，近 90% 的红树林、海草和湿地植物，以及超过 30% 的海鸟面临灭绝威胁，削弱了海洋对全球气候的调节作用。全球海洋中含氧量极低的"死水区"数量从 2008 年的 400 多个增加到 2019 年的近 700 个。过度捕捞造成的经济损失每年高达 889 亿美元。为保护我们赖以生存的海洋环境，世界各国不断采取综合治理行动，推进全球海洋保护议程。一些国家和地区采取了设立海洋保护区、限制海洋捕捞等措施，地区海洋监测项目不断扩大，国际协调和融合持续加深，对改善海洋环境产生了积极作用。

（三）经济发展

海洋经济包括直接开发海洋资源和在海上开展的一系列生产活动，与海洋的资源开发和环境保护存在不可分割的关系。完全保护区、部分保护区、地方管理海洋区域、渔具限制区和渔业禁渔区将对收获收益产生消极影响，但置信度远低于生态效益。在高置信度下，ABMT 对经济发展指标的影响方向可能不一，如完全保护区、部分保护区对非收获收益有积极影响。而研究对于领土使用权渔业和特别敏感海域并未有明确的评价结果。

海洋城市经济发展存在的问题可以总结为以下几点：

（1）深海和近海的开发严重失衡。深海资源开发的技术和资金门槛都较高，受到经济实力的限制和出于利益最大化的考量，多数海洋企业倾向于选择近海开发，导致深海和近海开发严重失衡。

（2）海洋经济产业结构布局不合理。首先，海洋产业发展模式粗放。海洋经济由于发展较晚与研究不足，尚未形成科学合理的经济结构形式，尚处于粗放型、资源消耗型阶段，传统产业在海洋产业中仍占较大比重，对海洋资源是掠夺性利用，对其可持续发展考虑不足。[12] 其次，海洋产业低质化、同构化现象严重。低质化现象形成了一定的发展路径依赖，难以突破传统发展模式的束缚，而产业雷同、项目重叠限制了海洋产业的创新性发展，加剧了对海洋资源的过度消耗及海洋产业的产能结构过剩问题。最后，海洋产业基础设施薄弱。海洋基础设施体系仍以规模扩张为主，难以满足海洋产业向高质量转型发展的实际需求。[13]

（3）海洋经济发展对环境的负面影响。生产过程中排放未经处理的废弃物和废水对海洋环境造成污染导致生态灾害频发，而海洋滩涂围垦、填海造地、拦海修坝等开发建设活动也对海洋生物多样性和海洋生态造成了极大挑战。

（4）创新水平有待提高。目前，在海洋资源开发与海洋经济发展中，科技创新水平不高，科技成果转化率较低。这一方面造成生产效率低下问题，另一方面也对海洋环境带来了较大负担。

（四）民计民生

海洋为人类提供氧气、食物和生计，并作为能源来源直接支持人类福祉。海洋产生了地球上至少50%的氧气，是地球上最大的生态系统，全球超过10亿人口摄入的蛋白质也主要来源于海洋。此外，海洋对经济发展的促进作用也保障了沿海地区的民计民生。根据APEC报告，预计到2030年，海洋产业将雇用4000万人。除了作为生命来源之外，海洋还能稳定气候并储存碳，充当着一个巨大的温室气体汇。根据联合国的数据，约有6.8亿人生活在沿海低洼地区。

海洋城市过度的开发行为会影响到海洋的民计民生效益。过度捕捞每年造成近900亿美元的净效益损失，这尤其增加了发展中国家和弱势群体的脆弱性。此外，碳排放正在推动海洋变暖和酸化，破坏生物多样性，导致海平面上升，进而威胁到人口稠密的沿海地区。

Reimer等的研究发现，完全保护区、部分保护区、地方管理海洋区域、渔具限制区和渔业禁渔区对维持资源获取、公平获取资源以及保护传统和习俗具有消极影响；完全保护区、地方管理海洋区域对可替代生计活动有积极影响，地方管理海洋区域和领土使用权渔业对维持资源获取、保护传统和民俗有一定的积极影响；部分ABMT对同一指标可能有不同方向的影响或者没有影响，同时，领土使用权渔业和特别敏感海域没有明确的评价结果。

五、全球海洋城市高质量发展的对策建议

（一）我国海洋城市发展存在的问题

一是海洋资源环境压力较大，管理体制有待健全。2016年，我国处于亚健康和不健康状态的海洋生态系统占比达76%，资源环境压力严重制约了海洋城市的可持续发展。[14]东部沿海发达地区人口集聚，工业密集，海洋污染严重，海洋灾害频繁，不加遏制的海沙开采、填海造陆等各种开发建设活动侵蚀、破坏海岸生态，近海资源环境承载力不断降低，带来沿海城市海水倒灌、沿海湿地和海洋保护区面积日益萎缩等问题。而目前，我国海洋环境监测和预警服务平台建设未能满足保护需求，仍存在海洋资源开发监管不到位的问题，海洋环境保护的相关体制机制有待提升。

二是海洋科技创新实力不强，海洋科技创新对海洋资源开发的支撑能力不足，海洋科技成果转化率较低。我国海洋科技对海洋经济的贡献率多年来保持在30%左右，远低于西方先进国家60%的水平，海洋工程装备、远洋渔业水平与海洋强国相比仍有一定差距。一方面是科技基础较弱，自主创新能力不足，具有高技术含量、能够创造高附加值产品且适应市场需求的成果较少；另一方面是成果转化的中间环节的作用没有得到充分体现。[15]

三是海洋经济发展仍旧存在不充分、不平衡、不协调的现象，生产要素整合不足，海洋产业结构不合理。首先，海洋经济发展不充分，主要体现在海洋资源利用效率较低，对海洋产业贡献有限，潜力尚待挖掘。如海水养殖传统资源开发型产业增加值偏低、水产品加工业深加工水平有限、港口服务业服务水平与国际一流港口仍存在差距等。其次，海洋经济发展不平衡，主要表现在海洋资源开发利用重近海、轻远海。[16]远海开发利用活动如远洋渔业、深水油气勘探开发等起步晚，基础弱，对海洋经济贡献仍旧有限。再次，海洋经济发展不协调，表现在海洋相关高新技术产业和高附加值产业不占优势，以及海洋经济活动管理混乱、参与主体良莠不齐、权威政策缺乏、环境规制有待健全等。又次，海洋经济的生产要素没有得到充分整合，表现在资本在科研创新上大量投入，但在成果变现、产出和推广方面不足。最后，海洋产业结构布局不合理，表现在海洋产业发展模式粗放、低质化和同构化等方面。例如，长期以来，我国海洋渔业主要依赖于传统的捕捞业，过度捕捞导致渔业资源衰退，渔获低值化问题突显。[17]

（二）国外海洋中心城市案例借鉴

新加坡是全球港口航运发展的典范，凭借其位于马六甲海峡的优越地理位置，建成了连结东西方、运转高效的枢纽港口。通过专业的航运服务能力和良好的营商环境，新加坡打造了完善的航运生态圈，成为国际航运中心的标杆。新加坡不仅连续五次蝉联"全球领先的海事城市"榜首，还在2022年以卓越表现位列全球集装箱吞吐量排名第二。其具有特色的经验包括：构建高度发达的海洋产业集群，重视发展科技创新，发展服务海洋的高端服务业，提升城市海洋文化，打造全球海洋中心城市典范。2018年以来，新加坡相继出台《海事与岸外工程产业转型蓝图》《海洋运输业转型蓝图》等规划，提出提升新加坡

海事相关性和韧性、构建创新生态、支持海事中小型企业和初创企业成长、培养具备全球技能并面向未来的劳动力队伍等四项策略，助力新加坡海洋产业的转型升级。

纽约位于美国东北部，濒临大西洋，地理位置相当优越。作为领先的全球海洋中心城市，纽约发展海洋经济的要素支撑可以总结为以下四点：①拥有发达的港口航运。纽约—新泽西港是美国第二大港口，2022年集装箱吞吐量排名全球第十七。[18]②拥有完善的创新体系。世界一流海洋科研机构哥伦比亚大学地球研究所和科技成果转化摇篮硅巷均位于此。③海事产业集聚融合要素突出。纽约是全球最大的涉海企业上市地，航运服务产业集群业务涵盖航运金融、海事法律与仲裁、航运保险、船货代理、航运经纪服务等。④完善的协调机制。国家层面政策确定海洋优先研究领域，以生态环境保护为基础，以海洋科技为手段，不断促进海洋可持续发展[17]；地方层面政策则重视完善交通运输体系和改善海洋环境，推动了纽约港口运输水平的提升，以及海洋生态的完整和可持续发展。

东京一直是全球领先的航运中心城市，在海洋科研、船舶制造和航运方面具有重要影响力。东京的科研教育和政策引导可谓是其海洋经济发展的两大推动力。在海洋科研方面，东京拥有东京海洋大学、东京大学大气海洋研究所——被称为"成为海洋科学家的必经之路"等全球领先的科研机构，非常注重海洋人才的培养。在政策引导方面，近年来，东京相继出台了一系列政策，推动提升全球海洋中心城市竞争力。其中，《国际都市战略》从"促传播、强联通、速培育"三个角度提升东京的国际影响力，《未来的东京战略》则针对人才教育、世界都市打造、永续发展和政府构造改革四大方向提出了具体的永续城市发展战略。

（三）对策建议

一是统筹海陆国土空间规划，促进海岸带可持续发展。伴随着2018年自然资源部成立，建立"多规合一"的国土空间规划体系提上日程，实现全域国土空间治理体系和治理能力现代化要求统筹海陆空间规划。党的十九大报告提出："坚持陆海统筹，推进建设海洋强国。"2023年7月，习近平总书记在全国生态环境保护大会上强调："构建从山顶到海洋的保护治理大格局，加强海洋和海岸带国土空间管控。"首先要继续完善统一的国土空间规划体系，加快实现陆海国土空间统筹管理的全域覆盖。以国土空间规划为基础，以法律为依据，以用途管制为手段，以海岸带专项规划为切入点，理顺海洋和海岸带空间规划体系，采取综合手段调控沿海地区，促进空间管理的人海和谐。其次要贯彻落实可持续发展理念，加强陆海之间的相互协调和补充。如强化深海、远海开发，加强近海和浅海空间保护和生态修复，使陆域获得更多的休养生息空间。最后要坚持陆海共治，真正实现陆海联动发展。在海岸带地区，因地制宜采取完全保护、部分保护、限制渔具、禁渔等不同的海洋管理手段，同时应当以海洋生态环境容量限制陆域空间人口数量和经济规模，促进海洋生态恢复和修复。统筹山水林田湖草沙生命共同体的治理，如实行河海共治模式，从源头上控制海洋污染。[19]

二是统筹海洋资源开发与环境保护，健全相关体制机制。海洋环境和海洋资源是全球海洋中心城市建设的基础条件。2019年，习近平总书记在致2019中国海洋经济博览会的贺信中强调："要高度重视海洋生态文明建设，加强海洋环境污染防治，保护海洋生物多样性，实现海洋资源有序开发利用，为子孙后代留下一片碧海蓝天。"在海洋强国战略和生态文明建设体制改革的要求下，首先，构建"海洋经济+海洋生态"融合发展理念，驱动海洋经济与海洋生态和谐发展，充分发挥政策的叠加效应[13]；其次，制定科学合理的海洋资源开发规划，明确海洋资源开发与保护的目标、任务和重点领域，充分考虑海洋资源的可持续利用和生态环境的保护，确保海洋资源的合理配置；再次，健全海洋资源与环境法规体系，明确海洋资源开发与保护的标准、要求和审批程序，完善海洋环境监测和预警服务平台建设，加强对海洋资源开发利用的监管，确保开发活动的合法合规；最后，构建绿色 GDP 核算体系，实行环保考核制度，以防止部分官员为了政绩不顾发展后果的现象。

三是强化科技创新驱动，加快海洋相关学科建设。2022 年 4 月，习近平总书记在海南考察时指出："建设海洋强国是实现中华民族伟大复兴的重大战略任务。要推动海洋科技实现高水平自立自强，加强原创性、引领性科技攻关。"科技创新是驱动全球海洋中心城市高质量可持续发展的动力。首先，要加大对海洋科技创新的投入，通过资金支持和优惠政策等机制，并鼓励社会资本的投入，以支持海洋科研机构、高校、企业等开展海洋科学技术研究，推动科技成果转化应用。其次，应对标国际一流，加强海洋大学、海洋学科和研究机构等科创平台建设，根据国家战略需求和海洋产业发展需求，开设诸如海洋生物医药、海水利用、海洋新能源开发等新兴产业相关专业，加强海洋学科体系建设。当今海洋学和地理学的边界逐渐模糊，开展交叉研究是大势所趋，而海洋地理的人文研究相对处于弱势地位，对于人文地理学者而言，应当丰富海洋人文地理的研究主题，弥补当今海洋人文地理学研究的不足。最后，应当积极参与全球科技竞争，开展更高水平、更深层次的"一带一路"建设海上合作，积极完善与"21 世纪海上丝绸之路"共建国家的对话合作机制，与南安普大学、汉堡大学等国际知名海洋高校、科研机构建立合作关系，共享科研资源。

四是加强海洋人才的培养和引进，助力海洋强国建设。建设海洋强国，离不开海洋人才的智力支撑。在科教兴国战略和海洋强国战略的要求下，可以从以下方面全面提升我国海洋人才质量：首先，优化学科专业布局，在着眼国家战略和海洋经济发展需求的基础上，提升传统海洋相关学科专业优势，超前布局国家战略性海洋新兴产业相关的学科专业，以交叉融合催生和促进若干新兴学科专业发展；同时，完善海洋技术职业教育和非学历教育，建立海洋技术类人才储备库。其次，引导学校、企业、海洋科创平台等多方积极引进海外高层次海洋人才，在政策上对海洋人才的引进给予奖补和倾斜。再次，挖掘中华传统优秀文化以及近现代先进事迹中的海洋精神，引领高校德育教育，构建海洋特色大思政体系，塑造学生的家国情怀和建设海洋强国的理想。最后，打通要素流动壁垒，以供给侧引领"政—产—学—研—用"多生产要素协同整合，鼓励企业、高校、研究院所等多方共同参与创新，通过产业链、创新链、人才链实现产学研深度融合。

五是优化海洋产业结构，完善现代海洋产业体系，推动海洋经济高质量发展。2018 年，习近平总书记在参加十三届全国人大一次会议时强调："海洋是高质量发展战略要地。要加快建设世界一流的海洋港口、完善的现代海洋产业体系、绿色可持续的海洋生态环境，为海洋强国建设作出贡献。"针对我国海洋经济发展存在的问题，提出以下几点对策：首先，完善海洋产业政策体系，营造适应海洋经济高质量发展的政策环境。根据联合国经济合作与发展组织《海洋经济2030》报告预测，海水养殖和加工、海上风电将是海洋经济的新兴增长点，中国沿海旅游和海上风电等极具潜能的产业比重将得到提高。相关措施有：加大对海洋生物医药、海洋能源、海洋旅游等海洋新兴产业的支持力度，打造新的海洋经济增长引擎，为涉海民营企业创造良好营商环境，为大型龙头企业寻觅融资渠道，并引导企业进行深海开发。其次，加强上下游企业合作，打造具有竞争力的海洋产业集群，提高产业链附加值。如打造集水产品交易、冷链物流、精深加工等于一体的全产业链等。再次，优化调整海洋产业结构，推动海洋产业向现代化、智能化、多样化、绿色化转型，尤其要优化海洋渔业、海水制盐工业、海洋交通运输业等传统产业，提高资源利用效率，通过应用先进的科学技术，实现对海域环境的保护和海洋资源的可持续利用，推动海洋经济向循环发展模式转型。最后，加强海洋基础设施建设，提升沿海港口、深海养殖、海洋能源等基础设施建设水平，为海洋产业发展提供有力支撑，推动海洋经济向远洋和深海延伸。

参考文献

［1］李加林，田鹏，李昌达，等. 基于陆海统筹的陆海经济关系及国土空间利用：现状、问题及发展方向［J］. 自然资源学报，2022，37（4）：924-941.

［2］陈述彭. 海岸带及其可持续发展［J］. 遥感信息，1996（3）：6-12.

［3］侯勃，岳文泽，马仁锋，等. 国土空间规划视角下海陆统筹的挑战与路径［J］. 自然资源学报，2022，37（4）：880-894.

［4］张君珏，苏奋振，左秀玲，等. 南海周边海岸带开发利用空间分异［J］. 地理学报，2015，70（2）：319-332.

［5］王传胜，朱珊珊，党丽娟. 辽宁海岸带重点生态空间分类研究［J］. 资源科学，2014，36（8）：1739-1747.

［6］孙伟，陈诚. 海岸带的空间功能分区与管制方法［J］. 地理研究，2013，32（10）：1878-1889.

［7］于丽丽. 中国海陆经济一体化及其驱动机理研究［D］. 上海：上海大学，2016.

［8］王倩. 我国沿海地区的"海陆统筹"问题研究［D］. 青岛：中国海洋大学，2014.

［9］郑贵斌. 我国陆海统筹区域发展战略与规划的深化研究. 区域经济评论，2013（1）：19-23.

［10］许学工，彭慧芳，徐勤政. 海岸带快速城市化的土地资源冲突与协调［J］. 北京大学学报（自然科学版），2006，52（4）：527-533.

［11］REIMER J M, DEVILLERS R, CLAUDET J. Benefits and gaps in area-based management tools for the ocean Sustainable Development Goal［J］. Nat sustain，2021，4：349-357.

［12］范建平. 影响我国海洋经济可持续发展的重大问题分析［J］. 2017，中国管理信息化，20（12）：115-116.

［13］钟鸣. 新时代中国海洋经济高质量发展问题［J］. 山西财经大学学报，2021，43（S2）：1-5+13.

［14］韩增林，周高波，李博，等. 我国海洋经济高质量发展的问题及调控路径探析［J］. 海洋经济，2021，11（3）：13-19.

［15］金永明. 论中国海洋强国战略的内涵与法律制度［J］. 南洋问题研究，2014（1）：18-28.

［16］杨朝光. 推动海洋经济高质量发展［N］. 人民日报，2018-07-01（5）.

［17］海洋经济发展现状、挑战及趋势［EB/OL］. http://paper.people.com.cn/rmlt/html/2022-09/20/

content_25947705.htm.
［18］陈宁，赵露. 美国海洋科技政策特征及其对中国的启示［J］. 科技导报，2021，39（8）.
［19］刘大海. 国土空间规划体系陆海统筹问题探索与研究［EB/OL］.（2019-7-22）［2024-02-16］. https://aoc.ouc.edu.cn/2019/0720/c9821a254059/page.htm.